在冯特创立他的实验室之前，心理学像个流浪儿，一会儿敲敲生理学的门，一会儿敲敲伦理学的门，一会儿敲敲认识论的门。1879 年，它才成为一门实验科学。有了一个安身之处和一个名字。

——美国社会心理学家　墨菲（G. Murphy, 1895—1979）

在冯特近 65 年的学术生涯中，总共写了 53735 页的文章，平均每天写 2.2 页。学术界少有学者能在如此短暂的时期内做出如此多而高超的成就。

——美国心理学史家　波林（E. G. Boring, 1886—1968）

冯特的理论体系就像一条蚯蚓，即便把它切断，每段还会爬。……正当批评者对冯特的若干观点进行条分缕析时，他在同时却写一本完全不同的书去了。

——美国机能主义心理学先驱　詹姆斯（W. James, 1842—1910）

科学元典丛书

The Series of the Great Classics in Science

主　　编　　任定成

执行主编　　周雁翎

策　　划　　周雁翎

丛书主持　　陈　静

科学元典是科学史和人类文明史上划时代的丰碑，是人类文化的优秀遗产，是历经时间考验的不朽之作。它们不仅是伟大的科学创造的结晶，而且是科学精神、科学思想和科学方法的载体，具有永恒的意义和价值。

科学元典丛书

人类与动物心理学讲义

Lectures on Human and Animal Psychology

[德] 冯特 著　李维 译

北京大学出版社
PEKING UNIVERSITY PRESS

图书在版编目（CIP）数据

人类与动物心理学讲义/（德）冯特著，李维译. —北京： 北京大学出版社，2013.1
（科学元典丛书）
ISBN 978-7-301-21484-8

Ⅰ.①人…　Ⅱ.①冯…②李…　Ⅲ.①心理学 – 研究②动物心理学 – 研究　Ⅳ.①B84

中国版本图书馆 CIP 数据核字（2012）第 254876 号

LECTURES ON HUMAN AND ANIMAL PSYCHOLOGY
By Wilhelm Wundt
Translated by E. B. Titchener
London: George Allen, 1912

书　　　　名	人类与动物心理学讲义
	RENLEI YU DONGWU XINLIXUE JIANGYI
著作责任者	〔德〕冯 特 著 李 维 译
丛 书 策 划	周雁翎
丛 书 主 持	陈 静
责 任 编 辑	陈 静
标 准 书 号	ISBN 978-7-301-21484-8
出 版 发 行	北京大学出版社
地　　　址	北京市海淀区成府路 205 号　100871
网　　　址	http://www.pup.cn　　　　新浪微博：@ 北京大学出版社
微信公众号	通识书苑（微信号：sartspku） 科学元典（微信号：kexueyuandian）
电 子 邮 箱	编辑部 jyzx@pup.cn　　　总编室 zpup@pup.cn
电　　　话	邮购部 010-62752015　发行部 010-62750672　编辑部 010-62767857
印 刷 者	北京中科印刷有限公司
经 销 者	新华书店
	787 毫米×1092 毫米　16 开本　17.25 印张　彩插 8　360 千字
	2013 年 1 月第 1 版　2024 年 1 月第 5 次印刷
定　　　价	59.00 元

弁　言

　　这套丛书中收入的著作，是自古希腊以来，主要是自文艺复兴时期现代科学诞生以来，经过足够长的历史检验的科学经典。为了区别于时下被广泛使用的"经典"一词，我们称之为"科学元典"。

　　我们这里所说的"经典"，不同于歌迷们所说的"经典"，也不同于表演艺术家们朗诵的"科学经典名篇"。受歌迷欢迎的流行歌曲属于"当代经典"，实际上是时尚的东西，其含义与我们所说的代表传统的经典恰恰相反。表演艺术家们朗诵的"科学经典名篇"多是表现科学家们的情感和生活态度的散文，甚至反映科学家生活的话剧台词，它们可能脍炙人口，是否属于人文领域里的经典姑且不论，但基本上没有科学内容。并非著名科学大师的一切言论或者是广为流传的作品都是科学经典。

　　这里所谓的科学元典，是指科学经典中最基本、最重要的著作，是在人类智识史和人类文明史上划时代的丰碑，是理性精神的载体，具有永恒的价值。

一

　　科学元典或者是一场深刻的科学革命的丰碑，或者是一个严密的科学体系的构架，或者是一个生机勃勃的科学领域的基石，或者是一座传播科学文明的灯塔。它们既是昔日科学成就的创造性总结，又是未来科学探索的理性依托。

　　哥白尼的《天体运行论》是人类历史上最具革命性的震撼心灵的著作，它向统治西方思想千余年的地心说发出了挑战，动摇了"正统宗教"学说的天文学基础。伽利略《关于托勒密和哥白尼两大世界体系的对话》以确凿的证据进一步论证了哥白尼学说，更直接地动摇了教会所庇护的托勒密学说。哈维的《心血运动论》以对人类躯体和心灵的双重关怀，满怀真挚的宗教情感，阐述了血液循环理论，推翻了同样统治西方思想千余年、被"正统宗教"所庇护的盖伦学说。笛卡儿的《几何》不仅创立了为后来诞生的微积分提供了工具的解析几何，而且折射出影响万世的思想方法论。牛顿的《自然哲学之数学原理》标志着17世纪科学革命的顶点，为后来的工业革命奠定了科学基础。分别以惠更斯的《光论》与牛顿的《光学》为代表的波动说与微粒说之间展开了长达200余年的论战。拉瓦锡在《化学基础论》中详尽论述了氧化理论，推翻了统治化学百余年之久的燃素理论，这一智识壮举被公认为历史上最自觉的科学革命。道尔顿的《化学哲学新体系》奠定了物质结构理论的基础，开创了科学中的新时代，使19世纪的化学家们有计划地向未知领域前进。傅立叶的《热的解析理论》以其对热传导问题的精湛处理，突破了牛顿的《自然哲学之数学原理》所规定的理论力学范围，开创了数学物理学的崭新领域。达尔文《物种起源》中的进化论思想不仅在生物学发展到分子水平的今天仍然是科学家们阐释的对象，而且100多年来几乎在科学、社会和人文的所有领域都在施展它有形和无形的影响。《基因论》揭示了孟德尔式遗传性状传递机理的物质基础，把生命科学推进到基因水平。爱因斯坦的《狭义与广义相对论浅说》和薛定谔的《关于波动力学的四次演讲》分别阐述了物质世界在高速和微观领域的运动规律，完全改变了自牛顿以来的世界观。魏格纳的《海陆的起源》提出了大陆漂移的猜想，为当代地球科学提供了新的发展基点。维纳的《控制论》揭示了控制系统的反馈过程，普里戈金的《从存在到演化》发现了系统可能从原来无序向新的有序态转化的机制，二者的思想在今天的影响已经远远超越了自然科学领域，影响到经济学、社会学、政治学等领域。

科学元典的永恒魅力令后人特别是后来的思想家为之倾倒。欧几里得的《几何原本》以手抄本形式流传了1800余年，又以印刷本用各种文字出了1000版以上。阿基米德写了大量的科学著作，达·芬奇把他当作偶像崇拜，热切搜求他的手稿。伽利略以他的继承人自居。莱布尼兹则说，了解他的人对后代杰出人物的成就就不会那么赞赏了。为捍卫《天体运行论》中的学说，布鲁诺被教会处以火刑。伽利略因为其《关于托勒密和哥白尼两大世界体系的对话》一书，遭教会的终身监禁，备受折磨。伽利略说吉尔伯特的《论磁》一书伟大得令人嫉妒。拉普拉斯说，牛顿的《自然哲学之数学原理》揭示了宇宙的最伟大定律，它将永远成为深邃智慧的纪念碑。拉瓦锡在他的《化学基础论》出版后5年被法国革命法庭处死，传说拉格朗日悲愤地说，砍掉这颗头颅只要一瞬间，再长出这样的头颅 100 年也不够。《化学哲学新体系》的作者道尔顿应邀访法，当他走进法国科学院会议厅时，院长和全体院士起立致敬，得到拿破仑未曾享有的殊荣。傅立叶在《热的解析理论》中阐述的强有力的数学工具深深影响了整个现代物理学，推动数学分析的发展达一个多世纪，麦克斯韦称赞该书是"一首美妙的诗"。当人们咒骂《物种起源》是"魔鬼的经典""禽兽的哲学"的时候，赫胥黎甘做"达尔文的斗犬"，挺身捍卫进化论，撰写了《进化论与伦理学》和《人类在自然界的位置》，阐发达尔文的学说。经过严复的译述，赫胥黎的著作成为维新领袖、辛亥精英、"五四"斗士改造中国的思想武器。爱因斯坦说法拉第在《电学实验研究》中论证的磁场和电场的思想是自牛顿以来物理学基础所经历的最深刻变化。

在科学元典里，有讲述不完的传奇故事，有颠覆思想的心智波涛，有激动人心的理性思考，有万世不竭的精神甘泉。

二

按照科学计量学先驱普赖斯等人的研究，现代科学文献在多数时间里呈指数增长趋势。现代科学界，相当多的科学文献发表之后，并没有任何人引用。就是一时被引用过的科学文献，很多没过多久就被新的文献所淹没了。科学注重的是创造出新的实在知识。从这个意义上说，科学是向前看的。但是，我们也可以看到，这么多文献被淹没，也表明划时代的科学文献数量是很少的。大多数科学元典不被现代科学文献所引用，那是因为其中的知识早已成为科学中无须证明的常识了。即使这样，科学经典也会因为其中思想的恒久意义，而像人文领域里的经典一样，具有永恒的阅读价值。于是，科学经典就被一编再编、一印再印。

早期诺贝尔奖得主奥斯特瓦尔德编的物理学和化学经典丛书"精密自然科学经典"从 1889 年开始出版，后来以"奥斯特瓦尔德经典著作"为名一直在编辑出版，有资料说目前已经出版了 250 余卷。祖德霍夫编辑的"医学经典"丛书从 1910 年就开始陆续出版了。也是这一年，蒸馏器俱乐部编辑出版了 20 卷"蒸馏器俱乐部再版本"丛书，丛书中全是化学经典，这个版本甚至被化学家在 20 世纪的科学刊物上发表的论文所引用。一般把 1789 年拉瓦锡的化学革命当作现代化学诞生的标志，把 1914 年爆发的第一次世界大战称为化学家之战。奈特把反映这个时期化学的重大进展的文章编成一卷，把这个时期的其他 9 部总结性化学著作各编为一卷，辑为 10 卷"1789—1914 年的化学发展"丛书，于 1998 年出版。像这样的某一科学领域的经典丛书还有很多很多。

科学领域里的经典，与人文领域里的经典一样，是经得起反复咀嚼的。两个领域里的经典一起，就可以勾勒出人类智识的发展轨迹。正因为如此，在发达国家出版的很多经典丛书中，就包含了这两个领域的重要著作。1924年起，沃尔科特开始主编一套包括人文与科学两个领域的原始文献丛书。这个计划先后得到了美国哲学协会、美国科学促进会、美国科学史学会、美国人类学协会、美国数学协会、美国数学学会以及美国天文学学会的支持。1925年，这套丛书中的《天文学原始文献》和《数学原始文献》出版，这两本书出版后的25年内市场情况一直很好。1950年，沃尔科特把这套丛书中的科学经典部分发展成为"科学史原始文献"丛书出版。其中有《希腊科学原始文献》《中世纪科学原始文献》和《20世纪（1900—1950年）科学原始文献》，文艺复兴至19世纪则按科学学科（天文学、数学、物理学、地质学、动物生物学以及化学诸卷）编辑出版。约翰逊、米利肯和威瑟斯庞三人主编的"大师杰作丛书"中，包括了小尼德勒编的3卷"科学大师杰作"，后者于1947年初版，后来多次重印。

在综合性的经典丛书中，影响最为广泛的当推哈钦斯和艾德勒1943年开始主持编译的"西方世界伟大著作丛书"。这套书耗资200万美元，于1952年完成。丛书根据独创性、文献价值、历史地位和现存意义等标准，选择出74位西方历史文化巨人的443部作品，加上丛书导言和综合索引，辑为54卷，篇幅2 500万单词，共32 000页。丛书中收入不少科学著作。购买丛书的不仅有"大款"和学者，而且还有屠夫、面包师和烛台匠。迄1965年，丛书已重印30次左右，此后还多次重印，任何国家稍微像样的大学图书馆都将其列入必藏图书之列。这套丛书是20世纪上半叶在美国大学兴起而后扩展到全社会的经典著作研读运动的产物。这个时期，美国一些大学的寓所、校园和酒吧里都能听到学生讨论古典佳作的声音。有的大学要求学生必须深研100多部名著，甚至在教学中不得使用最新的实验设备，而是借助历史上的科学大师所使用的方法和仪器复制品去再现划时代的著名实验。至20世纪40年代末，美国举办古典名著学习班的城市达300个，学员50 000余众。

相比之下，国人眼中的经典，往往多指人文而少有科学。一部公元前300年左右古希腊人写就的《几何原本》，从1592年到1605年的13年间先后3次汉译而未果，经17世纪初和19世纪50年代的两次努力才分别译刊出全书来。近几百年来移译的西学典籍中，成系统者甚多，但皆系人文领域。汉译科学著作，多为应景之需，所见典籍寥若晨星。借20世纪70年代末举国欢庆"科学春天"到来之良机，有好尚者发出组译出版"自然科学世界名著丛书"的呼声，但最终结果却是好尚者抱憾而终。20世纪90年代初出版的"科学名著文库"，虽使科学元典的汉译初见系统，但以10卷之小的容量投放于偌大的中国读书界，与具有悠久文化传统的泱泱大国实不相称。

　　我们不得不问：一个民族只重视人文经典而忽视科学经典，何以自立于当代世界民族之林呢？

三

　　科学元典是科学进一步发展的灯塔和坐标。它们标识的重大突破，往往导致的是常规科学的快速发展。在常规科学时期，人们发现的多数现象和提出的多数理论，都要用科学元典中的思想来解释。而在常规科学中发现的旧范型中看似不能得到解释的现象，其重要性往往也要通过与科学元典中的思想的比较显示出来。

　　在常规科学时期，不仅有专注于狭窄领域常规研究的科学家，也有一些从事着常规研究但又关注着科学基础、科学思想以及科学划时代变化的科学家。随着科学发展中发现的新现象，这些科学家的头脑里自然而然地就会浮现历史上相应的划时代成就。他们会对科学元典中的相应思想，重新加以诠释，以期从中得出对新现象的说明，并有可能产生新的理念。百余年来，达尔文在《物种起源》中提出的思想，被不同的人解读出不同的信息。古脊椎动物学、古人类学、进化生物学、遗传学、动物行为学、社会生物学等领域的几乎所有重大发现，都要拿出来与《物种起源》中的思想进行比较和说明。玻尔在揭示氢光谱的结构时，提出的原子结构就类似于哥白尼等人的太阳系模型。现代量子力学揭示的微观物质的波粒二象性，就是对光的波粒二象性的拓展，而爱因斯坦揭示的光的波粒二象性就是在光的波动说和微粒说的基础上，针对光电效应，提出的全新理论。而正是与光的波动说和微粒说二者的困难的比较，我们才可以看出光的波粒二象性学说的意义。可以说，科学元典是时读时新的。

　　除了具体的科学思想之外，科学元典还以其方法学上的创造性而彪炳史册。这些方法学思想，永远值得后人学习和研究。当代诸多研究人的创造性的前沿领域，如认知心理学、科学哲学、人工智能、认知科学等，都涉及对科学大师的研究方法的研究。一些科学史学家以科学元典为基点，把触角延伸到科学家的信件、实验室记录、所属机构的档案等原始材料中去，揭示出许多新的历史现象。近二十多年兴起的机器发现，首先就是对科学史学家提供的材料，编制程序，在机器中重新做出历史上的伟大发现。借助于人工智能手段，人们已经在机器上重新发现了波义耳定律、开普勒行星运动第三定律，提出了燃素理论。萨伽德甚至用机器研究科学理论的竞争与接受，系统研究了拉瓦锡氧化理论、达尔文进化学说、魏格纳大陆漂移说、哥白尼日心说、牛顿力学、爱因斯坦相对论、量子论以及心理学中的行为主义和认知主义形成的革命过程和接受过程。

　　除了这些对于科学元典标识的重大科学成就中的创造力的研究之外，人们还曾经大规模地把这些成就的创造过程运用于基础教育之中。美国几十年前兴起的发现法教学，就是在这方面的尝试。近二十多年来，兴起了基础教育改革的全球浪潮，其目标就是提高学生的科学素养，改变片面灌输科学知识的状况。其中的一个重要举措，就是在教学中加强科学探究过程的理解和训练。因为，单就科学本身而言，它不仅外化为工艺、流程、技术及其产物等器物形态，直接表现为概念、定律和理论等知识形态，更深蕴于其特有的思想、观念和方法等精神形态之中。没有人怀疑，我们通过阅读今天的教科书就可以方便地学到科学元典著作中的科学知识，而且由于科学的进步，我们从现代教科书上所学的知识甚至比经典著作中的更完善。但是，教科书所提供的只是结晶状态的凝固知识，而科学本是历史的、创造的、流动的，在这历史、创造和流动过程之中，一些东西蒸发了，另一些东西积淀了，只有科学思想、科学观念和科学方法保持着永恒的活力。

　　然而，遗憾的是，我们的基础教育课本和科普读物中讲的许多科学史故事不少都是误讹相传的东西。比如，把血液循环的发现归于哈维，指责道尔顿提出二元化合物的元素原子数最简比是当时的错误，讲伽利略在比萨斜塔上做过落体实验，宣称牛顿提出了牛顿定律的诸数学表达式，等等。好像科学史就像网络上传播的八卦那样简单和耸人听闻。为避免这样的误讹，我们不妨读一读科学元典，看看历史上的伟人当时到底是如何思考的。

　　现在，我们的大学正处在席卷全球的通识教育浪潮之中。就我的理解，通识教育固然要对理工农医专业的学生开设一些人文社会科学的导论性课程，要对人文社会科学专业的学生开设一些理工农医的导论性课程，但是，我们也可以考虑适当跳出专与博、文与理的关系的思考路数，对所有专业的学生开设一些真正通而识之的综合性课程，或者倡导这样的阅读活动、讨论活动、交流活动甚至跨学科的研究活动，发掘文化遗产、分享古典智慧、继承高雅传统，把经典与前沿、传统与现代、创造与继承、现实与永恒等事关全民素质、民族命运和世界使命的问题联合起来进行思索。

　　我们面对不朽的理性群碑，也就是面对永恒的科学灵魂。在这些灵魂面前，我们不是要顶礼膜拜，而是要认真研习解读，读出历史的价值，读出时代的精神，把握科学的灵魂。我们要不断吸取深蕴其中的科学精神、科学思想和科学方法，并使之成为推动我们前进的伟大精神力量。

任定成

2005 年 8 月 6 日

北京大学承泽园迪吉轩

△ 威廉·冯特（Wilhelm Wundt，1832—1920）

▲ 1832年8月16日，冯特出生在巴登(Baden)地区曼海姆（mannheim）北郊的一个村庄——内卡劳（Neckarau）。图为今日曼海姆航拍图。

▶ 小时候的冯特是个孤独的孩子，很少玩耍，也不和双亲接近，只醉心于阅读。他的启蒙老师主要是由他的家庭教师——他父亲的助手 F. 缪勒（F. Müller）负责。图为今日内卡劳的街道一景。

◀ 冯特的父亲马克西米利安·冯特（Maximilian Wundt）是村里的路德会牧师，母亲名叫玛莉·弗里德里克（Marie Frederike）。亲属中曾经出过大学校长、医生、经济学家和历史学家等，算是书香门第。当冯特四岁时，随家人搬到一个叫海登夏姆（Heidelsheim）的小镇居住，图为今日的海登夏姆。

◀ 冯特在海登夏姆的故居。

▲后来缪勒因职务调动搬到明哲夏姆（Munzesheim）时，冯特因为不愿与 F. 缪勒分离，就随往继续受教，住在老师家。图为明哲夏姆的火车站。

▼上学后的冯特似乎没有遗传家族的学术基因，学习成绩很差。1851年冯特刚进入图宾根大学（University of Tuebingen）医学院学习，起初表现也不好。直到父亲去世后，窘困的家境让他很受刺激，发誓痛改前非，发奋读书。图为图宾根大学最古老的建筑。

1852年冯特进入了海德堡大学（Heidelberg University）继续学习，此时的他出现了令人惊讶的好转。图为海德堡大学图书馆。

1856年，冯特在柏林大学攻读博士学位。图为当时的柏林大学。

在柏林大学，冯特师从内科医生 J.P. 缪勒（J.P.Müller,1801—1858）。

1857年，冯特担任海德堡大学的讲师。在海德堡期间，冯特结婚成家，育有一子一女，其子后来成为语言学家和哲学家。在海德堡大学的17年中（1857—1874），他勤奋研究生理学，也是在这17年中，他由一位生理学家蜕变为一位心理学家。1858年，著名的亥姆霍兹（H.von Helmholtz,1821—1894）来到该校建立生理学研究院，冯特申请成为他的实验助手。图为设立在柏林大学的亥姆霍兹雕像。

1870年，由于不能接任亥姆霍兹的工作，冯特离开了海德堡大学。成为普法战争中的一名军医。图片展现了普法战争胜利时威廉登基的情景。

1874年，冯特获得了苏黎世大学（University of Zurich）的教授职位。图为苏黎世大学主楼。

▶ 1875年，冯特在莱比锡大学（University of Leipzig）获得了更好的教职。图为莱比锡大学图书馆。

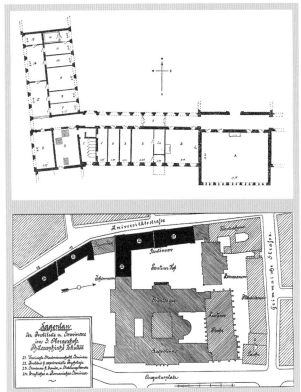

▼ 莱比锡大学今日的实验心理学研究所。

🔼 冯特在莱比锡大学工作了45年。在此，他建立了实验室并开始了实验心理学研究。1879年，莱比锡大学认可该实验室为世界上第一个专门的心理学研究实验室，标志着心理学的正式诞生。1894年，冯特在此建立了世界上第一个实验心理学研究所（Institute for Experimental Psychology）。图分别为1896年（上）和1909年（下）的实验心理学研究所格局。

冯特最早的著作是1858年发表的有关肌肉运动及其伸缩性的书，那时他已经开始有一个意念在萌芽——心理学应该是一门独立科学，之后他的著述甚丰。1863年冯特出版《人类与动物心理学讲义》，此书30年后再版，又译为英文，并修订多次，足见其为人重视。图为1863年版的《人类与动物心理学讲义》的扉页。

冯特的著作《生理心理学》，其前半部出版于1873年，后半部出版于1874年，之后陆续修订六次，至1911年为第六版，增订为三大册。这部著作使得冯特声名远扬，也因此获得了苏黎世大学的教授职位，一年后又在莱比锡大学获得了更好的教职。

1896年冯特在《心理学》一书中提出新的情感说。此书至1911年已修订九次。

在冯特的学术生涯晚期，他开始对社会和文化心理学感兴趣。1900—1920年的二十年中，他出版了学科词典式的《民族心理学》十卷。这是他一生中的又一伟绩，正式将心理学分成了实验和社会两个部分。图为《民族心理学》英文版的扉页。

中年时期的冯特深居简出，勤于写作，不喜欢参加公开仪式或学术会议。

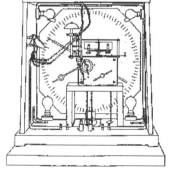

冯特使用的计时器（模式图）。用于记录被试从发声到作出反应所耗费的时间。

据冯特的学生铁钦纳（E. B. Titchener，1867—1927）和霍尔（G. S. Hall，1844—1924）等为他写的传记中描述：他身体结实，生活极有规律，有如时钟之准。每日生活次序是上午写作和接见访客，下午先到实验室工作，然后散步。散步时思考上课的演讲大纲，随即上课，无须参看笔记，然后再一次前往实验室，以结束当天日程。傍晚他常赴音乐会或歌剧厅，或招待同事，与当时文艺运动保持接触。他极少旅行，也绝不郊游，因此他能专心学术而著作等身。图为58岁时的冯特。

冯特的演说非常受人欢迎，听众颇多。他经常简化自己的言辞，使其浅显易懂，并且在演讲时佐以示范和实验，容易引起听众的兴趣。虽然他不喜欢参加大会，但在非出席公共场合不可之时，他仍能以合适风度执行他的职务并获得成功。图为老年时的冯特。

冯特直到85岁高龄才退休。他去世于1920年8月31日，享年88岁。图为冯特的墓碑。

根据心理学史家波林（E. G. Boring，1886—1968）计算，冯特从1853年至1920年写过53735页书或文章，在这68年中他每天平均写作2.2页。因此，波林评价说："学术界少有学者能在如此短暂的时期内做出如此多而高超的成就。"

目　录

导　读

李　维

（上海社会科学院　研究员）

· Introduction to Chinese Version ·

> 在冯特创立他的实验室之前，心理学像个流浪儿，一会儿敲敲生理学的门，一会儿敲敲伦理学的门，一会儿敲敲认识论的门。1879 年，它才成为一门实验科学，有了一个安身之处和一个名字。
>
> ——墨菲（G. Murphy，1895—1979）

PSYCHOLOGY CONFERENCE GROUP, CLARK UNIVERSITY, SEPTEMBER, 1909

Beginning with first row, left to right: Franz Boas, E. B. Titchener, William James, William Stern, Leo Burgerstein, G. Stanley Hall, Sigmund Freud, Carl G. Jung, Adolf Meyer, H. S. Jennings. *Second row:* C. E. Seashore, Joseph Jastrow, J. McK. Cattell, E. F. Buchner, E. Katzenellenbogen, Ernest Jones, A. A. Brill, Wm. H. Burnham, A. F. Chamberlain. *Third row:* Albert Schinz, J. A. Magni, B. T. Baldwin, F. Lyman Wells, G. M. Forbes, E. A. Kirkpatrick, Sandor Ferenczi, E. C. Sanford, J. P. Porter, Sakyo Kanda, Hikoso Kakise. *Fourth row:* G. E. Dawson, S. P. Hayes, E. B. Holt, C. S. Berry, G. M. Whipple, Frank Drew, J. W. A. Young, I. N. Wilson, K. J. Karlson, H. H. Goddard, H. I. Klopp, S. C. Fuller

　　冯特不喜欢参加公开仪式，从不参加大会，也不参加心理学会议。图为1909年9月在克拉克大学召开的心理学大会合影，其中就没有冯特。

晚年的冯特在给学生上课。

一位生理学家的朴素心理学

　　威廉·冯特（Wilhelm Wundt，1832—1920）系心理学创始人之一，构造主义心理学的代表人物。冯特于 1832 年 8 月 16 日出生在德国曼海姆北郊内卡劳，求学于图宾根大学和海德堡大学，主修医学，后改行研究生理学。他的博士论文题为《炎症引起的变性器官之神经变化》。1857—1874 年，冯特一直在海德堡大学从事教学和研究工作。1858 年，受聘担任亥姆霍兹（H. Helmholtz，1821—1894）的助手。当时规定所有想在巴登（Baden）接受国家医学考试的人，都需在生理学实验室接受一个学期的训练，于是冯特帮助训练这些学生，对肌肉痉挛和神经冲动的传导进行标准化实验。在从事生理学研究的同时，冯特关于心理学是独立的实验科学的概念开始形成。他对新心理学的最早建议见于《对感官知觉学说的贡献》（*Contributions to the Theory of sense Perception*）一书。在这本书里，冯特除了报道他最初的实验外，还对新心理学的方法表明了自己的看法，并第一次提到"实验心理学"。1873—1874 年，冯特出版其重要的心理学著作《生理心理学》（*physiological psychology*），该书被视作新心理学进展的记录。1875 年，冯特应聘出任莱比锡大学哲学教授，开始了其漫长但也是最重要的学术时期，他在那里工作了 45 年。1879 年，冯特在莱比锡大学建立了世界上第一个心理学实验室。该实验室的出现，可以说是心理学史上的一个里程碑，标志着新心理科学的诞生。1920 年，冯特写成自传《经历与认识》一书，回忆了他在心理学领域中艰苦奋斗的一生。这本书出版后不久，他便于 1920 年 8 月 31 日在莱比锡去世，享年 88 岁。

　　《人类与动物心理学讲义》（*Lectures on Human and Animal Psychology*）刊布于 1863 年。在此之前的 1861 年，冯特在施佩耶尔博物学会的天文学组内演讲其对人差方程律的心理物理学解释，1862 年他又在海德堡讲演"自然科学的心理学"。以此为基础，他于 1863 年将其讲义整理后刊行，定名为《人类与动物心理学讲义》。这是一部极其重要的心理学著作，它记录了冯特心理学思想的形成，以及从哲学向心理学的转折，史称该书为"生理学家的朴素心理学"。该书涉及的是实验心理学多年来重点讨论的问题，例如，人差方程式和反应实验、知觉的地位、心理物理法等，其中许多系统的材料是冯特后来著述《生理心理学》的基础。《人类与动物心理学讲义》一经刊行，便不断再版，每次再版均有修订，前后历经六次再版，以第二版的修订量最大，而且直到 1920 年冯特去世后还见重印发行。1912 年，冯特的弟子、构造主义心理学的另一位代表人物铁钦纳（E. B. Titchener，1867—1927）等人以第二版为蓝本，将其译成英文予以出版。中译本便是以铁钦纳的这个英译本为依据的。

一、心理学是经验的科学

冯特在创建心理学的前后,曾就心理问题提出过两种不同的体系。第一种体系是冯特在海德堡大学期间提出的,在这一体系中,他把心理学界定为"研究意识并探索控制心灵的独特规律"。他的构想是,心理学应该成为一门自然科学。为此,他仿效穆勒(J. S. Mill,1806—1873)的观点,认为心理能够通过实验的方法而进入自然科学的领域:"唯有实验才能在自然科学中有所发展;让我们把实验用于心理的自然。"在冯特早期的心理学定义中,没有像他后来所做的那样把心理与意识混淆起来。相反,实验的目的是去搜集资料,对无意识进行推论:"心理学实验是一种主要的方法,它指引着我们从意识的事实到达下述那些过程,这些过程在我们心理的黑暗背景中准备着意识生活。"

第二种体系是冯特在应聘莱比锡大学之后不久提出的,并不断地对其加以修改。在冯特那个时代,德国知识分子已经区分了"自然科学"和"精神科学"。前者研究物理世界,探索控制物理世界的规律;后者研究人类世界,探索控制人类生活、人类发展和人类历史的规律。冯特认为,人类的躯体和人类的心理基础属于物质世界和自然科学,而对人类心灵更高水平的探索,也即对高级心理过程的探索,则属于精神科学。这样,"心理学便形成了从自然到精神的过渡"。生理心理学的方法与物理科学的方法有关。可是,由于出现了高级的心理过程,便需要其他的科学分析,也即需要特殊的精神科学方法。

贯穿上述两种体系的一条主线是,冯特认为心理学是经验的科学。心理学不是形而上学,所以不能借形而上学以谋求发展。这种经验的科学遵循下述几条原则:

1. 这种经验的科学主张心理学研究的是直接的经验。物理学研究间接经验,它的资料是概念的;正因为它的资料是概念的,所以它的方法是间接的,它的要素是推知的,并不直接呈现为经验内的现象。心理学则研究直接的经验,它的资料是现象的;正因为它的资料是现象的,所以它的方法是直接的,它的要素是可供实验观察的,并直接呈现为经验内的现象。在冯特看来,间接经验提供给我们的是关于某种东西的情况或知识,而不是经验本身。例如,我们看到一朵花时说:"这花是红的。"这句话意味着,我们关心的主要是花,而不是正在体验红这一事实。相比之下,看花时的直接经验不在于这一现象本身,而在于对红的体验。因此,直接经验是经验本身。正是这种直接经验形成了意识的基本状态或心理要素。

2. 这种经验的科学用内省法来研究直接的经验。在冯特看来,"意识的科学只能根据可以复制和系统变化的标准条件建立在客观的允许重复的基础之上"。为此,冯特提出了作为一种科学内省形式的实验的自我观察方法。在这种内省形式里,被试被置于标准的、可以重复的情境之中,并要求用简单的、确定的回答来作出反应。冯特为实验室里正确使用内省提出过如下规则:① 观察者必须能够确定内省过程是在什么时候引起的;② 观察者必须处于准备状态或"紧张的注意"状态;③ 一种内省必须能够重复地观察几次;④ 一种内省必须能够随着所控制的刺激作用来改变实验条件。内省的技术只有经过长期的严格训练方能获得。例如,在反应时的实验中,观察者必须进行近 1 万次的内省观察,才被认为他的技术足以提供可靠的数据。

除了实验的内省外,还有一些心理学研究方法可以用来揭示直接的经验。例如,比较心理学方法和历史心理学方法。这两种方法都涉及有关心理差异的研究。比较的方法用于研究动物、人类、正常心理和变态心理的意识;历史的方法用于那些由种族或民族决定的心理差异。在冯特早期的心理学研究计划中,历史的方法只是实验内省的附属物。然而,在其后期的心理学研究计划中,历史的方法上升到了与实验内省同等的地位。

3. 这种经验的科学坚持心身平行论的观点。在冯特看来,心和物或心和身是平行的,而非交感的。所以,心理学家应该是一个心身平行的二元论者,而非一个心身交感的二元论者。自然科学构成了这样一个封闭的因果系统,这个系统不影响心灵也不为心灵所影响。就感觉而言,神经刺激似曾引起感觉的经验,由此我们获得交感的现象。但是,实际上它只是一种表面现象。同样的条件一方面引起生理历程,另一方面也引起心理历程,所以这些条件只是起于同时,却非相互一致,也非互为因果。心身平行不是一个一般的形而上学原则,而是表示同时发生现象的一个规律。

4. 这种经验的科学将下述三个心理学问题列为自己的研究对象:① 意识的历程,并将这一历程分解为要素予以一一研究;② 探索要素与要素之间是如何联合起来的;③ 找出要素之间联合的法则,用定律予以表示。这三个问题与物理学相似,物理学提炼物质的属性,心理学则提炼心理的要素,并揭示其依次联合的形式。

二、心理的基本规律是心理的因果规律

冯特认为,心理的基本规律是心理的因果规律。一切有关意识活动交互作用的法则都置于此律之下。在冯特看来,心理的因果与物理的因果不同,表现在两个方面:(1) 物理的因果涉及那些发生交互作用的实体的性质,而心理的实体并不存在,存在的只是心理的活动,所以不能用心理的因果来说明个别的、实体的、永久的心理东西的交互作用。(2) 物理的因果在因力和果力的数量上相等,两者不仅为相互关联的事件,即因在前果在后,而且两者的相关更可还原为能量的定量转移,即化因为果。然而,并不存在心理的能量,也不存在可将一切心理的东西进行还原的概念。因此,说到心理因果的时候,并未意指两者的相等。心理的因果只是心理生长或发展的原则,其规律的变化是一个活动着的心理的自然历程。由于心理处于变动之中,所以心理的因果仅指变化先后的法则,也即从"此"到"彼"的历程,而非固定的实体。

心理因果律的核心是联想律。联想是心理要素之间进行联合的一个基本原则,其原始的方式为同时的,但也很容易变为相继的。联想具有下列几个形式:

1. 混合。混合可为各个乐音或各个情感的强度之混合,也可为视觉广度或触觉广度的混合。各个要素一经混合,便失却其独立性,有一要素统驭其余要素,致使其余要素处于被统驭的地位。但是,无论哪一要素,都可因为分解而恢复其独立性。例如,乐音可被分解为和音,视觉的位置可被分解为视觉对象、视觉运动、位置感觉等。

2. 同化。意指由当前的感觉联想到先前的因素,例如,当前知觉到的椅子形象使人

联想到一个先前获得的具有普遍性要素的"椅子"。同化的一种形式是再认,它分成两个阶段:先是一种模糊的熟悉感,随后是再认的活动。至于回忆,它不是旧有要素的复活,而是旧有要素的重组。人们无法重新经历一个业已逝去的活动,因为观念不是永存的。相反,人们根据当前的线索和某些一般的规则对它进行重新组织。

3. 复合。复合是指不同的感觉部分之间的联想。它取自复合的实验,该实验则导源于天文学家借助"眼耳法"的发现。可是,在冯特看来,复合一词几乎包括一切复杂的知觉。例如,觉得物体坚硬或寒冷的视知觉,对于乐音和乐器的视觉印象,观念间言语联想中字的视觉,等等。

4. 记忆联想。除了知觉的联想外,还有记忆的联想,包括认识和再认的问题。

冯特在以联想律为因果律核心的同时,还提出几条副律,主要的有心理关系律和心理对比律。

心理关系律意指一个心理要素的意义是由与此相关的另一种要素而得到的。例如,以韦伯—费希纳定律(Weber-Fechner laws)为例。费希纳曾说过,此律是心理物理的,用以表示心理历程和生理历程之间的数量关系。也有一些学者认为此律纯属生理的,用以揭示某些外周的神经历程和某些中枢的神经历程的关系。冯特则认为此律纯属心理的。感觉、刺激、神经兴奋都在强度上互成比例,然而对于两种感觉的差异量值的判断则与这些感觉的大小成比例。也就是说,判断的差异直接与被判断的感觉大小的对数成比例。这里,心理关系律显然在起作用了。感觉差异依存于其绝对大小的关系。冯特的心理学相对律,即以这个论点为出发点。

心理对比律导源于情感对比的事实。冯特曾创立情感三度说。在冯特看来,每一种心理要素都具有两个基本属性:质量和强度。据此,情感可以分成愉快—不愉快,紧张—松弛,兴奋—安静这三种方向。每一种个别的情感既可能表现出其中的两个方向,也可能只属于其中的一个方向。这种情感三度说导源于内省观察。实验用一个节拍器,在一组有节律的嘀嗒声结束时,一些节奏型比另一些节奏型听起来好像更悦耳。于是,构成这种经验第一部分的便是愉快—不愉快的主观情感。第二类情感也是在听到嘀嗒声时发现的。当等待每一相继的嘀嗒声时出现紧张的情感,而在所期待的嘀嗒声发生后就产生松弛感。于是,构成这种经验第二部分的是紧张—松弛的主观情感。第三类情感是,当嘀嗒的速率增加时会引起适度的兴奋情感,而在速率减少时则引起较沉静的情感。于是,构成这种经验第三部分的便是兴奋—安静的主观情感。

三、生理心理学实验方法的经典运用

由于心理学是对直接经验的科学研究,因此只要把心理理解为某一特定时刻经验的总和,那么心理学就是研究人类的意识或心理。至于心理在某一特定时刻能够拥有多少观念,冯特认为传统的哲学内省不能提供可靠的答案。因为没有实验的控制,试图内省出某个人心理中的观念数目是徒劳的。为此,需要运用一种实验,用以弥补传统的哲学内省,使之完备,并产生数量结果。鉴于这一理由,冯特把生理心理的实验方法用于该领域,并用统觉学说予以解释。

　　冯特的一个实验是:被试坐在一个暗室里,面对一个投影屏幕,在大约 0.09 秒的瞬间内,屏幕上闪现一个刺激。刺激物是按四列四行排列的随机选择的字母。被试的任务是尽量回忆出字母。回忆出的数目提供了瞬间内可以把握多少简单观念的指标,因而也就回答了上述问题。实验结果表明,未经训练的被试能够回忆出大约 4 个字母,经过训练的被试最多能够回忆出 6 个字母。这些数字与现代短时记忆容量的测验结果相符合。

　　从这个实验中可以进一步观察到两个重要现象:① 假设在实验中每行的 4 个字母构成一个单词,例如:work,many,room,idea 等。在这种情况下,有可能回忆出全部 4 个单词的 16 个字母。假设在实验中各个字母是孤立的,构不成一个单词,由于孤立要素的字母很快填满了意识,所以被试在瞬间只能知觉到 4～6 个字母。但是,如果把这些要素组织起来,就可以把握更多的数目。用冯特的话来说,这些字母要素被"综合"为一个更大的整体,被理解为一个单独的复合观念,并被当做一个新的要素来掌握。② 在实验中,被试对有些字母可以清晰地知觉到,而对另外一些字母只能模糊地知觉到。意识似乎是一个巨大的场,其中分布着观念要素,场的一个区域处于"注意"的中心,那里的观念能够清楚地被感知,而处于中心区域之外的要素只能让人模糊地感到其存在,即不能辨认。

　　冯特在解释上述现象时运用了"统觉"的概念。统觉不仅担负着把要素积极地综合为整体的重任,而且还被用来解释更为高级的心理分析活动和判断活动。统觉是所有高级思维形式的基础,也是意志的随意活动,通过这种随意活动,我们控制我们的心灵,并赋予它以综合的统一性。

　　冯特关于统觉的学说,可从现象的统觉、认知的统觉和活动的统觉来加以说明。

　　1. 现象的统觉。在冯特看来,统觉虽非要素,也非要素的集合,但有其现象的意义。就现象而言,意识有两种不同的程度:凡在意识范围之内的历程都存在于意识域之内,但在这些历程之中,只有少数历程被引入意识的焦点之上。焦点内的历程才引起统觉。焦点的范围就是注意的范围,它小于意识的全域,因此可用以测量统觉。所谓肌肉的反应时间比感觉的反应时间少 1/10 秒,就是说后者涉及感觉印象的统觉时间,而前者则否,也即统觉所需的时间约为 1/10 秒。此外,冯特还阐释了统觉与情感的关系。冯特认为,情感来自统觉活动之时;情感是统觉对于感觉内容的反应的标志。因此,情感是统觉的信号,也是它的现象的表征。

　　2. 认知的统觉。认知的统觉有别于联想。冯特认为,联想使心理要素的衔接是非逻辑的,而统觉使心理要素的衔接则是逻辑的。在这个意义上说,统觉既可以是分析的,也可以是综合的。判断能使一种内容分离,这种统觉便是分析的统觉。至于综合的统觉,其程度不一,从单纯的联合,经由特殊的统觉之综合,一直达到概念。

　　3. 活动的统觉。冯特认为,统觉是主动的,是意识流内的一个恒流。主动的统觉依靠创造性综合原则或心理合成律把各种要素联合成一个单元,也就是说,要素的联合产生了新的特性。正如冯特所说:"每一个心理复合物的特征绝不是这些要素特征的简单相加。"因此,有些新东西是由经验的基本部分的综合而产生的。这种创造性综合的概念在化学中有其对应物:化学元素的化合产生具有新特性的合成物,这种新特性已不是原来元素的特性。所以,统觉是一种主动的过程,它不是单纯受经验要素的影响,而且也在使部分构成为整体的创造性综合中影响经验要素。

四、关于实验内省的歧义

自冯特于 1856 年在海德堡大学获得博士学位后,直到 1920 年逝世,在近 65 年的学术生涯中,他撰写了大量的作品。心理学史家波林(E. G. Boring,1886—1968)评论道,冯特总共写了 53735 页的文章,平均每天写 2.2 页。以每天读 60 页的速度,大约两年半才能读完他的著作。

关于冯特的理论体系,除实验内省之外,很难进行评说。这是因为:① 他的著作数量众多,刊布速度极快。批评家正在捉摸冯特的一个论点,可冯特却在他的新版中对这个论点进行修正了,或者去写完全不同的新专题去了。詹姆斯(W. James,1842—1910)曾评论道:"正当他们(指批评者)对冯特的若干观点进行条分缕析时,他在同时却写一本完全不同的书去了。"所以,批评家写成的东西,要么成为过时的,要么被冯特接踵而来的新著作所掩埋掉。② 冯特的理论像分类表,彼此之间的联系并不十分严密,而且几乎不可能加以论证。在他的纲领里,没有一个能使批评家用简单的一击便可使其伤残的生命中枢,即便有的话,也被淹没在大量详尽的论述之中。詹姆斯说过:"冯特想充当知识界的拿破仑。可惜他决不会有一个滑铁卢,因为他是一个没有天才的拿破仑。"所谓没有天才,主要意指他"缺乏这样一个中心观念,如果这个观念受到挫败,就会使整个建筑物倒塌"。所以,詹姆斯曾把冯特比做一条蚯蚓,即便把它切断,每段还会爬,"在它的精神延髓里没有生命结,所以你不可能立即杀死它"。

至于实验内省,歧义主要集中在下述几个方面:① 单凭实验内省,很难验证已经报道的研究成果。由于内省观察是一件严格保密的事情,借此从事的实验不像客观的实验那样保证实验者之间的一致性。即便在严格控制的条件下,内省者之间的意见也常不一致。不同实验室中的内省得到不同的结果,甚至同一个实验室中的内省者也常常不能彼此一致。② 内省观察严格地说只是一种回顾,因为在经验本身与报告经验之间经历了一段时间。由于在一种经验之后遗忘发生得较快,所以很可能有些经验会被忘却。即便观察者会产生一种心理意象,这种心理意象也很难一直把经验保持到观察者要做报告的时候。③ 当观察者用内省方法详细地考察自己经验活动时,这种考察本身有可能改变该经验。例如,观察者内省愤怒的情绪,在他理智地注意愤怒的过程中,在他试着把这种经验分解为它的基本要素时,愤怒可能已经平静下来或完全消失。于是,内省的报告就不完全是愤怒的情绪。④ 即便在冯特那个时代,内省也不是唯一的方法。心理领域中的大量题材并非内省能够统领。例如,动物心理学家的研究就显然没有使用内省。精神分析指出了行为的无意识决定因素,而无意识领域却是内省所达不到的地方。

尽管如此,冯特毕竟是科学心理学的创始人之一。他的历史地位,正如墨菲(G. Murphy,1895—1979)所评述的那样:"在冯特创立他的实验室之前,心理学像个流浪儿,一会儿敲敲生理学的门,一会儿敲敲伦理学的门,一会儿敲敲认识论的门。1879 年,它才成为一门实验科学,有了一个安身之处和一个名字。"

第 一 讲

• *Lecture First* •

一、心理学的哲学期望

即使在我们这个时代,心理学仍然比其他经验科学(experiential science)更清楚地反映出哲学体系冲突的痕迹。我们可能为了心理研究的缘故而抱怨这种影响,因为它已经成为对心理生活进行不偏不倚之考察的主要障碍。但是,用历史的眼光来看,我们发现这是不可避免的。自然科学逐步成形于自然哲学(natural philosophy),这种自然哲学为自然科学的形成铺平了道路,而且其影响仍能在当今的科学理论中被辨认出来。当我们考虑摆在心理学面前的问题时,这些影响在心理学领域更为基本和更为持久这一点便是可以理解的了。心理学必须对我们称之为内部经验(internal experience)的东西加以研究——也就是对我们自己的感觉(sensation)和情感(feeling),我们的思维(thought)和意志(volition)进行研究——这些都是与外部经验的客体(objects of external experience)截然不同的东西,而这些外部经验的客体形成了自然科学的题材。人类本身,不像他外部表现的那样,而是像他用自己的直接经验表现的那样,是心理学要解决的真正问题。在心理学讨论范围内所涉及的不论其他什么东西——动物的心理生活,从心理本质的相似性中产生的人类的共同观念(ideas)和活动(actions),以及个体的智力成就(mental a-chievements)或社会的智力成就等——所有这些都与一个原始的问题有关,而不管我们对心理生活的理解是否由于考虑了这一问题而大大拓展和加深。心理学由此开始接触的那些问题同时也是哲学问题。早在心理学成为一门经验科学之前很久,哲学已经作过多种尝试去解决这些问题。

然而,今天的心理学,既不愿意向哲学否认它有权占据这些问题,又不能对哲学问题和心理学问题的密切关联进行争辩。但是,在某一个方面,它已经经历了立场观点的剧烈变化。它拒绝承认心理学研究在任何一种意义上依赖于以往的形而上学结论。它宁可把心理学与哲学的关系颠倒过来,正如很久以前经历的自然科学颠倒它与自然哲学的关系一样——那就是,这种颠倒关系达到这样的程度,以至于它拒绝一切不是以经验为基础的哲学思辨。我们没把心理学建立在哲学假设的基础之上,而是需要这样一种哲学,它的思辨价值在每一步上都归于心理的事实,正如它归于科学的经验一样。

因此,在这些讲座中,我们的一个原则问题是,避免纠缠于哲学体系的纠葛之中。但是,由于今天的思想在各个方面都受制于过去哲学(这种哲学的历史是以数千年计算的)的影响,也由于概念和一般观念(尚未分化的哲学在这些概念和一般观念之下安排心理生活的各种事实)已经成为普遍的教育意识的一部分,并总是妨碍到对事物进行实事求是的思考,因此我们应尽的责任是为我们打算采纳的观点提供特征,并证明其正确。鉴于此,我们将首先看一下心理学产生之前的哲学史。

在反思性思维(reflective thought)问世之际,对外部世界的知觉要比观念和思维的内部经验更为人们所器重,而且也比情感和意志的内部经验更为人们所倾心。因此最早的心理学是唯物论(materialism)的心理学:心灵(mind)是空气,或者是火,或者是以太(ether)——不管这种物质多么微小、稀薄,以致变成非物质化的东西,它总是某种形式的物质。柏拉图(Plato)是希腊人中第一个将心灵与肉体分开的人。他认为心灵是支配肉体的。这种分离(即心灵与肉体的分离)为未来的片面的二元论(dualism)铺平了道路,这种片面的二元论把可察觉的存在视为一种观念(即纯粹的精神存在)的蒙蔽和堕落。亚里士多德(Aristotle)将思辨的天赋与非凡的观察力结合起来,认为精神乃使物质趋于活跃的本源,从而试图将这两种对立物协调起来。他看到在各种动物形态中心理力量的运作,表达了人类在静止或运动时的特征,甚至阐释了人类在生长过程和营养过程中的种种表现。他概括了所有这一切,并得出结论说,心灵乃一切机体形态的创造者,它对物质所起的作用犹如雕刻家在大理石上所进行的雕刻工作。在他看来,生命和理智具有同一关系;按照他的理论,甚至植物界也具有心灵。但是,除此之外,亚里士多德比其先驱更深刻地渗透到心理经验的事实中去。在他论述有关心灵的著作中,他首次将心理学作为一门独立的科学,并敏锐地将基本的心理活动彼此分开;而且,在他所处时代的知识局限内,还提出了它们的因果关系。

中世纪完全受制于亚里士多德的心理学,尤其受制于那种心理学的基本假设,即认为心灵乃生活之本源。但是,随着现代时期的来临,心理学像其他领域一样,开始了柏拉图主义(Platonism)的回归。另一种影响也与这种回归结合起来,以取代亚里士多德的哲学思想;那便是现代自然科学的发展以及伴随这一发展而来的机械形而上学的发展,这一进展带动了上述两种发展。这些影响的结果产生了两大心理学派——唯灵论学派和唯物论学派,两派的论战一直持续到今天。个体的思想在发展这两种观点的过程中具有极大的重要性,这是一个令人惊异的事实。数学家和哲学家笛卡儿(Descartes)提出了同亚里士多德相反的观点,他将心灵界定为一种唯一的思维实体;他遵循柏拉图的思想,将心灵归之于脱离肉体的一种原始的存在,由此,它以永久占有的方式接受了所有超越可感知经验界限的那些观念。笛卡儿把心灵(其本身是非空间的)与躯体的联结处定在大脑中的某一部位,心灵在此处受到外部世界的一些过程的影响,并反过来对躯体产生影响。

后来的唯灵论并没有将其观点拓展到这些限度以外。事实上,莱布尼茨(Leibnitz)的"单子论"(monads)认为,一切存在都是精神力量的上升系列(ascending series),并试图用一种更普遍的原则(接近于亚里士多德的心灵概念)来取代笛卡儿的精神实体。但是,他的接班人克里斯蒂安·沃尔夫(Christian Wolff)却又回到了笛卡儿的二元论。沃尔夫是所谓的心理官能理论(theory of faculties)的创始人,这种理论直到今天还对心理学产生影响。该理论根据对心理过程的肤浅分类,按照若干一般的概念如记忆、想象、感觉、理解等等予以表达。在心理官能理论看来,这些东西是心灵的简单的和基本的力量。

这样一来，便使本世纪最敏锐的思想家之一赫尔巴特（Herbart）有机会提出令人信服的证据，以证明该"理论"是极端空洞的。与此同时，赫尔巴特还是现代唯灵论最后一位伟大的代表，现代唯灵论是继笛卡儿而面世的。至于追随他的康德（kant）和其他一些哲学家——例如费希特（Fichte）、谢林（Schelling）和黑格尔（Hegel）等人的著作——则属于不同的范畴。在赫尔巴特的著作中，我们仍能发现一个简单的精神实体的概念，它是由笛卡儿引入现代哲学中去的，但是却被推向极端的逻辑结论，与此同时，被莱布尼茨单子论的第一原理所修改。这位思辨心理学（speculative psychology）的最后代表的坚韧性使下列情况显得更为清楚：若想从简单的心理概念中派生出心理生活事实的任何试图必定会徒劳无功，同样，若想从简单的心理概念与不同于它或与其相似的其他存在物的关系中派生出心理生活事实的任何试图也必定会徒劳无功。让我们思索一下赫尔巴特对心理学所作的贡献吧！他像往常一样，对主观知觉进行大量的分析，他没有用其独创性中的最佳部分来精心阐述那种完全想象的观念机制，而是用其形而上学假设得出那种完全想象的观念机制。由于他把简单的精神实体概念导向其逻辑结论，我们也许可以将他的心理学归之于这种消极的价值（除了它的积极的优点以外）——也即它尽其所能清楚地表明了唯灵论的贫乏。在赫尔巴特的心理学著作中属于永恒的东西，我们把它归之于对心理事实进行精确观察的能力；而所有那些站不住脚和谬误的东西，则均来自他的形而上学心灵概念和借助该概念而建立起来的次级假设。结果，这位伟大的唯灵论者的成就十分清楚地表明，他所走过的道路，除了使他进入诸种矛盾以外，对心理学来说不可能是正确的道路。这一简单的精神实体概念并非通过对心理现象的分析而获得，而是从外部附加在它们上面的。为了保证这个灵魂的预先存在（pre-existence）和永垂不朽，而且，为了用最直接的方式来迎合这一逻辑原理（即复杂以简单为前提），看来，必须假设一个不可摧毁的，从而是绝对简单和无法改变的心灵原子（mind-atom）。于是，心理经验的任务便是尽其可能使它本身与这种观念相一致。

二、唯灵论和唯物论

笛卡儿否认动物具有心灵，其根据是，心灵基本上由思维构成，而人类是唯一的思维生物，他在这样论证的时候，几乎没有考虑到该假设会像他在自然哲学中描述的严格的机械观点一样，进一步推动了与他所教的唯灵论直接相悖的学说——也就是现代唯物论学说。如果动物是自然界的机械物（automata），如果普遍的信念所涉及的感觉、情感和意志等一切现象都是纯粹的机械条件的结果，那么，同样的解释为什么不适用于人类呢？这个明白无误的推论是17世纪和18世纪的唯物论从笛卡儿原理那里得出的。

哲学产生时的朴素唯物论的哲学前提是简单地把某种肉体的存在归之于精神存在。但是，现代唯物论视生理假设为它的首要原理；思维、感觉和观念都是神经系统内某些器官的生理机能（physiological functions）。对于这些意识事实的观察，在它们尚未从化学的和物理的过程中获得之前，是没有用处的。思维仅仅是大脑活动的结果。当循环停止而生命中断时，大脑的这种活动也停止了，因此思维不过是组成大脑的物质的一种机能而已。

当时的科学研究者和内科医生，由于职业关系尤其倾向于接受这种心理生活的解释，也即根据在他们看来可以理解的科学事实去接受这种心理生活的解释。当今的唯物论在这方面或在任何其他方面对于上一世纪所传播的一些观点［例如，由德·拉·梅特里(De La Mettrie)传播的观点，由爱尔维修(Helvetius)、霍尔巴赫(Holbach)和其他一些人发展的观点］均未取得明显的进展。但是，这种将心理过程与大脑机能等同起来，致使心理学成为脑生理学的一个部分，并且因此成为普通的原子结构的一个部分，恰恰违反了科学逻辑的第一定律——唯有那些事实的联结方能被视作相似现象之间获得的因果关系。我们的情感、思维和意志难以构成可察觉的知觉客体。我们可以听到表达思维的那些词语，我们也可以看见思考那些词语的人，我们还可以对产生思维的大脑进行解剖；可是，那些词、那个人、那个大脑都不是思维。而且，在大脑中循环的血液，在那里发生的化学变化，是完全不同于思维活动本身的。

事实上，唯物论并未断言这些东西是思维，而是它们形成了思维。正如肝脏分泌胆汁、肌肉产生运动力量一样，血液和大脑、热量和电解作用产生了观念和思维。但是，可以肯定地说，在这两种情形之间并无细微的差别。我们可以证明，胆汁在肝脏中通过化学过程而产生，对于这种化学反应，我们至少可以部分地详加探究。我们也可以表明，运动是通过明确的过程而在肌肉中产生的，该过程同样表明是化学转化的直接结果。可是，大脑的过程并未向我们提示我们的心理生活如何形成的任何情况。因为这两种系列现象是不可比较的。我们可以设想一种运动如何转化为另一种运动，也许还可以设想一种感觉或情感如何转化为另一种感觉或情感。但是，没有一种宇宙的机械体系可以向我们清楚表明一种运动如何转化为一种感觉或情感。

与此同时，现代唯物论指出了一种更加合理的研究方法。大量的经验毋庸置疑地表明了生理上的大脑机能同心理活动的联结。至于通过经验和观察等手段对这种联结进行研究，肯定是值得从事的一项任务。但是，我们没有发现唯物论（即便在这种联结中）已经作出了哪怕一点点对我们的积极理解有价值的贡献。它热衷于建立一些关于心理机能依赖于生理过程的无根据之假设；或者关注于将心理力量的本质归之于某种已知的躯体能量。就其宗旨而言，没有一种类推是过于悬而未决的，也没有一种假设是过于不切实际的。关于心理力量是否类似于光或类似于电，这方面的争论已持续一些时候了。只有一点是普遍同意的——即心理力量是不可估量的。

在我们这个时代，爆发于本世纪中叶的唯物论和唯灵论之间的冲突似乎已烟消云散了。对科学来说，它留下了一些毫无价值的东西；这并不会使熟悉细节的人感到惊讶。观点的冲突又一次围绕着老问题而集中起来：这些老问题涉及心灵的所在，以及心灵与躯体的联系。唯物论犯的错误同我们指责唯灵论的错误一样。它没有大胆地投入到呈现于我们观察面前的现象中去，并调查它们关系的一致性，而是忙于形而上学的一些问题，对这些问题的回答（如果我们可以期望的话）只能建立在对经验的绝对公正的考虑之上，要做到这一点，就必须从一开始就拒绝受任何形而上学假设的束缚。

三、心理学的研究方法和辅助手段

因此,我们发现,唯物论和唯灵论从如此不同的假设出发,最后还是集中到它们的最终结果上来。我们之所以这样说,一个明白无误的理由是,它们有着共同的方法论错误。认为有可能按照思辨建立一门心理经验的科学,认为对大脑进行化学的和物理的研究肯定是走向科学心理学的第一步,这样一些信念和想法同样导致了方法中的错误。心灵的学说必须首先被视作是一门经验的科学。如果情况不是这样,我们便不能达到陈述一种心理问题的程度。因此,独特的思辨观点在心理学中像在任何一门科学中一样是不合理的。但是,除此之外,一旦我们以经验为基础,我们便必须开始我们的科学,不是以研究那些经验(那些经验主要涉及或多或少与心灵密切关联的客体)开始我们的科学,而是以直接考察心灵本身开始我们的科学——也就是直接考察一些现象,存在于这些现象中的心灵很久以前就已经推论出来了,而且还形成了对心理学研究的最初激励。科学的历史已经向我们表明心灵和主要的心理机能在人们认为它们与大脑有着联系以前已经十分凸显了。这并不是说对该器官的目的持有任何怀疑(该器官导致了抽象,而抽象乃是心灵学说的基础),而是对心理现象进行观察而已。感觉、情感、观念和意志看来都是互有关联的活动;不仅如此,它们受制于自我意识的统一性。因此,心理过程开始被看做是一种单一的生物行为。但是,由于人们发现这些行为与躯体机能密切关联,因此有必要提出这样的问题,即在躯体内部给心理安排一个所在地,不论置于心脏,抑或置于大脑,或者置于任何其他器官。我们将在后面的研究中进一步说明人的大脑是唯一的心灵器官,它实际上与心理生活密切关联。

但是,如果感觉、情感、观念和意志首先导致心灵的假设,那么,心理学研究的唯一的自然方法将是以研究这些事实为开端的方法。首先,我们必须了解它们的经验性质,继而对它们进行思考。因为正是经验和思考构成了每一门科学。经验首先产生,它为我们提供砖头;而思考犹如灰浆,将砖头黏合在一起。如果我们没有这两样东西的话,我们便无法进行建筑。脱离经验的思考和没有思考的经验同样是无力的。因此,经验领域的扩大、新的思考方法的不断创新,对于科学的进步是至关重要的。

然而,问题在于如何去扩展我们的感觉、情感和思维等经验呢?难道几千年以前的人类不是像今天的人类那样去感觉和思考的吗?确实,我们对心灵里面发生的东西的观察,看来从来不能超出我们自己的意识所限制的范围。可是,表面现象往往具有欺骗性。很久以前,人们已经采取行动,把心理学这门科学予以拔高,并将它的研究领域差不多无限地拓展。历史一直在处理经验这个东西,并为我们提供人类的特征、冲动和激情的广阔图景。尤其是对语言和语言发展的研究,对神话、宗教史和风俗史的研究,随着历史知识的增加,已越来越接近心理学研究的观点。

我们的观察受制于我们个体短暂的一生,而且经验又相当贫乏,这是早期经验主义时代心理学进步的最大障碍。社会心理学在开发经验的丰富宝藏中为我们提供了通往这些经验的捷径,也即拓展我们自己的主观知觉,这对整个心理科学而言是重要的和大有前途的事情。但是，这还不是事情的全部。第二个事实为解决最简单的因而也是十分一般的心理学问题更具有重要性，那便是发现新的观察方法。一种新的方法已经找到，它就是实验方法，这种实验方法尽管使自然科学起了革命性的变化，但是直到近代为止，它们在心理学中尚未得到应用。当科学研究者正在探究一种现象的因果关系时，他并不限于研究那些呈现在普通知觉的事物。因为这样做不会使他达到目标，尽管他掌握了各个时期的经验。自从有历史以来，人类便对雷电进行记载，而且确实也加以仔细地描述；但是，直到电的现象为人们所熟悉以后，直到电的机械装置被人们制造出来并用这些装置进行了有关的实验以后，雷电现象方才为人们所解释。于是，事情变得容易了。这是因为，一旦雷电的效应被人们观察到以后，并且与电火花的效应相比较，人们便能清楚地推论出，机器的放电实际上是微型的雷电现象而已。上千年的观察未能得到解释的现象却在一次简单的实验中迎刃而解！即便是天文学，我们可能认为它完全取决于观察，可是新近的发展表明它也有赖于实验。如果单单依靠观察，那么一般认为地球是固定不动的，而太阳和星星围绕着地球运转的观点便无法推翻。事实上，有许多现象是同这种信念相违背的，但是简单的观察却无法提供更好的解释手段。直到哥白尼（Copernicus），他认为："假定我站在太阳上！"于是便可看到地球在运转而不是太阳在运转，旧理论的矛盾消失了，新的宇宙体系开始形成。可见，这是实验得出的结论，尽管是一项思维实验。观察仍然告诉我们地球是不动的，而是太阳在动；若使相反的观点变得清楚，我们只需重复哥白尼的实验，也即让我们站在太阳之上。

因此，实验乃是自然科学取得决定性进步的源泉，它使我们的科学观产生了革命。现在，让我们将实验应用于心理科学吧！我们必须记住，在研究的每一个领域中，实验方法按照被调查的事实性质而呈现特殊形式。我们在心理学中发现，只有那些直接受到生理影响的心理现象才能成为实验的题材。我们无法对心理本身开展实验，只能在它的外围进行实验，也即对那些与心理过程密切联系的感觉和运动器官进行实验。因此，每个心理实验同时也是生理实验，正如有些生理过程与感觉、观念和意志等心理过程相一致那样。当然，这不能成为否认实验具有心理学方法特征的理由。仅仅是因为我们心理生活的一般条件，它在某种程度上始终与躯体相联系。

下面的系列讲座旨在对心理学进行介绍。它们并不试图彻底揭示实验心理学研究的方法和结果。那就必须假设先前的知识（这些知识在这里不能作为前提）。我们也不准备把社会心理学的情况包括在讨论的范围内，它们的内容十分广泛，以至于可以独立成文。我们将限于个体的心理生活方面；在这个范围内，我们将把大部分篇幅用于人类心理。与此同时，为了正确理解个体心理发展，我们应当不时地与动物的心理生活进行比较，看来这是合适的。

第 二 讲

• *Lecture Second* •

一、心理过程的分析

一旦知识的曙光通过理智（senses）之门唤醒我们的时候，我们就开始比较事物，开始反映它们。思维的首要工作是将事物各自定位，把它们从杂乱无章的感觉印象（sense-impressions）转变成明白易懂的形式。但是，即使在其他一切事物都井然有序地排列之后，仍然有一些事物没有定位——我们的情感（feeling）、意愿（willing）和思维（thinking）；还有由此产生的问题：我们自己的心理生活（mental life）如何使我们考察的对象真实地反映外部世界中实际存在的形式？然而，能提出这样一个问题吗？它真的不自相矛盾吗？这就好像我们要求音调应为它自己听到那样，或者光线应为它自己看到那样。

事实上，当我们深入研究心理学时，就出现了一个特别困难的问题。如果我们试图去观察我们的心理活动，那么观察者和被观察者就合二为一。但是，最重要的有价值的观察之条件通常被认为在于事物和观察者的相互独立性（mutual independence）。而且，如果我们因为心理科学不可避免地存在一些局限性而怀疑心理现象的可能性，我们就会操之过急。只有这样的认识是正确的：事物的特异性意味着对其观察的特殊条件。这可以用两个规则来解释：第一，无须任何外部因素的帮助，只要我们自己去内省（introspection），就可以知道思维过程，尽管在其发生的时候，它不可能被直接地观察到。我们必须尽可能地根据它们留在我们记忆中的效应，限于自己去解析它们。第二，只要有可能，我们必须根据对外部器官的客观刺激[特别是感觉器官，它与我们所界定的精神病（psychosis）的心理功能是相联系的]来努力地控制我们的心理过程，而观察条件施加于感觉器官的干扰影响是被抵消的。这样的控制可由实验来提供。实验能使我们产生一种现象，并根据我们的兴趣去规定它的条件：它在心理学上特别重要，因为它使自我观察（self-observation）在心理过程中成为可能。

现在，让我们根据所建立的第一个规则，去回忆我们所经历的任何一个特殊的心理体验（mental experience）的一般印象。这种印象通常是一个复杂的过程。它的某些部分，例如关于外部事物的意象（image），我们称为观念（ideas）；它的其他一些部分，例如我们自己的心理在这些观念上产生的愉快或痛苦的反应，我们称为情感（feelings）；还有，它的另外一些部分，我们称为努力（efforts）、冲动（impulses）或意志（volitions）。可以肯定的是，这些心理生活的要素（elements）从来不是孤立发生的，而是相互联系的，通常彼此依赖。而且，在心理调查的开始阶段，伴随着由语言建立的辨别事例，去分离出这个复杂的内部生活的最重要的因素，并对它们中的每一个因素依次予以特别的分析，这是绝对必要的。

如果这些要素是相互联系和相互依存的，那么现在很清楚，我们也可以开始分析我们意欲分析的它们中的任何一个要素。而且，外部的原因使它只有以观念研究为开端，几乎不可能再去选择任何一种其他的方法。我们把一种观念视作某个外部事物的意象。因此，我们可以在这些事物的逻辑概念中进行抽象，对这些外部事物的意象进行迁移（transfer）；我们可以思考它们，好像情感、冲动和意志（事实上，这些心理体验不可避免地伴随着它们）并不存在似的。另一方面，对于情感和冲动本身而言，是不可能进行这种抽象化的，因为我们在尚未涉及把它们联系起来的观念之前是不可能描述它们的。假定这样的结果仅仅来自下述的事实，即我们的一切称谓导源于在外部世界的事物之间进行区分，并且稍后才用于我们的内部体验（inner experiences）上。然而，下述的说法也仍然是正确的，即我们知识发展的一般趋势，必然决定了我们运用心理学去分析内部体验的方式。

通过一个观念，我们将会理解心理状态或心理过程，这种心理状态或心理过程涉及处于我们自身的某种东西。这种外部属性被认为直接适用于现在，或者适用于过去曾直接呈现于我们的一个事物，或者甚至可以适用于一个可能存在而实际并不存在的事物。因此，在观念之下，我们包括——（1）感知觉（sense-perceptions），它们依赖于感觉器官的直接刺激；（2）对这种感知觉的记忆（memories）；（3）对这些东西来说可能的幻象（images of fancy）。在许多心理学采用的术语中，记忆意象和幻象被称做观念，而感官印象的直接效果被专门界定为"知觉"，我们必须判断这种界定是不合理的和易于误解的。它导致了这样一种观点，即认为在两种心理过程之间存在某种基本的心理学差别，而这种差别是无法被发现的。甚至以反射为基础的区分——认为记忆意象和幻象并不对应于实际上呈现于我们面前的事物——也是没有用的。同样，感知觉也可能被当做错觉（illusions of sense）。所以随着这两种不同的观念被区分，这些特征就仅仅是次要的，而这种区分本身总是无法被很好地识别。

一种观念（这里我们在一般的意义上使用这个词）通常是指某种复合物。一个视觉意象是由空间上可区分的部分组成的；一种声音是由乐音（clang）组成的，而且它也被认为是以一定的方向传播——也就是说，它与空间观念相联系。因此，我们在分析观念时，第一个问题在于对它们最简单的组成要素的确定，并研究这些要素的心理特性。我们称这些观念的心理要素为感觉（sensations）。这样，我们可以说一幢房子、一张桌子、太阳或月亮的观念具有蓝色、黄色、温暖、寒冷或一个确定的音高等感觉。我们必须注意，"感觉"这个词的使用，像上面提及的"观念"一词在一般意义上的使用一样，在近代心理学中是流行的。在早期的一些专题文献中，甚至在大众著述和"纯文学"（belles lettres）中，我们发现"感觉"这个词被用做"情感"（feeling）的同义词。这里及其下文，我们将遵循上述所给的界定，根据这个界定，感觉是指观念的最简单、最基本的组成成分。

二、观念的感觉

把观念分解为感觉,并没有完成我们给自己确定的任务——分析有关外部世界的那些心理过程。对于每种感觉来说,我们区分出两种特性——一个是我们命名的强度(strength),另一个我们称之为特性(quality)。两者之中若缺少其一,感觉便不可能存在。对于每一种感觉,例如声音、炎热、寒冷、味道或者其他诸如此类的东西,都拥有一定的强度和一定的特性。然而,一般说来,这两种属性(attributes)可以彼此独立地变化。我们可以发出一个音调,例如,开始十分轻柔,然后逐渐地增加强度,最后扩展到尽可能高的强度,然而它的特性没有改变。或者,我们可以一个接一个地敲击不同的音阶,于是就获得了不同特性的音符,如果我们愿意,我们会始终保持音符的相同强度。这里特性发生了变化,而强度保持恒定。感觉的这两种组成成分可以彼此独立地发生变化,这种变化的可能性取决于这样的事实,即外界的运动通过作用于我们的感觉器官而表现为两个方面,其中任何一个方面都可以改变,而不影响另一方面。

运动过程通过作用于我们的感觉器官产生了感觉,我们把这一现象命名为刺激(stimuli),或者更具体一些,命名为感官刺激(sense-stimuli)。据此,我们通常借助外界运动过程的刺激来理解,也即外界刺激作用于感觉器官,然后由感觉神经传递到大脑,与此相伴随的便是出现感觉这个心理过程。因此,我们认为,空气中的声波或光波作为刺激物存在于周围环境中,这是相对于我们的声音感觉和光的感觉来说的。同样,通过这样的外部刺激,在我们的感觉器官和大脑中产生的运动过程,可以彼此视作是刺激过程或者整个刺激过程的组成成分。为了清楚起见,我们把这一现象称为最后的内部刺激(internal stimuli)。当我们讨论刺激与感觉的关系时,我们似乎总是首先在心理上具有这种外部刺激(external stimuli),这只是因为它们更容易为客观的研究所接受。但是,无论怎样,一个刺激过程在感觉器官、感觉神经和大脑感觉中枢中引起的特殊形式对一种特定的感觉产生决定性的影响,我们必须考虑内部刺激的特征和外部刺激向内部刺激的转化形式。

现在,对于这两种感觉中的任何一种(我们采用"刺激"这一术语来表示的感觉),我们既能改变它的强度又能改变它的刺激过程的形式。而且,刺激的强度对应于感觉的强度,刺激的形式对应于感觉的性质(因此,对于声音和光线,感觉的强度为振动的幅度,它们的特性为其速度。我们称乐音的特性为音频,光线的特性为颜色)。尽管感觉的强度和特性不是相互独立地存在着,然而根据它们各自的目的,心理学分析能够区分它们。在区分它们的过程中,当观念从整个心理生活中分离出来时,起初它只是完成了一个抽象,后来它进一步把观念分离成各种基本的感觉。

三、感觉的强度和特性

这里,我们暂且避开有关特性的任何东西,我们开始研究感觉的强度。

　　如果我们把同一形式的两个不同感觉进行比较,我们无疑可以根据它们的强度进行判断。我们的判断是这样进行的:这两种感觉具有相等的强度,或者它们具有不同的强度。我们声称中午的太阳比月亮明亮,大炮的吼声比手枪的响声响亮,一英担(hundred-weight)比一磅重,比较性判断是直接从感觉得到的。我们可以阐述它们:我们对太阳光、大炮和英担所产生的感觉强度比我们从月亮、手枪发射或磅上感觉到的强度要大。由于感觉从量上比较是可能的,因此我们可以说某两种感觉具有相同的强度,或者其中一个感觉比另一个感觉的强度大些或小些。我们对感觉的测量是有所保留的。我们不能说一种感觉强度比另一种感觉强度强多少或弱多少。我们至少不能估计太阳是否比月亮明亮 100 倍或者 1000 倍,大炮声音比手枪声音响亮 100 倍或者 1000 倍。我们对感觉的一般测量方法告诉我们只能用"相等""大些"或者"小些"来表示,而不能用大多少或者小多少来表示。因此,当我们需要一个确切的强度决定值时,这种自然的测量方法实际上等于没有。也许,尽管我们可以根据一个一般的规则观察到感觉的强度随着刺激强度的变化而变化,然而我们仍然没有关于这两种强度是否以相同的比率变化,或者其中一个比另一个增加得慢些或者快些的观念。总之,我们知道并不存在感觉依赖刺激的定律。如果我们发现了这一点,那么我们就必须开始去发现一种更加精确的测量感觉的方法。我们可以说一个刺激强度 1 产生了一个感觉强度 1,一个刺激强度 2 产生了一个感觉强度 2,或者 3 或者 4,等等。但是,为了做到这一点,我们必须知道"感觉为 2 倍"或者"3 倍"或者"4 倍"的意思是什么。

　　我们在上面已经说过,开始敲击一个音符时十分地轻柔,它是一个只能恰好被听到的强度,然后逐渐增加强度,直到我们所敲这个音符的强度尽可能地达到最高点。在这个上限和下限之间,音强的感觉就产生了。它不是通过跳跃或者弹蹦进行的,而是平稳地、规范地通过所有可能的强度。而且,其他的感觉印象也具有如此的性质。根据每一种感觉性质,我们能够建立起一系列一维的(one-dimensional)感觉强度,它毫不间断地从一个感觉强度进入到另一个感觉强度。首先,在这样一个系列中,我们可以从数量上来区分每一个强度不同于其他的强度。我们说在两个比较的感觉中其中一个感觉的强度强些,另一个弱些。但是,不仅如此,我们发现,通过这个序列比较,可以很容易说明一个强度在一种情形里的差异比起它在另一种情形里的差异要大。

　　现在,鉴于这些明显的考察,对心理学研究来说产生了两个独立的问题。第一个问题是:对这种感觉强度进行自然测量的基础是什么?这些感觉强度能使我们在不知道影响我们感觉的外部因素时,直接从数量上比较不同的感觉。第二个问题是——正如已经陈述过的那样,它将成为实验心理学中的一个问题——这个粗略的、不精确的自然测量方法是否能转化成一个精确的方法?也就是说,我们也许能够利用它来比较一个特定的感觉比另一个感觉强多少或者弱多少。我们将首先试图来回答这第二个问题。

四、感觉强度的测量

　　首先,测量感觉强度的这种试图似乎过于胆大。我们在对感觉本身没有确定的测量方法时,怎样才能获得有关强度的结果?但是,如果我们花费一些时间去考察一般的量值测量是如何进行的,问题看来开始有希望了。

对于一切测量来说,都需要有一个标准。这样的一个标准不可能是被测量的物体本身。因此,我们可以用时钟来计时,时钟向我们表明的是一个一致的或不变的运动。或者,我们用天、月、年来测量更长的时间阶段;这相当于外部自然界中一致的重复变化。那就是说,我们用空间来测定时间。但是,另一方面,我们又是用时间来测定空间。例如,估计我们散步时所走的行程是用散步所花费的时间来衡量的。当我们用量表(scale)来表示连续的部分时,我们必须按时间次序来进行。于是,最初的空间和时间的测量单位(measurement-units)是一致的:一个小时如同一个小时的时间体验(time-experience)一样也恰好是一个小时的空间体验(space-experience)。空间给了我们测量时间的唯一工具,而时间给了我们测量空间的最好方法。然而,这两种相互依存的测量方法存在一个显著的差别。为了测量空间,时间必须业已存在,而并不要求我们拥有测量时间的确切方法。当我们正在构建一个量表的时候,我们必须连续地一个单位接一个单位地表示;但是,一旦我们这样做了,在每一个特定的测量时,我们不必计算这个量表有多少个单位。我们直接用整个量表来测量;也就是说,我们可以立即同时测量所有逐步建构的东西。为了进行最为精确的空间测量,我们不需要用诸如"早些""晚些""同时"等一般的概念。然后,当空间已被测量后,我们再借助于空间的测量方法来测量时间,以便将时间进行划分。

因此,所有这些精确的测量都是空间的测量。时间、力量以及所有能用量值来表示的事物,我们都是通过空间的标准来测量的。现在,当我们比较感觉的强度时,我们认为感觉也是用量值来表示的。尽管我们现在对感觉强度的直接比较,只能用"小些"或者"大些"或者"相等"来表示,而不能更加精确地表示,但是就其本身而言,并不存在获得精确测量方法的障碍。因为我们在时间情形里最初只拥有"早些""晚些"和"同时"等模糊观念;然而,现在我们能够用十分精确的时间差异来进行测量,仅仅这种认识,已经远远超越了我们当初的力量。事实上,感觉像时间一样,也像其他所有可以用量值来表示的事物一样,最初只是心理量值。时间和空间的量值最初只能用"相等""大些"或"小些"来区分。后来,我们很快地获得了一个精确的测量方法,因为我们能够用已经知道的量值来测量每一种新的空间量值。但是,对于心理量值的测量相对来说较为困难。在这个领域,直至最近,仍然只有思维的运动(通过将我们身外的物体运动来代替我们内部的观念运动),特别是那些不可避免地相互联系着的十分有规律的运动,能被精确地测量。

一个测定时间的精确方法不能仅仅从时间中获得,我们还必须借助于空间的运动。同样,我们不能从感觉本身找到测量感觉的方法,而必须考虑它的量值与其他可测量量值的关系。为了达到这一测量目的,我们只有依靠感觉赖以产生的刺激,没有比用它来表示更为清楚的了。事实上,刺激不仅为我们提供了最为明显的量值,而且是我们用来测量感觉的唯一手段。它的量值与感觉的量值之间存在直接的依存关系。

感觉本身的唯一帮助在于它使我们能用"大些""小些""相等"等强度来对感觉作出一般的区分。任何东西都导源于对刺激的测量。如果两种感觉具有相等的强度,我们的第一个想法就是外部刺激在这两种情形中也具有相等的强度。但是,对它们的测量并不表明这种推测是错误的；不同强度的刺激有时也可能产生相等强度的感觉。一双弱视的眼睛发现白天的光线如此的强，以至于当它看日光时会不自觉地闭上；但是一双正常的眼睛就不会产生这种现象，除非当它直接面对太阳时。如果我们昏厥，或者沉睡时，我们就不能感觉到一枚针的刺入，而在清醒状态时，就很容易感觉到疼痛。事实上，从一开始我们就发现了这样的事实。面对外界刺激，我们把有机体较强或较弱的接受性（receptivity）称做感受性（sensibility）或者兴奋性（excitability）。我们说一双弱视的眼睛比一双健康的眼睛更易被激发；我们在清醒状态时比在睡眠状态时更为敏感。但是，我们并不认为这就是在测量兴奋性。如果我们只是确定不同场合中的刺激强度引起了相同强度的感觉，就应该采用这种测量方法。如果在这两种情形里，刺激具有相等的强度，那么刺激产生的兴奋性也应相等；如果第一种情形里的刺激是第二种情形里的刺激的 2 倍或者 3 倍，那么，在前者实验中产生的兴奋性是后者实验的 1/2 或者 1/3。简而言之，对于相等强度的感觉来讲，兴奋性是与刺激的强度成反比的。

我们已经获得了一个结果，这对于我们提议的测量来说是十分重要的。我们已经发现了一种方法可以用来消除兴奋性的差异，这种兴奋性的差异可以在不同个体或处于不同时间里的同一个个体身上发现。由此，我们可以在某种条件下提出和界定兴奋性的单位，正如被人们已普遍接受的时间那样——当然，这种界说必须能证明它拥有任何一种真实性的意义。

随着感觉强度的增加和减弱，提供了一个更进一步的测量基础。根据这个基础，我们所知道的一切仅仅是感觉的强度随着刺激的强度而增强或减弱。如果我们耳朵里所听到的声音增强了，我们知道外部的声音变大了，通常认为没有理由去假定这是由于我们感觉器官的感受性发生了变化。最初，外界刺激的增强是从感觉强度的增强中推论出来的。除非我们获得了构成分别研究的物体刺激的物理过程，否则我们便不能确信这一结论是正确的。但是，我们在进行这样一种研究时，我们得到了独立于感觉之外的刺激，由此通向发现一条有效的测量刺激的道路。

现在，如果我们的整个知识局限于这样的事实，即感觉随着刺激而增强或减弱，那么我们将不能获得更多的东西。还存在着这样的事实，即直接的和独立的观察会告诉我们很多东西，通俗地说，会告诉我们制约着刺激和感觉之间密切关系的规律。

每个人都知道深夜的寂静会使我们听到白天所难以听到的声音。时钟轻微的嘀嗒声，街道上遥远的喧闹声，房间里椅子的嘎吱声，此时都会传递到我们的耳朵里。而且，每个人都知道，身处繁杂的喧闹之中，或于铁轨上火车的鸣笛声中，我们也许难以听到身边的人正在对我们说些什么，甚至难以听到我们自己的声音。在黑夜里，星星的闪烁是如此的明亮，而在白天我们根本看不到；尽管我们可以看到白天的月亮，但是它的明度比在黑夜里淡多了。每一个曾经有过重量体验的人都知道，当我们的手中已有了 1 克重量时，如果再增加 1 克，我们会很清楚地注意到这种变化；但是，如果手中已有了 1 千克重量，再加 1 克，那么我们就不会感觉到这种变化。

所有这些经验都是很普通的，我们认为它们是不言而喻的。不容置疑的是，必须相信时钟在白天的嘀嗒声和在晚上的嘀嗒声是一样响亮的。身处喧闹的街道或者轨道的嘈杂之中，我们会说这些声音要比在通常情况下的声音更响。月亮和星星在白天没有改变其明度,而且没有一个人会认为这 1 克重量当它加在 1 克重量和 1 千克重量上时其重量会变。

时钟的嘀嗒声、星星的明度、1 克重量产生的压力,所有这些都是感觉刺激,而且它们的刺激强度保持一样。然而,这些体验会告诉我们什么东西呢?很清楚,如下所说:同样的刺激,根据它们运作时的环境不同,会被感觉到更强些或更弱些,或者根本感觉不到。但是,环境的哪些变化会导致感觉的改变呢?我们只要仔细地考察这一问题,就会发现这种变化无处不在。时钟的嘀嗒声对于我们的听觉神经而言是一个弱刺激,当时钟发出声音时,我们很容易听到;但是,这只有在没有加上诸如铁轨的咔哒声和其他喧闹声等强刺激的情况下才行。星星的亮光对于眼睛来说是一种刺激;但是如果这种刺激处于强烈的白昼之中,我们就不能发觉它了,尽管我们在微弱的光线下可以清楚地看到它。1 克重量对于我们的皮肤来说是一个刺激,当它放在我们手中时,我们可以感觉到相等重量的刺激,但是当它和 1000 倍的重量刺激结合在一起时,这种感觉就消失了。

因此,我们可以得出这样一个一般的规则:为了察觉一个刺激,如果其周围的刺激是微弱的,那么它的强度可以更小些,但是,当其周围刺激是强烈的时候,那它必须更强。单从这里我们就可以看到,一般来说,我们对一个刺激的感受有赖于该刺激的强度。很清楚,这种依赖关系不像预料的那样简单。业已证明,最简单的关系是我们必须评价感觉的增强与刺激强度的增强之间直接的比例关系。因此,如果感觉 1 对应于一个刺激强度 1,那么感觉 2 便对应于刺激强度 2,感觉 3 便对应于刺激强度 3,等等。但是,如果所有的关系中这种最简单的关系成立,一个刺激加上一个现有的强烈刺激所产生的感觉增强应与它加上一个现有的微弱刺激所产生的感觉增强一样大;对星星的亮光所产生的感觉在白天和在黑夜应该一样。我们知道事实并非如此,星星的亮光在白天我们是看不到的。它们在我们的感觉中发生的增强是无法注意到的,而实际上这种增强在黄昏是十分明显的。因此,根据我们对感觉强度进行的比较测量,感觉强度并不随着刺激强度而成比例地增强,这种增强是十分缓慢的。当我们试图推断实际上存在怎样的一种关系时,日常的体验是不够的。我们需要精确而又独特的测量方法。

然而,在我们承担这些测量的任务之前,我们应十分清楚我们面前这个问题的含义,以及我们所期望发现的答案的重要性。如果我们增强两种不同强度的刺激,例如 1 克和 1 千克,通过相同的单位,例如利用 1 克的压力,我们会得到这样的事实:当 1 克重量加到小重量上,这种变化很容易会被觉察,而当它加到大重量上,几乎很难被觉察。这一事实可以从两个方面来解释:(1)与这种增加加到较弱的刺激一方相比,也许这种增加使得较强的刺激产生了一个较小的感觉增加;(2)或者,也许在这两种情形里,感觉的增加是一样的,但是较强的刺激比较弱的刺激在感觉上需要一个更大的增强,如果这些差异在意识中是同样清晰的话。如果第一种假设成立,那么我们所进行的测量将直接涉及刺激增强和相应的感觉增强之间的关系;如果第二种假设成立,那么我们所寻找的规律将仅仅涉及我们对感觉的理解和比较的估计,而不是感觉本身。如果没有这些理解和比较的活动,我们就不可能系统阐释对感觉强度的任何一种判断。据此,我们测量感觉的结果必须以下述可供选择的假设来解释:我们能够直接得到的一切是刺激的改变和我们对这种改变的理解之间的关系。需要记住的是,我在上面已经仔细地说过,不是一个特定的刺激增强加到一个强刺激上时，比之加到一个弱刺激上时，会产生一个较小的感觉增强，而是在我们的估计中这种感觉增强是较小的。如果这种绝对的感觉增强是较小的，只可能是由于另一个规律起作用的结果，即我们对一个感觉增强的估计和它的实际量值之间对应的规律。现在，很清楚，对于这样一个假设是否有用的问题的回答，只能从刺激强度与感觉强度之间所存在的关系的详尽研究中得出。也就是我们现在所依赖的研究。简单地讲，当我们正确地阐述"理解"（apprehension）或"感觉估计"（estimation of sensation）时，你也许会让我们解释感觉究竟意味着什么。我们必须十分小心地解释，因为这种表达方式仅仅是暂时的，而且可以肯定的是，我在后面的讲座中将继续讨论这个问题，即该问题是否意味着这样一种假设，我们对感觉强度的变化的理解是与变化本身相对应的，或者说它是否最终被另一个问题所取代。

然后，这个问题在我们采取下述形式之前将很快被理解。我们将确定与相同的刺激增加相对应的感觉增强，或者换言之，去发现与相同的感觉增加相对应的刺激增强。

我们的日常体验已经提示我们如何进行这种测量。我们发现对感觉强度进行直接测量是不可能的。现在，我们所能考虑到的仅仅是感觉的差别（sensation-differences）。体验向我们表明，不同的感觉差别可能与相同的刺激差异相对应。在大多数情形中，我们发现相同的刺激差别，由于环境的不同而被感觉到或不被感觉到；例如，当1克的重量加到另1克的重量上去时，它就会被感觉到，但是当它加到1千克重量上去时，就不会被感觉到。我们认为，这种关于1克重量加到另1克重量上去所产生的明显差别以及当它加到1千克重量上时所产生的细微差别的阐述是十分不够的。这个理由不能再深入探讨下去。要想说出一种感觉差别是否正好小于或者正好大于另一种感觉差别是很困难的；我们一般会毫不犹豫地宣称这两种感觉相等。我们确信在白昼里星星的亮光是看不见的；而我们也许会怀疑满月是否在黑夜要比在白天亮得多。因此，如果我们从某种任意的刺激强度开始，观察它会引起什么样的感觉，然后看一看我们要花多长时间才能增加刺激而感觉似乎并没有发生改变，我们的质疑很快地导致了结果。如果我们用具有不同量值的刺激进行观察，我们便能借助不同的刺激增加，使之恰好能产生一个感觉差别。在昏暗中恰好能被看到的光线不需要像星光那样明亮；而若它要在白天被看到，就必须比星光更亮一些。如果我们现在对所有可能的刺激强度进行这样的观察，并且记下刺激增加量值的每个强度，以便产生一个正好感觉到的感觉增强，那么我们将得到一系列数值，它可以明确而又直接地表达一个感觉随着刺激的增加而改变的规律。

通过这种方法，对光、声音和压力等感觉进行实验研究是特别容易的。我们将考虑这些实验中的最后一种，因为它是最简单的。实验者把他的手舒服地放在一张桌子上，被选择的重量置于该手之上。然后，把一个很小的重量加在它上面，询问实验者是否感觉到有任何重量差别（当然，实验者在整个实验期间不能看他的手）。如果回答是没有，那么就在其上增加稍稍重点的分量，这个过程不断地继续，直至他发觉了重量的增加，此时重量大到足以能被清晰地觉察到。随着一、二、三……标准重量的递增，这个实验可以确定恰好需要增加的某个标准数量的重量量值。

我们惊奇地发现了一个简单的结果。加到原始重量上去的分量（它恰好足以产生一个可以分辨的感觉差别），通常是按相同的比例排列的。例如，假设我们发现对于1

克来讲必须加入 1/4 克，才足以产生感觉差别。如果不采用克数，而采用英钱（penny-weights）①或者盎司或者磅，我们就必须加 1/4 英钱到 1 英钱上，加 1/4 盎司到 1 盎司上，加 1/4 磅到 1 磅上，以便获得一个恰好可以分辨的差别。或者，如果我们限定使用克数，我们必须加 2.5 克到 10 克上，加 25 克到 100 克上，加 250 克到 1 千克上。

这些数字可以解释熟悉的事实，即重的重量之间的差别可以被认为比轻的重量之间的差别要大。而且，它们也向我们提供了支配着压力感觉与产生压力的力的关系这一规律的精确阐释。你可以在脑中通过记住一个数值来掌握这个规律，这个数值表示了在标准重量上增加的重量的比例关系。实验结果表明，这个比例平均近似于 1∶3。在皮肤上无论产生多大的压力量值，只要所增加或减少的数值为原来的 1/3，我们就会感觉到它的增加或减少。

对于提起重量这一感觉差别来说，可用同样的实验进行更大量和更精确的测试。当然，这里的条件不是如此的简单。当我们提起一个重量，我们不仅在手上具有提起它时的一个压力感觉，而且同时在提起重物的胳膊肌肉上产生一个感觉。这第二种感觉比压力感觉反应更灵敏。事实上，实验表明，只要提起的重量允许的话，仅仅在原始重量上增加 6%，就可以产生一种感觉差别。因此，我们对提重的感受性大约是产生压力的重量感受性的 5 倍。感觉依赖于刺激这个规律可以简单地根据提重感觉（即用系数 6% 或者 1/17 去代替系数 1/3）来表达。无论重量是轻还是重，无论我们是采用盎司、磅还是克数，这个比例总是成立的。这个比例告诉我们，必须加 6 克到 100 克上去，加 60 克到 1000 克上去。如果要想察觉感觉的差别，必须在自身重量上增加 6% 这个标准重量。

为了确定重量的客观量值，我们可以运用天平精确地予以测量；对光的客观强度，我们可以利用光度计或光测量计进行测量。这种测量仪的原理是把一个特定的光的明度作为参照，再去表达另一个光的明度。光度计的原理很简单，可以用图 1 来表示：一个水平标杆 S，固定在白色屏幕 W 的前面，在这个标杆的后面置有光线 n，它的强度就是测量的单位。在 n 的旁边置有光线 l，它的强度将被测量。这两个光线在白色屏幕上呈现一个投影。如果只简单地呈现一个光线，那就没有投影存在，而是黑暗一片；它们相互依赖对方而产生投影发光，而且一种光的强度越大，它在屏幕上所呈现的明度也越大。假设两个投影是相等的明亮，那就意味着这两条光线的强度是相等的。但是，假设这个投影是由正常光线投射的，明度单位就要比另一个暗，这就说明测得的光线强度要小于它的单

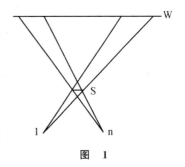

图 1

位。我们可以通过将这个正常的光线向后移动一定距离，来明确光线减弱了多少，因为根据光学法则，一个光线的强度与这个发光体的距离的平方成反比。如果这个光线位于距屏幕 1 米远的地方，当它笔直地向后移到 10 米远的距离处，这个光线投影在屏幕上的强度从 100 减少到 1；在 10 米距离的地方，光线的强度为它在 1 米距离的地方的 1/100。我们可以很容易用这种方法把一个未知的光线强度和一个已知的正常的光线强度进行

① 1000 克 ≈ 643 英钱 ≈ 35.3 盎司 ≈ 2.2 磅

数量比较。我们只要移动这两个光线到达这样的距离,此时它们投射在屏幕上的投影的亮度是精确地相等的;然后,我们计算每一种光线距屏幕的距离,这两个距离的平方的反比例为我们提供了两条光线的强度关系。

我们可以借助同样的方法去很好地测量光的感觉对光的刺激强度的依存关系。屏幕上投影较少部分的强的明度和投影弱的明度都会产生光的感觉,当然它们在屏幕上会产生更大的投影差别。如果我们设置两条具有相等强度的光线,它们位于标杆(确切地说是两个完全一样的烛光)后面相等的距离,那么两个投影在屏幕上将具有相同的强度;也就是说,它们投影到光的背景上的差别是一样的。现在,如果我们移动一个烛光越来越远,那么它所投射的影子会越来越弱,于是来自明度背景的投影差别会减少,直至最后达到这样一种程度,此时两种投影差别完全消失。首先测量这个烛光距屏幕的距离,接着再计算这个烛光向后移动越来越远直至它的投影正好消失的距离,我们获得了对光的感觉增强随光的刺激强度而增强这个规律进行系统阐释所需的数据。只要这个烛光位于某一点,那么这个屏幕的亮度就确定了。当另一个烛光从某一距离开始移动,它的光线对整个屏幕的明度影响就产生了。但是,这种增强开始时是无法被察觉的;随着标杆上第二个投影出现,并可以被觉察时,这一点(在那里它能够被察觉)就被固定下来。当然,这个投影所占据的地方被原先更近的那个烛光照亮着,而不是被远处的那个烛光照亮着;只要远处的那个烛光趋近,便足以使显现的整个投影产生一个明显的增强,所以,可以说它是指亮度增强的标志。根据两个烛光距屏幕的距离平方成反比,我们现在获得了这两个光线强度的关系(它们决定着刚好能被察觉的光线感觉的差别)。例如,假设第一个烛光置于离屏幕 1 米远处,第二个烛光置于离屏幕 10 米远处(它投射于刚好能被察觉的投影),那么这两个烛光的光线强度之比为 100∶1;或者,换句话说,如果第一个烛光的强度之增强影响了感觉的增强,那么它的强度必须增加 1%。正如我们在重量实验中一样,我们在这里找到了相似的方法。在重量实验中,我们把一个恰好能产生压力感觉增强的轻东西加到一个重东西之上;这里,我们把一个刚好能产生光线感觉增强的弱光加到一个强光中去。正如我们在重量实验中一样,它只是扩展了不同刺激强度的观察范围。正如我们改变我们的标准重量一样,我们必须改变标准烛光的明度。这是十分容易做到的。只要向前或向后移动烛光,根据它所处位置与屏幕的距离来计算它的明度。我们很快知道,运用这种方法,两个烛光彼此有着同样的关系。如果第二个烛光被置于 10 米远的地方,而第一个烛光位于 1 米处,那么当第一个烛光处于 1 英尺[①]的地方时,第二个烛光必须置于 10 英尺处,与此类似,当第一个烛光处于 2 米或者 2 英尺时,第一个烛光就必须置于 20 米或者 20 英尺处。据此能使我们恰好产生感觉差别的光线强度,彼此之间总是维持着相同的关系。它们相互所处的位置为 1∶100 或者 2∶200,等等。我们在重量实验中发现的规律和这里的规律一样,可以用恰好能感觉到明度增加与原始明度的关系数字来表示。这个数字大约为 1%,那就是说,若要使光线强度的增加能被察觉,光线刺激必须增加 1%。

在声音领域,我们不能建立相似的实验。声音的强度产生自一个降落于平面的物体

---

① 1 米 ≈ 3.3 英尺

随它的重量和高度之量值而增加。如果我们总是运用同一个物体,我们可以通过改变降落的高度来改变声音的强度。降落的高度与强度相互之间成正比关系。一个从标准高度为原高度 2 倍或 3 倍的地方降落的物体,它所产生的声音强度是原先声音强度的 2 倍或 3 倍。证实这个原理的一个好方法是对声音强度进行研究,它与上面所说的其他方法没有多大差异。图 2 是一个声摆(sound-pendulum)的图示。我们用两个象牙球 P 和 Q,它们的大小相同,并且由相同长度的绳子悬挂着。在这两个球之间置有一块坚硬的木头 c。如果其中一个球从某一选择高度落下来撞击木块,产生的声音是与其落下的高度成正比的,它可以通过该球从支座处升起的三角关系来求出。这个角可以从置于木块后面的一个有刻度的圆形标尺来读出。例如,P 球的降落高度是距离 ac;Q 球的降落高度是距离 bc。那就是说,这两个球从 a 点和 b 点垂直地降落,以某种速度撞击木块。如果 ac 和 bc 因为两球以相同的角度移动而相等,那么由此产生的两种声音自然具有相同的强度;但是,如果高度不同,那么声音也就具有不同的响度。当我们逐步让它们以越来越大的高度差降落,直至响度可以精确地进行比较,我们发现有时并不存在明显的声音差别,尽管它们以不同的高度降落。除非这种高度差别达到一定的量值,不然的话,声音差别便无法分辨。此时,可以测量这两个球降落时所处的高度。当然,如果我们想获得一个恰好能察觉到的感觉差别,这种差别(它为我们提供了一种标准的声音强度的数据)可以通过增加落体的高度而测得。例如,假定第一个球以 10 厘米的高度降落,第二个球以 11 厘米的高度降落,那意味着标准的声音强度能被察觉到差别之前必须增加 1/10。通过相似的测量方法,对许多不同的降落高度进行测量,我们将会发现当声音强度增加或减小时,这种关系是否恒常。这里所发现的规律与光线强度和重量的例子相同:刺激增强与刺激强度的关系总是保持相同。每个声音必须增加大约 1/3 才能产生一个比较清楚的感觉增强。

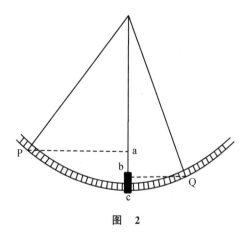

图　2

我们发现,所有的感觉(它们的刺激有待于精确的测量)遵循一个统一的规律。不论它们的感觉差别之感受多么的不一致,这个规律对所有的情况都适用。刺激的增强必然产生一个可以觉察到的感觉差别,对整个刺激强度来说存在一个常数比率(constant ratio)。表示这种比率的数字可以用下面的形式来表示:

光线感觉……1%

肌肉感觉……1/17

压力感觉……1/3

声音感觉……1/3

这些数字不仅为我们提供了一个精确的测量,而且它们至少被用于传达一个普遍的观念,即不同感觉的相对感受性。所有这些,首先是通过眼睛;接着是肌肉,肌肉感觉为提重差别提供了一个精确的测量;最后,根据近似的原理,也适合于耳朵和皮肤的感觉。

这个重要的定律(以如此简单的形式提供了感觉理解和引起它的刺激之间的关系)是由生理学家恩斯特·海因里希·韦伯(Ernst Heinrich Weber)发现的,后来被人称做韦伯定律(Weber law)。然而,他只是在一些特殊的例子中检验了它的有效性。古斯塔夫·西奥多·费希纳(Gustav Theodor Fechner)证明这个定律适用于一切感觉领域。心理学由于他首创感觉的理解性研究,从而建立起感觉的精确理论。

第 三 讲

• *Lecture Third* •

一、感觉强度的估计

鉴于某些明显的原因,也许会提出这样的问题,即我们已经发现的定律是否对我们的感觉量值的定量估计(quantitative estimation of sensation-magnitudes)有用,或者说它是否只具有一个十分有限的意义。对此我们已经查明:刺激增强与恰好可以觉察到的感觉差别(sensation-difference)之间存在一定的比例。但是,事实上,我们可以很容易发现,这一比例关系的确定,只不过是确定一种更加普遍的依存关系的一个特例。

没有人会怀疑这样一种可能性,即一个十分小的感觉差别可以逐渐转化成一个十分大的感觉差别。假设我们使一个感觉增加一个最小可觉量,并且我们让这第二个感觉再次增加一个最小可觉差,那么第一个感觉与第三个感觉之间的差别比第一个感觉与第二个感觉之间的差别更加明显。如果我们用这种方式一直进行下去,每次总是增加一个最小可觉增量,最终我们将会达到一个感觉强度(sensation-intensity),它非常之大,事实上远远超过我们最初设立的那个感觉强度。而且,我们会相应地达到一个十分明显的刺激强度差异(difference of stimulus-intensity)。如果我们直接从一个弱刺激转化到一个强刺激,因而也从一个弱感觉转化到一个强感觉,我们将不可能得到有关感觉依赖于刺激的任何一种确切信息。采取这样一些从感觉到感觉的步骤,我们将不可能去确定感觉是否随着刺激以相同的比例增强。如果我们试图在如此之大的感觉差别之间进行选择的话,我们将很难获得一个结果。但是,如果我们逐渐增大刺激,从一个最小可觉感觉差恒定地过渡到另一个最小可觉感觉差,则我们就能获得一个结果。若要估算一种感觉比另一种感觉强出多少,单单通过将它们直接进行比较是十分难以确定的,正如难以说出一堆小麦比另一堆小麦多出多少麦粒一样。如果我们要想知道结果,我们必须去计算每一粒麦子。相似地,如果我们希望知道第二种感觉比第一种感觉强出多少,最好的办法是把感觉分解成要素(elements),它们等于最小可觉差。

下面这种方法是正确的,我们不能把一种感觉与另一种感觉进行更多的比较。但是,如果我们一旦建立了一种感觉单位(sensation-unit),我们就很容易通过与之比较来决定任何一种其他感觉的量值。让我们假设我们采用 1 克重量之压力所产生的感觉,以此作为皮肤压力感受性(pressure-sensibility)的单位。我们发现,就压力感觉来说,感觉随着刺激的增加而增加的关系可以用分数 1/3 来表示。即如果要使压力感觉产生一个最小可觉增量,外部压力必须增加其强度的 1/3。因此,我们刚刚能够将 $1\frac{1}{3}$ 克与 1 克区分开来,而我们也只能分辨 $2\frac{2}{3}$ 克与 2 克或者 4 克与 3 克,等等。如果现在我们把所有可以分辨的感觉增值视作同等的量值,那么很明显,由 1 克压力引起的最小可觉感觉增量,等于比如 10 克的压力所产生的最小可觉感觉增量。于是,我们可以认为,任何一个强度引起的感觉增加是由或多或少最小可觉感觉增量组成的。我们可以假定这些量值便是外界刺激恰好引起一个感觉的量值。现在,我们能够给出感觉强度的数量表达式,无论它是如何的大或是如何的小。一个感觉强度是另一个感觉强度的 2 倍、3 倍或 4 倍,那么它是由 2 倍、3 倍或 4 倍这么大的相等感觉增值组成。这个测量体系认为,我们的感觉是随着逐渐增加的量值而增加的。但是,严格地说来,在所有的测量当中,它只是一个例证。我们所拥有的一切测量都是由一系列测量单位(measurement-units)组成。我们为感觉测量而选择的单位就是最小可觉的增值。如果一个感觉比之另一个感觉在单位上是后者 4 倍的数值,那么它的感觉就是另一个感觉的 4 倍;正如在一杆标尺上我们把每 4 英尺作为一个标志,则它的单位就是一个 1 英尺标尺单位的 4 倍。如果我们仅仅根据长度来估算两个标尺的关系,这样的比较也许就不很精确。一个精确的判断只有通过运用相同的测量单位才有可能。对感觉来说也是如此。

然而这种以将最小可觉差相加来测量不同强度之感觉的方法是十分烦琐的。一旦我们知道了感觉增加与刺激增加之关系的定律,我们就可以很容易而且十分迅速地达到目的。这个定律已经公式化,我们可以预计,刺激增加有多大,它所引起的感觉增加也有多大。

事实上,我们已经掌握了这个定律。韦伯定律告诉我们,如果相应的感觉增加要被觉察的话,那么刺激必须以一个相似的比例增加。所以,为了这个特殊的目的,任何一个感觉测量问题现在可以用这样一种形式来表示:如果我们将刺激增加确定的几个单位,那么根据韦伯定律,一个给定的感觉会增加多少单位或多少相等的可觉量值?或者,逆向推论的话,为使一个感觉可以增加确定的几个感觉单位,必须使给定的刺激为多大?

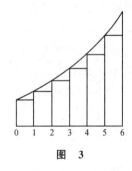

图 3

为了便于说明,让我们再次讨论一下压力感觉问题。你们也许还记得,为使感觉增加一个单位,在 1 克重量上必须加上 1/3 克才能产生增加的感觉。假定现在我们想知道为了使感觉增加 6 个单位,必须增强多少压力。我们想象把感觉单位排列成一个坐标,在这个坐标的零点上,我们放上重量为 1 克的刺激,并在此画一垂直线,以任何一个长度来代表这个克数。现在,为了表示感觉增加一个单位所对应的压力量值,我们必须延长垂直线,即在 1 处延长自 0 处而得来的 1/3 垂直线。

类似地,在坐标 2 处延长自 1 处而得来的 1/3 垂直线,在坐标 3 处延长自 2 处而得来的 1/3 垂直线,等等。由于垂直线是连续增加的,因此这些增加的部分也逐渐变大;根据我们的坐标,我们依次画出不断增加长度的坐标线。很清楚,这些线中的每一条线的量值代表了自 0 点处以同样关系所画的垂直线的量值,而所谓同样的关系,是指坐标上标示的引起感觉增加的重量,是以最初的重量 1 克为基础的。问题是必须有多重的重量用来产生一个相当于 6 个感觉单位的感觉差异,我们现在只要测量坐标 6 处的垂直线比坐标 0 处的垂直线长多少便可做到。

如果我们根据感觉坐标所代表的刺激量值把所画的垂直线的上端连接起来,我们就获得了一个曲线,即当我们由低至高趋近坐标的更高值时,它十分陡峭地上升。很显然,这条曲线表明了我们测量的感觉强度对相应的刺激的依赖关系,不仅仅可以应用于1,2,3点上,而且也可以应用于处于这些点之间的所有点上,例如,应用于 $1\frac{1}{4}$, $1\frac{1}{2}$,等等。

如果我们希冀去发现处于两个单位值之间的某个特别的点的刺激强度是多少,那么我们只需利用这条代表着刺激变化的曲线,通过作垂直线就可以找到此点所需的刺激强度的量值,它可用这条垂直线的长度来表示。当然,与坐标上两个单位值之间的一个点相对应的感觉差别不会被我们所觉知;但是,就此推断它根本不存在,那就十分错误了。这是因为,我们可以通过大量地累积许多难以分辨的差异来获得一个可以分辨的差异。根据我们的阐释,这个最小可觉的感觉差异正巧落在1,2,3点之上,这仅仅是一种偶然。如果我们把起始重量规定为1/2克或者3/4克,而不是1克,那么整个坐标将向左移动,而现在坐标上的数字点就会落在第二种坐标的两个数值之间。但是,感觉随刺激强度而变化的规律仍像先前一样保持着。我们在任何一个坐标上的测量都是不连续的,而坐标本身是连续的。你们可以看到,我们无法从一个重量继续到另一个重量,以便通过所有可能的中间重量(intermediate weights);但是如果我们希望进一步精确重量的话,可以在2克之间插入1/10克,1‰克,1‰克,甚至可以是1‰克。但是没有人会认为一个小于1‰克的重量根本不是重量。正是存在着运用天平也难以测出的重量差别,所以也就存在着我们难以觉察的感觉差别。

现在,毋庸置疑的是,我们曾用来测量感觉的坐标并不特别适宜于该测量的目的。我们从这个最简单的可能的刺激量值入手,即我们从1克所产生的压力单位入手,把我们坐标上的零点与该点相对应,从它开始向右填入我们的感觉单位。但是,当我们这样做的时候,我们没有把自己置于这样的境地,即为了获得一个确切的感觉单位的增加,我们除了必须在1克之上增加多少重量外,还可以得出其他什么结果;或者说,当我们受到一个更大量值的重量刺激时,在1克的压力感觉上已增加了多少感觉单位?至少,我们不知道由1克重量产生的感觉究竟有多大;也就是说,在一个坐标上从零点往左还有多少个感觉单位可以估算。很显然,用以测定的一个方法是,我们从感觉单位着手,而不是从确切的刺激单位着手;据此,从感觉开始的那个点进行测量。如果我们希望把我们的坐标变成一个自然坐标,我们将把这个感觉开始产生的点作为零点。但是,该点并非同时是刺激的零点。有些刺激如此之微弱,以至于它们根本无法被感觉到。为了产生一个感觉,刺激必须达到某一确定的量值,在具体的情形中,它是由感觉器官的特性来决定的。这里所述的情形与感觉差异相似。只有当刺激差别达到一个确定的强度时,它们才能被觉察到。同样,当刺激达到一个确定的量值时,一般说来感觉才能被觉察到。也许,可以假设这两种情形不仅相似,而且是完全相同的,也即产生一个感觉所必需的刺激强度,等于使一个最小可觉的感觉差异得以产生的刺激差异强度。但是,很容易看到这是不可能的。一个刺激差异的强度总是直接依赖于整个刺激强度,并且随着后者的减弱而减弱。所以,如果刺激变得无限小时,我们必须去假设刺激差异也肯定变得无限小。然而,这样做被实验条件所限制,实验条件告诉我们,每一种刺激若要产生一个感觉的话,它必须达到一个确定的量值。

因此，如果我们遵循我们前述的方法，用垂直线去表示与感觉系列相对应的刺激，那么我们必须在零点上画一条线，它的长度代表一个恰好产生可以分辨的感觉的刺激量值。如果我们保持压力感觉，就会发现 1/50 克是该重量的量值，它足以产生一个恰好可以分辨的压力感觉。我们将在零点处用垂直线表示这个重量。在 1 处（它离开 0 点的距离等于一个最小可觉的感觉差异），根据感觉对刺激的依赖关系，代表刺激的垂直线将延长 1/3。也就是说，该刺激的起始量值是 1/50 或者 3/150，在这儿等于 4/150。简而言之，我们在前面坐标的基础上获得了感觉随着刺激增加而增加的相互关系（见图 3），所不同的是，现在位于 0 处的新垂直线代表的是 1/50 克，而不是 1 克。

为了回答来自感觉方面的所有这些问题，这样两种测量方法一般来说已经足够了：首先是对感觉强度随着刺激强度的变化而变化的恒常关系的测量；其次是对这个最小可觉的感觉的测量。第一种测量能使我们划分感觉坐标，凭借刺激的帮助，我们可以将它按相等的部分画线。第二种测量为我们提供了零点，因此使得该坐标便于实际应用。如果我们在压力领域已经发现常数比率（constant ratio）为 1/3，而且这个最小可觉的感觉由 1/50 克所产生，我们就可以免除所有进一步的测量，并且解决出现在我们面前的任何一个问题。假设我们想知道由 1 克的压力所产生的一个感觉强度，我们便以零点为起点，使用这个坐标。零点的压力是 1/50 克，位于 1 处的压力要比它大 1/3；位于 2 处的压力又要比 1 处的压力大 1/3，等等。我们将这个过程继续进行下去，直至我们达到 1 克所产生的压力，然后根据我们的感觉坐标把达到这个点所需的所有单位加起来。我们会发现我们几乎已经运用了 14 个单位，所以，如果我们开始用 1/50 克的重量压在皮肤上，然后用 1 克的重量压在皮肤上，那么我们已经越过 14 个最小可觉差。我们越是接近 1 克，与最小可觉差相对应的压力差异也就越大。第一个单位与起始刺激的 1/3 相对应，或者说与 1/150 克相对应。如果感觉直接随着刺激而增加，则我们的 14 个单位将与 14/50 克的增加而非 1/3 克相对应；而且，事实上，它们需要 49/50 克的压力增加，差不多相当于 1 克。

二、感觉强度定律的数学表达

这种决定感觉强度的方法（通过逐渐把刺激从弱提高到强以产生一个最小可觉差），在实际应用方面会变得十分烦琐。直接的观察将更为简洁。因此，我们对于这个问题本身，提出是否可以发现某个更为简洁的方法，以便让我们只需通过一步就可以从 1/50 克达到 1 克，而无须像我们上面所做的那样，运用不少于 14 个中间步骤。这个问题也许可用肯定来回答，因为对存在于感觉和刺激之间的依赖关系的考虑会使我们信服。

感觉和刺激在量值上是相互独立的，两者都能用数字来表示。代表感觉的数值随着刺激数值的增加而增加。在这一情形中，最简单的关系将是很明了的：与刺激相对应的是数字 1，2，3 等等，也存在用那些数字来表示的感觉。于是，我们可以说，感觉强度是与刺激强度直接成正比的。然而，这种简单的关系难以把握，刺激增加要比感觉增加更为迅速。当然，在一个数字系列比另一个数字系列增长得更快方面，现在有无数种形式可以用来表示这些数值之间的依存关系,例如,如果我们将每一个数自身相乘,这样我们便从数字系列 1,2,3,4,…,获得另一个数列为 1,4,9,16,…,众所周知,第一个数列是第二个数列的平方根;后者为前者的平方,或者为第一个数列的二次幂。所以,如果用这两列数字来表示刺激和感觉之间关系,我们应该说,感觉相等于刺激的平方根。一个相似的数列(它与这个数列的差别仅仅是以更快的速度增加)可以通过把每个数字乘以本身两倍或者三倍来获得,于是达到了它本身的三次幂或者四次幂。如果这些数列中的任何一个数列表示刺激增加的速率,我们就可以说,感觉等于刺激的三次方根或者四次方根。但是,感觉强度的增加既非平方根,也非立方根,或者是刺激强度的其他任何方根。从这一事实中可以很清楚地看到,刺激增加与其引起的确定的感觉强度的增加是整个刺激量值的一个常数比。因此,既然有关的刺激增加总是保持相等,那么代表刺激的有关数字的增加也必须是一个常数。这在所引证的数列中并不存在这样的事实。例如,在数列 1,4,9,16 中,数字的增加应依次为 3,5,7,而这些增加是与 1,4,9 有关的;但是,由此得到的比例为 3/1,5/4,7/9,它们并不相等。如果这个例子事实上遵循着感觉的定律,我们必须获得 3/1,6/2,12/4 等这样的分数,或者是其他一些特定的常数结果。但是,既不是二次幂也不是三次幂或者其他任何幂次方给出了这样的数列。

另一方面,存在着另一种应用非常普遍的数字关系,它精确地对应于感觉和刺激之间的关系。

如果我们稍稍注意一下一个普通的对数表,我们就可以发现表中的数字是以两个纵列排列的;其中一列包含普通数字,另一列为其相应的对数值。我们立即可以看到,后者的增加比普通数字的增加要缓慢得多,如同感觉增加的量值比刺激增加的量值缓慢得多一样。对于数字 1,它排列在一边,我们发现作为它的对数的 0 是排列在另一边的。10 的对数为 1,100 的对数为 2,等等。这里,对于数字和它们的对数来说,我们看到这两个系列以十分相异的方式增加。如果我们观察得更仔细些,我们就会发现比外在的相似性更大的相似性。1,10,100,1000 的对数为 0,1,2,3,这些数字的增加与它们的量值之间存在怎样的关系呢?当 1 增加到 10 时,增加了 9;当 10 增加到 100 时,增加了 90;当 100 增加到 1000 时,增加了 900。因此,它们的增加比率为 9/1,90/10,900/100。这些比率是相等的,例如,都等于 9。现在,这个式子可以表示感觉增加的规律。感觉是以相同的量值增加的,而刺激的增加是这样的:它的每一次增加都与这一特定的整个刺激量值之间存在一个常数关系;对数以相等的量值增加,而此时它们数值的增加是这样的:它的每一次增加与相对应的量值之间总是存在相同的比率关系。所以,我们可以说,当刺激以其数字关系增加时,感觉是以对数关系增加的;或者,更为简洁地说(我们可以用某种确定的数字来表示任何一种刺激量值),感觉作为刺激的对数而增加。

对数表在心理学认识到它们的必要性前很久就已被人们自然地使用了。事实上,感觉对刺激的依存关系的表达仅仅是一种十分简单的关系的表达,它频繁地出现在量值依存性的表达上。例如,对数 0,1,2,3 以相同量 1 每一个区别于相邻值,而对应的数 1,10,100,1000 以同样的倍数(即每一例值的 10 倍)彼此不同。即使这样获得的求对数的唯一法则,过程也十分繁杂。幸好,事情是十分简单的。如果我们把一个数自乘到其全部可能次幂,我们也就能从这个数得到另一组数值。于是 $10^1 = 10, 10^2 = 100$,

$10^3 = 1000$。很清楚,通过这种将一个数自乘的方法,我们可以获得任何一组数值。如果我们把 $1\frac{1}{4}$, $1\frac{1}{3}$, $1\frac{1}{2}$ 作为 10 的幂,我们会得到一组落在 10 和 100 之间的数值。如果我们把 $2\frac{1}{4}$, $2\frac{1}{3}$, $2\frac{1}{2}$ 作为 10 的幂,所得到的数据在 100 和 1000 之间。而且,如果我们把所有可能的分数作为幂,那么我们将会获得 10 和 100,100 和 1000 等等之间所有可能的数字。为了获得小于 10 的数字,我们不能乘以数字 10,而是把它自除若干次。正如数学家所说,我们必须计算它的负数次幂。这样 $10^{-1} = 1/10$, $10^{-2} = 1/100$ 等等。而在 10^1 和 10^{-1} 之间存在 10^0 或 10^{1-1},也就是 1。如果我们用这些负幂次方中的分数作幂,那就可以得到这些分数所能得到的一切结果;从幂 0 到 1 之间得到的所有数值,都落入 1 和 10 之间。因此,只要计算 10 这个数的所有次幂,我们就可获得每一个可能的数值。现在,如果我们把这些幂 0,1,2,3 与相应的数字 1,10,100,1000 相比较,我们可以看到后者以相同的比率彼此依存,就像对数依存于它们的真数一样。当以乘方产生这些数以相等的倍数增加时,前者就以相同的增量增加。因此,这些幂并不指代其他任何东西,而是指代我们通过乘方所得数值的对数。现在,我们可以把感觉定律的公式表述如下:感觉依存于其刺激就像指数依存于乘方产生的这些数一样。

三、负感觉值的意义;刺激单位和感觉单位

但是,把指数和对数与感觉相比较会产生一个疑问。正如我们已经看到的那样,存在着负指数;与此相应,也应该存在着负对数。如果我们把数字 10 自除 1 次、2 次、3 次和 4 次,我们就会获得指数 0,-1,-2,-3 或者对数 0,-1,-2,-3。这些负对数数字如同正数一样是无限的。当我们想起这些负对数和幂表示分数时,这一点将很容易被理解。如果我们继续延伸 10^{-1}, 10^{-2}, 10^{-3} 或者 1/10,1‰,1‰这个数列,我们会依次得到越来越小的分数。正如整个数列是无穷的那样,分数数列也是如此。然而,如果我们通过业已描述过的方法达到 0,那就需要把 10 自除无限次数。因此,与 0 相对应的对数是无穷大的负数。但是,所有这些都适用于感觉吗?感觉会是负的吗?会存在既是负的又是无穷的感觉吗?

当我们讨论负感觉时,我们通常利用以下感觉术语来理解,认为它是与我们所说的正感觉呈相反方向的感觉。例如,寒冷是炎热的负感觉。但是,称寒冷为正感觉也是一样正确的,而此时炎热的感觉就是负感觉。这里的"正"与"负",和它们在其他地方一样,其表达是相对的。负数并不意味着无:它和正数一样是一个真实存在的量值;我们可以任意地运用它们。一个店主把他估算的财产,把他账上统计的所有东西,或者把属于他的其他东西作为正数;他把所欠的债看做是负的。另一方面,如果他在估算他所欠的债时把它当做是正的,那么账上的项目和贷款便被看做是负的。在这两种情形里,结果是一样的。或者,如果一名地理学家希冀在区分空间方向时把某个方向命名为负而不是命名为正;这些都不是主要的问题。同样,我们把分数规定为负,是因为我们已经把正的命名给了整数的对数。我们必须谨慎从事,不能认为我们在这里所做的一切超越了常规,

即使这个常规是最自然和最明显的。

然而,出现了一个问题,即我们是否可以不说负感觉,而用与上述意义简单相对的词语。所有人都会用肯定来回答这个问题,如果曾经表明在感觉中这种对立是存在的话。诸如寒冷和炎热的对立在目前的例子中与我们无关,那当然是不言自明的。寒冷和炎热是两种不同的感觉属性,关于它们的性质,我们这儿几乎没有必要怀疑,正如舒服和不舒服、愉快和不愉快之间的差异一样。但是,这些属性确实预示了感觉的相反特性。如果我们对此予以一个特别的考察,我们也许不仅会公正地而且会十分自然地用正和负的量值来表达炎热和寒冷、愉快和痛苦的对立。但是,我们的任务首先是考察感觉的强度。因此,所有其他的感受特性被排除在我们的考虑之外。

我们发现我们的坐标的自然零点是指感觉开始的那一点,在那一点上我们开始有了感觉。然而,是否存在着未被察觉到的感觉?或者说,那个问题的提出是否会引起术语的矛盾?

这当然是矛盾的。但它仅仅是一个表面上的矛盾,因为"感觉"这个词本身就是一个歧义的表达。我们已经看到,确实存在未被察觉的感觉差别。显然,这一现象就"感觉"一词给出了两种不同的含义。第一个含义是感觉仅仅是一个依赖于刺激变化的某种东西,而不论我们是否会检测到这种变化。第二个含义是指我们的发现,即由感觉来表示的变化。从绝对的意义上说,这两种关于感觉的说法都是对的。当感觉如此微弱,以至于不能被察觉时,我们认为它们是独立于我们的体验而存在的某种东西,我们仅仅从外部刺激对它们的影响进行考察。我们可以用此方式提出这样一个问题:一个感觉差别(sensation-difference)是与感觉到的差别(sensed difference)根本不一样的,后者隐含着前者具有一个确定的强度。一个感觉也许在它能被觉察到以前早就存在了。我们只有当它达到一个确定的强度时,才能感觉到它的存在。尽管在这一阐释中我们承认存在着模糊性,但是我们仍无法去排除它。这种模糊可用下述的事实来解释:当感觉这个词首次出现在语言中时,产生它的意识仅仅是它自身被认识的感觉和感觉差别。除非出现科学的反应,否则人们无法得出如此的结论:感觉和感觉差别肯定存在,但它不足以被认识,因为感觉既不会突然地产生,也不会突然地改变,而是具有连续的阶段性。

所以,对于我们来说,这里所用的"感觉"一词,在后面将用来表示所有那些我们无法觉察的感觉和感觉差别,除此之外,别无他选择。对于它们的存在,我们必须提出这样的假设,即我们是可以感觉到它们的存在的,正如我们可以清楚地体验到狭义上的感觉一样。这使得我们有必要去区分我们所说的可以觉察到的感觉和感觉差别与不能觉察到的感觉和感觉差别。现在,由于我们发现,一个感觉若要能被觉察,它必须达到某一量值,而且,我们发现其他东西也一样,当其强度变大时,它的量值也变大,因此我们当然可以由此判断,把感觉变到恰好可以被分辨的地方,那个地方就成为我们感觉坐标的零点。这个问题解决后,我们就可以很自然地把该点的右边称为正,也即可以觉察的感觉;把该点的左边称为负,也即不能被觉察的感觉。因为可以觉察和不能觉察意味着一个直接的对立,这和寒冷与炎热一样,或者和相反的空间方向一样。

因此,我们可以得出结论:在这种更进一步的正与负的反向点上也能将感觉依存于刺激的关系与对数依存于其数值的关系作比较。而且,我们现在可以越过零点,在负方向上建立我们的坐标,直至刺激消失,正如图 4 所表示的那样。现在,在某一长度范围内,我们根据感觉的最普通形式获得了感觉规律。在我们达到刺激的零点之前,我们必须朝负方向将 0 向左移动多少个单位呢? 刺激的零点当然不是指影响我们感觉器官的外部运动过程,而是指由外部运动过程引起的大脑的内部刺激,这和感觉的生理过程与感觉的心理过程相平行是一样的。它可以被假设为:外部的刺激如此微弱,以至于无法达到大脑,也许是因为它们难以影响感觉器官,也许是因为它们无法被传递到大脑。这个假设可以用来表达随着感觉的增加,刺激增强的线应落在感觉坐标的什么地方? 很清楚,我们可以把我们的负感觉单位延伸至无限,而达不到那一点;如果我们假定刺激的量值在坐标的每一区域以 1/3 的幅度减弱,那么这一减弱的趋势将是越来越缓慢的;尽管它会变得非常非常小,但是,只要我们所规定的这个负感觉单位可以用数字来表达,它就不会消失。当这些数值变得无限小时,我们才会假定相应的刺激量值也变得无限小,小到我们可以毫不犹豫地认为它等于 0。从而,我们再一次具有如同对数与真数的关系一样的关系。如果我们不断把分数数列 1/10,1/100,1/1000 扩展下去,我们便无法产生任何一个分数,因为它非常非常小,不可能大于 0。我们只有在无限时才能达到 0。因此,与此相对应的这个负对数为无限大。同样,我们可以相信,一个刺激能够按照我们的意愿被一分再分,而其结果再小仍为一个刺激。刺激只有在无限时才能变得相等于 0,而与一个相等于 0 的刺激相对应的负感觉必须是无穷大;因为一个负感觉意味着一个不能被分辨的感觉,一个无限大的负感觉仅仅表明这个感觉比其他任何感觉更加难以分辨,正如它等于 0 和∞时一样,前者比任何其他数值都小,而后者比任何其他数值都大。

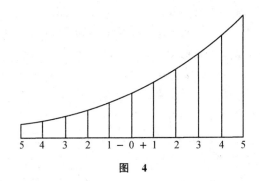

图　4

我们将对数规则与感觉规律进行类比只有在一点上是不完善的。我们看到,所有可能的数值可以通过将某一数值乘以其所有可能的幂次而获得。这些正的幂次给了我们整数;负的幂次给了我们分数;0 的幂次为我们提供了单位。在感觉的例子中,我们发现的所有这些事实都有一个确定的意义。但是,我们已经忘记了还有一点尚未确定,那就是这个数值的参与使我们得到了其他一切可能的数字。在这个例子中,我们把数字 10 乘以 0,1,2,3 次幂,因而获得了数列 1,10,100,1000。如果我们采用其他数字而不是 10,将其乘以那些幂次,那么我们获得的将是一个不同的数列。因此,知道选择什么样的数字来作为乘方的基数是很重要的。

很明显,这对于感觉法则来讲也是一个重要的问题,因为感觉与刺激的关系如同它们的指数与数值的关系,也是通过乘方才获得的;而且,很清楚,我们只能说,哪些刺激量值对应于感觉 1，2，3，如果我们知道这个确定的数字是作为该乘方例子中的基数的话。我们对那个数字的选择是完全任意的。对于我们的感觉坐标来说，它并不重要，它仅仅影响到坐标区域的划分。我们已经有了最方便的划分，感觉的量值可以根据对应关系直接由刺激的量值来计算得到。但是，只有当感觉是刺激的一个简单对数，而不能是这个对数的某个倍数或分数时，这才有可能，它完全依赖于我们的刺激单位和感觉单位的绝对量值。这两个量值可以被任意选定，只要我们清楚地确定它所代表的意思。我们已经看到，当刺激被选定为等于 1 时，感觉便等于零——即是最小可觉的 1^0，10^0，100^0 都等于 1；换言之，1 的对数总是等于零。这对所有刺激单位的量值都成立。现在，如果感觉 1 也符合这一点（在这一点上，它的刺激是与对数 1 相对应的数值），那么我们必须把 10 作为基数，因为在这一点上，刺激为量值 10。如果 100 被选作基数，我们必须在感觉 1 处得到刺激量值为 100，等等。因为 $10^1 = 10$，$100^1 = 100$，每个数字的 1 次方等于它本身。如果我们标出更大的感觉单位，即坐标上 2，3，4 区域的划分，那么我们就必须把它们的位置对应于刺激量值 100，1000，10000，等等。因为 $10^2 = 100$，$10^3 = 1000$，$10^4 = 10000$。正如我们已经看到的那样，刺激 10 对应于感觉 1，这些数值也可以通过我们的规则得到。所以，现在我们可以确定我们的感觉单位，它等于我们所选定的基数。以此为条件，当刺激通过由乘方所得到的数值来表示时，感觉便对应于它的指数；或者说，感觉等于刺激的对数。

在我们的普通对数表中，10 被作为基数，通过乘方可以得到所有的数值。所以，如果我们希望根据刺激来计算感觉，我们便可以认为感觉 1 是由 10 倍于可以分辨的刺激所引起的。这样，当给出一个特定的刺激强度时，只需在对数表中查找代表这个强度的数值，相邻的对数纵列可以立即给出感觉的量值。回到我们前面的例子，如果 1/50 克的重量产生一个恰好可以分辨的感觉，那么我们称 1/50 克的刺激为 1。10 倍于这个刺激的压力等于 1/5 克，我们称之为感觉 1。现在，很容易决定，增加多少重量，才能使感觉成为扩大几倍的任何一个整数或分数。或者，必须增加多少重量，才能导致一个感觉的增加。如果我们希望获得像感觉 1 那般强烈的一个感觉的 $2\frac{1}{2}$ 倍，我们可以参考对数表，发现对应于对数 2.5 的数值为 316。那就意味着 316 个刺激单位，或者 316/50＝6.3 克。或者，如果问题是去确定由 5000 个单位组成的刺激（100 克）所产生的感觉有多大，那么我们查找数值 5000，发现它的对数为 3.698。那就是说，100 克的压力产生的感觉是 1/5 克压力产生的感觉的 3.698 倍。

我们已经完全回答了我们所面临的问题。我们不仅发现了感觉依赖于刺激的规律，而且我们还表明通过一定的方法可以计算感觉或刺激的强度（当他们的相关强度已经给出时）。这种方法本身很简单，因为我们只需要了解乘法表和对数表而无须其他任何东西。

第 四 讲

• Lecture Fourth •

一、恰好能觉察的感觉

对在任何一种确定的感觉领域中产生的所有问题的解决办法，正如我们已经看到的那样，要求两种测量。首先，我们必须知道感觉强度（sensation-intensity）的改变和刺激强度（intensity of stimulus）的改变的衡定关系；其次，必须确定恰好能觉察的感觉的量值（magnitude）。我们已经进行了这两种测量中的第一种测量；第二种测量目前仍在进行之中。

压力感觉（pressure-sensation）为我们的研究提供了最简单的情况。我们在测定感受性的那部分皮肤上放置轻微的重量，最好是软木，以便发现多大的重量对产生恰好能觉察的感觉是必需的。用这种方法得到的观察表明，皮肤的感受性在其表面的不同部分是很不均匀的。最敏感的部分是前额、太阳穴、眼睑、前臂的外表面和手背。我们在这些部位通常能感觉到只有 1/500 克的重量。感受性稍差些的是前臂的内侧、面颊和鼻子，比这些感受性更差的是手掌、腹部和大腿。在这些地方感受性降低到只能觉察约 1/20 克。在一些特殊的保护性部分——例如，指甲和脚后跟——恰好能觉察的重量在高达整整 1 克时产生。

更适于弱刺激感知的是我们的听觉器官。对外部听道的微小触动，或与鼓膜的任何接触，正如我们都知道的那样，会激起一个相当强的声音感觉，即使是非常之弱以致难以觉察的一个遥远的声音。在观察听觉感受性限度的决定因素时，我们当然不要忘记考虑与强度有关的各种条件。例如，如果我们测量一只耳朵对一个落体产生的声音的灵敏性，我们不仅需要知道落体的重量和材料，而且还需要知道它落在什么物体上以及该物体的组成材料。我们还须进一步测定它下落的加速度和我们的耳朵距离声音产生之地的距离。业已发现，一只具有正常感受性的耳朵能在 91 毫米远的距离感觉一个重 1 毫克的软木塞从 1 毫米的高度落下时产生的声音。当然，我们可以推测不同的个体具有相当大的差异，它已为我们日常的经验所证实。感觉器官的疾病影响我们的听力；除此之外，随着年纪增大，这种感觉的准确度明显下降，并经历不同的阶段，从听不清到全聋——一个最普通的感觉缺陷。

如果我们用恰好确定的音量作为刺激的一个单位，我们就一定能将所有其他用作刺激的声音强度与其比较。这种比较并不困难。提供一个被测强度的声音，我们只需将它移至它恰好消失的距离。它正好与一个重 1 毫克的软木塞从距离耳朵 91 毫米处自 1 毫米的高度落在一块玻璃上所发出的声音一样大。那个距离立即告诉我们在声音产生的地方发出的声音比恰好能觉察到的声音强度大多少倍。一颗普通的步枪子弹发出的声音在 7000 米的远处恰好能听到,这个距离比 91 毫米距离的 7 万倍大得多。由于声音强度随着距离的平方而递减,因此可以得出步枪子弹的声音强度比我们用作单位的软木塞的声音强度的 49 千万倍还大。对其他任何声音,可以与此单位进行类似的比较。例如,我们可以很容易地确定在一定的钟摆声音里包含多少感觉单位(sensation-units)。由于我们很容易地采取了下一步骤,并把各种声音强度与另一个进行比较,因此完全可以像我们测量重量时所用的坐标那样来表达声音强度。只有一种情况我们必须小心,并且不应忽视:我们不可在其他声音影响耳朵时进行观察,或者当空气的流动使得声音的传播不合规律时进行观察。因此,夜晚的宁静特别适合于声音感觉的实验测量。

当我们处理视力感觉时情况就有所不同。很明显,我们只是确定恰好能觉察的感觉,如果在没有感觉的时候,对感觉器官来说可能存在一种完全不确定的状态。这种情况对耳朵来说是可以实现的。需要时,听觉可以清楚地从宁静中分辨出作为事物的一种状态的声音。与此相应,眼睛的分辨存在于黑暗和光明之间。但是,视觉上的黑暗与听觉上的宁静十分不同。通过大量减少照明的强度,我们就可以造成黑暗,而无须外来光线的实际消失。或者,如果我们闭上眼睛,我们便也处于黑暗之中。但是,不能因此说光觉(light-sensation)完全没有了。在几乎每种情况下,一定数量的外来光线射入闭上的眼睛。不仅如此,眼睛的闭合还是光觉的原因,眼球的压力充当了一种视网膜的刺激。你们可以通过使压力增强而很容易地相信这一点。虽然你们闭上了你们的眼睛,但你们仍旧看到微光,然后这种微光增强,直到最后视野的整片黑暗被光的海洋所淹没。

但是,即使在缺乏这种机械刺激的情况下,甚至在最黑暗的夜晚,我们的眼睛也没有摆脱光的刺激。我们稍微注意一下就可以看到,黑暗或浓或淡,处处被一个较强的亮光所替代,较强的亮光反过来被一个更深的黑暗所替代。我们甚至有时说服自己,我们认出了外在物体的模糊轮廓;有时闪电的强烈光辉似乎照亮了黑暗。所以,无论是多么彻底的黑暗,眼睛总是活动的,我们可能容易地发现自己的怀疑,即它是由于来自我们眼睛的光线还是来自我们能看到的夜晚本身的光线。但是,我们可能通常认为它不是外界的光线。如果我们移动身体,它们与我们相随,而不与外界物体相应。虽然我们认为我们已经尽可能小心地与外界光线完全隔绝,但它们依然存在。不仅我们在黑暗中观察到这种变化的微光,而且甚至我们能看到的最深的黑暗也一直是一种光觉。当我们闭上我们的眼睛时,我们视觉中的黑暗视野拥有与睁眼见到的明亮视野相同的形式。所有这些都位于我们看到黑色视野的限度之内。无论怎样,我们在位于它之外见到的东西并非黑色,但也不完全如此。在白天,当我们睁眼时,我们不说位于我们背后的物体对我们来说呈现黑色。因此,我们能看到的最深的黑色对我们来说是最弱的光。感觉到这一点与没有任何感觉不一样。所以,作为光,具有不同程度的黑暗,存在不同的黑色,我们可以从最深的黑暗逐渐过渡到略有光明,过渡到灰色,最后到白色。

于是,我们看到古代的观点(眼睛本身是光源)不是没有一点根据的。只是我们从来没有通过这种光看到和认识外在的物体。我们在黑暗中拥有的光觉为眼睛内的一种刺激所引起。但是,如果我们要想看到物体,光刺激(light-stimulus)必须从它们开始。感官的持续兴奋虽然是事物的一种特别状态,也许并不发生在别处。但是,当我们想到眼睛是最敏感的感觉器官时,它变得清楚明白了。一个几乎无法产生听觉或压力感觉的微弱刺激也比一个能被眼睛恰好觉察的刺激强得多。在后一种情形里,通常的感官生理状态很可能引起一个感觉,构成营养的化学过程可能用于刺激眼睛的上皮。持续短暂的刺激由眼球上产生的压力所引起,而眼球的运动是借助肌肉来实现的。由于肌肉永远不会完全放松,因此这种刺激即使在休息时也处于运作状态。但是,在运动时其强度会增加。就我们在黑暗中拥有光觉而言,我们能够观察到同样的现象,它们也是在眼睛运动时变得更强烈。

视觉的情况妨碍我们测量与一个恰好能觉察的光觉相对应的刺激量值,现在看来是不言而喻的。眼睛总是具有比恰好能觉察的感觉更强的感觉,因此,影响我们的所有刺激很可能增强不可避免地存在于眼内的光觉。在这种情况下,对我们来说,唯一能做的只是确定最弱的发光强度(light-intensity,简称光强)。这种发光强度在完全黑暗的情境里,比之视野中的黑暗稍微亮一点,达到恰好能觉察的程度。我们通过穿越一条金属线的持续电流而十分容易地获得这种非常微弱的发光强度。当我们增加电流的强度时,电线变得越来越热,直到在一定温度时它开始发亮。由于我们可以随意地逐渐增加电流的强度,使电线发光以达到恰好能觉察到的强度便易于确定。于是,我们只需将它的客观值(objective value)与其他已知的发光强度客观值进行比较。运用这种方法业已发现,恰好能觉察的发光强度大约是满月从白纸上反射出的光的1/300。

我们提及的调查为我们提供了对于压力、声音和光的刺激与感觉的单位,尽管在最后一种情形里眼内光线的存在使得这种限制成为必需。到目前为止,尚未作出成功的尝试来确定对其他感觉印象而言的单位——例如,对味觉、嗅觉和温度觉而言的单位。究其原因,部分是因为这样的事实,即我们无法准确地控制这些领域中的刺激运作;部分是因为把器官置于完全摆脱刺激的情境之中是不可能的——也就是说,把器官置于与我们刺激坐标的零点相应的情境是不可能的。

既然我们运用这种方式确定了恰好能觉察的刺激差别(stimulus-difference)和恰好能觉察的刺激量值(stimulus-magnitude),而这两种量值依赖于我们的感觉测量,因此便产生了一个进一步的问题:这两种量值彼此之间具有一种确定的关系吗?如果我们对刺激的感受性表明了一定的可变性,那么我们对刺激差别的感受性不将也是可变的吗?我们发现后者可以通过一些恒定的分数来表达。例如,我们对压力差别的感受性是1/3,对光线差别的感受性是1%。换句话说,一个压力必须增至其量值的1/3,一个光线必须增至其强度的1%,如果这种差别可以觉察到的话。正如我们声称的那样,这些关系确实是恒定的吗?还是更可能随感受性的变化而改变?

很明显,仿佛可对后面的问题予以肯定回答,但是,更为细致的思考将立刻使我们确信,如果感觉对刺激的依存关系的一般定律成立的话,可期望得到相反的结论。你们也许还记得,这个定律告诉我们,一个刺激,不论是大还是小,都是以同样的比率增加的,以便适应一定的感觉差别。因此,假定某种感觉的感受性在一个例外的情况下减少1/2,那么,为了引起一个可以觉察到的感觉,用大于原先2倍的刺激作为一个刺激看来是必要的。如果我们希望通过一个可以觉察到的量值再次增加这个感觉,那么正如定律所说,更大的刺激自然需要一个相对来说更大的增加。但是没有理由可以假设这种增加必须比最初所需的比例更大。

这种假设通过观察在每一点上被完全证实。如果感受性改变了，每种刺激比以前在强度上或多或少被感知。但是，如果把两种刺激进行比较，它们的差别在感觉方面如同改变之前一样大。如果感觉 1 被增倍，感觉 2 也会增倍。如果刺激 1 必须增加 1/3 以改变感觉，那么，要使感觉改变的话，考虑到感受性的下降，当刺激 2 为了产生相同的感觉而必须替代它时，后一种刺激必须增加 2/3，等等。简而言之，对刺激来说，感受性无论如何不会影响感觉依赖刺激的定律。

二、韦伯定律的上限和下限

现在，我们可以回到我们的出发点上。我们的目标是研究感觉对刺激的依赖性。刺激作为直接与感觉平行的物理过程（这里当然意指内部刺激）在大脑的某个感觉中枢中起作用。但是，为了使我们的问题简单一些，我们从研究感觉对外部刺激的依赖性开始。现在到了提出这样一个问题的时候了，即从外部刺激转化到内部刺激是否会以任何方式影响我们曾发现的那些联结（connections）。实际上，我们已经看到，当外部刺激达到一定的强度时，刺激过程便在感觉器官和神经系统中建立起来。由于这个过程除非到达大脑，否则它便不会立即伴随感觉，因此一个比之更弱的刺激对我们来说如同根本没有刺激一样。另一方面，同样可以想象，内部的刺激过程在它产生一个可以觉察的感觉之前必须达到一定的强度。

实际上，毫无疑问，这两个条件是都可以实现的。正是感觉神经及其外周末梢器官或多或少保护性功能的必要作用，致使特别微弱的刺激不能影响它们。同样可以肯定的是，大脑内的刺激过程只有达到某种强度才能被我们所感知。如果我们考虑引起感受性变化的原因，这是足够明显的了。如果我们把我们的注意力指向任何一种感觉器官的印象，则我们便能感知由印象本身的力量首次唤起我们的注意力时所能感知的更弱的刺激。但是传导至大脑的信息在这两种情形里被改变是不可能的。我们面临大量的外部印象，但是它们中只有少数几个能被我们所感知。这些被感知的印象共同作用（除非它们非常微弱），不仅能够激发感觉神经，而且沿着它们传递至中枢器官。

如同存在一个下限那样，在其之下外部刺激由于太弱以致不能引起一个内部刺激，那么是否也存在一个上限，在其之上可以引起一种更强的神经兴奋呢？如果是这样的话，我们期望发现，对适度刺激有效的定律并不适用于这种最强的情形。

实际上，可以很容易地证明神经兴奋超过一定的程度便不能再增强。神经及其末梢器官的保护性使得这种情况成为必要。如果我们用越来越强的光刺激眼睛，我们最终将损伤视觉能力，或实际上完全毁坏它。感觉神经中的过程依赖于由血液提供的物质的连续更新。感觉过程越强烈，与之相关的更新必须越有力。由于这种情况不可能无限期地进行下去，因此，可以证明神经过程的强度也具有其增强的限度。在刺激的过程中，我们通常不是很快达到这个限度，而是逐渐接近它。起初，神经过程以其与外部刺激成正比的关系在强度方面增加；然后，这种增加变得有点儿慢；最后，它完全停止，而不论我们继续增加多少刺激强度。因此,我们必然期望恰好能觉察的感觉差别与刺激的整个量值的关系事实上不总是恒定的,而是随刺激的逐渐增加而缓慢变化。例如,如果皮肤上的一个适度压力必须总是增加 1/3,那么一个非常强的压力将要求更大的增加。最后,将产生一定的压力感觉,再增加它是完全不可能的,无论我们在刺激部位放置多么重的物体。

我们日常生活中的许多现象可以根据这个原则来解释。众所周知,极端的疼痛没有程度或特性,一束非常强烈的光线会使我们失明,一个特别高的声音会使我们耳聋。但是,感觉增加的可能性并不突然停止,而是呈渐进形式。如果我们把月光下一个物体的投影与该物体在阳光下的投影进行比较,那么我们便会立即看出前者比后者显得更暗些。在月光下观看景色时,光和阴影的强烈对比使得光显得更亮,虽然它绝对弱得多。根据这种情况,我们可以一眼辨出一幅图画表现的是月光下的景物还是白昼的景物。画家的能力不是通过光强的显著差别来标志这种不同。他的两幅画同样明亮,但是,他使光亮和阴影之间的差别在第一幅画中比在第二幅画中更大一些,通过这种方法,我们便能立即分辨夜晚的景色和白昼的景色。若使这种方法永久正确是不可能的,正如我们的定律指出的那样,一个相同的感觉差别总是与一个相同的光强差别关系相对应。对我们来说,两种景物是一个恰当的例子。月光的投影和月光在相对于月光强度的光量上不同,正如日光下的投影和日光的区别一样大。因此,月光投影的光强对于日光投影的光强就像月光对于日光一样。不过,月亮的光显得比它的投影亮得多,也就是说,在光刺激少的地方的感觉差别比光刺激强的地方(例如,日光的例子)的感觉差别更大一些。

业已证明,使感觉依赖刺激的简单定律发生偏差的各种影响与神经兴奋的中介过程(intermediary processes)有关。一个无可非议的假设是,该定律当处于内部刺激和感觉之间时确实有效。因此,如果我们能够直接测量大脑中刺激过程的强度,而不是外部的刺激,那么我们将发现这个定律适用于一切情境。在研究感觉与刺激的关系时,事实上,我们已经观察到两个定律的效应:内部刺激依赖外部刺激的定律和感觉依赖先前刺激的定律。如果我们假定内部刺激的强度在一定范围内与引起它的外部刺激的强度保持正比(但是,当外部刺激继续增加时,它增加得越来越慢)关系,那么我们对偏离刺激和感觉之间的对数关系的定律便有了一个简单的解释。如果没有神经兴奋的不断介入,我们便不能研究这种关系——遗憾的是,这种神经兴奋的中介,迄今为止仍然无法为精确的心理学实验方法所接近。

现在,让我们探讨最后一个问题,这个问题产生自我们对感觉强度的依赖性定律的考虑,也是我们对迄今为止已经弄清的事实予以心理学解释的问题。

三、韦伯定律的心理学解释

当我们得知定律的联结时,定律的发现便变得十分重要了。感觉和刺激之间的关系是一种重要的关系,因为它的知识使得我们在心理学历史上第一次将准确测量的原理应用于心理量值上。但是,除非我们知道感觉或把刺激转化为感觉的器官具有哪些特性,也即定律具有其基础，否则，这种测量是不会具有其合适价值的。这种关系是被神经系统中的过程物理地引起的吗？或者它是被心灵的本质精神地引起的？或者，它表达了由外在世界和内在世界引起的外在世界和内在世界的相互关系？总之，它是根据心理物理学来解释的吗？

通常认为，我们的规律只具有生理学的意义。作为刺激，即使对外部的感觉器官发生作用，也必须已经达到一定的强度，如果它要在这些器官中间引起一种兴奋的话（这个兴奋过程可能在感觉神经中遇到正在增加的阻碍，特别是在中枢神经系统的器官中遇到正在增加的阻碍）。据说，这些中枢的阻碍随着增加的刺激而增强，以至于最后，在感知单一的感觉刺激的感觉中枢，刺激的量值仅与外部刺激的对数成正比吗？

然而，这种推测既没有被证明也没有被否认。我们知道，大脑中几乎没有关于刺激过程传递定律的东西。然而，再深入一步考虑，它便陷入了两种假设。关于这两种假设中的第一种假设，它将由感觉中枢的内部刺激过程与外部刺激相比较来得出，如果这样一种比较是可能的话，则前者的增加与后者的增加并不成正比，而是慢得多。根据这样一种方式，产生了依赖关系的对数定律。这种观点在心理过程和物理过程平行的基本原理中寻找支持，据此，感觉强度对数增长的事实要求大脑中的物理过程与感觉相对应，使这些物理过程像感觉过程那样运作。依照第二种假设，这种运作是刺激过程的强度在其通过中枢器官的传播过程中逐渐减弱的结果。我们很难找到能被用来证明这后一种假设的例子。无论如何，我们对中枢器官中刺激传播（例如，当刺激强度增加时反射运动的定律）的了解知之甚少。而且，我们并不认为这种假设是可能的，即使我们承认心物平行定律（law of psychophysical parallelism）对目前情况适用。认为感觉过程、感觉的理解过程以及它的比较测量过程依赖于它们的物理方面（即从一个感觉器官简单地传递到大脑的一定部位）将是一种非常粗糙的和不合适的想法。确实，不同程度的感觉清晰度和相对的注意能力是次级的感觉特征，它们在韦伯定律（Weber's law）的任何一种解释中必须占据最重要的位置。如果对那个定律做出生理学意义的解释的话，必定存在某种物理过程与这些特征相平行。但是，如此复杂的一个特征的心理过程必须与复杂的物理伴随物相平行——通过不同中枢区域的复杂的相互作用实现这种平行。它们的方法应该公正地对待定律所表达的刺激的相对减弱和刺激强度的绝对增加这一事实。然而，即使有此可能，有关的假设也会阻止我们提出这样的问题，即发现一个生理的解释是否也是不可能的。这将不得不随着生理过程而发生，正如我们已经看到的那样，物理过程和心理过程本身是平行的而不是相互依赖的。

后者的考虑同样反驳了我们曾提及的韦伯定律的第三个解释——心理物理学[1]的解释。根据这一观点，生理的条件和心理的条件都无法满足定律的建立。它宁可被视作物理和心理相互作用的一个特殊原则，像这样一个基本定律无法作出任何一种进一步的解释。

首先，我们必须指出，想象这样一个定律的存在是十分困难的。它既不属于这个领域也不属于其他领域，而仅仅属于它们的边缘，当我们把它留在这边或那边时，它消失

---

[1]　是研究心物关系并使之数量化的一个心理学分支。

了。看来，这样一个假设不可避免地把我们带回到唯灵论的教条（spiritualistic doctrines），这种唯灵论的教条认为，对心理生活的事实进行解释是毫无结果的——因为身心的存在被视作两个独特的实体，它们的相互联系仅是外在的联系。因此，我们将倾向于接受这种相互影响的理论，除非我们发现一种生理的解释或心理的解释是不可能的。但是，我们必须记住，正是通过对感觉的心理事实的观察才发现了这个定律。所以，很自然，我们寻求对它的心理学解释。至于生理的解释，目前只能作为一个一般的假设予以保留，因为外部刺激与内部刺激的关系（像定律所表达的那样）仍然只是以心物平行论为基础的一个假设，没有办法予以证明。事实上，随着我们讨论的深入，我们将会看到，使我们的定律成为一种心理学解释的观点已为我们心理生活的许多其他现象所支持。一种心理学的价值由其实际的普遍性来确定。不仅如此，我们也能表明它对一定的心理条件的依赖。

首先，定律告诉我们的仅仅是这样一个问题：我们的感觉提供不了绝对的量度，而仅仅是相对的量值；或者，换句话说，我们只能通过比较来估计量值。如果对神经压力的一个刺激从强度 1 增强到 $1\frac{1}{3}$，这与一个刺激从强度 2 增强到 $2\frac{1}{3}$ 是一样的。如果我们在不知这两个刺激过程的绝对强度的情况下比较它们的话，两者的差别是相同的。对无论什么绝对的心理量值来说，我们并不具有心理的量度。我们不能像构想一个绝对的时间量值那样构想一个绝对的感觉量值，或者像构想心理本质的其他任何一种量值那样构想绝对的感觉量值。众所周知，我们在毫无测量装置帮助的情况下，单凭眼睛去估计绝对距离时经常犯错误——尽管眼睛是估计距离差异的一种精确装置。同理，在限于自然提供给我们的方法的每一种情形里，我们只能进行相对的测量，我们只能对直接提供给我们的量值进行比较。

一般说来，我们是根据对性质上相似的感觉的参照，把它们的强度作为一个任意的感觉单位来描绘感觉测量的。我们不可能将所有可能的强度立即与另一个强度进行比较，而是将它们归诸于我们已经选择的单位。这种方法为比较的概念所排斥。首先，我们只能比较单个的事物。因此，我们不能在一个比较中容纳两个以上的感觉单位。我们先描述这些强度中的第一个强度，然后描述第二个强度，如此确定哪一个强度是更强的感觉。当我们遇到第三个感觉时，我们通过把它与已经比较过的两个感觉中的一个感觉进行比较来估计它的强度。用此方法，对我们来说，便有可能把大量的感觉带入一个连续的系列之中。我们只能通过成功地从一个感觉到另一个感觉，从一种比较到另一种比较来做到这一点。但是，如果我们不能同时比较两个以上的量值，不能同时比较三个或三个以上的量值，那么结果很明显，我们对感觉的测量是相对的，也即总是限于两个感觉彼此之间的比率测定之中。目前，尚无反对这种相对性的议论，以便认为我们能够进行新的比较，借此测量所有可能的强度。对由此获得的系列来说，仍旧是由单个的比较所组成。总之，感觉与刺激的对数关系之定律是对普遍有效的心理过程的数学表达。

但是，在我们这样说的时候，我们已经回答了我们在对感觉强度的测量进行考虑时悬而未决的问题。正如我们已经看到的那样，越是强烈的刺激，要求对一个同样可以觉察的感觉增加的产物予以更大的增加。越是强烈的感觉要求越是强烈的刺激的运作（在相等的感觉量值基础上增加的刺激），或者越是强烈的感觉要求越是强烈的感觉的增加，如果后者是同样可以觉察的话。韦伯定律涉及感觉的相对性原则，我们对韦伯定律的参照支持了这些解释中的第二种解释。我们的比较一直是相对的。为了使一个更强的感觉量值为一个几乎很小的感觉所增强，感觉增加必须相应地增大。当位于感觉坐标不同部分的两种感觉增强处于与它们所增加的刺激强度相等的关系时，这两种感觉增强将是同样可以觉察的。

第 五 讲

• *Lecture Fifth* •

一、感觉的特性；关于压力、温度、味觉和嗅觉的一般论述

感觉的强度（the intensity of sensation）只是感觉的一个方面。不仅每个感觉具有自己的强度，而且每个感觉具有一定的特性，这种特征使得它与其他感觉区分开来。

就特性差别（qualitative difference）而言，最为极端的例子由不同感觉器官的感觉所提供——由眼睛、耳朵和皮肤等器官的感觉所提供。一种颜色和一种音调（tone），一种压力感觉和一种温度感觉，彼此之间不能简单地比较。由此，它们被确定为不同的感觉。但是，特性差别也可以在一个感觉范围和同一种感觉中被观察到。于是，红色、绿色、蓝色和黄色给人完全不同的感觉，虽然它们都是视觉。能够证明这些为一种形式的感觉中间具有密切关联的东西是它们中任何两个感觉之间连续变化的可能性，其中一个感觉以缓慢的速度进入另一个感觉。于是红色可以转化为绿色，或者一个低音调转化为一个高音调。一种感觉中两个不同感觉之间的关系类似于同一个空间连续体内两点之间的关系；而两个不同的感觉类似于完全不同的空间中的两个点，它们的彼此位置无法知道。

任何感觉器官，都是在它的范围内出现或多或少的特性差异。有时，那些差别非常之少，正如温度的情况那样，冷和热作为仅有的两种可感觉的特性出现。有时，差别表现为这样一种性质，它们并不隶属于任何一种明确的分类方法。例如，压觉明显表现出凸显的特性差别；一般的压在皮肤上产生的感觉完全不同于用针尖扎或用粗糙面擦产生的感觉。这些差别如此明显，对我们来说，按照某种确定的交互关系（reciprocal relation）陈述它们是不可能的。

关于嗅觉和味觉，我们也没有更多的了解。确实，一些散发气味的物质（它们大多在化学上是相互关联的）产生类似的气味。例如，许多香精油、易挥发的脂肪酸、金属制品，等等。但是，我们完全不知道这些不同的气味彼此之间的关系。

对于味觉，我们可以深入一步。毫无疑问，存在的感觉数量越有限，它们的研究越容易。如果我们排除不属于味觉本身的每一件东西，那么剩下的看来只有六个显著不同的感觉：甜、酸、碱性、金属性、苦和咸。在这样说的时候，并不意味着我们认为这六种感觉是仅有的味觉。很明显，例如，把甜和苦结合起来，我们能产生一个既不是甜也不是苦的味道，虽然它是具有两个特性的某种东西。结果，产生了一个混合的感觉，不是一个特性上简单的感觉。在日常生活中，我们容易于认为自己拥有大量的味觉。这仅仅是因为我们通常没有将味觉和气味区分开来。当我们品尝东西的时候，我们同时在闻，于是产生了气味和味觉的混合，导致一个混合的感觉。这种混合的感觉之所以简单地被认为是味

觉,就因为我们的注意力基本上指向那个感觉。真正在多大程度上依赖气味的感觉可以通过回忆重感冒而很容易看出。在那种情形里,我们有趣地发现许多事物根本没有绝对的味道。或者,气味的影响可以通过在两个鼻孔里灌满水而更明显地被消除。在这样的实验中,我们完全限于味觉。我们发现我们的舌头只能认识那六种具有明确特征的感觉。

味觉的实验向我们表明应该运用更为准确的研究方法来研究感觉的特性。在每一种情形里,我们的第一个问题肯定是:是否并不存在可发现的某些感觉特性,它们之间无法彼此比较,因此被视作是纯粹的和单一的。当我们发现这些特性,并明确地建立起对某些感觉的特定方式来说的数值时,我们不禁进一步询问:由两个或两个以上的简单感觉同时产生的复合感觉或混合感觉是什么? 也就是说,在研究任何一种特定的感觉时,我们采用与化学家研究特定物体相类似的操作方式。我们必须首先确定组成感觉的元素(elements),然后继续表明这些元素在结合时的彼此关系。这里,正如强度测量的情形那样,我们不得不从测量的一定单位(units)开始。当然,这些是特性的单位,现在我们将处理特性的单位。这些单位可以比作原子(atoms),感觉由此组成。但是,正如你们都知道的那样,"原子"这个术语意味着两个不同的事物。对物理学家来说,它是一个定量单位,对化学家来说,它是一个特性单位。因此,当我们把我们的感觉分解成定量和定性的单位时,我们以唤起物质世界两个主要分析方向的方式分析这些心理状态。

对于目前为止我们已经考察过的感觉而言,定性单位的分析尚未进行过,即便进行过也是很不完善的。有两个在功能上高度发展的感觉,称做"高级感觉"(higher senses),它们是视觉和听觉。

二、单调感觉;节拍

听觉的特性首先是由音高(pitch)决定的。它始终与乐音(clang)相联系,这种乐音是音调感觉(tone-sensation)的特色。我们从两者中区别出噪音(noise),它是一种声音印象(sound-impression),其中音高或者只能被不确定地感知到,或者一点也感知不到。

在听觉的这三种形式中,最简单的要数音高了,尽管事实上音高不可能与乐音相分离,因为只有在乐音中方可觉察出特定的音高来。然而,这并不妨碍我们暂时不去考虑为音调提供其特定乐音特征的每样东西,而仅仅去注意我们称为音高的音调特性。确实,对感觉的心理学分析要求做出这样一种分解,因为心理学分析的任务是去不断地分解每一种感觉印象,直到分解成最终的元素,这些最终的元素是无法再分的。现在看来,音高是很容易与一种乐音的其他元素相分离的。音高可以保持不变,而感觉印象的乐音特征却在变化。这种情况是经常发生的,例如,当我们在若干不同的乐器上打击出同样的音调时,便会产生这种情况。另一方面,音高也可以变化到一定程度,而听觉印象的乐音特征却保持不变。这种情况发生于当我们在同一件乐器上弹奏相邻的音调时。然而,当两种听觉印象的音调音高十分不同时,乐音特征一般说来随之变化,这种情况很容易通过比较而观察到,例如,在同一架钢琴上弹奏相距甚远的两种音调时。

古人就已知道,音调在客观上由发声体的振动所组成,也由传播声音的空气振动所组成。确实,在非常深沉的音调情形中,这种振动实际上可以为肉眼觉察。同样的情况是,发声弦的振动也可以容易地为肉眼观察到。证明音调来源于振动的最佳方法是由警报器提供的。警报器是为此目的而特别构建的物理仪器。它由一个圆盘组成,圆盘上面

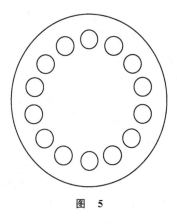

置有一系列圆孔,圆盘穿过气流而运动,以至于在任何特定时间内气流经常由于圆盘未打孔的部分和打孔部分的交替而被阻断(图 5)。通过调节圆盘转动速度,我们可以随心所欲地发出高音或低音。能够引起一种音调感觉的最低空气振动率是一秒钟大约 16 次,尽管在有利条件下可能会降到 8 次。产生这些十分低沉的音调的最佳方法是由大型音叉或振动钢杆提供的。然而,当我们接近知觉的阈限时,音调会变得非常微弱,以至于不管振动如何广泛,也只能在很近的距离内被听到。音乐音阶上最低沉的音调是 1 秒钟内振动 32 次到 100 次之间。随着振动次数的增加,音高便稳步上升。当振动率增加到大约 4

图　5

万次时,音调也随之中止了,我们听到的只是嘶嘶噪声。

只有在音调十分低沉的情况下(这些音调不能用于音乐的目的),我们才能分辨出与它们的振动相对应的空气节拍(air beats)。因此,在较高音调的情况下,我们关于振动率增加的知识并不依赖于对振动的直接知觉,而是依赖于另一种与其密切联系的观察。早在古希腊哲学家毕达哥拉斯(Pythagoras)时代,人们熟悉的事实是,将一根弦缩短一半长度,它的振动率便是原来未缩短时的弦的二倍;当缩短到原来长度的 1/4 时,其振动率便是原来的四倍,如此等等。现在,对 1/2 长度的弦来说其音调比原来的高八度音;三度音程部分的音调,就是这八度音的五音;四度音程部分的音调,便是双八度音了。因此,在一根弦的长度与其振动率的一致性关系之定律中包含着另一条重要定律,那就是那些被理解为和谐的音调关系是与振动率的简单比例相对应的。

音调的和谐关系最初是通过它们在音调系列中所产生的更加令人愉悦的特征而从不和谐的关系中被区分出来的。齐唱与齐奏比合唱与和声出现得更早。但是,一旦风俗习惯促使人们使用不同音域的几种声音来演奏一首曲调时,便显露出其他的现象来,它们与音调的同时发音相联系,并且与不同速度的空气振动的同时发生相联系。那就是说,我们不仅能把单一的音调与几种音调组成的一种乐音相区别,而且还能容易地听出这种乐音来,假定这种乐音是和谐的、分离的单音调。这是一个直接的知觉问题,例如,普通的 C 大调三和弦是由 c、e、g 三种音调组成的。无论何时,当一种组合的乐音是和谐的时,分离的、同时发生的振动便联合起来产生一种空气的共同运动,它本身由十分简短和一致的循环发生的乐段(period)所组成。图 6 表明了这种情况,即由一个音调加上它的八度音、它的五音和它的大调三音组成的三个复合乐音。一个新乐段开始的点在每一情形里是用垂直的虚线表示的。在八度音中,联合起来形成复合乐音的两个振动率(vibration-rates)在每个乐段中其比例为 1：2;在五音中,比例为 2：3;而在大调三音中,比例为 4：5。业已发现,类似的简单乐段也会重新出现在其他和谐的双乐音(two-clangs)

中；组成振动率的比例在四音的情形里是 3：4；在小调三音中为 5：6,在六音中为 3：5。由于所有这些复合振动率的乐段像单一振动率的乐段一样经常重复,我们便可以理解一种和谐的复合乐音对我们产生的印象如何与单一的音调那样保持一致。事实上,我们在其中区分出一种以上的音调,但是这些音调组合起来形成一种完整的感觉,并以完善的均匀性运作着。

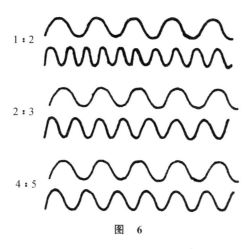

图 6

然而,当两种音调在一起发音时,它们的振动率并不代表任何一种简单的与和谐的比率,而是相互之间存在一种更为复杂的关系,这时情况就会十分不同。在这样一种情形里,不可能产生在很短的时间间隔中循环发生的一致乐段,对此现象,我们可以在和谐的复合乐音中找到。作为这种现象的结果,振动的

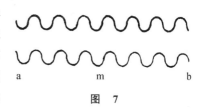

图 7

相互作用导致了感觉的一致性过程的失调。正如图 7 所示的 a 和 b 那样,无论何时,当同一方向的两种运动重合时,它们彼此增强;如果两种重合的运动具有相反的方向,正如在 m 点上那样,那么两种运动便相互削弱。当然,这种情况有赖于振动率的差异,也有赖于空气粒子的前后摆动是否相互一致。如果一种音调恰好在一秒钟内比另一种音调多振动一次,那么在每秒钟内将会发生一次这样的增加或减弱。这是因为,假如在某一秒钟的开始,如在 a 点开始,两种振动在同一阶段发生,它们将在那一秒钟的中间(如在 m 点)相遇。这时,一种波的前进运动和另一种波的倒退运动使两种波彼此抵消;可是在那一秒钟的末端,如在 b 点上,两种波重新以同一方向前进,从而将互相增强。很清楚,如果两种音调的差别是大量振动的差别,那么同样的情况便会发生;也将有许多的增强和减弱(像许多节拍一样),在一种情形里比在另一种情形里存在更多的振动。如果差别很少,例如在几秒钟的过程中只有一次振动的话,那么就几乎不会被注意到,音调的渐弱和渐强会连续地和逐渐地发生。如果这种变化在相当长的时间里传播的话,那么它就不会被觉察出来。但是,如果在一秒钟内发生一个节拍或者几个节拍,那么很清楚它们能被觉察到;如果节拍数增加到 10 次或者 10 次以上,那么它们的快速继续将像十分难受的呼吸声被感知到。

可以被感知的不和谐音调的速度之限度无法在任何确切的程度上被确定。这是因为，首先，当节拍一个接着一个越来越快地出现时，就会产生一种刺耳的印象。这种情况或多或少可以与一种粗糙的表面所产生的触觉相比；当速度变得更快，而音调不能作为和声被听到时，节拍甚至乐音的粗糙感也消失了。至于这种刺耳声仍然能被区分的极端限度，看来在一秒钟大约 60 次节拍左右。

现在看来，对不和谐复合乐音的观察意味着在感知节拍和我们按照音调的振动率而在上述系统阐述过的一些定律之间存在一种矛盾。这是因为，业已发现，当音调振动率差异达到每秒 60 次以上时，音调仍然能够产生清楚可知的节拍。例如，如果我们从纯平均律（pure temperament）音阶的较低区域或中间区域取出两种相邻的音调 c 和 d，并且将这两种乐音一起敲击，我们便能得到很响的节拍。这种情况在我们上述的例子中是完全可以理解的。因为，如果音调 c 在一秒钟内振动 128 次，音调 d' 经过一秒钟的间歇而增高，则 d 将振动 9/8×128 次，即 144 次。两种音调在一秒钟内将发出 16 次节拍。但是，如果我们用 c 敲击高八度音 d'，而不是 d，我们便会发出 2×144 次或者 288 次振动的音调来。它与 c 的差别达到 160 次振动。尽管要听清一个接着一个如此快速的节拍是不大可能的，但是，这种复合的乐音不仅不和谐，而且还清楚地伴随着与两个音符（这两个音符实际上是单一的完整音调的拆开）的打击中产生的那些节拍相似的节拍（如果不是像后者一样有力的话）。更高的 d' 用 c 打出节拍，而音调 c' 或者 g，八度音或纯平均律音阶上的五音，它们的振动率与 c 的振动率之差别较小，却不发出引人注意的节拍来，产生这一事实的原因是什么？原因可以从下述简单实验中找到。

当我们弹奏钢琴或吉他时，钢琴或吉他的琴弦伸展在发音板上，其结果当然是一种音调。如果我们在琴弦中央放一块琴马，从而使得只有半根琴弦在振动，其结果是音调上升了一个八音度（octave），正如我们已经说过的那样。首先弹奏基音（fundamental），然后弹八音度，我们就可以见到后者实际上包含在前者之中。它发音，尽管发出的音很微弱，但是却随着基音一起发音。如果首先拨动整根弦，然后拨动 1/4 琴弦，情形也是一样。可以看到，这里双八音度（double octave）随着基音一起发声，尽管声音很弱，如此等等。如果我们训练我们的耳朵去比较乐音，那么，我们将能够听出这些较高的音调，即泛音（overtones），也就是说，可以从基音中听出泛音来。业已发现，我们的乐器的每种音调和人声的每种音调均包含大量的泛音，因此严格地讲，我们无法感觉一种简单的音调，而是始终感觉几种同时发声的音调。不过，其中一种音调，也即基音，比其他的音调都要强得多，以至于我们通常听不到其他的音调。泛音现象在下述事实中找到了它的物理解释，在音调刺激（tonal stimulation）的大多数形式中，空气中建立起来的声波运动是一种复合运动。例如，当拨动琴弦时，不仅整个长度的琴弦都振动，将基调（ground tone）传播到空气中，而且琴弦的任何一半也振动，尽管振动不是那么的强烈，但确实由于其自身的原因而振动，于是产生了八音度。运用同样的方式，当弦的每 1/3 或者每 1/4 振动时，也发生同样情况，从而产生了高八音度的三音，双八音度，并在日益减弱的系列中循环往复地继续下去。这些分离的音调保持着，犹如彼此之间独立的几种乐器同时发出声音一样。唯一的区别在于泛音的强度更弱。

现在，我们可以解释这个十分奇异的事实了，音调 c 不仅与相邻的 d 一起打出节拍，而且与高八音度的 d′一起打出节拍。与基音 c 同时提供的是八音度的 c′,而且与位于它旁边的 d 一起打出节拍。这些节拍肯定不像 c′直接发音那样发音,部分由于泛音较弱,部分由于节拍彼此跟得很快。但是,这些节拍是完全可以清楚地听到的。

基音和泛音可以同时听到的情况之所以重要,不仅因为它明白地显示了在复合的印象中音调的和谐和不和谐,而且还因为它影响了我们对分离的音调的理解。一件乐器的音调和人声的音调不仅具有音高的特征,而且还具有一定的乐音特征。如果所有的音调单纯地依靠振动率,而振动率则决定所有音调的音高,那么,若不考虑可能偶然地陪伴它们的噪声,具有同样音高的每一种音调,不管它是怎样产生的,会具有同样的特征。当然,情况并非如此。同样的音调用笛子、小提琴、单簧管、风琴等不同的乐器演奏声音会十分不同。振动率一定还有其他特性,因为同一种音调随声源(source of sound)而变化。事实上,我们已经发现,泛音经常伴随着音调,并且表现出差异,这些差异有赖于乐音的起源方式。有一些音调,它们中间几乎极少有任何泛音可以被察觉到。一架风琴的笛状管,其音调已经非常接近于绝对的纯音了,而位于共鸣箱上音叉的音调则还要接近于绝对的纯音。如果共鸣空间正好适合于音叉的原始音调,那么所有的次级音调相比之下是如此微弱,以至于在音调停止时它们不会被听到。另一方面,对管弦乐器和人声来说除了基调以外,还有大量的泛音可以被听见。一般说来,泛音的强度随着其音高而减弱。八音度可以比双八音度更清楚地被听到,而双八音度则比三八音度更清楚地被听到,等等。但是,在不同的乐器中具有相当大的差异。有时,高八音度听起来更强,如在钢琴上那样;有时,则是较高的五音和三音听起来更强,如在单簧管中那样;有时,第一批泛音可以在相对一致的强度上被听到,如在管风琴上那样;有时,只有单一的很高的泛音更容易被听到,如在小号和长号中那样。

我们已经探究了各类乐音的特定音色的诸种情况,一般说来,它们部分地依赖于泛音的强度,部分地依赖于泛音中最强音的特征。

三、音色;同时发生的乐音

如果我们一直在讨论的同时发生的振动定律(laws of concurrent vibrations)是正确的话,那么没有哪一种音调可以完全不受泛音的制约。即便它如此客观,大概也会有某种音色主观地依附其上,因为存在十分微弱的泛音,它是由听觉器官某些部分同时发生的振动造成的。

音调感觉因泛音具有明确的乐音性质,我们称为乐音(clang);由泛音产生的特定乐音性质,我们称为音色(clang-colour)。因此,每种乐音由音调音高和音色组成,后者的组成因素依次又由若干伴随着原始音调的、较弱的音调感觉组成。那就是说,乐音是一种复合的感觉,而且由于所有的音调实际上都是乐音,我们的音调感觉除了以一种复合形式被提供以外,不会以任何其他形式被提供。我们要分离个别的简单音高有两种办法,或者主观地从乐音中伴随的次级音调中提取,或者把原始音调增强到这样一种程度,也即它们消失的程度,像音叉在共鸣箱上发生的情况那样。但是,即便一种音调在次级音调（secondary tones）方面相对丰富，我们在观念上仍将它理解为是单一的和相对简单的，正如这一事实所显示的那样，即我们把它归之于一种单一的音高。另一方面，泛音即便十分有力，可以被清楚地感知到，但也不可理解为分离的音高，而仅仅表现为主要音调的特定改变。很清楚，鉴于次级音调强度较小，这种情况还不能加以解释。可是，当我们认为无论何处只要明确的简单感觉以恒定的联结被提供，这些联结便混合起来形成单一的观念；当它是一种与和谐的次级音调相联系的音调时，这种混合过程实际上肯定会被这样一种共存的可能性所促进，它没有相互间的失调或扰乱，并具有和谐的振动率，这是可以理解的。根据这一考虑，乐音的概念为我们呈现了我们经常会遇到的心理过程的一个简单而典型的例子，其中大部分以更为复杂的形式出现——即感觉融合（sensation-fusion）过程。在这一融合过程中，一切基本的组成元素都已丧失了它们在孤立状态时具有的特性。在它们进入的稳定联结中，它们为存在的其他元素的特性所决定。于是，一种音调 c 的八音度 c′，当它出现在音调 c 的第一个泛音中时，便与当它单独被感觉时完全不同。在后一种情形里，它将是一种独立的音调；而在前一种情形里，它被直接感知为它处于同时提供的主要音调的关系之中，而且，由于这是更强的，因此就显示出它似乎是乐音性质的一种改变。

复合的乐音仅仅通过进入到乐音中的音调数目和相对强度来与简单的乐音相区别。如果我们拨动和弦（chord）c、e、g，发出三种音调，它们形成属于低 c 调的泛音系列的一个部分。大调三音 c、e 与振动率 4：5 的比例相对应；五音 c、g 与振动率 2：3 或 4：6 相对应。那就是说，这三种音调占据了一种简单乐音的整个音调系列 1，2，3，4，5，6，…，中的第 4、第 5、第 6 个位置。但是，当单一乐音中这些音调仅以较低基音的次级音调出现时，次级音调决定了较低基音的音色，其次，它们组成整个印象中的主要元素，而且具有相等的强度。因此，在复合乐音中，我们当即感到许多音调。由于复合的乐音仅是和谐的，如果它们的振动率比例是简单整数之一，它们可能在每种情形里都被认为是一种单一乐音音调系列各独立成员的增强。

但是，在复合乐音中另有一种元素。它存在于与主要音调相一致的较低音调的外表，并在决定一种复合乐音的特征中发挥作用，该复合乐音相似于单一乐音音色中泛音的特征。

不论何时，只要在短促而又一致地重新发生的间歇中同时建立起两种和谐的声波，它们的振动彼此交替地增强和减弱，那么从这种相互作用中便会产生一种新的音调，它的振动率与这两种原始音调的振动率之间的差异相对应。让我们再看一下图 6 的第二对曲线，图中描绘了五音 c、e、g。在第一种音调的二次振动和第二种音调的三次振动期间，有一次波峰和波谷的重合，还有一次波谷与波谷、波峰与波峰各自一致的情况。于是，便产生了第三种波运动，它是由第一种音调的每两次振动和第二种音调的每三次振动构成的一次振动。这些音调，可以称为低音（under-tones），这是根据它们与泛音的关系而言的，也可以称为差音（difference tones），这是根据它们的振动率与原始音调的振动率关系而言的，这些音调可以通过下述事实而在复杂的和弦中得以增强，该事实就是几种原始音调落在同一个音符上。例如，在和弦 c、e、g 中，就音调的振动率来说其比例为 4：5：6，不论是 c 和 e，还是 e 和 g，都产生同样的低音 1——c 位于和弦的最低音调的两个八音度以下的地方——而 c 和 g 则提供音调 z,也就是 c 位于它的下面一个八音度的地方。[1]

对这些和谐的低音来说(我们业已发现它们伴随着复合的乐音),必须加上单一乐音的泛音。它们还可以在某些情形里彼此增强,因为不同的乐音在它们的部分音调系列中具有相似的条件。因此,每一种和弦,即使相对简单的和弦,也是由大量感觉元素组成的,其中有一些元素,也即更强的原始音调,突出表现其清楚可辨的特性,而其他的音调则仅仅起一点决定和弦的乐音性质的作用。例如,三种乐音 c、e、g 为我们提供了下列音调:

低音		主音			泛音							
c_1	c	c	e	g	c^1	e^1	g^1	b^1	c^2	d^2	e^2	g^2
1	2	4	5	6	8	10	12	15	16	18	20	24

第一批泛音通常是最强的,只有这些被放入图解之中。以一个以上双乐音(two-clang)的差音而出现的低音,以及属于一个以上单乐音的泛音,都在其下面画线。泛音彼此形成的差音,或者泛音与主音形成的差音,都没有记下来。在大多数情况下,它们是如此微弱,以至于难以感觉出来,或者简直感觉不出来。你们可以看到,即便在完全和谐的和弦中,第二个八音度的泛音相互之间如此靠近,以至于产生相当大的不和谐。确实,经过精确调音的乐器和弦,它的乐音在泛音方面很丰富(如风琴和管风琴),致使这些泛音的节拍被清楚地感知到。它们与低音和泛音的特性相结合,以决定不同和弦的一般特征。

四、噪音

复合乐音是通过次级音调对主音的强化而从单一的乐音中产生的。一旦不和谐成分(我们发现这些不和谐成分甚至在和谐的和弦中也是存在的)增加到这样一种程度,也即和谐的音调比例不再能被感知时,复合乐音依次又可转化成第三种一般的音质(sound-quality),即变成噪音(noise)。你们可以很容易使自己相信噪音来自复合乐音,它是由同时弹奏某种音域广阔的乐器(如钢琴或管风琴)从而产生大量不和谐音所致。分离的音调彼此之间产生如此强烈的节拍,以致作为结果而产生的感觉倾向于失去其乐音的特征。

---

① 当和谐的音调同时发音时,我们不仅形成了差音,而且还形成了第二种作为结果而产生的音波,它有赖于这样一个事实,即原始波的波峰和波谷并不完全重合。这些新的音波的振动率是原始音调振动率的总和。而且,这些音调本身具有较高的音高,比和弦中的主音调的音高更高,根据它们的起源方式,可以称之为合音(summation-tones)。于是,五音 2∶3 具有振动率 2+3=5 的合音。差音和合音一起有时可称之为组合音调(combination-tones)。然而,合音的解释不是没有疑问的,许多心理学家认为它们是主要乐音的高泛音。在任何一种情形里,它们是如此之微弱,以至于对和弦的乐音性质不起任何作用,除非它们与泛音相重合。因此,我们在这里可以对它们不予考虑。

　　但是,当我们试图确定乐音在哪一点上结束而噪音在哪一点上开始时,我们发现其中并无任何明显的分界线。在大多数情况下,我们能从噪音中区分一个或多个低沉的音调(deep tones),不过,它们由一批无法区分的次级音调伴随着,这些次级音调或强或弱,并且有十分不同的音高。那就是说,乐音和噪音之间的差别是程度上的差别。噪音和乐音都有赖于几种音调感觉的同时存在。即便在乐音中,要区分和确定这些音调感觉的其中一些部分也是不可能的。它们的作用在于以特定方式使主音具有音色,而且还需要灵敏的耳朵和密切的注意,或者特定的实验设备,方能把这些效果归之于其真正的原因。音色取决于泛音的发生这一事实,被主音本身的存在而进一步模糊了。不过,谈到噪音,情况就完全相反:起主要作用的是音调的混合,而音调的分离最终倾向于完全消失。

　　然而,也有可能,这不是噪音产生的唯一方式。还有另外一种方式,有时与另一种方式合作,有时则单独出现。一种速度十分高的振动率(足以达到音调感觉的上限)可以作为一种嘶嘶声而被感知,很低的振动率,假如未到达音调的下限,则产生一种咆哮般的噪音。据推测,这些感觉不是由耳蜗器官的兴奋而引起(这种耳蜗器官是为音调调音的),而是由更为简单的器官的振动而引起,这种器官与听神经纤维相联结,并位于内耳迷路的前庭(vestibule of the labyrinth of the ear)。由于前庭属于比耳蜗的发展阶段更早的发展阶段,因此我们可以将这些简单的、绝对缺乏音调的感觉解释为比乐音感觉更为原始,而且构成了大多数低等动物的声音感觉的整个系列。然而,一旦音调感觉得到了发展,这些缺乏音调的感觉便完全相形见绌,甚至在对噪音的知觉中,正如我们已经见到的那样,随着不和谐的乐音组成成分进入到大多数噪音中去,而使缺乏音调的感觉相形见绌。

五、单调感觉差别的测量;音阶及其与韦伯定律的关系

　　如果我们从这些基本的噪音感觉中进行提取(这种情况在动物王国的听觉发展中也许具有高度重要性。但是,一旦听觉已经完善,那么它的作用便变得十分之小),我们可以说,各种类型的听觉——如乐音、复合乐音和噪音——都是简单音调感觉的组合。然而,这种简单音调感觉本身,不可能再分解为更加简单的组成成分:像每一种简单感觉一样,它只具有强度和性质这两种属性,也就是强度和音高这两种属性。音高像强度一样,只能在两个相反方向上变化,也就是上下方向。我们可以使一个特定的音调或者向更高方向发展,或者向更低方向发展,正如在一根直线的任何特定点上,我们可以朝两个方向发展,而且其发展保持在直线以内。那就是说,我们可以把整个音调感觉系统视作一维的复数,或者是线性复数。

　　音调感觉的性质和任何一种特定音高的强度之间的相似性还保持着另一种联结。强度随着外部刺激的增强而一步一步地变化着。音质以同样方式随着振动率的变化而一步一步地变化。我们几乎不能把振动率中的任何一种最小变化理解为感觉性质的变化,正如我们注意到刺激强度的细微变化,并把它当做感觉强度的变化一样。在两种情形里,有一个分辨的下限。当然,在普通的具有固定音值(note-values)的乐器(如钢琴)

上,不可能确定这种限度,因为音调被远远超过最小可觉的间歇所分隔。但是,如果我们取两个音调相似的弦乐器或音叉,逐步改变其中之一的音高,我们便不难发现一种音调正好比另一种音调发出恰好能够听到的更深沉的音。在进行这样的实验时,有必要连续敲击一些琴弦或音叉,并制止一根琴弦(或音叉)的振动,即在另一根琴弦(或音叉)发声之前去制止前面琴弦(或音叉)的振动,不然的话,将会产生节拍,根据它们而不是根据感觉差异可分辨出音调的性质差异。另一方面,一旦找到了感觉差异能被觉察的那个点,我们便可以利用由音调同时发声所产生的节拍来告诉我们振动率(与它们可以在感觉上进行质的分辨相对应)的客观差异。你们也许还记得,节拍的数目正好与两件发声物体振动率之间的差异相对应。例如,如果两根相似的音叉移动得如此不一致(像在前面描述的情况那样),那么它们的连续音调就像不同的音高一样可以辨别,而且,如果我们发现,当这两根音叉同时被敲击时,在 10 秒钟里产生两下节拍,那么我们便可以得出结论说,在它们的特定音高上,最小可觉的感觉差异是由一秒钟内 0.2 次振动的差异来表示的。有关这些情况的周密实验已经表明,音高的差别(对于连续刺激来说,这些音高的差别是恰好能够觉察到的)在大部分的音阶上仍保持绝对的恒定。在一秒钟 200 次振动和1000 次振动的限度之间,我们能够感觉到一种音调差异是由 0.2 次振动来表示的。对于较低的音调来说,这一范围似乎小了一点,而对于较高的音调来说,就相应地大了一点。不过,在音乐的适用范围之内,不存在与这种平均值的很大偏离。每当音调变得十分高或者十分低以至于接近敏感性的限度时,正如我们应该期望的那样,分辨就变得十分地不确定了。只要你敲击钢琴键盘任何一端的连续音符,一个完整的半音(half-tone)差别便几乎无法感知。

让我们把得出的一般结论用于考虑这一特定情形中感觉强度的测量问题。我们的观察结果可以用一句话来加以概括。我们已经发现,在广泛的限度内,音质的同等差异与振动率的同等差异相对应;换言之,音高的感觉是依音调振动的客观变化的正比关系而变化的。而且,还有另一条途径能够引导我们通向同一论点。我们在对超越恰好能够觉察到的音调感觉的差异进行量的比较方面具有特殊的能力。假定我们先连续弹奏两种音调 c 和 d,然后弹奏同一八音度的音调 d 和 a。即使最不懂音乐的人(他没有音调之间的时间间歇在技术意义上的任何概念)也会完全肯定 a 和 d 要比 c 和 d 相距更远。因此,这里有另一种实验方法:连续提供在音阶上彼此相隔任何距离的两种音调,要求观察者估计它们确切的感觉平均值,高音远离第一音调的程度就像远离第二音调一样。业已发现,作为平均值而选择的音调始终近似于这样一种音调,它的振动率位于两个极端振动率之间的中途。

但是,也存在一些事实(它们经常发生于音乐经验中)与这些实验观察相抵触。这些事实在音阶的音调关系中反映出来。我们业已看到,八音度的振动率是基音振动率的两倍,是五音振动率的 2/3,是大调三音振动率的 4/5,如此等等。一秒钟振动 32 次的音调的八音度 1 秒 64 次;它的八音度则 1 秒振动 128 次,等等。也就是说,音高越高,构成任何特定音程(interval)的振动率之间的差别也越大。然而,一种音调与其八音度之间的感觉差异看来仍保持相同,不论从音阶的哪个区域中取出音程来,音高的差别看来没有改变,不论我们把 32 次振动的音调与 64 次振动的音调相比较,还是把 64 次振动的音调与

128 次振动的音调相比较。

因此,有规律的音程定律表明,音高并非随刺激的变化而成正比地变化,而是音高的变化比刺激的变化更慢。这一较慢变化的定律又是一条十分简单的定律。为了通过相等的增强来提高音质,我们必须增加它们的振动率速度,办法是通过一种与加上去的比率具有同样关系的量值(magnitude)。为了获得一种特定音调的八音度,它的振动率必须乘以 2;为了获得五音、三音和四音,就需要用 3/2,5/4,4/3 分别乘以它原来的比率。这一结果与我们在讨论重量压力、声和光的强度时获得的结果完全相似,总之,与一般所说的感觉强度是相似的。在一切音量比较领域,我们发现,为使感觉以绝对相等的量值增加,外部刺激必须以相对来说相等的量值增加。因此,我们可以用"音质"来代替"感觉强度",而且我们有着自己的定律——一条相同的定律,它适用于强度范畴内刺激和感觉的一般关系。如果音高以绝对相等的量值增加,那么振动率必须以相对来说相同的量值增加;或者,更简要地说,音高与振动率的对数成正比。

这里,我们遇到了一个十分奇异的矛盾。根据调节音阶的定律,音高的感觉对刺激的依赖与感觉强度对刺激的依赖遵循同样的方式。但是,一旦我们把测量强度的方法用于测量这一特定情形里的音质时,我们发现,在某些限度内,感觉变化和振动率变化之间具有正比关系。

这种矛盾是明显的。解决这种矛盾的最好办法是去指出感觉强度和音高是两种不同的东西。如果韦伯定律(Weber's law)证明其中之一站得住脚,那么也没有理由去假设韦伯定律会证明另一种东西也站得住脚。首先,音程是如何建立的?无论如何,不会涉及这一事实,即对感觉而言(这种感觉来自无论哪一个音阶区域),同一音程呈现同样的差别。我们必须寻找其他条件,一般说来是我们音调感受性的条件,它为每一音程提供明确的特征,并且完全脱离它在整个音阶上的位置。它们并不难找,只要考虑一下伴随着每一种简单乐音的泛音就可以了。当一种音高随着某种特殊的音程而变化时,由乐音的泛音所提供的特性必须以同样的方式改变。假设这种变化是一种五音的变化。主音的振动率比例是 2:3。较低的音调的乐音特征是由泛音系列 4,6,8,10,12……决定的;泛音系列 6,9,12,15……也决定了较高音调的乐音特征。这两种系列的关系保持不变,而不论主音的绝对音高可能是什么。

与此同时,解释是令人满意的。假定在每个音程中次级音调之间关系的恒定性为音程对它们的组成振动率的恒定关系的依赖性提供理由的话,那么,这个问题也仅仅向后退了一步,并未得到解决。如果我们打算了解,当音程首先在音阶的上区被提供,然后又在音阶的下区被提供,那么,音程便是一样的,我们必须从感觉中理解在两种情形里所有部分音调的相互关系的相似性。但是,对于次级音调来说是正确的东西,对于它们的原始音调来说也同样是正确的。事实上,我们能够认识纯音调的和谐音程,它们实际上是不受泛音控制的,我们能以差不多与乐音的音程同样的正确性和确定性去认识纯音的和谐音程,而乐音的音程的泛音却是大量的和集中的。那就是说,尽管我们对和谐音程的理解可以为单个乐音的复合特征所促进,但是也肯定会有一些更为终极的影响(比这种复合特征更为终极的影响)起着作用,只不过我们迄今为止尚未找到它们而已。对于这一点,我们必须补充的是,把合乎惯例的感觉测量方法一方面应用于感觉强度,另一方面又应用于音调的音高,从这种应用中产生的矛盾,无论怎么说,并没有因为采纳了所建议的解释而被去除。对于强度和性质是两件不同的事物的回答实际上放弃了对两组结果的不一致性做出恰当解释的努力。事实上,在对刺激强度和振动率的连续分级之间,以及在对感觉强度和音高的连续分级之间,存在完全的相似现象。

不过,有一条出路为我们敞开着。让我们回忆一下我们为韦伯定律所提供的心理学解释吧。我们是这样解释该定律的,我们假设在估计感觉差异时,我们所关心的是被比较的感觉的相对量值,而不是绝对量值。但是,在这相对量值旁边,始终有可能存在绝对估计的可能性。我们还预期在所有的情形里去发现这种现实的可能性,在那里,一种感觉,由于某种原因或另外的原因,由感觉本身在与感觉系列的其他条件相分离的情况下来理解,该感觉属于这些感觉系列。这种情况,只有在感觉对意识的作用并没有使所涉及的同类其他感觉成为必要时才会发生。现在,这种涉及在对一种强度的每一理解方面均不可避免。因此,可以说,高声对意识的要求比弱声对意识的要求更大。对于感觉增强来说,在这两种情形里具有同样的量值,较强刺激的增强必须随着刺激本身而成比例地增强,因而也随着刺激对意识的作用的增强而成比例地增强。但是,对于音高来说,情形则十分不同。一种高的和低的音调在有关它们对意识的作用的强度方面可能具有一种完美的性质。那就是说,我们对两种音调的分辨标准(它们的质的差别恰好能被觉察出来)只能是它们感觉中的绝对差异,这与两种音调振动率之间的绝对差异相似。而且,对这类情况的比较将使音调的比较成为可能,这些音调的差别超过了恰好能被觉察出来的程度。所以,可以将这样一种整体差别再分为两种相等的较小差别,对此我们将牢记一种绝对的而非相对的测量标准。当然,还有另外一种情况,如果我们提议在音阶的一个部分找到两种音调,那么它们的音质关系与来自音阶另一部分的两个特定音调的音质关系相似。在这种情况下,这样的差别在对问题进行系统阐述中被说成是一种相对差别,而音程的选择则是以这种相对性观点作出的。泛音的重合肯定有助于我们在这一情形中认识这两种进行比较的音阶的相似性,我们要坚持的是,它并非我们估计的唯一决定因素。在较高的八音度中重复五音 cg,比起发出音调 da 或 fe 来要容易认识特定的音程。但是,这两种音程对于第一种情形的相似性,就某一时刻而言,是毋庸置疑的。

因此,我们关于韦伯定律的重要性观点已由我们已经认识到的一些事实得到部分证实和部分补充,正如我们已经理解了音质差别和音程差别一样。部分地得到证实的是:我们为我们的假设找到了更进一步的理由,即韦伯定律可以被解释为感觉量值的相对估计定律。音程为我们提供了关于这一相对定律真实性的特别令人信服的证据。所谓部分的补充,是因为我们已经发现,在我们理解不同感觉条件的地方暗示着一种绝对的比较,而不是相对的比较,简单的比例关系代替了刺激和感觉之间的对数关系。这一事实同时起着一种作用,即明确反驳了韦伯定律的心物理论(psychophysical theory),该理论认为它反映了在心理和生理之间所获得的普遍正确的关系。这样一种假设只能在以下情形里得到维持,也即如果感觉本身脱离它在比较性理解中所涉及的心理过程,那么它是从属于对数定律的。生理学理论——也就是以其习惯的形式——也不是不能驳斥的。它假设大脑中的感觉兴奋传导遇到了障碍,随着刺激量的增加,这些障碍也增加,结果,中枢器官本身的兴奋比外部感觉刺激的增长更为缓慢,它的抑制的确切数量反映在对数公式中。事实是,在排除了进行估计时对比较的影响的条件下,感觉和刺激过程在一定限度内是完全平行的过程,这是违背上述假设的。它一定是这样一种情况,即在这些限度内,中枢的兴奋和外周的兴奋之间存在一种正比关系。因此,如果我们在心身平行论的原理引导下去寻找一种生理基础的话,同时也去寻找对韦伯定律的心理学解释的话,那么,我们的搜寻范围必须是高级生物种类某种感觉中枢的刺激过程关系,在那里,唤起的生理刺激构成了对感觉的相对理论。

因此,我们的一般性结论将是这样的:无论何处,当我们使刺激和感觉的强度或性质产生连续变化,我们将找到某些限度,在这些限度内,感觉的变化与刺激的变化相平行。另一方面,当我们比较彼此不同的感觉时,我们将期望通过研究的特殊条件去发现我们对它们量值的估计是绝对的还是相对的。一个恰好能被觉察的感觉强度差异总是以相对条件被理解,因为在不同的情形里同样可以觉察的增加数量有赖于特定感觉对意识所提的要求。当然,感觉强度越大,它在意识中和对意识的作用也越大。我们对音程的估计也是相对的:它是一种条件之间的关系,而非绝对值,我们必须注意这一点。然而,不难发现,同样的音程代表了音阶上区而非音阶下区的绝对感觉差异。除非构成它的音调是如此之低或如此之高,以至于我们无法辨别。如果我们先弹奏音调 c,接着弹奏音调 g,然后在音调 g 后又跟着 d′——如果我们连续发出两个相反的五音,并将注意力专门集中在绝对的感觉差异上面——我们将毫不犹豫地宣称 gd′ 的距离大于 cg。这将有助于解释以下颠倒的事实:当我们仅根据在感觉中的绝对值来把大于最小可觉的音调差异分成两半,而不考虑它们是音乐音程非音乐音程,或者当我们确定恰好能察觉的音质差异时,我们便在作绝对估计而非相对估计。

如果让我们用一般的陈述总结一下整个讨论的结果,那将是:除非感觉接近感受性的上限或下限,否则其变化与刺激变化的绝对量值成正比。但是,只要我们对感觉变化的绝对理解由于特定条件的引进而成为不可能,那么我们对感觉变化的理解仍是相对的。

第 六 讲

• *Lecture Sixth* •

一、光觉;色觉和明度觉;色彩的分解和混合

视觉(visual sensations)有两种特性——色彩(colour)和明度(brightness)。后者的术语包括黑和白,以及各种不同的灰色阴影。可以分辨的色彩数目是大量的:其数目从未被确定过。但是,一个直接知觉的事实是,自然界中的各种色彩并非都是异质的(heterogeneous),在这种颜色和那种颜色之间存在着大量的中间色彩。如果我们打算把五花八门的整个色彩领域区分一下,并分离出一批色彩,它们与其余的色彩明显的不同,那么,我们可以把"纯"色彩的表列减少到最低程度。红、黄、绿、蓝、黑和白被证明是简单的和最终的几种颜色,是我们可以从自然界的无数不同的图景中提取出来的几种颜色。所有其他可以辨别的色调都是中间色——这一事实经常反映在为它们所取的名称中(紫红色、橘黄色、黄绿色、紫蓝色,等等)。但是,上述六种单色——红、黄、绿、蓝、黑、白是不协调的,它们显示出不同程度的多样性和相似性。我们倾向于认为绿色比黄色更接近于蓝色,并且倾向于认为红色和黄色是十分接近的两种颜色,甚至在中间色蓝绿色和橘黄色不存在时,即无法提供比较时,也是如此。可以认为,这种色彩关系的概念是由于我们对彩虹中色彩序列的知识。但是,从未观察过彩虹的孩子们,即从未以任何程度的注意力观察过彩虹的孩子们,当他们被要求以相似性次序排列蓝色、绿色、红色和黄色这四种单色时,通常将蓝色和绿色联系起来,将红色和黄色联系起来。

关于单色数目有限的假设(根据这一假设,我们可以构想光的其他一切性质也是复合的)是从某些色调(colour-tones)之间获得的主观关系中得以提示的。通过颜料的类似混合结果也可以进一步证实这一点。油漆匠早就知道,将黄和蓝混合可以得到绿色,将蓝和红混合可以得到紫色。这是一种必然的结果,也即以此方式,通过与其他颜色的混合可以产生各种颜色,其本身便是一种复杂的感觉性质,而不是简单的感觉性质。你们知道,在客观的光觉(light-sensation)和主观的光觉之间并不能划分任何界线。如果外界的光线是一种复合体,那么,据认为,与这种外界的光线相对应的感觉也肯定是一种复合体。即使在今天,油漆匠(或画家)仍习惯于把红、蓝、黄、绿、黑和白视为是简单的颜色,通过将它们混合,一切其他的颜色由此而生。

颜色的科学还可以更进一层。颜色不仅在色调上有差异,而且在明度上也有差异,红色看来比黄色更深些,等等。因此,据认为,有可能将所有色彩排列在一个系列之中,系列的两端应当由明度的两个极端构成——黑和白。例如,亚里士多德(Aristotle)教导说,黑和白是光的两种基本特征,而每一种颜色可以从它们的数量变化的混合中获得。

根据直接知觉(direct perception)的观点,该假设的简洁性和普遍性是十分诱人的。当我们一旦使自己信服,自然界中的大多数颜色均来自少量单色的相互混合,而且这些单色本身是彼此之间敏感地联系着的,那么,我们的心灵便不会平静,除非这种现象还原至相反的两极为止。这个相反的两极除了黑和白不可能是别的东西。对于一切真正的颜色而言,它们在明度上处于黑白两种颜色之间的某个位置上,如果它们的明度增加,便趋近白色;如果它们的明度减弱,便趋近黑色。如果一切色彩均产生于两种相反的颜色,那么这两种颜色便是黑和白。

从那时起,亚里士多德关于颜色起源的观点直到近代还一直十分流行。歌德(Goethe)为这一观点辩护,而且他的许多崇拜者也是该观点的热情拥护者。但是,由于牛顿(Newton)的发现,近200年来这一迷信已为科学所破除。牛顿对自己说:如果真的存在单一类型的光和单一类型的色(它们以各种方式相互混合),那么,我们一定能够将任何一种复合颜色的简单成分进行分离和重组。这就意味着整个问题取决于实验的评判,通过实验的评判,问题便可以明确地得到解答。这是因为,直接的知觉具有欺骗性。化学家难道能"看到"物体是由哪些成分组成的吗? 当然不能。我们知道,用十分不同的化学组成的物体看上去十分相似。同样的情况难道不会在光的情形中发生吗? 难道相似类型的光不会产生不同的混合物,而不同类型的光不会产生相似的混合物吗? 因此,牛顿在他周围寻求一种手段来对复合的光进行分析,而且,通过一次愉快的偶发事件,牛顿在棱镜中找到了他所需要的光的折射。

如果我们让来自a的光线穿过棱镜p(该棱镜由玻璃或其他透明物质组成),则光的行进路线不是直线(如果行进路线中没有棱镜便可能是直线),而是偏向一边,我们说是折射了。于是,眼睛o在棱镜后面接收的光似乎不是来自a,而是来自b或b的近邻,光源从a移向了b。此外,光线似乎来自bd方向的那个点并不始终保持不变,它随着光的质量而变化。例如,如果a是一种蓝色光,而该光线被看做似乎来自b,一种红色的a将发出一种光线,这种光线似乎沿着rc的方向运行,r的位置高于b并更接近于a。这使我们看到,不同种类的光在同一棱镜上不是以同样程度折射的,在相似的实验条件下也不是以同样程度折射的。红光比蓝光折射的力量较弱;r比b更接近a。在对不同颜色进行相互比较时,我们发现它们按照折射性而排列成明确的系列。红光折射最少,紫光折射最多。该系列的排列如下:红—黄—绿—蓝—紫。在两种相邻颜色之间插入的色调具有中间程度的折射性。橘黄色处于红色和黄色之间,绿黄色处于黄绿之间,靛蓝处于蓝紫之间。

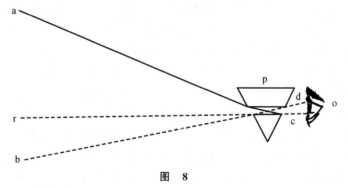

图 8

那么,关于白色是怎么一回事呢? 当然,白色是具有最广泛漫射性质的光,它属于日光的漫射性质。如果白色的性质未被一件物体的特定颜色所改变的话,那么它是我们经常见到的光。一束白光通过棱镜是以这样一种方式作用的:接收白光的眼睛在其通路后面找到的却不是白光,而是被区分为一系列颜色。因此,如果 a 是白光的一个点,从 a 点发出的白光并不单纯地像单色光那样折射,它的光源从 a 转向 r 或 b,而且看上去似乎来自一系列排列成垂直线的光源,每一种光源显示一种不同的色彩。紫色位于最底部,接下来是蓝、绿、黄和红。因此,白色的日光不是单一的,而是能分解为大量更为简单的光质(light-qualities)。另一方面,这些光质不可能再进一步分解了。不论我们多么经常地使纯红色或纯黄色通过棱镜,它仍然使其特性保持不变。你们注意到,颜色系列通过白色日光的折射而获得,不论是通过实验手段还是自然的观察——天上的彩虹是由悬浮在大气层中的水粒子折射而成——它包含了生成自然界的各种颜色。将其色调以正确比例混合,我们可以随心所欲地生成任何颜色。实际上,这是不言而喻的,因为地球接收的一切光均来自太阳。因此,不论一个自然物体是反射光线还是吸收光线,倘若它的因果不包含在日光的组成之内,便不会产生任何结果。随着白光强度的减弱,我们逐步到达黑暗,或者黑色。那就是说,黑色非色彩,而是白光明度的最小程度。

然而,从这种对光的确切分析中得到的事实难以与颜色混合的结果相符合,后者也是通过观察方式获得的。你们都看到,从白色日光的分解中产生的光谱至少含有五种颜色——如果我们用中间色彩进行计算的话,还会有更多的颜色。但是,画家长期以来就已经注意到,颜色的各种可能种类能从三种简单的色调中产生。确实,产生的混合色不会像光谱色彩那般饱和。不过,它们仍然像自然界中产生的大多数颜色那般饱和。这三种颜色——即所谓原色(primary colours)——可以相互混合到这样一种程度,以至于能够产生任何其他的颜色种类。这三种原色,正如我们在前面讲过的那样,是红、黄、蓝。但是,最好以红、绿、紫为例,而且最好不去混合颜料,以便通过棱镜将日光分离出来的一些颜色予以混合,或者让颜色印象彼此相接很紧,以便它们能为感觉所融合。将混合的颜色涂在一只圆盘的各个部分上,该圆盘的顶面像钟面那般快速旋转。这样,便为我们提供了一种完整的统一印象。红、绿、紫三色只要以恰当数量加以运用便可产生白色;每种可以辨别的色调与这三种基本色彩彼此之间的特定混合相对应,也与白色的特定混合相对应。白色也可以通过位于棱镜系列中恰当距离之内的两种颜色的混合而获得。这些对子的组成成分一旦合在一起便产生白色,称之为互补色(complementary colours)。例如,绿蓝色是对红色的补充,蓝色是对橘黄色的补充,靛蓝色是对黄色的补充。绿色是唯一纯粹的光谱色,它没有任何补充。为了产生白色,它必须与紫红色相混合,而紫红色是红和紫的组合。当然,这相当于三种原色的混合。

图　9

那么,光的分解和综合之间的这种矛盾是如何克服的呢? 一般说来,由牛顿本人提出的解释在当时尚未遇到。他说:白光中存在着红光、黄光、绿光、蓝光和紫光的组合,而棱镜则将每种分离的光线孤立起来。但是当我们将不同种类的光粒子组合在一起时,其中的三种光——即红光、黄光和蓝光——足以产生一切现象。你们看到，分解与综合发生了冲突，而物理科学的进展尚未发展到将它们合而为一的程度。

当人们发现牛顿的光学理论不正确时，便采取了通向调和的第一步。牛顿认为光的粒子本身是有色彩的，而光是由太阳连续发射的一种物体，其中包含着各种颜色的多种粒子。这种观点通常招致反对，但是，在法国物理学家菲涅耳（Fresnel）通过实验提出反驳意见之前，牛顿的理论一直未受到挑战。菲涅耳表明，当光与光相遇时，不一定都会导致强度的增加。如果光是一种物质，那么情况肯定这样。可是，事实上，光的强度之减弱像强度的增强一样是一种普遍现象。这些称之为光线"干涉"（interference）的观察雄辩地证明了光不是一种物质而是一种运动（movement）。两种相互交叉的运动既可能导致强度的增加也可能导致强度的减弱。如果两只球以相等力量相向而行并彼此相遇的话，则它们的运动就被抵消；如果它们沿同一方向运行，则它们的运动就加速。如果两种水波相遇，当波峰与波峰相遇时，水波便增强，当波峰与波谷相遇时，水波便减弱或消失。干涉现象表明，当光线与光线彼此相遇时，存在有关的波峰和波谷；光的强度将会在一个连接点上增强，而在另一个连接点上减弱；换言之，我们必须把光视作是一种运动，与水波的运动很相似。如果你向水中投石，你就会使之产生一种波，它向各个方向扩展开去。石块的冲击引起了一种振动，这种振动从流体的一个粒子向另一个粒子传播。光线也由这种振动构成，不过，构成光线的物质比起构成水的物质来要稀薄得多。它是一种物质形式，除了充斥着各种物理物体之间的空间以外，还对各种物理物体——固体、液体和气体进行相互渗透。这种"发光以太"（luminous ether）的粒子置于太阳热气层的振动之中，而它的运动则以每秒 186 000 里的速度从一个粒子传向另一个粒子。当我们的眼睛感受到光的印象时，它不是从遥远的空间深处向眼睛渗透的一种物质，而是一种运动。为了刺激我们的感官，这种运动必须连续穿越把我们与光源隔开的无垠太空。它是与引起光和色彩的各种感觉具有同样形式的物质。因此，感觉上的差异只能意味着"发光以太"的运动差异。对于干涉效应的精确测量使物理学家确定了不同情形中的这种差别，而且，业已发现，色差（colour-differences）有赖于"发光以太"粒子振荡速度的差异。例如，在红光中，这种振荡数大约在每秒钟内 400 万亿次和 500 万亿次之间；而在紫光中，则接近 800 万亿次。所有其他的颜色则处在这两个极端之间。橘黄色 500 万亿次，绿色 600 万亿次，蓝色 650 万亿次，靛蓝则每秒 700 万亿次；因此，在这些限度内，光谱色构成了一种渐进的系列，振动数增加了差不多 400 万亿次。值得注意的是，日光除了这些带有色彩的光线以外，还包含其他的振动，它们看不见，而且难以作为光线来感知。有些光线比红光的折射力更弱，而有些光线的折射力比紫光更强。也就是说，它们的振动率比肉眼可以感受到的光或颜色要大些或小些。超越光谱红色一端的不可见光表现为热量；而超越紫色的不可见光则是某些形式的化学活动。

因此，我们可以看到，只有相对来说范围狭窄的以太振动（ether-vibrations）部分具有激起视网膜感觉的力量。整个色调种类包括在这一狭窄范围之内，而振动率的微小变化足以产生色觉的可见差异。

关于光的物理性质的这些简短评论将用来向你们表明，光和颜色并不具有客观现实——也就是说，在我们身外和我们周围并不存在光和颜色——但是，我们是通过这些特性来分辨光的,也分辨了彼此分离的各种颜色,这些特性存在于我们心中,由此产生了我们的色觉和光觉。我们所谓的光和色不过是我们自己对光和色的感觉而已。在我们的身外并不存在感觉系统,只有以太的振动,证明光和色是一种主观现象,标志着心理学迈出了重要一步,也标志着物理知识迈出了重要一步。我们现在知道,对光和颜色现象的完整解释不能单单建立在对光的物理考察上,而且还必须考虑我们感受光的条件。我们再次指出,我们感受到的东西并不是以太振动,而是我们的眼睛和大脑对振动的特定反应。那些无法为肉眼所感知的速度太快或太慢的运动,显然在视觉刺激的名单上被排除掉,其原因仅仅是因为速度问题。但是,客观上它们可能是光,正像任何其他运动一样。

因此,如果我们试图解释光和颜色的现象,那么,甚至纯粹的物理考察将使我们涉及"正在看的主体"(seeing subject)。你们记得,我们已经遇上了矛盾。用棱镜对光进行分解告诉我们一件事情,各种光质的重新组合则告诉我们另一件事情。我们可以从日光中分离出至少五种简单的颜色,还没有把中间色计算在内,而我们却能够通过三种颜色的数量适当地相互混合在自然界产生出各种颜色来(这三种颜色的最佳选择是红、绿、紫)。那么,矛盾从何而来?

很显然,根据我们以上所述,白色和一切可能的颜色都可从三种原色中获得,这并不意味着客观的光线是这三种基本颜色的合成,也不意味着(正如许多生理学家仍然使我们相信的那样)我们的一切主观光觉导源于与这三种原色相应的三种终极感觉。对色彩混合所作的实验结果证明:当这三种客观上简单的振动形式以不同数量混合时,足以在视觉器官里建立起所有那些刺激过程,它们可以由太阳光谱的颜色而引起,也可以由它们的混合物而引起。

如果客观的光可以分解为三种振动方式,那么这三种原色只能在物理学中具有意义。分解成的三种振动方式与三种原色相对应,而且不会再有更多的振动方式了。我们已经看到的情况并非如此。在某种程度上,原色在光振动的无限分级中确实占据了特殊的地位。红和紫位于可见振动率系列的任何一端,而绿色则居于中央。尽管对眼睛受到光刺激的条件进行考察是具有某种重要性的事实,但是,这对客观的光无论如何没有什么关系,光线的振动率远远伸展至这些限度以外的地方,而在这些限度之内,以太光线(ether rays)是可见的。

如果我们能在主观上用直接的感觉将我们所有的光分解成这三种特定的组成成分,则原色只在心理学中具有意义。我们当然能够说,橘黄色是红和黄的混合色,紫色是蓝和红的混合色,如此等等。但是,即便在这些情形里,"介乎两者之间"这个词组也会比"……的混合物"更加正确。无论如何,在我看来,正是我对橘黄和紫色的感觉使得对它们的印象与对红、蓝或黄的感觉一样简单。无可争辩的是:没有人会说,他在黄色中看到了红和绿,或者在白色中看到了红、绿和紫。主观上说,白色如同任何单色那般简单。我们都将倾向于认为,黑色不仅是白色强度的最低程度,而且同时在性质上与此相反。

剩下来只有一种可能。如果三种原色的存在都无法从物理上或心理上得到解释,那么它便一定只能依靠生理条件了。如果我们接受这一原理,即我们主观感觉中的每一种差异与感官的生理刺激过程中的差异相对应,则我们必须假设,在光谱的红、绿、紫三部分中有三种客观的光质,当它们以适当的比例混合时,能够建立起许多生理刺激过程,正如主观上可以分辨的感觉一样多。这些刺激过程中有多少是可能的,我们还不能直接确定,但是,它们必须从可以区别的感觉数目中加以估计,而不是从客观的光刺激(感觉通过这些客观的光刺激而引起)的数目中加以估计。

二、三种原始色彩

这些考虑是简单的,它们还未能像得到普遍赞同的任何东西那样得到认可。在目前关于光觉和色觉性质的理论中,我们经常在物理刺激和生理刺激之间发现一种混淆,而且在后者与其相关的感觉之间发现一种混淆;或者,如果不是这样的话,那么,便会产生光刺激的客观条件导源于感觉中的主观差别这一相反的错误——一种形式上的任意假设和内容上的经验矛盾。

例如,20世纪初英国内科医生和物理学家托马斯·扬(Thomas Young)认为,我们关于光和颜色的一切感觉都是由红、绿和紫这些原始感觉复合而成的。他说,在眼睛中存在三种神经纤维,分别对红光、绿光和紫光相当敏感。我们可以画一个三角形(图10),来描述颜色混合的定律。三角形的三个角由三种原色组成,而中间的光谱色彩则沿着三角形的边排列——例如紫红,介于红与紫之间,紫红便是由红和紫两色构成的——白色则占据三角形面积的中央。根据扬的看法,这样的三角形将能同样表述视觉的条件和视觉刺激的条件。例如,橘黄和黄色将引起对红和绿两种颜色敏感的神经纤维兴奋,橘黄色中红色占优势,黄色中绿色占优势,而白色的感觉是由所有三种神经纤维以差不多同等强度的兴奋引起的。也就是说,白色的感觉仅仅是红、绿、紫三种感觉的混合。另一方面,如果原色中有一种或两种颜色在混合色中占优势,那么稍带白色的印象就会产生。因此,这些稍带白色的色调可以写在位于三角形图形中央(写"白"字的地方)和边侧之间的某处。

图 10

托马斯·扬认为,他本人关于三种基本感觉的假设只不过是一种临时性的假设,这种假设对于色彩混合现象的解释尤其有用。但是,近代许多生理学家和物理学家根据色盲的事实把这种视觉器官的假设结构想象为必然的结果,从而使这种假设成为肯定的东西。一般说来,色盲并不意味着看不见颜色,而是意味着对某几种特定颜色不敏感。如果色盲是先天的,那么色盲患者就不会意识到自己的缺陷,因为它仅仅存在于几种特定色彩的混淆之中——例如红和绿——对于这两种颜色,正常的眼睛是可以分辨得很清楚的。实验表明,在大多数情形里,色盲是红色盲,尽管绿色盲也会发生。但是,红和绿是基色(fundamental colours),因此,看来我们好似在这些现象中证实了托马斯·扬的理论。你们看到,眼睛的条件根据托马斯·扬的理论很容易得到解释。我们只不过把这三组神经纤维之一或者正常眼睛的终端器官之一看做是缺乏的或不起作用的:在红色盲中,是对红光敏感神经纤维或眼睛的终端器官;在绿色盲中,则是对绿光敏感的神经纤维或眼睛的终端器官。

然而,这个证据并不像人们通常认为的那样普遍。如果我们认为色盲的唯一形式是"红"色盲和"绿"色盲,那么,我们可能有必要做出推论,即正常的视网膜中的特定部分对红光和绿光特别敏感,而这些敏感部分,由于某种未知的原因,在有缺陷的器官中不是缺失便是不敏感。但是,我们不会找到哪怕是一点点根据去假设对黄色的感觉是红色和绿色感觉的混合,或者黄光的刺激仅仅意味着对红光和绿光敏感的要素的刺激。第一个假设被感觉的特性否定了,因为黄色在性质上既与红色不同,也与绿色不同,而且表现不出这两种颜色混合的任何迹象。对于第二个假设,我们也几乎可以认为是不可能的,除非我们意欲完全放弃这个原理(它迄今为止对我们是如此有用)——这个原理便是生理刺激的差异与感觉的差异相平行。但是,除此以外,我们关于色盲现象的知识的进展已经提示了一些事实,这些事实与托马斯·扬的假设是势不两立的。首先,业已发现,"红""绿"色盲尽管是最普遍的两种色盲,但也不是唯一的色盲或异常的颜色感受性类型。人们已经知道了对光谱中其他光线不敏感或感受性减弱的一些病例,尤其是对黄光和蓝光不敏感或感受性减弱的一些病例。其次,人们也已经观察到一种单眼色盲的现象。现在,关于扬的假设,白色在这里必须由双目的不同原始感觉所组成。例如,在单眼的红色盲中,一定会产生这样的现象,即在正常的一只眼睛中是红、绿和紫的混合,而在红色盲的那只单眼中,便只有绿和紫两种颜色了。因此,同样的白光将由两只眼睛不同地感受到,对正常的一只眼睛来说是白色的东西,对另一只眼睛(由于该眼是红色盲)则毫无红色感觉,仅产生一点略呈绿色的感觉。可是,实际上却并非如此,两只眼睛都感知了同样的白色。再次,也是最后一点,我们有全色盲的例子。这种情况一般由于眼疾而产生,而且通常限于一侧视网膜,或者甚至是视网膜的若干部分。全色盲对黑和白,以及中间的灰色仍能感知,但是,却无任何类型的色觉迹象可循。一幅图画看起来像一张素描。尽管可以清楚地分辨光亮和阴影,但是颜色的知觉则是绝对没有的。如果每一种光觉都是三种原色混合的结果,那么显然这样一种情况就决不会产生。除非对明度的感觉和色彩的感觉与视觉器官中的不同过程相关,以及在某些情况下与视觉器官中可分离的、兴奋的过程相关,否则全色盲是不可能存在的。这里,我们有了关于我们原理有效性的新颖证明,也即生理刺激过程的差别与感觉的差别平行。这是因为,白色不受各种颜色制约而独立存在的事实,根据它在感觉中其性质的独立性,以前就已经被推论出来了。

三、达·芬奇的四种基本色彩

当然,这些事实反驳了扬的理论。而且,人们在近代已经作过尝试,用另一种理论去取代它。为此目的,达·芬奇(Leonardo da Vinci)的观点就再次流行起来——达·芬奇这一名字在科学史上同在艺术史上一样有名。达·芬奇认为有四种颜色具有头等的重要性,他称之为主色(principal colours),并把其他颜色看做中间色或混合物。这些主色就是红、黄、绿、蓝。对这四种主色而言,还必须加上黑和白。根据这六种获得的基色,根据它们以不同数量的相互混合,可以使我们产生一切光觉和色觉。例如,橘黄色是红黄两色混合所产生的直接感觉,紫色则是红色和蓝色的混合物。

达·芬奇的观点完全以我们感觉的主观特征为基础。如果不准备在达·芬奇的观点上再嫁接一些进一步的假设,以便对光刺激和颜色混合的客观定律做出解释,那么达·芬奇的观点便可能已经站稳了脚跟,而且对该问题的心理学表述也不是没有兴趣的。但是,据假设,在每一对主色之间存在一种"对抗性"(antagonism),这种对抗性与白和黑相似。对抗性颜色被如此界定:当颜色混合时会相互抵消,只剩下明度感觉,这种明度感觉伴随着每一种色觉,而不管其性质如何。在这个意义上说,红与绿、蓝与黄被认为是对抗性的。为了使这一理论的主导思想更加明确,据假设,在视网膜中混合了三种不同类型的感觉物质,在每一种物质中,可以建立两种对立过程,方式上与组成代谢(anabolism)或者同化作用(assimilation)相对应,也与分解代谢(catabolism)或者异化作用(dissimilation)相对应,这些过程在有机的自然界普遍存在。

为了简便的缘故,我们将把这些过程分为 a 和 d,并把这三种物质,按照它们作为中介的感觉,称为黑白、红绿和蓝黄。这样一来,假设便是:在黑白物质中,黑色的感觉是由于过程 a,白色的感觉是由于过程 d;至于在红绿物质中,红色的感觉是由于过程 a,绿色的感觉是由于过程 d,反之亦然;对于蓝黄色也是类似的情况。不过,对彩色物质的每种刺激均涉及黑白的刺激。结果,便出现这样的情况,如果一种彩色物质或两种彩色物质的过程 a 和过程 d 相互抵消,那么,我们仍然会感受到明度。

该理论已经起到良好的作用,这是无可否认的。自从亚里士多德和歌德的陈旧色彩理论在科学中遭到拒绝以来,这个理论第一次引起人们注意这样的事实,即白光在感觉中像任何单色光一样是简单的,黑与白不仅被认为是单色的不同强度,而且还是质的对立,后者尤为主要。然而,在其他一切方面,它仅仅是一种武断假设的任意结合,甚至"对抗性"颜色和黑白对子之间的类比也无法维持。当我们将黑白两色混合时,我们得到灰色,而灰色是作为介于这两种极端颜色之间的一种中间色被直接感知的。但是,当我们将红和绿相混合,或者将蓝和黄相混合,就得不到任何混合物,而只有在感觉中相互干扰。剩下来的唯一东西是白色,白色是一开始便存在的,除非这些颜色对它来说太强烈。再者,由混合定律来表明的原色,也必须适应于达·芬奇的主色,那是不容易的。我们被迫改变颜色的名称,以适应我们的理论。因为对抗的颜色并不是我们通常所称的纯红或纯绿,纯黄或纯蓝。如果我们准备获得互补,那么,红色便必须染成紫红色,蓝色便必须染成靛蓝色——换言之,这两种主色都与相当数量的紫色混合了。最后一点,该理论的必然结果是,如果不消除或减少对抗颜色中某个对子两种颜色的敏感性,那么就不会有部分的色盲。因为它只能把这种影响解释为两种颜色物质之一某种缺陷的结果,那就是说,我们应当发现红绿色盲和蓝黄色盲,而不是其他形式。实际上,红色盲可以在没有绿色的情况下发生,而绿色盲则可以在没有红色的情况下发生,这是无疑的。

但是,不仅对抗的颜色对子的假设在每一点上与事实相悖,而且它的心理学基础也特别值得质疑。你们看到,四种主色——红、黄、绿和蓝——是唯一简单的感觉,所有其他的颜色则作为感觉中的复合物被直接提供。那么,对这种断言究竟有什么支持的东西呢? 很清楚,首先,当我们一旦把这四种颜色认作基本的感觉时,其他的颜色便十分容易地作为主观的中介颜色而一一就位;其次,这四种颜色的名称迄今为止是最古老的名称,其他的名称则具有一些现代的证据。现在,这些事实中的第一个事实只有依据第二个事实才具有重要性。如果语言一开始就包含了专门名称,譬如说,用橘子和紫罗兰这样的称呼来代替红色和黄色,那么,我们便应当倾向于把后者看做是中间色,这是十分可能的。因此,每件事情都有赖于返回到下述问题上去的答案:为什么这四种特定的"主"色首先接受了明确的颜色名称?

从目前正在考虑的这一理论观点来看,原因只能从感觉的直接事实中间去寻找,这是肯定无疑的;红和黄仅仅作为简单印象被提供,而橘黄色则作为复合印象被提供。那就是说,语言开始时仅仅偏爱为感觉中简单的东西命名。现在看来,这种观点显然从一种错误的假设发展而成,这种错误的假设涉及语言中词语符号(word-symbols)的起源。首先,认为一个独立的词语必须为每一个性质上简单的感觉而存在,这是不正确的。有些语言学家已经将注意力集中在下面的事实:"红色"这个显著可辨的名词出现得比"蓝色"这个名词更早。在古代文学中——例如,在荷马(Homer)的作品中——关于天空蓝色的表达也可以用于任何一种黑暗或灰色的物体。由此情况得出的结论表明,荷马时代的希腊人还没有感觉到蓝色。也就是说,在这相对短暂的时期里,人类的色觉已经经历了相当大的发展。这个结论缺乏诱惑性,因而难以被我们所接受。语言并不区分感觉予以区分的每样东西,语言本身包含了为那些印象创造专门术语,而印象的分辨对于思维的表述和人际的交流是必要的。我们能否假设只有从牛顿时代起人类才能区分橘色和黄色或者靛蓝和天蓝呢? 肯定不是。这些色调的新名词仅仅在它们需要用于视觉目的或技术目的时才开始被使用。为了保证双倍的肯定,最近已有证据表明,在各种野蛮民族中,色觉的分级与我们自己的分级并无差异。

与此同时,这四种基本颜色确实在某种意义上构成了特殊情形。无论何时,当不同的颜色名称发生时,它们最终还原为这四种颜色。结果,对于假设它们原始的感觉偏爱来说,显示了某种原因。然而,该定律甚至在这里仍坚持认为,语言并不因为感觉可能具有的任何主观特征而为感觉命名。相反,语言仅仅涉及感觉的客观意义。因此,无论何时,当我们追溯一个颜色名称至它的原始意义时,我们发现它标志着某种外部物体,通过该物体,色觉得以发生。橘黄色、靛蓝色和紫色是根据水果的颜色、染料的颜色和花朵的颜色来命名的。现在,根据这一原理,人类第一批命名的是哪些颜色呢? 我们可以肯定,人类第一批命名的颜色一定是那些引起他们强烈感情的颜色,或者是他们环境中最普遍涉及的自然物体的那些颜色:例如,血液的红色,蔬菜的绿色和天空的蓝色等。至于贫瘠的土地、阳光、月光和星光,看起来呈黄色而不是白色。所以,对我们来说,没有必要在寻找四种主色起源的过程中掉进无底的理论深渊,并且假设一种不依赖于任何印象的感觉。当然,这些色彩印象由于经常重复或者由于某种其他原因而在意识面前要比其他印象更显著地呈现,它们必定获得某种利益,不仅在语言表述方面,而且在感觉本身都获得某种利益,致使其他的一切感觉都得参照它们来做出安排。如果一旦红和黄被提供了,橘黄只能被看做一种中间色。紫红色和紫色以同样的方式在蓝和红之间各就各位。由于从颜色到颜色存在一种连续的过渡,因此当感觉的范围受到严格限制时,这四种主色足以能对所有可能的颜色等级进行永久的安排。如果占支配地位的印象(它们当即决定颜色的排列和颜色的命名)是橘黄、黄绿、绿蓝和紫色,而不是红、黄、绿和蓝,那么我们将毫无疑问地将红色感觉成紫色和橘黄之间的中间色,将绿色感觉成位于黄绿和绿蓝之间的一种色彩。当你们将这些颜色中的任何一种颜色从光谱中分离出来,然后扪心自问它所引发的印象是否具有绝对的简单性印象时,如果你一旦从这些关系中进行提取,则它已经通过该颜色系统的习惯排列而与其他颜色一起被带入这些关系中去了。

四、光觉理论

主色将其显突性并不归于感觉本身的性质,而是归于外部环境,也即与感觉性质没有任何关系的外部环境。从主观上讲,每一种色彩印象都是一种简单的性质,与其最近的"毗邻"很相似,但是,这种相似是由于颜色系列中色彩连续性的缘故。这一连续性的事实把我们引向另一个论点,对于这种论点,上述讨论过的两种色彩理论完全不予考虑——这个论点便是光谱上两种终极颜色彼此之间的关系。红色与紫色在所有色觉中并非是最为不同的,正如它们在色谱上的空间位置可能使我们所期望的那样;恰恰相反,它们像任何两种颜色可能相似的那样十分相似。这里,色觉和明度觉再次表现对立。在一种情形里,振动率的最大差异产生类似的主观结果;而在另一种情形里,光强的两个极端与感觉的对立性质(黑与白)相对应,整个系列的明度觉以连续的渐进方式排列在黑与白之间。现在,不论我们采纳哪种假设,我们公正对待所有这些感觉特性,除了考虑颜色混合的定律以外。记住这一点,我们便得出了类似于下述理论的东西。

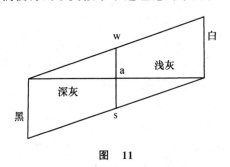

图　11

我们可以假设,每一种视网膜的光刺激是由两种独立的成分组合而成的———一种是色彩刺激,另一种是明度刺激。明度刺激或者说"非色彩"(achromatic)刺激可以通过自身而发生。当发生这种情况时,我们便感觉到黑、白或灰色。颜色刺激或者说"色彩"刺激始终意指非色彩的呈现。当这种情况发生时,根据相伴随的非色彩过程的强度,我们感觉到饱和的(saturated)或白色的色彩。后者的这些差异,我们可以认为最终是由光的强度的客观差异决定的。它始终由两种性质上对立的部分过程(part-process)组成,一种过程是由光相伴随的刺激,并且与白色感觉相对应;另一种过程则伴随着刺激以后视网膜的复原(recuperation),并且与黑色的感觉相对应。你们可以观察到,这种复原的部分过程,不仅在视觉器官完全不受刺激支配时存在着,而且还伴随着更为适度的刺激,如同在分解化学化合物的复原方面受到刺激的物质的反应一样。在刺激十分微弱的情况下,它的强度甚至可以超过其他部分过程的强度——也即刺激的强度。我们可以用一根直线来描述明度感觉的系统,直线终止于黑与白两端,并且深灰、灰和浅灰的各种阴影沿着直线的长度排列,也即以它们多种多样的但完全连续的分级排列着,正如图 11 所示的直线那样。对立的过程由垂直线表示,刺激过程的强度由上升的垂直线的长度表示,而复原过程的强度则由下降的垂直线的长度表示。在绝对黑色的地方,刺激值必须被视作是零,这时复原则处于其最大值;在最明亮的白色处,复原处于最小值,而刺激位于最大值。每一种中间的明度觉含有两种过程的混合。例如,与一种中间的灰色相对应的整个生理过程,是由一种 aw 量值的刺激和 as 程度的复原组成的。这两过程并不彼此抵消,而是相互混合,结果灰色的感觉是黑白两色之间的中间色,且与两者的关系相等。

如果我们试图在色觉的主观特征基础上为色觉构筑一个类似的几何图解,那么我们必须以曲线取代直线,它的两端必须近似,以表示红色和紫色的主观相似性。我们可以选择一个圆圈,作为所要求的描述的最简单的线条。于是,如图 12 所示,所有的饱和色(saturated colours)可以沿着圆的周边进行排列。但是,由于太阳光谱的颜色在红和紫中间留下一个空缺,因此我们必须通过引进紫红色来填补这个空缺。紫红色是由红与紫的混合而获得的,它浓淡不同地存在于这两种颜色之间。色彩的刺激过程,根据感觉和生理刺激平行的原理,必须被认作是周而复始的或周期性的。由最为快速的振动在视网膜里建立起来的过程,肯定与由最缓慢的振动产生的过程十分相似。你们可以在八音度(octave)中找到类比性。尽管基音(ground-tone)比半音标尺(chromatic scale)上的任何其他音调离八音度更远,然而,这两种音却比其他任何两种音在乐音特性中关系更接近。确实,这可能不仅仅是一种类比。八音度的振动率是基音的两倍,在光谱的极端紫色的一端,光线的振动率则近似于红光振动率的两倍。与此同时,由于光的条件和声音刺激的条件在其他一些方面是如此不同,以至于偶尔想去发现中间色的系列中是否有音调标尺的基本音程——五音,四音,2/3 音,等等——的物理相关和感觉相关,结果在每种情形里均告失败。

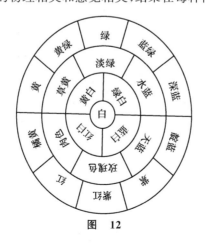

图　12

颜色和音调之间的巨大差别（正是由于这种差别，阻止了任何一种这样的试图获得成功），可以在光和声波之混合的不同效应中十分清楚地看到。当我们将声波混合时，我们获得一种复合感觉，它由许多同时可辨的要素组成，正如它包含连续可辨的音调一样。但是，当我们将光波混合时，我们则总是获得一种简单的感觉。白色（由太阳光谱的所有光线构成）如同任何颜色一样简单，它只包含一种单一的波形式。

光觉的这些特征把我们引向两个具有普遍重要性的事实，它们必须由那些与终极的光谱颜色的主观相似性相等的色彩刺激理论加以考虑。首先，可能有两种相邻颜色的混合替代了任何一种单色（它存在于这两种相邻的颜色之间）。例如，我们可以从红与黄的混合中获得橘黄，从橘黄和黄绿的混合中获得黄色，从黄绿和绿蓝的混合中获得纯绿等。其次，以正确比例相混的主观上相对的任何一种颜色为我们提供了白色感觉，这两种颜色是互补的颜色。第一个事实表明，视网膜的刺激过程不是连续的，而是分级的（graduated）。对于任何一种特定振动速度的等级运作来说，可以被两个距离它不远的其他等级的相互补充活动来取代，其中一个速度较小，另一个速度较大，两者结合起来产生中间的结果。第二个事实，像彩色线条周期发生的过程一样，证明颜色刺激是一个循环过程，从这个意义上说，它的每种形式与一种相对的形式相关。结果，当这两种刺激同时发生时，它们相互抵消，只在感觉中留下相伴的非彩色的刺激。我们可以在图解中（图12）将这种情况表述出来，也即在圆的周围将颜色作这样的安排，以便使每一种互补的对子彼此之间直接相对立，而且可以用一根穿过图解中心的直线把它们联结起来。在圆的中央，我们放进白色，并在中央部分和圆周之间的区域写上白色的色调，正如它们从完全的饱和状态逐渐向无色或明度方向改变一样。

我们视觉中的一切简单颜色都包含在这幅图中了，但是也有例外，首先是黑色和处于黑色与白色之间的中间色灰色，其次，是黑色或灰色——棕色、橄榄绿等等。如果我们

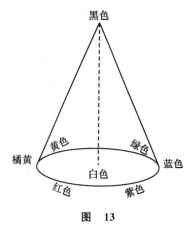

图 13

把颜色和明度的这些深色部分引入图解，我们便必须首先在圆圈中央（白色）画一根垂线（参见图12），沿垂线长度排列非色彩感觉的系列，然后填入深色系列，以及它们与灰色或黑色之间的中间色，地点在围绕明度感觉的那根垂直线周围不同高度的同心圆上面（参见图13）。这样一来我们便得到了一个圆锥体，它具有圆形的底部，圆锥体的顶点与黑色相对应，圆锥体的底部中央与白色相对应，而底部的周围则与各种饱和色相对应。同时，所有其他的颜色分布在四周并穿过圆锥体，它们的确切位置是根据这些基色的固定位置来决定的。

第 七 讲

• *Lecture Seventh* •

一、视觉和听觉的关系

根据我们所了解的关于视觉特性和听觉特性的一些情况，我们可以看到，了解这两种感觉之间关系的最佳途径是去探讨它们的两个基本差别。第一个差别是这样的：由于一种主观上简单的音调感觉（tone-sensation）只能由空气的运动而产生，因此在视觉情形中，任何一种以太（ether）的振动（不论是简单的还是复杂的）都能产生一种简单的光觉（light-sensation）。第二个差别则存在于下述事实之中，简单的音质（tonal qualities）只能沿两个方向变化，以产生较高和较低的音调，而光觉则形成两个系列，色彩（chromatic）系列和非色彩（achromatic）系列，每一个系列均由若干基色和中间色构成，至于彩色系列，由于光谱终端颜色的主观关系，进一步构成了多种多样的色调，它们回归到主观关系本身。因此，简单的音调系统可以用一根直线表示；而光觉系统则需要一个三维图示加以表述。除了这些一般的差异以外，还有一些依赖于各种特性的区别，这些特性专门依附于视觉，或者比起任何其他感觉来更大程度地依附于视觉。

二、正后像和负后像

如果我们发出一种音调（例如，敲击琴弦或音叉），然后又突然制止发音体的振动，那么，音调感觉便立即停止。即便它实际上比刺激持续了更长时间，它的后效（after-effect）之持续也是如此短促，以至于在正常情况下无法为我们所注意。不过，对于光和颜色的感觉来说，情况就颇为不同。你们都知道，如果将通红的火把以适当的速度呈圆周形晃动，你们就会看到完整的火圈。这种现象表明，光的印象在眼睛里至少可以保持一段时间，即从火把行程中的任何一个起点绕过一圈后再回到同一起点位置所需的时间。我们可以用下述方法获得关于光刺激的后效的更确切的知识，也即对一个发光体凝视一段时间，然后突然闭上眼睛。于是，我们可以在黑暗的视野中看到一个后像（after-image），它与该发光体很相似，但是在发光体的光和颜色特性上却逐渐经历了十分奇异的变化。开始时，后像与外部物体十分相似，然后它的强度（intensity）有些减弱，再过一些时间以后，它的性质又起了变化，开始向原始性质的相反方向变化。如果被凝视的物体是白色的，后像便变成黑色——也就是说，比起看到的黑暗视野来要更暗——如果被凝视的物体是黑色的，那么后像便变成白色，比视野周围还要亮。最后，如果印象是彩色的，那么后像便呈补色(complementary colour),如果被凝视的物体是红色的,那么后像便呈绿色,如果物体是绿色的,那么后像便呈红色。因此,在第一阶段,后像被称为正的或同色的(positive or same-coloured);在以后的各阶段中,则称为负的或补色(negative or complementary)。如果被凝视的物体是极度明亮的话,这两种现象,尤其是更为持久的补色后像,是可以用睁开的眼睛观察到的。例如,如果你瞥了一眼落日,然后注视道路或灰色的墙壁,你便可以在凝视点上看到太阳圆盘的清晰的绿色后像。

后像现象表明:第一,视网膜中的刺激过程比外部刺激持续更长的时间,往往可以达到若干秒钟。但是,它们也表明,紧接着刺激的直接持续阶段(这是在正后像中表现出来的),便会发生相反的感官状态,在这种情况中,明亮的物体被看成黑色的,黑色的物体被看成明亮的,而且,一般说来,彩色的物体被看成补色。这种补色的后效可以根据视网膜部分衰竭的假设来轻易地做出解释。例如,如果我们对红色的感受性在特定位置上已经耗尽,我们便将在该位置上看到白光,就好像没有任何红光对它发生作用一样;换言之,由于从白色那里减去红色而剩下绿色,因此红色物体将会在衰竭的视网膜上留下一个绿色的后像。这些补色后像的质量可以通过与其背景的对比而得到提高。该观点尤其在上述情形中站得住脚,在那里,黑白物体的后像是在黑暗的视野中被观察到的。

三、机械感觉和化学感觉

在由两种感官的刺激所产生的后效中,这些惹人注目的差异使得下述情况成为可能,即引发音调感觉和光觉的过程在性质上是完全不同的。确实,声音的振动在耳蜗(听神经纤维的终端)的鼓膜上建立起相应的振动,看来是有可能的;而且,我们对一种乐音(clang)的各组成音调的分别感知是由于这种鼓膜的个别神经纤维对各种音调的调音所致,看来也是可能的。因此,刺激过程在这里将是一种机械过程,一旦被刺激的神经纤维的振动运动停止下来,感觉也会受到干扰。当然,这种情形一定会在引起激发活动的外部空气振动停止以后很快发生。再者,也有可能鼓膜振动的快速制止是由于某些固体护膜结构(cuticular structures)的作用而产生,这些固体护膜结构呈半圆形排列,依附于鼓膜之上,其功能肯定与一架钢琴的制音器(damper)十分相似。但是,当光刺激作用于视网膜时,我们显然具有十分不同的情况。有许多观察将会证明,视网膜对光线的感受性犹如一名摄影师在暗室中进行操作时对底片的感受性。最惹人注目的情况之一是这样的:在黑暗中,视网膜具有深红色;一旦暴露于光线之下,它便逐渐变色,并最终变成白色。由这种现象实际上得出以下的结论:即光刺激是一种光化(photochemical)过程。这些过程在有机的自然界发挥重要作用,例如,在植物的绿色部分的呼吸中,在花朵颜色的产生中,都存在这样的过程。现在看来,一种化学过程,即便它相对来说是瞬间即逝的,也始终需要较长的时间才能完成,比起一种简单的运动传递来,前者需要的时间更长。根据这一观点,后像看来仅仅是一种光化反应的持续时间的主观状态而已。它的两个阶段表明了这一事实,即有两种过程在光化反应期间运行着。正后像为我们提供了由光刺激引起的化学分解的持续时间;而负后像或互补后像则向我们表明了这种分解的后效。后者是一种现象,它与其他生命体的衰竭现象很相似——例如,神经和肌肉的精疲力竭——它们都表现出对原先运作着的同类刺激的激发性减弱。

因此,视觉和听觉可以被视作是两种基本感觉激发形式的主要代表——机械的激发和化学的激发。在使这些表述彼此对立起来的过程中,我们必须小心从事,不要把它们归之于感官神经的过程。这些过程由十分快速的化学分解所组成,也许在每种情形里都是这样。我们的目的仅仅在于区分不同的方式,在这些不同的方式中,外部刺激对感官中的神经终端产生影响。至于机械感觉,除了听觉以外,也许还有皮肤压力,这种情况可以通过感觉中印象后效的简短连续而得到说明。除了视觉以外,皮肤的温度感觉和嗅觉与味觉也属于化学感觉。触觉器官是最早产生的器官,而且在最为低等的生物中是唯一的感觉器官。触觉器官既包括机械感觉又包括化学感觉的这一事实,对于感觉功能发展的生理史来说,不是没有意义的。

四、对比现象

我们一直在讨论的负后像和补色后像的现象几乎不需要比纯粹的生理学解释更多的东西。然而,有大量的例子表明,我们的光觉和色觉所经历的变化不可能由刺激的后效产生,也不可能从衰竭的影响中产生,或者,至少这些现象仅仅提供了部分的解释。当然,无论何处,只要后像得以显示,它们便可用生理学术语予以解释。

如果我们让光穿过一块红色玻璃,然后又在这块被红光照明的表面的某处投下阴影,那么,该阴影看来呈灰色。因为除了漫射的白光以外,它不包含任何东西,而该漫射的白光的强度已经为阴影所减弱。然而,事实上,阴影不是灰色而是绿色。这样的绿色有时可以在自然界中观察到,例如,落日因大气层强烈吸收折射的光线而发出红光时,在树木投下的阴影中可以观察到这样的绿色。

我们可以做一个实验,它正确地复制了对自然界的投影带有主观色彩的情况。这种实验很容易做,只要用一只快速旋转的圆盘,顶部带有彩色,用来说明色觉的混合。圆盘的底板是白色,上面具有一块块小型色区。在圆盘中心和周边之间的中途某处,色块被较为狭窄的黑色带状部分取代(图14)。如果我们让圆盘顶部快速旋转,那么色块的颜色便与背景的白色相融合,从而形成白色;而在我们插入黑色带状的地方,我们便得到黑白混合,也就是灰色。这种灰色完全与投向彩色背景的圆形阴影相对应。但是,这种客观上灰色的圆圈在我们看来并非灰色,而是彩色的,并且作为对背景彩色的补色。如果色块是绿色的,那么圆圈就呈红色;如果它们是红色的,那么圆圈看来就呈绿色,等等。

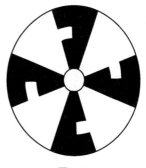

图 14

这里,还有一种更为简单的实验。拿一张薄薄的白色信纸和一张同样大小的彩色信纸;将白纸盖在彩色纸上面,以便正好把后者盖住;然后,把一小方块灰色纸或黑色纸夹在这两张纸的中间。如果压在底下的彩色纸是绿色的,那么它的颜色便能透过薄薄的信纸,除了夹着灰色方块的地方不能透过颜色之外。该方块应当是灰色的,不过,实际上看到的却是红色的。如果我们的彩色纸是红色的,那么灰色方块看上去将是绿色的。总而言之,它始终呈现与其周围颜色相混合将产生白色的那种颜色。这种现象并不十分引人注目,不过还是十分清楚的,当你将一张灰色纸放在彩色背景上,而不用薄的信纸将它盖住时,便会发生这种情况。例如,假设你从同一张灰色纸上剪下一些小的方块,然后把它们并排放在红色纸、绿色纸、黄色纸和蓝色纸上。它们看上去是完全不同的:红色纸上的那个灰色小方块呈现绿色,绿色纸上的呈现红色,黄色纸上的呈现蓝色,而蓝色纸上的那个灰色小方块则呈现黄色。而且,背景的作用同样明显,如果你使用具有各种明度的非彩色光,而不是彩色光,将两个相似的灰色方块分别置于黑色纸和白色纸上:前者便显得十分明亮,甚至达到几乎呈现为白色的程度;而后者(即灰色方块置于白色纸上)则显得暗淡,甚至在一定的条件下会趋向于接近黑色。

在描述所有这些现象并列举它们的条件时,我们没有考虑一个重要因素——即表面得到运用的程度。如果投入彩色光的阴影很大,那么中央便呈现灰色,只有边缘才能呈现它的彩色。我们可以很好地说明主观色彩对用作比较的表面空间关系的依赖,办法是再次求助于转盘。我们提供如图15所示的圆盘,上面的色块剪成阶梯状,在每一情形中色块的大小是一样的。如果现在色块(B)是蓝色的,而背景(G)是黄色的,那么我们将期望当圆盘旋转时可以见到蓝黄色的混合物,它与色块B中的每一阶梯是完全一致的,但是它从一个阶梯到另一个阶梯产生变化。变化是以这样的方式进行的,即随着我们接近边缘,黄色在混合物中越来越占据支配地位。因为从客观上讲,每一个阶梯的颜色在其整个范围内始终保持不变。然而,实际上,每一个蓝黄色圆圈的内边和外边的颜色是不同的,中间各点显示了从一种色彩的浓淡向另一种色彩的浓淡逐渐过渡。这些组合色中的每一种颜色在接近于一个圆圈时(圆圈在它的混合色中包含较少的这种颜色),它便十分强烈地显示出来。因此,在我们的圆盘上,每个圆圈的外边是蓝的,而内圈是黄的。也就是说,我们在混合色的背景上勾勒出连续的黄环和蓝环。

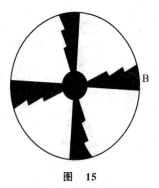

图 15

同样的实验可以用不同的方式进行。我们可以取一个白色圆盘,上面不贴彩色块,而是贴上黑色块,如图15所示。我们将预期通过旋转同心圆的灰色环而获得明度的增加(在朝着圆盘边缘移动时),但是,在每个圆环内部,却没有显示任何变化。我们发现,所有的同心圆环内部显得更亮,而邻近圆环的部分却暗一些,越到外边越暗。差距如此之大,以至于不同圆环的明度从里到外看来是一样的。结果,当快速旋转时,圆盘似乎仅仅由交替的黑白圆圈组成。

这些实验说明了一组现象,这组现象有个一般的名称——对比现象(contrast phenomena)。顾名思义,它们的主要条件显然是两种颜色的对立和两种明度的对立。而且,同理,由于这种对立,主观的色彩(红光中阴影的绿色)也称为对比色(contrast colour)。因此,我们可以把"对比色"和"补色"称为同义词。

这两种概念的一致性已经成为许多生理学家将对比现象归之于与补色后像具有相似原因的主要动因。他们认为，正如后像产生于视网膜受刺激区域兴奋的持续一样，对比也是兴奋在视网膜周围部分扩散的结果。当然，这种类比立即遭到下述事实的驳斥，也即我们从后像的负相位（negative phase）区分出正后像，正后像是与原始刺激相似的，而后像的负相位则与前者相对立，对比的效果始终是负的和对抗性的。此外，后像的发展需要相当的时间，而感觉的对比变化则是瞬间的。但是，我们还有其他一些理由用来反对这种类推。刺激的空间扩散应当在原始刺激的强度增大时以更为集中的方式出现。然而，情况绝非如此。

在有利环境下，一个弱刺激可以比一个强刺激产生更强的对比。这一情况我们已经从实验中了解到，该实验就是将无色彩的物体放在彩色背景上。你们一定还记得，如果我们用透明的信纸盖在它们上面，产生的对比效果要比不用透明纸覆盖显著得多——尽管它们的颜色被覆盖的信纸所减弱。这一情况提示，一般说来，对比效果可能并不在于感觉的直接变化，而在于我们理解感觉的主观方式的变化。这一提示已由其他一些观察充分证实。让我们稍稍改变一下上述的实验，在灰色方块旁边（该灰色方块已经呈现出与其背景的互补颜色）放上明度恰好相同的第二个方块。既然两者的比较是可能的，那么对比色彩便消失了，但是一旦第二个灰色方块移掉时，对比色彩又重新出现。

由于印象的对比在这方面如此重要，因此它坚持认为（这是违背上述生理学假设的）对比有赖于一种判断的欺骗（deception of judgement）。红光中的阴影在我们看来呈绿色，据说这是因为我们习惯于将普通的漫射日光视作白色，而且在与此比较中来对颜色做出判断。因此，如果在特殊的情形里它不是白的，而是红的，那么投射于其中的阴影在我们看来一定是绿的；如果红光看来呈白色，那么实际上白色的光就不再被认为是这样，而将必然会看做有一定量的红色从中被取走，结果呈现为绿色。如果我们将光谱上的所有颜色相混，唯有去掉红色，那么，我们肯定会得到绿色。同样的错误判断原理也用来解释用透明纸所做的实验中观察到的事实。如果我们用一张透明的白纸盖在深红色的纸上面，那么它看上去便呈浅红色。现在，我们将灰色方块放在这两张纸中间，当然会使该表面部分无色。但是，我们判断那张浅红色纸也展现于其上，而且用一种颜色去看它，也即一个物体在通过红色媒介呈现为无色时所必须具有的颜色；或者更一般地说，我们用一种与透明纸颜色有着互补作用的颜色去看它。

现在，我们要竭力反对所谓从判断的欺骗中产生对比现象的问题。首先，由于我们已经习惯于把见到的漫射日光视作是白色的，因此，我们必须在当日光实际上不是白色而是彩色时这样做，这样讲是不正确的。我们十分清楚地看到，落日的光芒是红色的，同时我们至少也不会倾向于认为，落日的余晖是通过一块彩色玻璃来到我们这里而呈现为白色的。我们实际上是精确地感受到了落日的确切颜色。这些例子用于说明，这样的解释所依据的假设是不能证明其正确的。此外，还要考虑，根据我们所说的内容，这一系列推论对感觉来说有着不同寻常的复杂性。例如，在用透明纸所做的实验中，我们不仅被期望去看到物体的实际颜色，而且还要考虑中介物的影响（光线在到达我们眼睛以前必须通过这个中介物）。然而，在明确排除这类影响的条件下，这些实验可以容易地进行。我们已经看到，当我们将灰色方块直接置于彩色背景上时，对比是多么的明显。现在，如果我们尽力去选择在前面的例子中与透明纸显示出改变了的颜色和明度恰好相对应的色彩饱和与明度的话,那么,对比就像先前一样清楚可辨。所以,不是因为错误的判断把我们引入歧途,即透明的中介增强了对比性,恰恰相反,是因为产生的饱和度与明度特别有利于增强对比。当带有色彩的物体与作为对比而不带有任何色彩的物体尽可能具有同样的明度时,色彩的对比始终会表现得十分强烈。这种情况在下述情形里更易理解,即物体的明度原先是不同的,它们的关系对产生对比并不十分有利,结果却由于运用了透明纸作为覆盖物从而产生了较好的对比效果。

尽管这种判断理论站不住脚,但是"比较"这一表述在用于构成对比基础的过程方面却有着某种正确性。我们不仅看到了实际上灰色的物体被它的环境所改变,从而变成互补色,而且还看到了只要我们把同样灰色的另一个物体引进来以破坏该环境的影响,对比色就会消失。因此,对比的消失是比较的结果,这样说至少没有错;而且,如果这样的表述在这个例子中行得通的话,那么也可用来解释我们原先的现象。确实,可以想象,一种比较的结果为另一种比较的结果所消除,但是,由明确的生理原因而引起的兴奋过程却几乎不能为这样一种活动所消除。如果我们客观上给一张灰色纸染上绿色,那么,无须与一张具有同样明度的纯灰色纸进行比较就可以在涉及颜色存在的问题上欺骗我们。我们从后像的现象中已经了解到,由主观上的视网膜刺激而产生的颜色在这个联结中的表现如同客观上产生的颜色一样。但是,撇开这些考虑,在对比现象中,只要是相对的比较,没有一样东西不能被证明是正确的。黑色背景上的一张灰色纸比白色背景上的一张灰色纸要显得更明亮些。如果我们假设,我们对一种特定光觉的理解不是绝对不可以改变的,而是取决于同时存在于意识中的其他光觉,并且处在一种被测量的关系之中,那么,这是完全可以理解的。同样的观点可以用于色彩对比的解释。如果我们逐渐减弱任何一种颜色的饱和状态,那么,它最终变成白色或灰色。因此,我们可以把颜色的缺乏视作任何一种特定颜色的各种饱和阶段的下限。我们一直在讨论的相对性原理(principle of relativity)使得下列情况不可避免,即一种颜色的饱和度应当增加,如果它的环境(同时与这种颜色一起呈现)被染上补色的话。假定情况果真如此,那么饱和状态的最低程度会像其他程度一样变成更为完整的饱和状态。也就是说,一种无色的表面在与一种颜色对比时会显出补色。

因此,比较的概念一般说来是可以用于构成对比基础的心理过程的。但是,判断理论把该过程作为比较的判断则是完全错误的,为了产生这一比较的判断,必须考虑各种形式的复杂反映。当人们说这些反映无意识地发生时,无疑作了不能兑现的许诺。在把心理过程分解为逻辑反映的同时,实际上假定了这些反映并不存在,而仅仅表明一种完全不同的过程转化为我们通常投入反映的形式。当这样一种转化用作使各个元素的运作方式成为可以理解的手段时(这些元素的运作方式已经经验地表明存在于某个特定的过程之中),这样一种转化是完全容许的。尽管在一定程度上是可容许的,但是为了澄清的缘故,当这种解释使我们把纯想象的初始阶段归之于判断时(例如,当一种颜色通过另一种颜色被看到时,一种颜色该如何呈现的反映),这种解释方式已超越了它的正确界限。你们知道,那就是该解释方式在我们讨论的逻辑的对比理论中所干的事——之所以称之为逻辑的,因为该理论是真正属于逻辑的,而非心理的。所以,倘若我们希望保持这个比较概念,以指明我们正在讨论的那些过程,我们只能借助这一概念去意指一种"联想的比较"(associative comparison)。也就是说,将两种感觉联结起来,每一种感觉的性质由它与另一种感觉的性质的关系来决定。

五、相对作用的一般定律

我们把对比现象归诸于同样的"感觉相对性"原理(principle of sensational relativity)。对于这个原理,我们已经相当熟悉了,而且是作为韦伯定律(Weber's law)的事实这个一般的心理学表述来加以熟悉的。我们对刺激强度的理解或者对音高的理解并非绝对的,而是有赖于其他刺激的特性或音调的特性,我们把这种特定的感觉带入其他刺激或音调的关系之中。用此方式,对特定的光和颜色的主观作用被一些关系所决定,在这些关系中,它们涉及同时影响着我们的光和颜色的其他一些印象。

现在,我们可以把所有这些现象——音程,光的对比,以及与同等可觉察的感觉差异的刺激强度的几何增长——都归入到一条普遍的定律中去,这条定律便是相对律(law of relativity)。它们的心理学意义是相同的。我们可以系统阐述这条定律,因为该定律被认为是最一般地表述了我们对感觉进行心理学分析的结果,该定律的阐释如下:无论何处,只要发生对感觉的量化理解,不管涉及强度还是质的程度,个体的感觉是由下列关系来评估的,在这一关系中,它涉及同一感觉道(sense-modality)的其他感觉。

有时,特定感觉的相对估计是由直接先于或后于感觉的印象决定的,在测量同等可觉察的刺激差异方面,这种情况很普遍。有时,它由同时呈现的感觉所决定,也由先前出现的和后来出现的感觉所决定,这在音高的测量中通常可见。有时,只有同时的印象才予考虑,正如在光和颜色对比中的情形那样。在这三种情况中,哪一种情况得以实现,要看实验的特定环境,以及我们正在处理的特定感觉的特性而定。这个问题并不影响定律的意义。你们知道,这种意义首先是心理学的。关于该定律的最明显的解释是这样的:我们从未理解一种心理状态的强度,好像它单独存在似的;我们也从未估计一种孤立的量值。但是,测量意指一种意识状态与另一种意识状态直接比较。我们期望发现这种相对定律并不限于感觉范畴,而可以用于各种情形,在那里,一种心理过程的强度可在量上被理解,并可与其他强度进行比较。

第 八 讲

· *Lecture Eighth* ·

一、反射运动

我们已经看到，感觉（sensation）是构成我们心理生活的大量具体过程的最终源泉。在我们的观念世界中，我们所遇到的每样东西均导源于感觉，而观念则是一切高级心理活动的原料。然而，人们可以这样提出疑问：倘若没有来自外部世界的强化（reinforcement），思维流（stream of thought）是否就不能继续呢？思维在感觉中有其源泉，感觉确实持续不断地介入以决定思维的方向，这一点至少是可以肯定的。这样一来，我们关于感觉的考察直接导致我们考虑第二个也是十分重要的心理学问题——也即从大量而又多样地进入观念的感觉元素（sensational elements）中组成观念。

在我们先前的讨论中，我们在涉及感觉本身以前考察了感觉（也即外部感觉刺激）的物理条件。现在，产生了进一步的问题：一种感觉的直接结果是什么？观察为我们提供了十分明确的答案：在具有充分强度而且未曾被相反的影响所抑制的每一种感觉之后，伴随而来的是一种肌肉运动（muscular movement），这种肌肉运动我们称之为反射运动（reflex movement），如此命名是适当的。十分清楚，在神经系统的中枢器官里发生了神经兴奋的转移，也就是从感觉纤维转向运动纤维，而且类似的刺激从这些运动纤维向它们的特定肌肉传递，可以说，刺激被抛回，也就是被反射。只要感觉神经与神经系统的中枢器官保持联系，只要感觉神经通过运动神经与肌肉保持统一，人们就可以观察到反射现象。不过，整个中枢神经系统也不一定能够实施其正常功能。脊髓可以与大脑相断离，但是脊髓内的神经仍然可以传递反射。确实，光是脊髓的很小一部分就足以传递兴奋了。

感觉神经向运动神经的刺激传递是由神经系统的基本结构提供的。如果我们借助显微镜观察大脑和脊髓，首先，我们会发现若干粗细不等的神经纤维，感觉神经干（nerve-trunk）和运动神经干的连续；其次，除了这些东西以外，还可发现各种大小不等的细胞——黏液结构，像大多数机体细胞一样，包含更为坚实的细胞核和若干小颗粒。这些神经细胞使神经系统的中枢器官具有特征，而且对神经系统的中枢器官来说是独特的。至于它们的功能究竟有多么重要，你可以从下述事实进行判断，即它们始终处于与传入神经纤维（afferent nerve-fibres）和传出神经纤维（efferent nerve-fibres）的联系之中。一般说来，每个神经细胞发出几根神经纤维。因此，我们可以把这些细胞部分地看做是终端器官，部分地看做是联结

图　16

传入神经纤维和传出神经纤维的中介器官。为了使这种反射的机制更加清楚，我们只需设想在两根神经纤维之间插入了一个神经细胞，其中一根神经纤维（e）来自一个感觉器官，另一根神经纤维（b）则通向肌肉。于是我们便得到了反射的图式。然而，实际上，正如我们可以预料的那样，一旦我们了解了我们对中枢神经结构的复杂性该做些什么以后，神经联结要复杂得多。

对感觉刺激进行反射性反应，其运动的强度和规模在不同的情形中十分不同。一般说来，它们随着刺激强度的增强而增强。十分微弱的刺激不会激起反射运动；适度的强度引起适度的运动，适度的运动又受制于某些特定的肌肉群；随着刺激强度进一步增强，反射性反应也变得更加普遍，直到最后实际上涉及整个有机体为止。反射运动随着刺激的增加而增加的定律是始终如一的，而不顾个体差异和暂时差异可能相当大这一事实。所有这些，主要归诸于各种各样的兴奋性。感觉神经和神经中枢越是容易激发，反射便越早出现，并能更迅速地经历集中变化和扩散变化的全部过程。再者，它可以通过各种对有机体产生影响的作用而增强或减弱。切除头部或大脑能增加反射，直到死亡来临为止。许多两栖动物在被切除头部以后仍然可以生活几个月之久，在此期间，它们的反射兴奋性异常之大。还有一些化学物质，它们对中枢器官的各种组织的影响是引起反射的增强。除了某些生物碱（它们的影响并不很大）之外，我们在这里想特别提及一下马钱子碱（strychnine）。它产生这样一种过度的敏感性，使得对皮肤神经的最轻微压力（在一般情况下原本是不会引起任何运动的）也会引起反射并传向整个身体。可是，在深度睡眠或晕厥中，反射的兴奋性会减弱，正如鸦片或其他类似毒品所引起的情形那样。

至于神经细胞内部的化学变化是什么，马钱子碱和其他类似毒物的影响有赖于哪些神经细胞内部的化学变化，这些仍然不得而知。但是，它们的一般影响可以容易地从力量（forces）作用的普遍定律中推断出来。人们无法假设，与神经组织的成分不同的物质会创造出这般新颖的神经力量。唯一可以站得住脚的假设是，它使已经潜在地存在着的力量得以实现。也就是说，它克服了某些阻力［即将储存的能量转变为动能（kinetic energy）的阻力］，从而使转化的力量更为有效。与此对照，一种相反性质的物质将会增加阻力的数量，从而也增加了使细胞从其紧张状态中得以释放的外部力量的数量。只要列举一个简单的机械例证，你们便会十分容易地理解这一点。

假定你有一只钟，它的运动随时可以停止或开始，只要在齿轮中加入或除去某种机械装置，譬如说一根弹簧。或者根据弹簧的紧或松，便能制止钟的运作或者促动钟的运作。只要收紧弹簧，那只钟转动起来的重量就对弹簧施加压力。这代表了一些应力（stress），钟的机械装置服从于这些应力。一旦弹簧松弛，这些应力便转化为运动能量。为了做到这种松弛，必须付出少量的功（work）。功的大小与弹簧弹性的恢复成比例，而且通过改变弹簧的张力（tension），这种功可以容易地增强或减弱。

在这一例证中，钟的运动相当于反射运动，弹簧的放松就是感觉刺激的运作，张力的增强或减弱代表了物质的影响，它对能量转换机制施加一种特殊的作用。正如弹簧的较大张力增加了一只钟的启动难度那样，鸦片在神经系统中产生的变化也会阻碍一种反射运动的释放。正如弹簧的较小张力能够促进钟的启动一样，马钱子碱也会促进反射运动。每只钟都能运行一段时间,到了发条松弛时,它便停转,从而需要重新拧紧发条。换言之,在钟的里面有某种潜能,它的衰竭和转化为运动都需要一定时间,然后需要更新。如果没有这种更新,钟就无法再走。这里,我们再次获得了与神经系统机制的完全类比,在中枢器官里存在一定量的潜能。也就是说,当它差不多衰竭时,它仅仅部分地得到更新(像在钟里面那样),于是睡眠期间发生了恢复的情况。但是,确实也部分地存在继续更新的过程,如果神经元素的化学合成不被如此剧烈地受到干扰,以至于使回复到正常情况成为不可能的话。因此,对潜能的过度消耗来说,其结果便是死亡。马钱子碱和类似的毒物之所以能导致死亡,原因就在于中枢器官能量的衰竭,尤其是脊髓的衰竭。身体的其他组织未被触动,甚至那些神经纤维,正如我们已经表明的那样,这些神经纤维已经与脊髓断离,却仍能处理和传递刺激。

现在,我们可以看到,切除大脑对反射产生的影响与这些毒药中任何一种毒药对反射产生的影响一样,有助于使反射机制运作起来。但是,很清楚,这种影响肯定以不同的方式产生。事实就是如此。对脊髓的神经细胞(将感觉纤维与运动纤维联结起来)来说,其本身是十分复杂地相互联系的,而且,发出一些通向大脑的细微神经纤维,然后在那里终止于中枢细胞丛(central cell plexus)。这些关系以图解形式在图 17 中呈示,在该图中,rr′是脊髓细胞,它们作为反射中枢起作用,而 cc′则是中枢大脑细胞。作用于感觉神经(ee′)末端的刺激并非通过反射弧(reflex arc)的方式简单地向运动神经纤维(bb′)传递,而是传导到更高级的神经细胞(cc′)那里,然后扩散开来——它实际上可能是没有限制的。此外,图 17 还表明,单一的感觉纤维并不总是与单一的运动纤维相连。细胞与细胞之间的传导通路如此众多,以至于

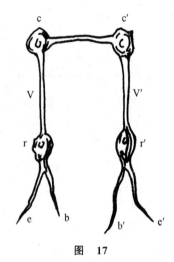

图 17

每一根感觉纤维与一些运动纤维相联结,甚至与其他感觉纤维相联结。因此,如果在 e 点上产生一个兴奋,我们就可以预料不仅在 b 点上,而且在 b′和 e′点上也会释放出力量来。为了对中枢器官有个大致的概念,你必须无限地增加这些图式的联结。一个感觉印象不仅导致一组肌肉运动,而且还导致身体不同部位的运动和感觉,也许还会扩展到整个肌肉群和若干感觉器官中去。

确实,关于反射性感觉(reflected sensations)的存在——即感觉不仅由它们本身的感觉神经引起,还可以由其他一些感觉神经引起——是毫无疑问的。一般说来,在正常情况下,这种反射性感觉是十分微弱的;而且,只有在病理性增加兴奋的状态下它们才达到更大的强度。因此,看来它们与反射运动有着根本的不同,在反射运动中,它们从来没有像直接受到刺激的感觉那样集中,而且,一般说来,只有在十分注意的情况下方能感知到。

问题的另一方面更为重要——由于感觉提供的冲动传递到身体的各个部分,因而扩展的反射运动不断地远离它的源点。提高刺激强度将会产生相当大的运动扩散,但是,相当普遍的反应只能在异常兴奋的情况下才能获得,例如,在马钱子碱的影响下获得。

这里,对反射性反应的扩展没有规定明确的界限,实际上,所有的肌肉群在感觉刺激作用期间是强烈震动的。

但是,撇开这些异常的情况不谈,我们可以为反射的扩散界定一些明确的规则。那就是反射的扩散通常有赖于外部刺激的强度。当刺激恰好强到足以引起一个反射性反应时,所产生的运动始终限于一组与感受区域直接相连的肌肉群。如果受到刺激的部分是视网膜,那么由此产生的运动仅仅是眼睛的运动;如果四肢之一的皮肤受到刺激,那么,由此产生的运动仅仅限于该肢体的运动;如果头部或躯干的皮肤的某个部分受到刺激,那么,在最邻近的肌肉群里便会产生运动,而且,一般说来,在与刺激点最具密切关系的那个肢体上也会产生运动。于是,作用于左面颊的一个微弱刺激导致脸部左侧的歪曲,并导致左臂的运动。四肢与眼睛一起组成了人体上最能动的一些部分,这些最能动的部分明显地倾向于由皮肤刺激引起运动。

如果刺激的强度增加,那么反射运动就会更为广泛地扩散,但是在一定时期内仍然受到被刺激器官邻近部分肌肉的制约。这样,反射运动便可从一条腿或手臂扩展到其他的腿或手臂。随着强度进一步增加,反应变得越来越普遍;在强度达到最高点时,四肢都会普遍运动起来。起初,这样的运动是一种弯曲运动,但是在强度达到最高点时,弯曲运动变成伸展运动。一种影响所有运动纤维的刺激同样也产生一种伸展运动——这一事实似乎表明,引起伸肌的神经并不与引起屈肌的感觉神经纤维密切地联系着。除非刺激变得十分强烈,致使伸展的神经受到影响,否则的话,尽管反射性反应达到最高限度,伸展也无法比弯曲更占上风。

二、反射的目的性

在这两种主要形式中,反射具有目的性(purposiveness)特征。如果运动仅限于肌肉群,或者直接毗邻的受刺激点,那么,其结果便是使受影响的部分摆脱刺激的影响。如果反应更加扩散,那么肌肉的作用主要是帮助摆脱运动;而且,只有在一些极端的例子中(在那里,整个肌肉群被投入到伸展运动中去),人们才难以发现目的性证据。

关于这种目的性特征的主要理由是,反射运动通常指向某个目的(end),而且一旦达到目的,反射运动便会停止。这个目的是与受刺激的那个部分相联系的。如果你用一根尖针刺激无头蛙躯干的背部,那么,无头蛙的其中一条腿就会朝着受刺激的那个点剧烈地运动。这种触及运动看来就是整个运动的目的;而且,触及是以最简单的方式受影响的——通过一个肢体,或通过肌肉(它们可以用最少的力气发挥中介作用)。

对眼睛进行刺激会产生与皮肤刺激中获得的结果相类似的结果。如果你注视新生儿的一对眼睛,你一定会看到新生儿双眼凝视的固定性。事实上,眼睛在运动,尤其是当光刺激作用于眼睛时;但是,这种眼动是不规则的,仿佛在眼动和视觉印象的位置之间没有明确的联系。这种联系是逐步建立起来的。如果你将一盏灯放入出生才几天或几星期的婴儿视野之内,你就会发现婴儿将其眼睛转向于你,并凝视着灯光。如果你同时引入两盏灯或者两盏以上的灯,婴儿通常在一盏灯和其他的灯之间交替地凝视。但是,婴儿的凝视集中在灯上；他的眼睛以一种机械的必然性固定在灯光上面，而且只有在视觉印象由于疲劳而变弱时，或者在其他某个刺激物取代该灯光而出现时，眼睛才会离开原来的灯光。因此，可以这样说，我们面临着与反射运动中触及皮肤上受刺激的部分相类似的现象。当一种光刺激出现在视野之内时，眼睛便转向这种光刺激，正如手朝着皮肤上受刺激的部位移动一样。

然而，我们必须注意，眼的反射机制是双重的。一方面，在光觉（light-sensation）和使瞳孔收缩与眼睑闭合的肌肉之间存在一种联结；另一方面，在光觉和使眼球转动的肌肉之间也存在一种联结。如果一双眼睛处于黑暗环境中的话，那么眼睑反射可由相当微弱的光刺激引起。因此，我们不难理解，当新生儿第一次睁开眼睛接触到光线时，伴随而来的便是激烈的和痉挛性的眼睑闭合反射。但是，眼睛这一器官很快对光线有了适应；于是，光觉和眼球肌肉之间的联结便产生了。正如我们已经见到的那样，起初，当光刺激进入视野时，仅仅产生运动；我们不能说这种运动具有控制性或导向性。它仅仅是对光线的一种不确定的探索而已。但是，在婴儿出生后的第二个星期和第四个星期之间，已经可以观察到某种规律性。婴儿开始凝视；出现在婴儿视野内的每种光刺激引发一种对它凝视的倾向。据假设，凝视取决于眼睛所处的位置，在该位置中，一种明确的光印象在视网膜的最敏感部位形成一个图像。这个点位于整个视网膜表面的中心，在该点旁边不远处，视神经进入眼睛，并从那里辐射开来布满视网膜。从解剖学角度讲，它具有这样的特征，即存在一组十分接近的视网膜元素来处理光的刺激，并带有黄色色彩。后者就是通常所谓的"黄斑"（yellow spot）。

眼睛反射的发展方式是这样的：首先，光刺激仅仅激起一些不规则的运动。接着，这些运动表现出一种明确的形式，并服务于明确的目的。眼睛以这样的方式运动，结果使刺激性的光图像落到了黄斑上。如果在这个阶段一种光在视野范围内来回运动，那么眼睛便以相等的连续运动跟随着它。

可是，通过哪些步骤使这种规律性从原先的无规律性中产生呢？很显然，黄斑与反射运动的确定性关系无法用制约这些反射运动的神经元素的相互联结形式来提供。如果情况果真如此的话，那么投射到视网膜上的第一条光线将会释放出同样特性的反射运动，正如我们后来观察到的特性那样。现在，除了反对这种观点的证据以外（这种观点是由经验的事实提供的），没有任何东西可以用这样的方式来提示它，在该方式中，释放运动的力量是在中枢器官内传递的。从感觉神经纤维向运动神经纤维传递的力量，就强度和扩散而言，有赖于刺激的强度，以及促进其传递的器官的临时状态。因此，没有理由说，为什么黄斑附近的一个集中刺激只能激起一种很轻微的眼动，而视网膜周边的微弱刺激却激起了强烈的眼动。不！在逐步使它产生这种情况的感觉发展期间，显然有一些影响在起作用，而一种反射运动的释放是受到物理机制影响的，它的规模和方向完全有赖于受刺激部位的地点；所以，器官感受性越强，或者刺激的强度越增加，只能从更强的能量和更快的运动中得到反映。为了对这一切究竟是如何发生的问题获得一个完整的解释，我们必须密切地注意感觉器官的结构。

三、触觉反射和视觉反射的发展

　　覆盖在身体表面上的皮肤对刺激十分敏感。整个视网膜也同样敏感，唯一的例外是视神经的入口处，在那里没有任何特定的有益于视觉的终端器官。但是，由皮肤各部分产生的感觉或由视网膜各部分产生的感觉并不完全相似。就皮肤而言，你们可以十分简单地使自己确信这一点。如果你用手指触摸自己的面颊和手掌，小心翼翼地在每种情形里施加同样的压力，你就可以感觉到这两种感觉明显地不同。如果你将手掌与手背相比，颈部与后颈相比，或者将胸部与背部相比，或者将相隔一定距离的皮肤的两个部分相比，你可以同样感觉到相同的情况，即两种感觉明显地不同。不仅如此，如果你观察得仔细一点，你还会发现来自相邻两部分的感觉特性也有相当的不同。随着你从敏感表面的一点转向另一点，你便会在触觉上经历逐步的和连续的变化过程，尽管外部压力的性质仍保持完全不变。即便是身体两半对应的部位，虽然它们很相似，但是它们的感觉还是不同的。如果你先触摸一只手的手背，然后再触摸另一只手的手背，你将会发现这两种感觉之间是有细微差别的。

　　在视网膜内也可表明存在这种类似的变化。凝视一张拿在手里的红纸，然后缓慢地将红纸移开，不许你的眼睛跟踪红纸直到红纸消失。当然，红纸的图像首先落在黄斑上面；然后，穿过视网膜朝周边扩散。你将会观察到，在物体的横向运动中，红色的感觉经历了逐渐的变化：色调变得更深，似乎带点蓝色，最后完全变成纯粹的黑色。你选择的任何一种颜色，白色的也一样，都会显示出类似的变化。感觉的最后阶段往往是黑色。

　　对这种现象的明显解释是，在视网膜的不同部位，我们有着不同的感觉；随着物体印象从中央向外围区域移动，感觉也逐渐发生变化。就我们所能讲的而言，不管运动的方向如何，变化是以相同的方式发生的；但是——而且这是值得注意的——这种变化在不同的方向上是以不同的速度发生的。如果物体从中央向外或向上移动，那么颜色系列要比物体向内或向下移动经历更为迅速的变化；结果，位于视网膜外周或上部的物体图像显得发黑，而如果物体图像落在视网膜内部或下部的相应部位，它看起来仍然是彩色的。

　　当你进行色彩变化的实验，即将一些小物体置于视网膜外区以便它们被看到时，你会惊奇地向自己提问，为什么你并未注意到这些差异；也就是说，蓝色的天空或房子的红墙并不总是镶上黑边。确实，我们应该自然地预料到，如果一张蓝色的纸或者一张红色的纸逐渐变黑，这是由于它趋向视网膜外周部分的缘故，天空的蓝色和砖头的红色随着向视野的周边移动，也会显示出某种变化。如果我们在讨论感觉问题时，未能熟悉大量的事实（这些事实指出了解决该问题的途径），那么，我们在回答这个问题时就会发生相当大的困难。我们必须记住，一种感觉并非确定的或不变的某种东西，而是一种比较的产物，或者，更确切地说，是与其他感觉发生联想关系的结果，它不由单一刺激的特性所形成，而是由同时产生的和先前产生的印象的特性所形成。它并不单独存在，而是被带入到关系之中。如果这些协作的决定因素如此强烈，以至于使我们在某些情境里看到蓝红色和红蓝色——你们记得色彩对比（colour-contrast）的现象——则它们也许会使我们忽视色调的差异，这种差异是由物体在视网膜不同部位的移动造成的。

我们有理由假设，我们从注视大型的彩色表面和注视均匀的彩色表面中获得的感觉本身是完全一致的。这是因为，如果我们移动眼睛，连续凝视彩色表面的不同部位——也即使它们有序地落在黄斑上——则我们便在每一种情形里精确地接收到同一种颜色印象。原先的感觉提供了一些差异，这是可以肯定的；但是，在成千上万次的经验中，也即将它们直接归之于印象的空间分配，我们已经把这些差异消除了，这样的联想是以机器般的确定性和精确性加以贯彻的。因此，当我们正在注视大而连续的彩色表面时，我们由于印象的地点之原因而并未注意到这些差异：感觉已从差异中解脱出来。

这个事实用来表明在感知觉的范畴内普遍的规律是什么，而且也用来说明我们将来经常有机会涉及的感知觉。我们完全忽略了一个特定感觉的大量不同特征，正是因为它们与相应知觉的客观内容并不直接相关。如果我们正在考虑由某个外部物体产生的一种颜色，我们就尽力在它的特性方面力求正确。但是，当色调中存在某种特殊性时（这种色调与外部印象没有关系），我们只能通过特定仪器的帮助才能感知它，或者通过注意力的异常集中才能感知它。因此，我们几乎可以毫不怀疑地认为，皮肤表面不同区域的感觉差异或视网膜不同区域的感觉差异，实际上远比它们在我们的实验中表现出来的情况大得多。尽管我们可能有所准备，我们仍然倾向于仅仅注意那些由外部印象的本质所决定的感觉特征；即便把我们自己从一种规则（这种规则在整个感觉发展过程中一直存在着，而且对于这种规则我们也必然地和无意识地加以遵奉）中解放出来，单单凭此意图还不足以消除它。相应地，我们不应自我陶醉于以下事实，即一种感觉特性（它有赖于受刺激的感觉器官部位的位置）只能用粗略的方式或者一般的方式来论证。但是，我们可以肯定地假设，这类差异是存在着的，而且在下列情形中颇为见效，在这些情形中，我们的观察方式之缺陷阻止了我们对它们的认识。这是因为，上述事实表明，如果感觉差异被理解为感觉的主观差异，而不仅仅归之于客观刺激的部位差异（local difference），则它一定会变得格外的大。

那么，造成感觉中这些特定差异的原因是什么呢？很显然，原因在于部位；因此，必须在感觉器官的结构中去寻找。我们将音调和色彩的差异最终归结为耳朵和眼睛终端器官的差异。因此，这些深入一步的质的差异（对视觉来说特别如此）必须归之于结构中的微小变化或视网膜终端器官的化学成分。这个假设不是没有事实根据的。观察表明，尤其是对红光的感受性在视网膜边缘趋于减弱。这一事实是有趣的，因为最为常见的部分色盲的类型是红色盲，正如我们前面说过的那样。因此，一般的红色盲可能意味着视网膜边缘部分的正常感受性扩展到了中央部分。

在皮肤方面也存在着许多部位差异，它们可能有助于解释感觉的质的变化与受刺激的器官的部位有关。那些呈灯泡状的、专门处理触觉刺激的终端器官以不同的数量分布着，像视网膜的组成成分一样。但是，它们的数量要多得多，例如，在敏感的指尖部分，比起相对而言不灵敏的背部或大腿来说，专门处理触觉刺激的终端器官要多得多。而且，在表皮（epidermis）的厚度方面也存在进一步的差异；在相邻的皮肤区域，其神经供应方面也存在进一步的差异，它们可能使之产生这样的情况，即在身体表面的不同部位，对同一种印象可以有不同的感受。

现在,我们已经确立了一个事实,它可能有助于我们回答刚才提出的问题。我们已经提出了一些条件,在这些条件下,一种起初完全不规则的反射系统可以产生规则的和一致的运动反射系统。我们已经发现,皮肤和眼睛(它们的刺激是反射运动的主要诱因)呈现出意指感觉中明确的部位差异的结构特性。那么,关于感觉我们该做怎样的推论呢?很显然,其结果将与一种颜色被认做同样的颜色或一种音调被认做同一个音调时我们具有的结果相一致。每一种特定的感觉将根据有赖于印象地点的这种属性被辨认出来;当我们一旦具有感觉位置的经验时,我们便能从属性中辨认出感觉本身的位置。

于是,整组事实引导我们得出个单一的结论:我们具有反射目的性发展的主要条件。该发展由下述内容组成——原先无目的的一种运动开始有了明确的目标,目标就是受外部印象刺激发出反射的感受点。该点可由反射运动来发现,对它来说,在每一种特定的情形里被辨认出来是很有必要的。正如颜色和音调因其感觉可以辨别或不可以辨别而被理解为相似或不同一样,一种印象的位置也只能依靠明确的感觉特征(专门有赖于该位置的特征)进行辨认。我们已经表明,确实存在这些特征。借此证据,我们可以提供反射的规律性和一致性的第一条件:它必须在器官本身的结构中去寻找。与此同时,我们关于反射的发展尚未提供完整的和令人满意的描述。我们发现运动始终以最短和最简单的路径通向其目的,对此,感官的结构当然无法解释。它只能告诉我们反射如何具有目的,而不是反射如何达到目的。关于这方面的进一步解释,可在运动本身中发现。因此,我们必须继续询问,是否能够容许任何一种针对性的解释,以及它的条件是什么。

第 九 讲

• *Lecture Ninth* •

一、肌肉感觉；它们对定位的影响

反射运动的转化始于它们最初的无目的性（purposelessness）和无规律性（irregularity），以便它们符合明确的目的和遵循明确的规律。因此，这一转化中的基本因素只能在运动本身中寻找。这样，便产生了测量肌肉运动（muscular movement）的问题。

当我们移动两腿走路时，我们可以测量出每一步的长度，而无须眼睛跟着脚步的运动。训练有素的钢琴家在估计各种琴键的距离方面获得了如此高超的技能，以至于他的手指差不多可以移动得分厘不差。我们对肌肉运动力量也具有正确的判断。我们可以通过把重物举起而辨别不同重物的量值（magnitude）。业已表明，这种分辨并不是根据重物对皮肤施加的压力而产生，而是归因于可举起重物的动作。你们也许还记得，如果举起重物的动作得以进行的话，那就可以分辨出 1/17 的差别；可是，在对皮肤施加简单压力的情况下，只能分辨出 1/3 的差别。这样，我们便可以对运动本身的运动力量和规模进行正确的测量。而且，这样一种测量只有通过感觉的帮助才能完成，因为感觉是伴随着肌肉运动的。正如我们知道的那样，感觉是唯一的手段，通过该手段我们接受变化的提示，不论这种提示来自体外还是来自体内。

现在，如果我们密切注意我们的运动，我们便会意识到这些运动实际上始终由来自肌肉的感觉伴随着。一般说来，这些感觉如此微弱，以至于无法为我们所觉察，这是确定无疑的。只有当我们施加某种力量时——譬如说，移动整个肢体时——我们才清晰地观察到我们肌肉中的紧张感（strain-sensation），尽管强度很小的运动也能够产生具有相当强度的感觉，如果这些强度很小的运动经常重复并产生疲劳（fatigue）的话。疲劳通过一种肌肉感觉来表现自己，有时出现在我们休息时，有时则出现在我们运动时（或者至少只表现为疼痛的感觉）。

肌肉感觉在引起我们的注意以前必须异常强烈，这一事实有赖于我们感知觉（sense-perception）的最终特性。我们已在上面看到，无法归之于外部物体之特性的感觉是很容易被忽视的。视觉和触觉的部位（local）可以摆脱我们的直接观察，因为我们通常只把注意力指向外部印象发生的地方。用此方式，我们并未把肌肉感觉看做是感觉，而是仅仅看做知觉的手段，它们构成了运动的力量和规模。感觉可以引起复合的观念（idea），因为它是观念的组成成分；如果我们准备照此思考这一点的话，那么我们就需要特殊的实验方法，或者一种不同寻常的感觉强度。

伴随着肌肉收缩的感觉也许是由压力引起的，这种压力使收缩的肌肉作用于包含在肌肉之中的感觉神经纤维。但是,除了这些伴随着实际的收缩,以及压力与紧张的皮肤感觉之外(它们始终与这些感觉相联系),还有其他一些感觉参与了运动。我们的运动感觉并非仅仅依靠肌肉所作的外部的或内部的功(work),它们还受运动的脉冲强度(intensity of the impulse)的影响,这些脉冲来自中枢器官,运动神经就扎根在那里。这一事实为人们对肌肉活动的病理改变的观察所表明。一个病人的腿或手臂部分地瘫痪,他只能用很大的努力方可移动肢体,结果他对这种努力有了一种独特的感觉:有病的肢体仿佛比无病的肢体要更重一些,好像加了一块铅似的;那就是说,这是一种比以前花费更大力气的感觉,但实际所做的功跟原来一样或者甚至更小。因为,若要实施这一数量的功,就需要异常强度的刺激。同样,病人也欺骗了他自己,尤其在疾病的初始阶段,在他运动的程度上欺骗了自己。他的步子小而且摇摆不定;他的手错过了正在伸手想取的东西。如果他的情况不变地保持一段时间,他就会或多或少重新获得运动的精确性,练习使他熟悉了新的肌肉感觉系统。

有时,这种部分偏瘫的情况仅限于单个肌肉群,或者甚至仅限于个别肌肉。例如,在眼睛里,部分瘫痪可能仅仅影响单一的肌肉,致使眼球向外,对此解剖学家称之为外部直肌(external rectus)。于是,便产生了十分奇异的视觉变化。病人对他用病眼一侧见到的物体的位置产生了错误的概念:他把每样东西都置于比实际所在更外面的位置。如果他尝试用手取任何东西,结果往往将手伸到了该东西的外面。一个从事敲石块的劳动者,如果患有这种疾病,可能会将锤子击中他握着石块的手,而不是去敲击石块本身。但是,在这些例子中,人们也经常可以发现,如果条件不变的话,那么病人就可以逐步适应他们的状况,并重新获得正确运动的能力,唯一不正常的是对患病一侧感到要花较大的力气。

部分肌肉瘫痪的现象使得下述观念变得可以理解,即在全瘫的状况下,仍能坚持让瘫痪的肌肉积极活动的观念。如果一个病人的一条腿全瘫了,可是他坚持要挪动这条腿,他可能会有肌肉紧张的独特感觉,结果产生了那条腿真正挪动的观念。当然,借助视觉,他可以使自己深信他已经被欺骗了,黑暗中的幻想才是完整的。当眼睛成为全瘫的器官时,同样的事情也发生了。一种实际运动的观念与实施该运动的无奈是联系着的。结果便是一种视觉幻象;外部物体似乎按照病眼假设的运动方向运动着。这种貌似的客观运动是主观幻觉的必然结果。假定眼睛真的执行了设想的运动,那么外部物体投在视网膜上的映像只能使它们的位置保持不变,如果物体本身已经朝眼睛方向移动并完全和它一致的话。

人们有时这样认为,意志活动(act of will)本身足以解释这些主观的运动幻想。如果我想挪动一下某个器官(该器官的活动有赖于我的意志力),那么,据说必然会与我的决心,即该器官实际运动的观念相联系。但是,要想看到其中如何包含一种决心是很困难的,因为就特定的肌肉感觉而言,运动的量值(magnitude)在部分瘫痪和完全瘫痪中测量起来是相似的。这种感觉是一个伴随着意志活动的过程,对同一种意志来说,其程度会随着它的特定条件的变化而变化。在一般情况下,感觉是由肌肉收缩后感觉神经受到刺激引起的。如果肌肉不能收缩,那么,在这种情况下,感觉神经的刺激又如何产生呢?

我们必须记住,肌肉感觉始终伴随着特定的意志。因此,无论何时,每当一种意志得以重复时,适当的肌肉感觉便会与之联系起来。由于以往经历过无数次感知,适当的肌肉感觉已为我们所熟悉,而且是不可分割地、不变地与意志过程相联系,甚至在肌肉不能收缩,从而难以提供通常的感官刺激的情况下,也可以发现它们与意志相联系。现在,我们为所有那些感觉和观念提供一个名称(尽管它们不是由外部刺激引起的,而是由内部刺激引起的,但它们仍然完全依靠以往的外部刺激),我们称它们为再生的(reproduced)感觉和观念。我们可以相应地把始终伴随着意志的肌肉努力的感觉视为是再现的肌肉感觉。当我们根据它们与特定的意识过程——意志——的密切联结而把它们与其他相似性质的感觉相区别时,当我们根据它们与意志相伴的坚定性而把它们与其他相似性质的感觉相区别时,便可以相应地把它们称之为再现的肌肉感觉。当意志对肌肉的影响是正常的和有效的时,肌肉感觉肯定伴随着它们;但是,它们将会立即与实际的肌肉感觉相融合,这些肌肉感觉是由肌肉收缩的刺激引起的。换言之,它们的效应只能分别探究,正如上述说明的那样,部分或完全的肌肉瘫痪已部分扰乱或全部破坏了其他一些外周激发的肌肉感觉。

二、运动感觉与其他感觉的联系

对于我们感知觉发展的任何一种历史调查来说,肌肉努力的感觉起源问题比起对它们的扰乱而显露出来的现象进行分析,后者显得更为重要。在部分肌肉瘫痪的情况下(正如我们已经注意到的那些情况一样),对于疾病情形的逐步适应看来至少像对该情形本身一样是具有可训性的。它表明肌肉感觉可能会施加哪种影响于感官的发展。我们对一个物体的位置的认识,通常是以努力的感觉为基础的,这种努力伴随着感官对该物体的运动。如果这种定位的力量(power of localization)在整个肌肉感觉系统的全部转换已经发生以后可以得到更新的话,那么下列的假设中便不存在一点点困难了,也就是说,当感知觉处于发展的过程之中时,在肌肉感觉和外部刺激运作的地点之间建立起来的一种关系,便成为缓慢的和逐渐增长的问题。这就把我们直接带回到原先的问题上去了。我们从这个假设出发,也就是说,如果反射运动允许正确测量的话,那么测量便只能在运动本身中寻找。我们发现,感觉所需的测量随运动的力量和规模而变化。我们求助于经验表明,正是由于这些运动,我们的四肢和触觉器官方才获得了其功能的准确性。可是,肌肉感觉的任何一种变化排除了这种准确性。因此,它只能通过新的实践过程而重新获得。

我们关于反射运动的发展观将如下面所述。在第一个例子中,反射运动的起源单纯地归之于中枢器官内存在的神经联结,那是它们唯一的主要条件。由一种刺激引起的感觉产生了或多或少扩展的运动,这种情况反过来产生了肌肉感觉。因此,运动仅仅是两种感觉之间的一个中间术语,也就是说,在外部刺激引起的原始感觉和运动引起的肌肉感觉之间的一个中间术语。但是,在整个过程中还有比这更多的东西。当我们挪动四肢时,它们既可能接触感觉器官的敏感表面,也可能将刺激从该器官的一部分转移到另一部分。假设一个刺激作用于皮肤,在被激起的运动中,皮肤的这个部分或那个部分被触及;换言之,结果导致第二种接触感觉,除了那个已经由外部刺激引起的感觉以外。由于构成中等强度的兴奋过程只扩展到邻近的神经联结中去,只有邻近的肌肉群才介入运动之中,所以这种情况自然地在邻近部分发生。现在,整个过程不仅由两种感觉组成,而且由三种感觉组成。这些感觉中的后两种感觉(运动感觉和次级的接触感觉)首先具有不定的扩展性质。但是,过不了多久,就有某种特定的接触感觉来到前面,这种感觉就其特征而言类似于整个系列中最初存在的感觉,而且是直接由外部刺激所引起的。这种相似性显然是由与该部位的接触引起的,刺激最初就作用于该部位。我们已经看到,皮肤的每个部分依附于某些部位特征(local characters),通过这些特征,它可以被分辨和识别。运动的目的将是刺激所作用的部位接触感觉的产物。这一目的不论对假设来说还是对现实来说都很容易。因为我们不仅能认出触觉的特性,而且还能认出与这相应的肌肉感觉。如果我们假设所有这些已经发生在大量的情形中,那么我们便会看到在两种感觉之间将会建立起牢固的联结。一旦一种刺激开始运作,并产生一种感觉,便会唤起相应的运动感觉,以及与此相关联的运动,它是整个系列的最后步骤——触觉在部位特性上与构成它最初关系的感觉相一致。

在眼睛中,我们发现了由器官的特定结构来改变的这些现象。视网膜的神经联结将它置于与肌肉的反射关系之中(该肌肉是转动眼球的)。视网膜的一个部分具有特别清晰的感觉之特征。在视网膜的边缘部分,不同的色彩印象实际上作为统一的灰色被感受到,甚至当它们接近视网膜中央时,仍有一段时间在色彩上难以区分,直到落入"黄斑"时,各种颜色才能清楚地被分辨出来。由此产生了决定眼睛反射运动发展的定律:每种印象,不论落在视网膜的哪个部分,都会被带到视觉最清楚的地方,即黄斑部分。在整个无目的的反射运动系列中,突出地反映出这一特定的运动,它的效应是将眼睛直接置于这样的位置上,以便刺激能作用于黄斑。这里还有一个明确的运动感觉问题,它的目的是调节这一明确的运动,使之与视网膜感觉的部位特征相联系,而不论它在何处被激起。在整个过程中,最后一个步骤始终是可以辨认的一种感觉,因为它具有与黄斑关系的特征。

但是,当我们在描述反射的发展时,正如我们用经验来观察它那样,我们可能已经陷入了严重的错误。我们似乎一直把它归之于有机体在心理发展早期阶段的明确倾向和有目的行为。难道这些观察的现象不该被视作仅仅服从于机械定律吗?换言之,当正在感知和正在运动的被试对意图的了解并不比将石头捡起并抛出去的男孩对意图的了解更多的时候,难道不正是我们将目的放进它们中去的吗?

确实,我们不能用"目的"和"意图"这些词语本身所具有的意义去预言感知的基本过程中的"目的"和"意图"。事实上,没有任何东西可以作为考虑上述措辞的前提。我们认为对于反射运动的调节来说十分必要的过程,与我们根据强度和特性来辨别感觉时存在的那些过程,具有同样的性质。它们存在于同时触发的感觉的联结之中,或者存在于通过操纵感觉刺激产生的相继连续之中。这样的联结一般称做联想(associations),而且被区分为同时联想和相继联想(simultaneous and successive associations)。现在,对 A 和 B 两种感觉之间的一种联想来说,其可靠的特征是:当其中之一的感觉 A 被提供时,感觉 B 就被加到 A 的上面,即便对 B 的外部刺激并不存在。换言之,一个联想的标准是一种联想复合体内其中一个成员的自发再现。以此标准作为我们的指导,同时仔细观察一些事实,我们便可发现,在确定的感觉之间,联结变得稳定起来,并与它的重复的频率成比例。但是,除了重复的频率(它们涉及各种练习和适应现象)以外,在这特定的例子中还有第二种重要影响起作用。如果一种感觉 A 进入到两种联想中去,一种联想具有类似的或相关的感觉 B,还有一种联想则具有相当不同的感觉 C,由此产生的复合物则具有不同的特性。在联想 A+B 中,其组成成分被理解成相似的和联结的;而在联想 A+C 中,其组成成分则被理解为不相似的和联结的。于是,一切感觉联想可以再次被分成相似感觉的联想和不相似感觉的联想。例如,两种乐音(clangs),它们构成一种和谐的音程(interval),形成了一种相似性联想;正如我们已经看到的那样,它们是由某些共同部分的音调联系起来的。但是,两种完全不同的声音印象,它们没有任何共同的要素,形成了一种不相似感觉联想。如果现在有一种感觉 A,与其他一些感觉 B、C、D……联系起来,其中 B 比起 C、D……感觉更像 A,那么,相似联想便具优势,而其他东西则相等。比起交替联想(alternative associations),它更容易形成。这是不难解释的。从 A 到 B 的过渡将受两者共同存在的特性所促进,B 部分地包含在 A 里面,因此当 A 存在时,B 已经部分地存在。

现在,让我们将这些考虑应用于我们一直在考察的现象。人们可以立即清楚地看到,它们全都能够用联想过程来进行解释。例如,光觉与视觉肌肉的相应感觉形成联想。这些联想变得如此稳定(由于光的印象与作为结果而产生的反射运动形成了功能性联结),即使在实际运动被阻的情况下,运动的再现感觉仍然存在。或者说,视野中的光印象与最清晰的视觉点的关系是相似感觉联想的一个独特例子。由于这种联想要比所有其他可能的联想更为优先,因此它通过连续地重复当然会变得更加稳定。如果刚才在描述这些反射联结的发展中,我们偶然讲到了印象的"再认"(recognition),讲到了"被带到"最清晰的视觉点的话,那么,就不必用这两个术语的一般意义把它们解释为"考虑"和"反映"正在发生作用,这是就这两个术语的一般意义而言的。为了便于理解,有必要将我们称之为心理机制(mental mechanics)的某些过程——某些联想过程——翻译成逻辑思维的语言。逻辑思维是一种心理活动形式,我们在内部体验中直接地对它有所认识。它提供了一种现成的手段,这种手段使心理过程中各种分离元素的联结变得清楚起来,尽管该过程本身可能不属于逻辑反映的范畴。但是,我们还得小心谨慎。在解释心理过程的联结中我们经常发现的如此有用的逻辑公式一定不能与过程本身相混淆。这些联想(感知觉的过程可以被分解为这些联想)构成了一种基础,一切高级的心理活动,包括逻辑思维在内,均建立在这个基础之上。把这种情况往后推,在初级过程中找到它,始终是可能的;或者,最好可以这样来陈述,将心理的联想机制的结果翻译成逻辑反映的语言(language of logical reflection),始终是可能的。但是,它本身却完全忽视逻辑反映。

三、练习对反射运动的影响

　　我们一直在讨论的心理联想属于一种十分简单的类型。与之相平行的生理过程的联结相对来说也属于简单的性质。若要描述整个复合过程也一点不难,对于这种复合,我们根据心理的观点一直在对它进行观察,而且用纯粹生理学的术语对它进行观察。为了尝试这一点,我们当然可以完全不去考虑那些感觉(它们在感觉器官和运动器官中伴随着刺激过程)。确实,有时我们应当在已知事实的索链中插入假设的环节。但是,这些东西对我们来说已足以与熟悉的物理定律相应,以便充分肯定我们关于感官功能的生理现象是由十分接近于现实的反射过程的图式(scheme)决定的。

　　就我们当前的目的而言,我们可以把感觉神经中的一般刺激过程视为某种运动。关于这种运动的真正性质,我们毫无所知。因此,我们并不谋求去界定它;我们仅仅假设,它也遵循力学(mechanics)的普遍定律。正如我们见到的那样,这种运动通过神经细胞传向运动神经纤维;它根据刺激的强度和感受性的程度激起或多或少的神经纤维兴奋。最弱的刺激被束缚在特定的神经通道之内,它与受刺激的感觉神经是十分直接地联结着的;较强的刺激则具有更为扩散的效应。接下来的情况是,由一种明确的感觉神经的刺激建立起来的反射过程,在大多数情况下都保持在一种明确的神经通道之内。当反射活动被唤起时,该通道始终得到使用;至于其他通道被占用的情况,则是偶然发生的事。一种明显的假设是,通过这种优先的神经通道,运动被传导至受刺激的部位;也就是说,反射中的一系列事件是由其神经联结的一致性排列来提供的。确实,这种假设可以被认为是特别可能的。无论何处,只要在系列的身体过程中发生心理干预,我们便会发现它的活动条件在身体结构中被提供。位移(locomotion)是由骨骼的结构和骨骼肌的排列决定的感觉,是由感官中神经末梢的特征决定的。

　　在外部自然界经常可以观察到的一个事实是:沿同一方向一再发生的一种运动,就其程度而言,遵循这一方向进行将比遵循任何其他方向更容易,而且不会受到原先将毫不困难地使它转向的影响的作用。当水被泼到地面上时,水本身就为自己形成一条通道。它的最初方向可能纯粹是由偶然因素决定的;但是,一旦水流方向被决定后,它就保持下来了,而且我们泼水次数越多,水流方向也越确定。当一台机器被启动以后,在机器的不同部件之间,始终有同样的阻力要加以克服;但是通过部件与部件之间的磨损和润滑,摩擦力会减少;因此,当一台机器被使用了一段时间以后,通常会比一台新机器更加容易运转,或者比一台长时期搁置不用的机器更加容易运转。如果你解下你的手表,并将它搁置两个星期不上发条,你知道它在转动了一个星期左右的时间后便会停下来。现在,可以充分证明这一观点,即上述情况也适用于神经过程。如果我们习惯于实施某种明确的肌肉运动,我们知道肌肉运动会逐步变得容易起来,也就是说,可以花较少的力气来实施运动。我们所谓的"练习"(practice)就存在于这种情况的变化之中。实施一种经过练习的运动会更加容易些,因为神经和肌肉中的刺激过程越是经常重复便越容易建立。这一过程起始于日益增多的对组织来说是必需的要素供应;从而使经过练习的肌肉表现出增加了收缩物质的质量。

对于有目的练习的观察，使得下述情况不再令人怀疑，即神经分布（innervation）限于一种明确的通道应是一个十分普遍的问题。大多数人不能将某几根手指——第三指和第四指——分开。但是，经过稍稍的练习，便可使一个人独立地移动任何一只手指。起初这种运动需要花费相当的力气；但是，随着练习的继续，分开手指的运动会变得非常容易，到了完全可以随心所欲的程度。

在这些例子中，练习的过程近似于以下的过程。起初，我们试图通过肌肉本身去移动特定的肌肉，结果我们并不十分成功。不管多么努力，相邻的肌肉群也参与这个运动。然而，随着练习的继续，这种伴随的运动变得越来越弱，最后终于停了下来。因此，练习中的一致性倾向是：数量越来越大的整个刺激伴随着与特定肌肉相联结的神经通道，直到该过程得到充分重复以后，整个刺激便纳入这种单一的神经通路。那恰恰就是我们在恒定性反射的发展中所观察到的东西。唯一的区别在于：在目前的例证中，由特定的神经通道实施的主要刺激部分的传递是一种意志和意图的问题，而在反射中，它却通过感觉纤维和运动纤维的联结而自行发生。此外，很显然，在目前的例证中，实际上并非意志而是神经中同一生理过程的频繁重复产生了练习的效应。如果它真是意志的话，那么我们就应当期望能立即达到所希冀的运动分离；可是，事实上，不论意志的努力多么大，练习还是必不可少的。另一方面，一旦分离实现以后，意志对分离运动产生的干预就不总是必要的了。

四、空间排列；一种联想过程

于是，我们通过不同的途径达到了单一的结果。首先，我们把目的性反射的发展视作一种心理过程，其目的是证明反射运动的局限。其次，我们试图用生理学术语分析这一过程，这里，我们面临作为生理练习之结果的同样局限。所以，把两种调查加在一起，也就是把心理调查和生理调查加在一起，提供了一种原理的具体说明，我们发现这种原理在简单的感觉过程中是普遍有效的——它就是"心身平行论"原理（the principle psychophysical parallelism）。但是，我们现在必须回到我们的心理学问题上来，并且问：按照这种描述方式，反射运动在被一致地限制以后，它们变成了什么东西？

我们将试图首先借助眼睛的例子来回答这个问题，因为这种运动的机制显然更为简单一些。眼动一开始就限于使眼球转动的少量肌肉、黄斑的特殊感受性使它们进入视网膜这一部分的明确关系之中。与此相对照，在皮肤里，对感觉而言有着具有同等重要性的无数系统；或者，换句话说，在眼睛里仅提供一次的东西在皮肤里却反复多次。

正如我们所知，眼球的反射运动是这样配置的，以至于任何一种光刺激不论出现在视野的什么地方，都可以趋向黄斑，也就是视觉最清晰的地方。每种光觉都产生一种运动，它以最短的可能途径将刺激传递到黄斑，相应的运动感觉便稳定地与黄斑相联结。运动的另一种结果是改变原始感觉的部位色彩；这就使得与视觉最清晰地点有关的特定色彩得以呈现。原始刺激离开中央越远，感觉的变化也越大。现在，运动感觉的强度也与这种距离形成一定比例。如果我将重物举高 2 英尺①，那么，我产生的紧张感要比将重物仅仅举高 1 英尺时产生的紧张感大得多。我们的一切运动感觉是按照产生运动的量值之比例而分级的。因此，光觉的质量变化自始至终与眼动感觉的集中变化相平行。我们通过呈现的部位色彩辨认一种特定的光刺激与最清晰的视觉点的关系；我们根据由此产生的运动感觉从数量上测量这种关系。当一种静止的光刺激通过眼动被带到视网膜的不同部位时，唤起的感觉特征从一点到另一点不断变化着。每一种变化与运动感觉相平行。于是，我们用紧密关联的方式将这种运动感觉与变化相联系，并把主观的感觉差异与那些由于客观的刺激活动而引起的感觉分离开来。这并非意味着我们把它们理解为是主观的，并非意味着我们把它们作为我们中间的一个东西而与我们以外的各个东西区分开来。在这些知觉过程中显然不存在这类区分问题，而这些知觉过程完全依赖于联想的心理机制。正是这些我们所陈述的心理过程，主客体的区分才能从该材料中逐步建立起来。它们仅仅是通向对自我进行有意识分辨的第一步。另一方面，毫无疑问，甚至在这个阶段仍存在着一种充分界定的区分：主观的差异形成了一组感觉特性，其他一些感觉特征则形成另一组十分不同的感觉特性。这就是我们在这里所关注的事实。一系列经常发生的感觉差异以一系列完全相似的运动感觉被带入到依赖的关系中去。与此同时，当我们这样说的时候，我们假设了一种条件（它的实际存在可能令人怀疑）——这种条件就是，一旦眼睛已经将一种印象带入黄斑，它便重新离开黄斑并转向另一种印象；也许，将最初的印象带回到已经受到过刺激的视网膜的特定部位（如果对我们来说能够认识到一种视觉保持不变的话，那就一定是这种情况了）。成年人能够将他的眼睛转向这里和那里，转向这个点和那个点，这是毫无疑问的。他可以接收任何数量的印象，一个接一个地接收，只要他愿意便可。但是，同样的事情能否作出这样的假设，即在发展的早期阶段，简单的反射机制仍然没有被废除？事实上，有一种影响已经在起作用了，它使得这种凝视的变化成为可能，而且，如果没有这种准备性运作，随意变化的可能性就不会实现。我的意思是指疲劳的影响——所谓疲劳是指经过长时期外部刺激的连续作用以后光觉的减弱。

作用于视网膜边缘部分的每一种刺激均能引起反射运动，这种反射运动将映象置于视觉最清晰的地方。在那里，印象被保持较少时间——直到疲劳介入并使机制松弛为止。嗣后，属于不同类型的其他一些边缘印象（视网膜对此并不感到疲劳）却成为注意的中心，并引起与之相应的第二种反射运动。借此方式，你就可以看到，大量的外部印象怎样在最清晰的视觉点上被相继地感知到。首先，总是一些最强烈的印象，或者它的刺激部位位于与黄斑的反射联结的最近处；其他的印象则依次鱼贯而至。现在，假设把两个彼此相隔一定距离的发光点呈现给眼睛。即便这两种外部印象完全相似，由此唤起的感觉仍有不同的部位色觉。如果眼睛从它原来的位置移向另一位置，其中第二发光点落入先前由第一发光点给予刺激的部位，于是，第二感觉与第一感觉在质量上一致，尽管后者已经变化。运动感觉是去测量两个发光点彼此之间的距离。

运动感觉与相应的部位色觉的每一种特定联结是一种长期练习的联想。这类联想

----

① 1 英尺＝0.3048 米。

数目巨大；它们彼此重新进入联想的联结中去。运动感觉形成量化的分级系列，部位感觉差异即是量的分级，同时引起两种联想上相关的感觉系列的完全平行。这种复合的联想过程的结果是什么呢？对此我们只能概述一二。由于该过程把眼睛里面和眼睛四周激发起来的感觉都联结在一起，它也将使那些始于简单光觉的感觉过程系统化；它也将决定眼睛把感觉转化为知觉的形式。

这种形式便是空间知觉（space-perception）。即使在这个阶段，我们的观察也使我们得出以下的结论：从心理学角度考虑，空间知觉并非天生就有的，而是一种感觉联想的产物。现在，我们的任务是通过对空间知觉的特性进行考察以详细地检验这个结论。

第 十 讲

• *Lecture Tenth* •

一、眼动对空间视觉的影响

我们上述的一切考察都以经验的事实（empirical facts）为基础。反射运动定律，肌肉的感受性，光觉和触觉中的部位差异（local differences），感官刺激的长时暴露引起的衰竭（exhaustion）——所有这些都是可以用经验加以验证的现象。但是，关于这些考察的结论，我们似乎把牢固的经验基础远远地置于脑后。我们根据特定因素的联想协作（associative cooperation）提出了一种空间的心理结构（psychological construction of space）。是不是只有经验才能达到这一点呢？难道空间不是生来就有的心理拥有（possession of mind）吗？或者，如果不是这样的话，那么它至少不是我们知识中的全新要素吗？它是独特的（sui generis），而非导源于其他任何东西吗？

空间知觉（perception of space）是我们知识中的一种新要素（new element），这是确定无疑的。但是，在这个意义上说，每种心理事实都是新的，因为它导源于我们心理生活中一些要素的某种特定结合。这一结合的定律是，心理结果的特性是无法预料的，原因在于进入到它们中间的要素特性，尽管我们以后能够见到这些要素的联结及它们的结合。于是，在我们完成了复杂的推论过程以后，我们认识到从这些前提必然地得出此项结论。但是，正如与这些前提作对照那样，仍然有一些新的东西，一些必须通过明确的思维活动加以演绎的东西。认为空间知觉是天生的心理拥有，或者认为空间特性是我们视觉和触觉的一种原始特征，这样的概括性断言是不会有任何收获的。不仅这些陈述无法得到任何证明，而且那些系统阐述过它们的陈述也不曾花过力气去考察摆在它们面前的心理学问题。作为一个问题，它肯定存在着——以确定眼动定律和触觉器官的定律，以及与它们联系着的感觉联想（sensational associations）是否对这些感官知觉施加任何影响。

我们借助眼睛可以相当正确地比较出距离，这是为人们所熟知的事实。但是，往往会发生这样的情况，两种并不精确相等的距离反而被认为是相等的，正像在简单感觉的情形中那样，一种差别的知觉（perception of a difference）只有在达到一定程度的量值（magnitude）时方才变得清楚起来，并在每种特定的情形里由所涉及的感官特征所决定。在目前的例子中，就像在感觉强度（sensation-intensity）的范畴中一样，我们能够通过测量来确定两种量值之间的差别达到多大才可恰好被感知。

我们画两条长度相等的或几乎相等的水平线，然后询问一名观察者（他对两根线的客观关系一无所知），这两条线在他看来是相等还是不相等。如果开始时我们画的两条线长度相等,并将其中一条线的长度逐步延长,那么我们便将到达一个点,在这点上那条逐步延长的线恰好能被观察者觉察到比另一条线更长。于是,实验暂时中断,对两条线之间的长度差别进行度量。如果以各种长度反复进行这一过程,我们便将获得一系列差值(different values),它们告诉我们对距离差别的感知随着被比较的距离的逐步增加而变化。

这种实验与我们早些时候确定感觉依赖于刺激的实验基本上相同。我们仅仅用空间量值替代了刺激量值而已。如果我们开始画的两条线的长度均为 1 分米,如果我们逐渐增加其中一条线的长度,当增加的长度达到大约 1/50 分米,即 2 毫米时,两条线的长度差别便可以看出来。但是,如果我们画的线开始时长度为 1/2 分米,那么可以辨别的长度差别也相应减少。现在,确定这种差别为 1% 分米,或者 1 毫米,不管我们用哪种测量标准,这种比例始终保持不变。在一定的上限和下限之间,这种差别始终接近整个长度的 1/50。在图 18 中,有两条水平线,左边一条长度为 26 毫米,右边一条为 25 毫米。我们立即可以看出左边一条较长;不过,假如左边那条线再截短一点,那么差别就觉察不到了。你可以借助实验来使自己相信,如果这些线的长度延长 2 倍或 3 倍,那么它们的差别也一定会扩大 2 倍或 3 倍。

——————————— ———————————

图　18

很明显,我们先前曾发现一条定律,即恰好能被觉察到的感觉差异有赖于刺激差异,现在这条定律同样适应这里的情况。"恰好能被觉察到的空间距离的增加与整个距离始终保持同样的比例"。显然,这种巧合可以十分简单地用下述事实来解释,也就是说,我们在感觉方面拥有对空间关系知觉的测量,为我们直接提供这种测量的感觉是那些来自眼球运动的感觉,感觉的强度肯定随眼睛注视路线的长度而增加。

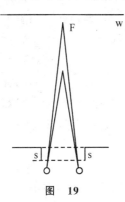

图　19

在我们面前有一只匣子 SS(见图 19),一面打开,另一面有一水平的细长裂缝,通过该匣子,两眼能看见白色屏幕 W,而不是看见房间里面的任何其他物体。现在,我们在屏幕和眼睛之间悬一根垂线 F,用重物将垂线拉紧。每只眼睛本身将采取这样的位置,即使垂线 F 在黄斑上形成一个映像,这是视觉最清晰的地方。从这一点穿过眼的中央所经空间的连线称为视轴(visual axis)。因此,我们可以说,两只眼睛的视轴相交于 F 点上。如果我们现在改变一下垂线的位置,即把它挪近些或者距离眼睛远些,结果视轴相交所形成的角度也同时发生变化;因为眼睛始终追随着那条线,并一直指向着它。如果垂线移向更远的距离,那么两眼便会向外,视轴的相交角变得更尖锐;如果垂线移动得更接近眼睛,那么眼睛便会向内,相交角也就更钝。当我们了解了垂线距离的这种变化时,我们便可以容易地确定每只眼睛围绕其中央转动有多远。如果垂线一点一点地移动,那么它的距离变化将难以被感知到;也就是说,眼睛围绕其中央的转动如此微小,以至于相伴的运动感觉无法被觉察。只有当垂线位置的改变已经达到一定的量值时,运动感觉方能被觉察；我们才能感知到这条线已被移近还是移远。这种界点的确定必须经过长期的系列实验，并且以垂线离眼睛的不同距离来进行实验。我们应当发现，当两个视轴实际上平行时，也就是说，当两眼近似于处在休息位置时，眼睛就其本身的运动来说便拥有最佳的感受性。在这样的情况下，如果每只眼睛围绕其中央的转动只达到一度的 1/60（角度 1′），我们便可感知距离的变化。

但是，一旦眼睛内转到相当大的距离——当然，这种情况发生在垂线向更近处移动时——则恰好能被觉察到的运动就会变得很大。我们将会发现，这种恰好能被觉察到的运动的量值是按眼睛距离它休息时的位置成正比增加的。

很显然，这里的讨论仅仅是进一步确定恰好能被觉察到的感觉有赖于刺激的普遍定律。眼睛的内向转动产生了明确的运动感觉。这种运动的量值与刺激强度相对应；业已出现的运动越大——也就是说，已经在运作的刺激越大——运动的增加或刺激的增加也肯定越大。如果对运动感觉的感知与外部感官的感觉一样，遵循着同样的定律，那么便可以预期，与相等的能够觉察到的感觉的增加相对应的运动的增加将始终与已经存在的整个运动成正比。事实上，实验证明，这种关系差不多是不变的。甚至与这个规律相应的偏离，我们已经发现在外部感官感觉的情形中也是站得住脚的。也就是说，当运动的程度很大时，分辨的精细度比之我们根据该定律所作的预期要小一些。但是，运动的增加恰好足以产生能够觉察到的感觉，差不多达到整个运动量值的 1/50。这一结果与我们从空间量值的比较中业已获得的结果完全一致：当一条较长的直线与一条较短的直线之间的差别达到后者长度的 1/50 时，较长的线便恰好能与较短的线区分开来。但是，如果空间距离的知觉与眼睛在扫视这段距离时所作的运动努力成正比，那么，我们便必须得出结论，运动的努力是知觉的标准。由于我们只能通过运动感觉方可具有努力的知识，因此后者的影响也得到证实。

关于运动感觉与距离估计相联结的实验可由下述观察予以补充。我们并排地悬吊两根黑线，黑线后面的背景是明亮的，黑线与背景之间保持一定距离，要求用一只眼睛凝视这两根黑线（图 20）。然后，我们逐渐离开这两根黑线，一边移动一边不断地注视着这两根线。由于距离远的物体看起来比近的物体小，因此两根线之间的距离在不断缩小，直到达到某一点，在那里两根线差不多合二为一。我们可以理解，当我们离开物体时，物体的尺寸变小，这是由于物体在视网膜上的映像变小的缘故。因此，实验表明，视网膜映像的两点具有一定的量值，在这个量值之下，就无法感觉到它们是分开的了。这种视网膜映像（b）的量值，或者说相应视角（w）的量值，是可以确定的，因为两线之间的距离和它们距离眼睛的远近都是已知的。我们发现，当两个视网膜映像之间的距离变得如此之小，以至于眼睛只需要转动 1 分

图 20

（1′），便可先把第一根线然后再把另一根线带到视网膜的同一点上时，两种映像就合二为一了。但是，正如我们上面发现的那样，与恰好能觉察到的眼球运动的量值具有同样的量值。因此，接下来的问题是，处于休息状态的眼睛以同样程度的正确性感知空间中物体的距离，也就是说，以眼睛在最有利的条件下感知自身运动的正确程度去感知空间中物体的距离。这里所谓的最有利条件，是指运动以视轴平行为开端。眼睛在认识空间距

离时能够达到的限度与它对自己运动感觉的感知限度相一致。

空间感觉对运动感觉的依赖（对此，我们已经根据基本的实验进行过推论）为其他许多视觉现象所进一步证实。眼睛的肌肉总的说来是对称排列的（symmetrically ar-ranged）。因此一种肌肉（a），即外直肌（rectus externus），使眼睛向外转动，而另一种肌肉（b），即内直肌（rectus internus），则使眼睛向内转动（图 21）。

这两种肌肉在维度（dimensions）上差异只不过一点点，两者处于一个水平面，该水平面穿过眼球中央。所以，它们的位置对它们产生运动的可能性极为有利。这种完全相似的条件使得下述情况很明显，也就是说，由相等强度的旋转引起的运动感觉将具有差不多相等的强度，而不论这些旋转是向内还是向外。我们在向上运动和向下运动方面发现同样的情况。眼睛通过单一的肌肉（c），也就是上直肌（rectus superior）而向上转动，上直肌在眼窝内的上部稍向前倾，而且附着于眼球的上部，在中间稍稍向外。它的活动得益于另一种肌肉的运作，这种肌肉在我们的图示里被眼球遮住了。这种肌肉称为斜下肌（obliquus inferior），位于眼

图　21

窝的下部，从前面向后向外，联结着眼球的后表面。这些肌肉在排列上同样是对称的，通过这些肌肉，向下运动得以实现。与肌肉 c 相对的肌肉位于眼球的下方一侧，称为下直肌（rectus inferior），其运作得到 d，即斜上肌（obliquus superior）的帮助，斜上肌是向前和向内运动的，并牵拉眼球的上表面。由于这些肌肉是对称分布的，因此运动的努力与我们不论把眼睛向上翻或者向下翻所作的努力是同样的。另一方面，在使眼睛向外转或者向内转的肌肉排列和使眼睛向上翻或向下翻的肌肉排列之间存在相当大的差别。如果在这一关系中也要求相似性的话，那么这些肌肉必须这样来放置，也即上直肌（c）（它使眼睛向上转动）和下直肌（它在眼球的另一边，使眼睛向下）应当附着于一点，以便最有效地促进它们将实施的运动。然而，正如我们的图示表明的那样，实际情况并不这样。c 的方向比 a 和 b 的方向更为倾斜。因此，花费同样的力气，前一肌肉在使眼睛向上转动的距离要比后一对肌肉中的任何一条使眼睛向内或向外转动的距离稍稍少一点。鉴于这一原因，它得到了第二种肌肉的帮助。所以，产生上下运动所需的用力程度一般说来要比产生向外或向内的相等伸展的运动更大一些，据此，运动感觉也更强烈；而且，我们必须期望发现，垂直方向的距离将比水平方向的同样距离显得更长一些。作为事实，这是无疑的。如果我们用相等的臂长画一个十字，那么在垂直方向上将显得长一些（图 22）；而在其他一些图形中，如在正方形或矩形中，垂直距离同样会被估计过高。

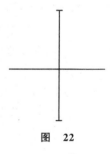

图　22

二、几何图形的视错觉

在估计垂直距离和水平距离方面出现的这些差别是十分重要的，不过，它们并不是

用眼睛进行测量时发生的唯一错误。一个类似性质的较小差别可以在一根垂直线的上半部和下半部之间观察到,也可以在一根水平线的内部和外部之间观察到。因此,严格地说,在十字形(图 22)的四个臂长中,没有哪一个会看上去与其他任何一个恰恰相等。这些较小的差别在每个例子中也与肌肉的不对称排列相一致。当我们在上面讲到两种肌肉 a 和 b(它们使眼睛向外和向内转动)在其维度方面只有极小的差别时,当然意味着它们并不完全相似。实际上,b(内直肌)要比 a 得到更强的发展,也许是由于视轴的汇合运动(converging movements)在所有例子中均占支配地位。我们乐于从事唾手可得的事情——例如,我们正在凝视邻近的物体,于是 b 比 a 得到更多的练习。还可以相应地观察到,一根二等分的水平线的外面一半要比里面一半显得更长;较弱的肌肉需要用更大的力去产生相似的运动,而更大的用力则与更强的肌肉感觉相伴随。为了实现这种明显的不相等,当然必须闭起一只眼睛。对右眼来说是外侧的东西,对左眼来说则是内侧;双目视觉破坏了这种不相等。还有一种类似的差别,这种差别在双目视觉中也不会消失,它就是视野上半部和下半部之间的差别。如果我们仔细看图 22 中的十字形,我们可以看到,垂直线的上半部显得比下半部长一些。这种差别也是与肌肉分布的不对称相一致的。那些把眼睛向下拉的肌肉比起那些使眼睛向上翻的肌肉得到更有力的发展——也许由于同一原因,我们发现在内直肌和外直肌的例子中也是如此。由于视轴通常有点指向下方——当我们凝视近距离物体时,这一点尤其确切——使眼睛朝水平线下面转动的肌肉得到更多的练习,从而使一种向上运动要比具有相等伸展的向下运动花费更多力气。

眼球肌肉不对称分布的视觉效果使我们能够正确预测距离估计方面的其他一些不正常情况,这些情况在实验中得到证实。你们都知道,如果我们用小步子走一段距离将比我们用大步子走一段距离更加感到疲劳。眼睛同样适用这种情况。通过一段没有阻断的途径要比通过一段距离相等却常被阻断的途径所花的力气较小。如果我们将一根直线分成相等的两段,然后将其中一半分成无数更小的段,那么细分的部分要比未经细分的部分显得更长一些。当然,这种实验可以各种形式发生变化。例如,一只细分的角度要比一只未经细分的角度同样显得更大些;一个平面图形,当被分成无数小块时,要比面积虽然相等但未分成小块的平面图形显得更大些,如此等等。这些现象(可以在几何图形中得到充分的观察)称做"几何图形的视错觉"(geometrical optical illusions)。它们都是眼动感觉在空间视觉活动中协同作用的令人信服的证据。

三、触觉的空间知觉

触觉的空间知觉在许多方面不同于视觉的空间知觉。这种差别可能部分地由于下述事实,即在我们心理生活的正常发展中,比起皮肤来,眼睛是一种发展得更加完善的工具,眼睛的特定发展看来先于精细的触觉的特定发展。当然,这并不意味着两种过程是截然分开的;恰恰相反,它们是相互交叉的,每一种过程影响和帮助另一种过程。但是,至少对于人类和高级动物来说,视觉是一种较早的活动;触觉恰恰是受视觉引导和指导的,而不是相反。

如果我们还记得皮肤的压觉(pressure-sensations)始终受视觉的影响,那么我们将会发现,依附于皮肤压觉的部位关系(local relations)首先是视觉的。但是,触觉属于这样一种性质,它能够在一定程度上摆脱这种影响。对皮肤来说,正像对眼睛来说一样,感觉的特定性质有赖于印象的定位(locality),并随地点的变化而变化。因此,这种定位最终会被感觉本身的部位色彩所认出,而无须召唤眼睛来协助抉择。当眼睛一旦确定了定位与其部位色彩的关系,我们便能够将确定的感觉归入皮肤感受表面的正确位置上去。

由此引申出去,我们可以发现,印象的空间分辨将不再依靠运动,或者依靠与此相伴的感觉的生动性和可比性,而是单单依靠感觉的部位色彩中或大或小的差别。如果皮肤的两个相邻部分在这方面的差别极小,那么我们便无法区分由这两部分产生的感觉。当它们对感觉特性确实不同的皮肤的两个相邻部分产生影响时,我们将只能感受到这些印象在空间上是有差异的。很显然,这种限度不是固定的和不变的,通过密切注意我们的感觉,我们将能够在彼此接近的两个印象之间作出区分。以此方式,我们在实验中观察到的练习之影响便有了自然的解释。

我们发现了存在于皮肤表面各个点上的分辨能力差异,这些差异将以同样方式有赖于一种精细程度,而部位感觉差异则是根据这种精细性来分级的。这种差异实际上是很大的。例如,用圆规的两只脚(两脚之间的距离甚至只小到 1 毫米),在指尖上我们能清晰地区分出两种独立的印象;可是在背部皮肤上,我们区分两种独立印象的距离就必须达到 60 毫米。因此,可以把整个皮肤视作是感受点的分级系统。但是,这些感受点并不是以感受性的顺序均匀地排列在皮肤上面的,而是彼此之间具有不同的距离,并不同地分布着。除了这些肤觉(cutaneous sensations)的自然特性以外,眼睛对它们的控制可能也影响这种分级。在皮肤上,并非所有部分都相等地隶属于视觉的控制;许多部分,像背部的皮肤,完全处于视线以外;皮肤的其他部分,例如手和手指,则特别受到眼睛的控制。还必须记住,皮肤上的所有部分并非自然地得到同样的练习。两只手,尤其是指尖和手指,则经常得到练习的机会;次于两只手的是嘴唇和舌头。由于这种练习量的自然差别,皮肤的空间分辨能力的进一步发展(这是我们通过有意练习而达到的)在皮肤的不同部位有很大差别。例如,在指尖,这种空间分辨能力的进一步发展就较小,而在手臂的上部和下部,其发展就令人注目地大;在几小时内,这种分辨能力可以增加 1 倍或者 4 倍。事实上,练习的好处很快就会消失:经过 24 小时以后,它的感受性便减弱;过了几星期或几个月以后,这种感知性完全消失。但是,这种结果并不限于直接练习的那部分皮肤。例如,如果右手手背的感觉精细度翻了 1 倍,那么,左手手背的感受性也会等量增加,尽管左手尚未得到过练习。同样的结果可以从皮肤的所有对称部分中获得。与此同时,练习的效应不会扩展到这些对称部分之外的地方去。例如,练习右下臂或右脸颊,可能同时有助于练习左下臂或左脸颊;但是,对上臂、胸部或前额不会有任何的作用。这种特殊的结果必须根据练习中涉及的心理过程来解释。在练习中,我们学会了注意感觉差异,这些感觉差异在我们练习之前是注意不到的。现在,皮肤对称部分感觉的部位特征是十分相似的。因此,如果我们学会了注意一侧的较小感觉差异,我们也将学会对另一侧相应部位的较小感觉差异予以注意。特别是左侧和右侧,在分级的精细度方面具有完全的对应,而且在部位色彩从一点到另一点的变化速度方面也完全对应。当然,当我们处理不对称的部位时,情况便不同了;感觉及其分级如此不同,以至于在一个部位得到的经验不可能应用于另一部位。或者,这种先前的经验至多只有一些价值,因为一般说来注意由于练习而变得更加敏锐了。

我们已经看到,在皮肤上刚刚能够觉察的差异也许不是由运动感觉决定的(这是就正常的个体而言),而仅仅是部位感觉差异的分辨结果。与之相同,我们对于触觉印象之间空间距离的增加或减少的判断,仅仅有赖于我们根据每一种感觉的部位色彩而对每一种印象的位置的了解,或者,更正确地说,有赖于把两者联系起来的持久联想。但是,这种了解是依靠视觉的帮助而获得的。我们根据受刺激部位的记忆意象而对皮肤上的距离作出是长还是短的判断,这种记忆意象是受刺激部位的感觉引起的。这种记忆意象并不受制通过这段距离时所需的运动;它仅仅受制于由视觉帮助我们形成的观念,即皮肤上的每个部位是由它的特定感觉特性决定的。一种明显的推论是,空间距离的分辨,不论是大是小,只要皮肤表面的感受性保持不变,这种分辨也保持不变。这是一种我们通过实验而实际获得的结果。如果 11 毫米的一段距离恰好能被觉察到与 10 毫米的一段距离不同,那么,我们也能对 20 毫米和 21 毫米进行区别,对 30 毫米和 31 毫米进行区别等等。总之,对于皮肤感受性而言,不是相对的(relative)恰好能被觉察到的距离差别保持不变,而是绝对的(absolute)恰好能被觉察到的距离差别保持不变。这一规律的例外可以下述事实来解释,即在长距离中,我们对相邻皮肤点的分辨精细度有相当大的变化。

四、意外事件引起的失明和先天性失明

触觉的正常发展比视觉的正常发展来得更晚;结果,触觉用于空间的测量是从视觉中获得的,而不是从四肢的动觉中获得的。由于这一原因,触觉反射的机制和触觉发展的定律将不具有巨大的重要性,这种重要性是在视觉发展中依附于它们上面的。它们的影响必然降低到这样的程度,也就是说,它们的影响由于视觉的支配作用而遭破坏。但是,这种破坏仅仅是部分的。阻碍视觉影响的每一种影响增加了触觉的独立性,并有助于使它发展到这样一种程度,也即在一般条件下不可能达到的一种程度。意外事件引起的失明向我们表明了这方面引人注目的变化:肌肉变得更加容易反应;最小的触觉刺激引发一些运动,这些运动使外部物体与皮肤的不同部位相接触,尤其是与最敏感的部位相接触。在一些罕见的例子中,即在心理发展的初期便不存在视觉的支配性影响的场合——也就是在先天性失明的例子中,触觉运动所起的作用仍然很大。

先天性失明的人被迫从触觉中建立起他们的全部空间世界。他们以非凡的完整性做到了这一点。在正常生活中处于低级发展水平上的那种官能达到了完美的程度,在分辨的精细度方面至少可以与间接视觉(indirect vision)(也就是视网膜边缘部分的视觉)的分辨精细度相比较。只有在一个方面,皮肤才比眼睛略逊一筹:它要求与它的印象直接接触。

那么,先天性盲人是如何获得空间距离的观念或空间延伸的物体的观念的呢? 他们具有来自皮肤的压觉,以及来自正在探索的四肢的运动感觉。根据这些,他们建立了空间知觉。这种构建的手段显然可以在两种感觉系列的联想中被发现(正如在视觉中一样),而联想则是由反射机制的一致作用形成的。但是,后者在盲人中肯定要比亮眼人需要更完整的发展。因为,每一肢体被带入与皮肤某个明确部分的反射联结中去,感觉的部位差异最终与运动的明确感觉相联系。因此,在皮肤的每一个区域存在着某个中心点(尽管这个中心点可能会变化),所有邻近的感觉都被归之于该中心点。于是,皮肤的各独立部分被带入到彼此的关系中去。而且,通过原先不同的感觉系统的相互联结,整个肤觉组合成一个单一的系统。不论何时,只要分开的四肢开始彼此接触,这种相互联结就必然倾向于受到影响。以此方式,便能对彼此独立的触觉器官及其感觉中心之间的距离进行某种测量,尽管是不完全的。

毫无疑问,这一发展过程将需要比视觉的训练花更长的时间。后者用单一的活动便可完成;但是需要大量的连续活动,它们联合成一种共同影响的能力是由于以下事实,即它们都属于类似的性质。也就是说,引起视觉的空间知觉的过程必须为触觉而多次重复。现在,就像我们通常用黄斑注视任何事物以便获得清楚的感知那样,盲人也被迫通过皮肤各部分感受性的巨大差别来使这些部分专门用于精细分辨方面的感知。具有这种能力的触觉器官是双手。盲人经常用双手练习触觉,甚至更多地在运动中加以练习。当然,仅仅用触觉显然还不足以确切地感知空间关系,原因在于,如果一个物体的各部分并不恰好位于同一平面上,则皮肤的压觉不可能为它们提供任何反映。于是,双手细微的触觉运动,尤其是手指的触觉运动,在盲人中间是异常活跃的,因而具有十分巨大的重要性。通过他们的触觉,物体的空间特性便能确切地被感知,这里,部分地通过与触觉器官各部分的连续接触,它们能进行最精细的分辨,部分地由于压觉和动觉的连续联结。但是,我们经常发现,盲人不能像我们用视觉获得最复杂图像的确切观念的那种速度去感知甚至十分简单的空间关系。他们的触觉和动觉必须根据该复杂图像的各个部分逐步构建那个物体。

五、为什么视觉的对象不颠倒?

由此可见,事故性失明者和先天性失明者建立空间知觉的缓慢而又不完整的发展过程进一步确定了我们的假设,即一般说来,视觉胜过触觉。在坚持这个观点时,我们与旧心理学中相当流行的观点发生了冲突,这种观点目前尚未完全被抛弃——该观点认为,视觉更可能受制于触觉的训练。据称,我们用手触摸的东西,比起在很长距离外对我们影响的东西,在感知上更为确定。但是这种观点恰恰忘记了,相似的两个物体都使感觉神经产生一种印象,而在缺乏相关心理过程的情况下,这些东西在印象的起源上便无话可说了。

但是,也有一种特殊情况似乎支持这一观点,即触觉对视觉的发展来说是必要的。我们看到的物体处于它们的自然位置中,而不是颠倒状态。但是,外部物体在视网膜上产生的映像却是颠倒的。眼睛是一种光学仪器,它由一系列曲面(curved surfaces)组成,曲面在视网膜上投下一个位于视野内的各种物体的微型映象。然而,这一映像的空间关系恰恰是物体本身空间关系的颠倒:如果物体用脚站立,那么视网膜映像就用头站立,反之亦然。因此,只要假设视觉活动以形成视网膜映像而告结束,那么我们关于物体正确向上的视觉必然成为一种谬论。但是,心理对视网膜映像的了解究竟是什么呢?我们仅仅了解了其存在及其颠倒的位置,正像物理学家和生理学家关于物体的了解一样。为了能够像这些映像的实际情况那样去感知它,我们必须假设在视网膜后面还有另一只眼睛。而且事实上,这种假设不时地被认为是一种可能的假设。当然,第二只眼睛不可能真正存在;可是,据假设,当映像影响头脑时,它再次被头脑所颠倒过来,正像它被第二只眼睛颠倒过来那样——一位机灵的哲学家说得好,不将这种永恒的颠倒状态归之于头脑,而让它自己倒立,反而会简单得多,这样一来它的颠倒可能会使视网膜上反映的颠倒世界拨正过来。

根据我们自己关于空间视觉调查的观点,这种困难能够十分简单地得到解决。它只是一系列作用于我们头脑的视网膜映像的部位色彩感觉。只有通过眼睛的动觉,头脑才能学会将这些东西联结成一种空间顺序。但是,动觉告诉我们关于物体位置的哪些东西呢?随着眼睛的转动,它从外部物体的一点移向另一点。在围绕着它的中心从上到下的移动过程中,它从上到下传递一个物体。它将视网膜映像的各个部分依次地带入最清晰的视觉点上。现在,当眼球的可视部分 a 向下移动时,眼球背后的黄斑 g 将向上转动(图23);随着前面的 a 点凝视着物体的不同部分,g 点也在以同样精确的方式详细审视着视网膜的映像。因此,如果物体在空间中的位置是根据运动推算出来的话,那么,视网膜映像就一定是倒置的,因为只有这样的情况才有可能使运动与物体的实际位置相一致。倒置的视网膜映像对视觉来说是十分必要的,而远远不是一种谬论。视网膜映像肯定会被颠倒过来,即使眼睛中光的折射律没有使这种颠倒成为生理上的必需。

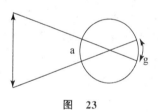

图　23

当然,进一步的问题也可能会被提出来,例如我们如何知道我们在使眼睛向上或向下转动。难道"上"和"下"不是关系的概念吗?难道它们不是正在感知的被试和他的空间位置的先决条件吗?事实上,正是因为上和下是有关系的,我们才能将顺序引入空间视觉的世界。如果我们具有上和下的绝对方向的知觉,我们便应当认为,不论白天还是黑夜,只要情形许可,我们便可以头着地倒立;那是就地球的转动而言的。我们之所以不这样认为的原因是,由于我们将自己视作一切空间关系的中心。上和下,像右和左一样,都是一些只有涉及我们自身时才具有意义的术语。在我们的空间知觉中,当区别上和下的时候,我们不断地以我们自己的身体为参照:当任何物体与双脚处于同一方向时,我们称之为"下";当任何物体与头处于同一方向时,我们便称之为"上"。

但是,仍然存在一种异议,这种异议似乎反对运动对空间感知的影响,对此我们已经认识并确实证明在许多情形里存在这种情况。人们可能要问,当我们从空间角度看事物时,我们是否真的始终转动眼睛?我们是否必须实际地上下转动眼球以便知道什么东西在上和什么东西在下?并非如此。我们用不到转动自己的眼睛,便能感知事物的空间延伸,并将其空间位置一一排列。我们将如何对待这一异议？我们可以像平时所做的那样,指出眼球运动的巨大速度,而我们最终却没有能力去观察它们。可以这样假设,尽管我们认为眼睛处于休息状态,但它实际上进行着十分快速的运动。不过,我们无法用此方式来避开困难：肌肉运动的速度不会像我们在这个假设中想象的那么快。另一方面,我们可以用实验方法大大减少一种光的印象的持续时间,以至于完全排除眼睛运作时眼球运动的可能性,例如,通过用电火花的即时照明。在这种情况下,物体仍然会在空间上被看到。因此,毫无疑问,对于每一种单一的空间知觉而言,运动不是必不可少的。

但是,还有一点不可不注意。我们必须经常将心理过程(mental processes)与心理产物(mental products)相区别。后者可能有赖于先前发展过程中获得的一种能力。在形成我们的空间知觉中,最初存在着一个因素,它运作着,以便空间知觉的进一步完善,将此视作一切视觉的持久的和不可避免的条件,这是不必要的。小孩子通过母亲的指导去跨出第一步,借此学习单独行走。那么,为什么不该也有一些视觉条件,它们是单独运作的,或者至少是以它为主运作的,在视觉发展的第一阶段便存在呢？

实际上,我们已经发现了这种视觉条件。视网膜感受点的相对位置是由一系列集中分级的运动感觉决定的,并处于与相关的、部位色彩的光觉进行联想性联结的状态之中。如果曾经体验过的印象第二次被提供,那么这些点就能通过它们的部位色彩而被认出。因此,如果两种印象作用于两个视网膜点(后者在以前的场合因为明确强度的运动感觉而被彼此分离),那么,经过对整个过程的频繁重复以后,我们就能够将它们进行区别,而无须实际运动的发生及其伴随的感觉。当部位感觉差异一旦从将它们分离的距离测量的运动感觉中获得,它们便保持这种测量,而不受其起源的制约。一种明确的地点参照依附于部位色彩,在它后面,作为感觉性质的真正特征完全消失。我们想象我们直接感知一种印象的定位,而实际上我们只感知到感觉的特性,根据特性认识定位。当我们通过练习扩展了我们的空间分辨能力时,我们认为我们感知空间差异的能力已经直接增强了,而事实上只有分辨小的感觉差异的能力得到了提高。在这方面,对于视觉来说是正确的东西对触觉也适用,只是后者(甚至当它已经达到了不同寻常的高度发展时)处于经常需要来自运动感觉的进一步帮助的状态之中,这是由于它的部位感觉属性的不明确特征所致。因此"感受"(sense of feeling)这个名称(有时用于触觉)是颇为重要的。原先我们用眼睛"感受"物体,正如我们用手"感受"一样。但是,手仅仅是一种"感受"器官,不仅因为它必须实际上与它感知的物体相接触(视网膜映象通过一段距离之外的光的活动而产生),而且还因为它在接触以后,还要继续去"感受";只有通过两种感觉的结合,也就是压力和运动的结合,方能获得一种完整的知觉。

六、关于空间构造理论的结论性评说

我已经用这样一种方式尝试性地描述了空间感知的现象,即将解释和协调这些现象的理论作为其本身的结果。我向你们提供的这种理论是由一些事实直接提示的,而且并未试图超越这些事实以外。但是,在我们考虑结论之时,我们不应忽略这样的陈述,生理学家和心理学家仍然认为,他们可以完全省却对我们视觉和触觉进行排列的任何一类解释,或者,至少可以认为,我们在上面讨论的这些因素之一足以解释了一切事实。据假设,在前面的例子中——正如在旧生理学中的情况那样——我们的观念的空间排列是在视网膜映像的各部分排列中被直接提供的;或者,正如今天由于较慢的了解所陈述的那样,尽管在表述的形式上没有任何真正的改进,我们在这里讨论的两种感觉中的每一种感觉从一开始便具有某种空间性质。现在,我们无法否认这将是最方便的假设了。但是,同样无法否认的是,我们还完全不能解释对我们理解和估计空间量值具有决定性影响的一切因素。在人们试图根据这一观点对讨论中的因素进行适当处理的地方,已经发现有必要建立若干人为的和复杂的次级假设,其中有的假设甚至走上了自相矛盾的极端。也许,这些情况对逻辑学家具有某种价值,作为这些假设如何不该被构筑的告诫性例子,但是它们对心理学家绝对无用。

当试图根据决定知觉活动的影响之一来为空间构造提供一种理论解释时,情况就不同了。人们通常认为有可能单单按照运动和动觉来建立一种理论,或者完全忽视视网膜和皮肤的部位感觉性质,或者认为它们完全不受运动的支配而起作用,并且,像后者一样,其本身便足以适当解释这些事实了。在这些观点中,第一种观点不可避免地导致这样的结论,即肌肉感觉具有特定的空间性质;后者将这种性质单单归之于视网膜的感觉,或归之于这些感觉系列中的两种感觉。因此,它间接地意味着回归到这样的观点,即外延的观念一般说来既不要求也无法作出任何心理学解释。但是,仅仅承认印象的空间排列一方面受制于运动,另一方面由附属于静止的感官特性以及与刺激部位联结的特性来决定,这是不够的。经验表明,这两种影响如此密切地联结着,以至于离开了对方任何一种影响都无法起作用。关于这方面的主要证据存在于下述事实之中,只能按照眼动定律来解释的那些影响在眼睛处于静止状态时仍然保持着;对此,可以比较用电火花产生瞬间照明的例子。当运动被阻时,上述关于水平线和垂直线相对长度的错觉以及其他一些类似的现象并没有消失,尽管它们有时可能并不那么引人注目。

如果我们按照陆宰(Lotze,1817—1881)的说法,我们把可能对空间观念的活动产生影响的每一种感觉成分称做部位记号(local sign),那么,认为空间知觉由心理过程产生的那些理论(既非优先,也不导源于特定的感觉性质),便可能被区分为简单的部位记号理论和复杂的部位记号理论。第一种理论假设了动觉的部位记号,或皮肤的部位记号,或两者兼有,然而在后者的情况下不允许两者的相互作用。另一方面,复杂的部位记号理论则把外延的观念视作动觉的集中分级的部位记号的心理结果,以及感官表面质量分级的部位记号的心理结果。空间知觉有赖于这两种感觉系列的联结,尽管其中之一的一些成分只需再现便能起作用。这对强度系列(intensive series)尤为适用,它们与质量系列如此紧密地联结,以至于每一对明显不同的部位记号将始终与动觉相联系,后者与它们之间器官通道的距离相对应。

第 十 一 讲

• *Lecture Eleventh* •

一、视觉观念的独立；界线的影响

现在，我们已经在一定程度上详尽地表明了心理如何在一个平面上按空间顺序安排视觉印象（visual impressions）。但是，我们关于视野形成（formation of the field of vision）的了解，无论在外部物体的性质，抑或在我们自己身体的可见部分的性质方面，均没有为我们提供任何观念（idea）。这些印象尽管在空间上作了配置，但尚未被带入到那些关系之中［依靠这些关系，那些印象被安排成独立的观念（separate ideas），每一个观念被理解成一种明确的空间形式］。那么，这种独立是如何产生的？我们如何从排列在一起的无法区分或区别的物体的空间知觉过渡到空间上独立的物体的观念？

首先，显然是物体的界线（boundary lies）将各个物体彼此分离，并进一步将单一物体分成各个部分。物体的界线为凝视着的眼睛提供了明确的休息处（resting place）。无论何时，当我们面对突然呈现的一系列物体时，我们的眼睛总是为最鲜明的物体界线所吸引。于是，我们的眼睛首先了解物体的大致轮廓，然后再逐步过渡到物体各组成部分的细微外形（delineations）。界线对眼睛的运动和凝视的影响可以通过实验而容易地加以验证。例如，我们在一块白色的屏幕上悬挂一些粗细不等的垂直黑线，然后让一名观察者通过一根管子注视这块白色的屏幕，务必使所有的线条都落入他的视野范围之内。假定观察者事先对这些黑线的安排以及线条的性质一无所知，那么一旦有人询问他时，他将肯定会讲他首先见到的是最粗的那根线条，然后才是其他的线条，大部分顺序是按照线条的特征被观察者意识到的先后而定。稍加注意便会使观察者发现，当他通过管子进行观察时，最初眼睛由于一种机械的必然性（mechanical necessity）而转向视野中最鲜明的轮廓，接着，在清楚地理解了这一轮廓以后，眼睛便按照其他物体的吸引顺序而相继地指向它们。如果黑线条悬挂在不同的距离上，那么这种顺序将保持不变，当然，必须对线条的悬挂距离对线条粗细的影响加以考虑。如果同样粗细的两根线条悬挂在可见的相邻距离之内，那么靠近视线的一根线条将首先被感知。但是，如果黑线条粗细不等，那么首先被看见的那根线条将对眼睛产生更强烈的影响。由此可见，在我们视野内出现的界线，一方面决定了眼睛的运动——界线的映像（image）被带入最清晰的视觉场所——另一方面则决定了眼睛里的那种过程。依靠这种过程，眼睛适应于所看到的物体的距离。这种适应相邻物体的内部过程（internal process）也是一种由感觉参与的肌肉运动（muscular movement）。感觉提供了对适应量的测量：我们正在注视的物体离我们越近，那么在眼内肌肉的作用下晶状体的凸度也越大。

眼睛凝视各个独特地点（points）和界线的倾向只能用类似于反射活动（reflex action）涉及的那种机制（mechanism）来解释。眼球运动的关系和眼部肌肉适应于界线或地点的关系只不过是从一开始就存在于眼中的反射的进一步发展而已。看来，这确实是一个有道理的假设。在婴儿生命的最初几天里，光线印象（light-impressions）均产生了眼睛的运动，这种眼睛的运动把映像带入到最清晰的视觉场所。但是，由于视网膜（retina）连续受到均匀的漫射光（diffused light）的影响，结果使那种与众不同而且有明确界限的印象从这种不明确的乱七八糟的光线印象中独立出来，从而形成一种特定的刺激，也就是跟它周围均匀的环境十分不同的刺激。眼睛转向这样一种刺激：当若干刺激都呈现时，眼睛便相继转向每一种刺激——在每一种情形里，凝视的顺序是由强度（intensity）决定的，也就是说，是由每一种刺激与它的周围环境不同的程度决定的。甚至当感觉获得了充分发展以后，视觉理解（visual apprehension）仍然以反射运动所特有的机械必然性发生着。尽管我们可以自觉地抵制这种强制性影响，但是每当一种印象的意外性（unexpectedness）或某种其他的特殊原因使得一个意志活动变得不可能时，我们仍然无法摆脱这种强制性的影响。

界线和地点的影响也由于第三个因素而发生变化，这个因素有赖于像物体运动那样的同样条件，并且像物体运动的方式那样运作。随着物体的运动，界线之间的相对位置发生改变，而且对正在感知的被试来说它们的相对位置也发生改变。由于每一个物体通过界线与它周围环境发生显著区别，并形成一个永久性的整体，无论它的环境怎样变化，它仍然成为一个可以借此形成观念的物体。如果静止的物体被理解成一些相似的单位（units），那仅仅是因为这种限定的特征指向一种与其环境的分离，就像在每一种运动情形中即时观察的物体一样。用这种方法从最初的视野中获得一系列独立的观念，通过运动和界线的中介（这是由正在感知的被试的身体首先采纳的场所），它们的永久性给了这个物体超越其他一切物体的偏爱——而且除此以外，作为一切感觉和知觉的基础，它为整个外部世界的空间安排提供了关系的中心。

二、深度概念

于是，人们可以理解，视觉开始以空间上独立或分离的形式理解各种物体，通过物体位置的变化和界线的相应变化而感知物体。对于这种物体的空间分离的另一种动机（motive）存在于它们对离开眼睛不同距离的空间地点的参照（reference）上。甚至在充分发展的视觉中，我们也可以表明空间深度的观念（idea of spatial depth）是如何产生的，因为这种观念相对而言是较晚产生的。这种情况在先天性盲人后来通过外科手术恢复视力的经历中得到了结论性的证明。在这些例子中，我们发现先天性盲人依靠微光（light-shimmer）的帮助（那种微光对盲人来说是始终存在着的）而获得了某种定向能力（power-orientation）。但是，他们对距离仍毫无认识。遥远的物体常常被认为就在附近，结果使患者在接触这些遥远的物体时经常扑空。我们可以在孩子出生后的头几个月里观察到同样的现象：婴孩会伸出手去抓月亮，或者在三层楼的窗户中伸出手去抓楼下马路上他所见到的物体。

深度观念的发展主要受制于眼的运动(ocular movements)。我们让自己的眼睛从较近的物体移向远方,眼睛的这种由近及远的路线为我们提供了一种我们连续注视着的物体的距离测量。这是因为,一种运动感觉(movement-sensation)是与每一种运动相联系的,随着运动程度的增加,运动感觉的强度也增强。当物体的相对距离被测量时,它们当然不必互相遮掩。而且,不仅如此,它们的基面(bases)还必须看得见。如果情形不是如此,那么我们便可以充分估计离我们不同距离的物体,如同它们一个紧挨着另一个的情境一样。你可以通过以下实验使自己相信这一点:你将一张小纸片遮住眼睛的下半部,从而遮掩了你所注视的物体的下半部分。如果物体之间距离的差异甚小,那么它们一般地被看做处于同样的距离;如果物体之间距离的差异甚大,那么你确实会注意到一个物体近一些,另一个物体则远一些,但是你对它们之间的距离却没有任何近似的观念。你在这些例子中终于注意到距离的差别是由于你的眼睛适应了远和近。由于这种适应也有赖于肌肉运动,所以我们对伴随肌肉感觉的眼睛的聚焦有一个大体的测量。与此同时,我们显然不大习惯于注意这种机制。通常,我们并不把它用于测量,而是利用眼球的运动,因为眼球运动更精确,范围也大得多。

当我们的眼睛从一个物体的基面移向另一个物体的基面时,我们通常是从较近的物体开始的。如果我们想估计任何一个物体与我们之间的整个距离,我们便从自己的足下开始。因此,一个人的脚是用来测量距离的最原始的和最天然的单位,脚的长度是产生自我们自身的第一个空间距离。现在,当我们的视线从较近物体移向较远物体时,我们的双眼也自下而上地移动着。假定我们站在图 24 的 a 点上,一只眼睛(o)相继指向越来越远的物体 b、c 等地点。在这一过程中,眼睛向上转动;视轴

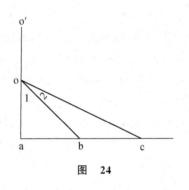

图　24

(visual axis)从一个垂直向下的位置逐步朝着水平方向移动,直到最终当物体十分遥远时,眼睛便完全处于水平位置。这种运动并不仅仅限于眼睛,头部也在移动,尤其是当物体就在我们眼下时,这样一来它就帮助了眼睛的运动。对于这些头部运动,我们可以再次用运动感觉进行测量;结果仍然相同,使凝视的眼睛从一点移向另一点的运动产生了。

由于在这些运动中,头部和眼睛都自下而上地转动,因此远的物体看来比近的物体更高些,形成我们视野边界的地平线与我们眼睛处在同样的高度上。如果地球是一个完美的平面,我们便应当想象我们都站在一块凹地里面;周围的景象看来均匀地上升至地平线上。当然,这种现象由于地球表面的不平坦而以各种方式改变着,而且也有可能是由地球的球状引起的。再有一个原因是,客观上相等的距离不大需要眼睛运动,物体离我们距离越远,它们看上去似乎彼此贴近,而物体离我们距离越近,情况就相反。结果,在前一例子中(即物体离我们更远时),我们往往难以辨明距离的差别。而在后一例子中(即物体离我们较近时),这种距离的差别是一目了然的。如果你注视一下图 24 的角 1和角 2(它们分别对着等距离线段 ab 和 bc),你便会发现这两个角(它们提供了眼睛运动幅度的直接测量)变得越来越小,最终完全消失。但是,如果我们注视更高的位置,也就

是说我们的眼睛移到了 o′，这时我们的视野立即得到扩展，同时相隔较远的距离也变得清晰可见（原先这些相隔较远的距离是处在我们视野以外的）。另一方面，相隔较近的距离也比先前相对来说显得更小一些。所以，如果我们爬上山顶，或者乘坐气球升临空中，这时所有的物体，不管是远的还是近的，显得离我们更近了。离观察者不同距离的物体，不仅用它们基面的相对位置来表现距离的差别，而且还用一系列其他特征来表现距离的差别。原先，这些其他特征只有当它们与根据眼睛运动进行距离判断相联系时才加以利用，但是后来这些其他特征可能成为独立的距离标志。在这组独立的距离标志中，主要的标志是由物体投射的阴影（shadows）。物体阴影的方向和大小既有赖于与物体有关的光源位置，也有赖于与观察者视点（point of view）有关的物体位置。由此可见，距离的增加意味着界线清晰度的逐步下降。一件物体的距离越远，它的颜色就越淡，而且物体的颜色还要随着大气层光的吸收而在质量上起变化。所有这些因素结合在一起，构成绘画中透视的（perspective）组成部分，从而使美术家能够用轮廓、光线、阴影和色调的恰当分配，在平面上产生具有实际三维关系的错觉（illusion）。

当距离十分大时，一些物体的形式大小（apparent magnitude）开始作为进一步的因素而起作用。它在我们比较相当遥远的物体时提供最为明显的测量标准，而且在上述透视因素（factors of perspective）不存在的情况下，成为用第三维度（third dimension）估计距离的唯一标准。如果我们把距离 10 英尺①以外的一棵树与距离 100 英尺以外的另一棵树作比较，即使我们知道两棵树实际上相等，但是前者仍然显得大些。在知觉中直接提供的一件物体的大小，我们称之为"形式大小"。无论何时，当我们从反复的体验中已经习得了一件物体的实际大小时，该物体的形式大小（apparent size）便被用作它与我们距离的一种测量。这种情况就我们这方而言并非一种反射活动的结果——因为反射活动决不包含在知觉过程中——而是由于距离观念与印象直接联合（association）的结果。然而，这种观念的发展是有赖于经验的；因此，我们必须把它本身解释成在已知实际大小的物体距离和该物体形式大小之间联合的结果。从远处走来的一个人的形式大小将会直接激起关于该人距离的观念，因为在先前许多事例中我们已经将这种特定的距离观念同这种特定大小联合起来了，其方法是通过直接提供的其他特征，尤其是将眼睛从自己的脚下移向他的脚下，从而使我们把那人离我们的特定距离与他的特定大小联合起来。

三、物体的大小和距离之间的关系

一个物体的形式大小和该物体在视网膜上形成的映像大小通常被认为是直接成比例的。支持这种观点的明显理由是，两者都随着距离的增加而缩小，而且很清楚，视网膜上映像的大小肯定是我们形成一个物体形式大小的任何一种观念的主要条件。如果有人从远处向我们走来，他在我们的视网膜上产生的映像和他的形式大小（也就是我们在观念中归属于他的那个尺寸）同时增加。但是，由于这种形式大小的观念是众多联合的

---

① 1 英尺＝0.3048 米

产物,其中有些联合的性质颇为复杂,因此我们不该期望发现这两种数值之间的任何一种恒定关系——也就是视网膜映像的数值(生理的)和观念数值(心理的)之间的恒定关系。这一假设为实验所进一步证实。因为我们发现,虽然视网膜上映像的大小保持恒定,或者说通过对物体界线的视觉画线而形成的视角大小保持恒定,可是物体的形式大小可能异乎寻常地不同,它是由进入联合的其他因素决定的。在这些因素当中,首要的因素是由物体其他特征提示的距离观念,处于第二位的因素才是相似物体的大小观念。

我们观察位于同样距离的同一物体,但该物体有时看上去大些,有时则小些,对此最引人注目的例子是太阳和月亮。在太阳远离地球的这段距离之内,太阳给我们的大小映像在早中晚三个时间里没有什么不同;太阳的大小在白天也一直保持相同。但是,当太阳位于天顶时,确实比起它在地平线上刚刚升起或落下时看来要小一些。这可以用下述方式加以解释:我们形成了关于太阳距离的明确观念,尽管这一观念与事实相距甚远。对于我们的眼睛来说,天空是弓形的,它在地平线上与地球相接,并与最近的山顶或最近的市镇塔顶相连。为了形成太阳位于天顶处的距离观念,我们至多只有一座塔或一座山作为衡量的标准;可是,为了获得地平线距离的观念,我们却利用了我们视野范围内的每一件物体。在我们自己和地平线之间可以见到大量的树木、田地、村庄和市镇,包含着如此众多物体的一段距离肯定是很长的。于是,我们开始想象地平线要比天顶的距离长得多;与地球相接的天穹并不是弓形,而是很像凸起的钟表表面。但是,如果我们注视的物体,不论远近,在我们视网膜上产生的映像是同样大小的话,那么所注视的物体大小在这两种情形里肯定会有所不同。较远的物体之所以看来实际上更大些,正是因为该物体和较近的物体看上去一样大的缘故。这好比一个站在教堂顶上的人要是看上去与我们身边的人一样大,那么我们不得不想象前者肯定是个巨人了。在我们形成一个物体大小的观念之前,我们总是考虑我们看见该物体时的距离。可是,我们经常错误地估计距离。尽管我们可能已经上百次地使自己相信犯了这种错误,但是我们仍然无法使我们的知觉摆脱这种错误,因为引起这种错误的联合是如此的稳定。我们关于太阳大小的知觉在于两种错误的观念:首先,我们假设太阳离我们眼睛的距离并不比最近的山峰或附近教堂的尖顶更远一些;其次,我们想象太阳有时离我们近些,有时离我们远些,这要依照太阳位于天顶或接近地平线而定。我们无须成为天文学家或者物理学家便能知道这两种观念都是错误的。但是,尽管我们可能充分地了解了这一点,尽管我们肯定太阳离我们的距离不会一会儿大一会儿小,我们仍然会犯同样的错误——我们中间的天文学家和物理学家同我们是半斤八两。

因此,我们关于物体的知觉总是有赖于它们的距离;可是并不有赖于它们的实际距离,而是有赖于我们所想象的物体距离。如果我们真的能够得到关于太阳和月亮的实际距离的知觉,那么太阳和月亮对于我们来说将会显得无穷之大。另一方面,当我们尽最大努力把太阳和月亮想象成距我们十分接近时,它们又会显得比通常的更小一些。例如,如果我们通过一根管子窥视月亮,或者从手指合拢的缝隙间观看月亮,我们只见到月亮所在的那部分天空,月亮的大小也不会超过半个克朗[①],可是一般看来月亮大约有盘子

---

① crown,英国旧制 5 先令硬币——译者注

那么大小。对这一事实的简单解释是,我们现在并没有把月亮定位在树林背后的某个地方(树林占据了我们正常视野的前景部分),而是把月亮定位在管子后面的某个地方,或者手指合拢后面的某个地方。同样,当我们用普通望远镜观察月亮时,月亮看上去较小,不比通常见到的更大,尽管望远镜把东西放大了,而且我们可以在望远镜的帮助下看到月亮表面上的一些东西,这些东西是肉眼看不见的。这也是因为月亮并未定位在某个距离上,而是定位在望远镜的另一端。同样的情形发生在当我们把望远镜指向远处的山峰时:我们可以十分清楚地见到山峰的轮廓;我们还可以观察到肉眼无法辨明的一些细节。然而,我们注意到,从总体上说,山峰看上去并不是放大了,而是缩小了。在这些事例中,月亮的视网膜映像大小和山峰的视网膜映像大小都增大了,而我们见到的物体本身却变小了。

但是,我们尚未完成我们在此提及的影响的解释。如果我们注视站在塔顶上的一个人,他看起来不会像我们根据他的距离所想象的那么小。当我们注视对面墙上的镜子时,我们可以相当精确地估计镜子的距离。如果我们将镜子在视网膜上的映像大小跟其他物体和较近物体的映像大小作比较,我们便会发现,我们把镜子看得比实际上应该看的要大一些。很清楚,我们已知一个人的大小和镜子的大小这一事实在这里具有重要意义。我们无数次地看到身边的人,因此我们肯定知道一个人决不会只有 1 毫米那么高,客厅里的镜子也绝不会只有 2 平方厘米那么大。这种经验对我们的知觉产生了影响,而且对我们的观念进行了修正,要不然我们本该形成关于我们正在注视着的物体距离的观念的。但是,正如你们知道的那样,这种修正是不完整的:站在屋顶上的人看起来要比站在我们身旁的人小得多,离我们 20 英尺以外挂在墙上的那面镜子比起我们直接站到它面前时要略为小一点。在下述两种事实之间存在着冲突。一种事实是,我们见到的物体在一定距离以外,因而看上去一定会较小些;另一种事实是,我们熟知物体的真正大小。事实上,在这一冲突中两种事实都是正确的。但是,由于不可能同时认可两种矛盾的主张,我们只好效法那位十分高明的法官的例子了:法官在判决涉及金钱的诉讼时,往往在诉讼的双方之间将金额一分为二。

由此可见,我们的知觉只能确定物体的真正大小,而这种真正的大小实际上是我们大家都知道的,这种知识必须来自直接的和通常是反复的体验。尽管我们能够确信月亮与一只盘子比起来简直大得无法测量,但是我们仍然不会把月亮看得稍大一点。我们相信放大镜不会使看到的物体实际上在变大;然而,物体仍继续在我们的视野里变大。面对中午的太阳,我们可以肯定它不会比早晨的太阳更小,但是当我们注视中午的太阳时,它却显得小些。视觉需要用一种颇为不同的方法才能被信服。其他人的武断、猜测或估计在决定我们的知觉时不会产生任何影响,只有一遍又一遍地重复观念联合才会在决定我们的知觉时产生影响。因此,孤立的经验不会在我们的心理上留下任何印象。从我的房间窗口可以直接望见邻近的教堂塔顶。教堂上面的大钟看来跟悬挂在我墙壁上的那只中等大小的时钟差不多一样大。塔尖上的圆球看来也和旗杆顶上的圆球一样大小。刚才教堂上的大钟钟面和塔尖上的圆球都被工人卸下来进行维修,就放在马路上。使我惊讶的是,我看到前者像教堂的门一样大,而后者也有货车的轮子一般大。现在这两样东西又回到了它们的原处,在我看来又像以前那么大了,尽管我已经知道它们的真正大小。站在屋顶上的工人看上去并没有比他实际的身材小得多,因为我已经无数次地观察过我的同胞们的身材大小了。但是,塔尖上的圆球和教堂上的大钟却不是日常经验的物件。旗杆顶上的圆球和墙上的时钟倒是较为熟悉的东西。因此,我把塔尖上的装饰球认作旗杆顶上的圆球,并把教堂上的大钟认作墙上的时钟了。甚至这种观念看来也有点夸张,如果我把这些东西跟直接位于我四周的那些东西相比较的话。如果我将大头针和手表放在离开眼睛稍远一点的距离,那么我便能用一枚大头针的针头遮住塔尖上的球饰,用我的手表遮住教堂上的大钟。如果不是因为在塔尖上安置一只手表并用大头针的针头作为装饰球太不可能的话,我也许应当想象实际情况便该如此了。

接着,我们发现,我们对空间事物的知觉是特别多变的;它受到若干影响的制约,这些影响并非来自事物本身;我们还考虑了物体的形式大小,它们离我们的距离,最后,我们还考虑了在其他联结中我们对同样的或相似的物体的经验。那么,我们怎样才能断定我们的知觉是由外在的事物所决定的呢?所有这些影响无法在事物中找到,却可以在我们自己身上找到。我们无意识地和不明智地改变了这一现象,根据那些已经存在于意识中,并随时准备形成联合的观念要素(ideational elements)去改变这一现象。我们知觉世界的这种变异性(variability)主要有赖于"深度观念"(idea of depth),这种深度观念为视野的空间安排提供了它离观察者不同距离时被理解的特性(property)。这样一种特性必然为主观地和客观地影响我们的空间观念开辟一个广阔的天地。

但是,在这些影响的运作之下,按照空间距离安排事物肯定会存在不完善的现象,而且也无法进行精确的测量,我们不要忘记只有通过精确的测量我们才能为我们的观念世界获得一种最终的形式。由于把空间中不同距离的各种事物作为参照,知觉世界才位于我们自身以外,而且分化成无穷的多样性内容。虽然我们归于外部物体的空间关系可能常常是不完整的和具有欺骗性的,但是在引进那些关系时仍然采取了决定性的步骤。我们的感知活动始终起着作用,以便努力完善我们的观念。它为我们提供新的观念类别,并在那些已经获得的观念里纠正最为严重的错误。所有感觉都在这一运作中合作,每一种感觉对其他感觉进行修正和补充。但是,主要是两个并列的视觉器官的共同活动,我们把我们的观念发展主要归功于它们。没有任何其他的器官能够像两只眼睛那样直接补充和纠正彼此的知觉,从而提供如此巨大的冲动,以便各个独立的知觉融合成一个单一的观念。

第 十 二 讲

• *Lecture Twelfth* •

一、双目视觉;两种视网膜映像的差别

我们可以把两只眼睛比做两名哨兵,他们从不同角度观察世界,彼此通报各自的经验,用观念(idea)完成一幅共同的图景,并且通过观念将每位观察者分别看到的东西联合起来。

双目视力(binocular)与单目视力(monocular)不同,人们发现这一事实已经有很久。早期的生理学家认为由单眼产生的物体映象与由双眼产生的物体映像并无区别。因此,他们假设,双目实际上等于单目——这一结论在视神经(optic nerves)的解剖结构中得到证实。在视神经从脑部出发通往眼睛的途中,于某一地点发生X形交叉。该地点上的神经纤维紧密交错;然后,又形成两根神经干(nerve-trunks),每一根神经干通向一只眼睛。据假设,在两种神经的X形交叉点上,神经纤维产生了分离。每一根神经纤维,不论它来自脑的哪一侧,被认为是以下列方式分离(divide)的,即它的一部分通向一只眼睛,并在每只眼睛中通往相应位置的视网膜点上。英国物理学家惠特斯通(Wheatstone)于1840年证明,投射于每只眼睛视网膜上的映像(images)往往是不相同的,这种不相同并没有给视觉带来混乱。如果我们将某样东西放在靠近我们面前的地方,先闭一只眼睛,然后再闭另一只眼睛,在这先后两种情况下,我们见到的这个东西稍有不同。譬如说,我们将自己的一只手放在两眼之间,离开双目只有一点点的距离,以便使手的表面和脸部成直角;这样一来,一只眼睛只能见到手背,另一只眼睛只能见到手掌。如果解剖上的X形交叉点确是分离之处,而且如果投射于双目的映像在脑中直接相混合(intermixed),那么同时发生的双目视觉将只能为我们提供一幅混乱的图像。因为在一只眼的视网膜上反映出手背的部分,而在另一只眼的视网膜的相应区域则反映出手掌的部分。然后这两种图像参与视觉的共同活动,这样一来就会使任何一种清晰的视觉理解成为不可能的事。但是,实际的观察并未证明上述观点的正确。事实恰恰是,我们用双目看手比用单目看手可以看得更完美。原因不仅在于用双目看东西可以同时看,用单目看东西是相继地看,而且还在于我们直接感知到手并不是画在平面上的一幅图画,而是第三维度(third dimension)的延伸。我们可以用各种物体重复进行同样的试验;我们将总是发现对物体的第三维度的理解始终与同时发生的双目视觉密切联系着。如果我们只用单眼,那么我们便常常难以确定我们注视的物体究竟是三维的,还是仅仅画在平面上的一幅图画。因此,在单目注视中错觉是容易产生的;用透视法作画,其中明亮部分和阴影部分尤其可以提供第三维度的强烈印象。如果物体靠近我们,那么只要第二只眼睛一睁开,错觉便立即消失。虽然第三维度的知觉可以用单眼得到,但是它仍然是不够完整的、瞬间即逝的,

而双目视觉获得的第三维度和知觉便不会这样。一般说来,我们用单目视力只能逐渐地获得物体的第三维度的知觉,并且按照眼睛由较近的注视点向较远的注视点的移动,也就是通过时间上一个接着另一个的系列活动来获得对物体的第三维度的知觉。

如果直接的深度观念(idea of depth)始终与同时发生的双目视觉相联系的话,那么显然可以这样说,我们用此方式见到的物体正是由于投射到双目的映像是不同的缘故。我们关于第三维度延伸的直接知觉是因为双目从不同视角注视事物的缘故。而且,这一事实通过观察得到了证实。当我们把物体移向距离眼睛越来越远的地方时,深度知觉便随之消失。但是,随着距离的增长,两眼视网膜之间的差异也随之减少。直到最后,当物体已经十分遥远,以至于双目之间的距离与物体相比实际上为零时,两种映象恰好相似,并相应地投射到两眼视网膜的有关部分。譬如说,如果我们拿一张纸放在眼前,以便使右眼见到纸的一边,左眼见到纸的另一边,我们便获得该纸在第三维度中延伸的清晰观念。但是,如果将纸张移动,使之离眼睛越来越远,结果我们便越来越少地看到纸的两面;直到最后,除了纸的前缘以外便什么也看不到了,而纸的前缘对于一只眼睛和另一眼睛都是一样的。换句话说,深度知觉和两种视网膜映像之间的差异始终是彼此平行的。

如果双眼视网膜映像之间的这种差异是深度知觉的原因,那么很显然这种深度知觉便可以在并未实际见到三维物体的情况下产生,只要向双眼呈现具有差异的视网膜映像(这种差异与知觉这样一种物体时产生的差异相类似)便可做到。也就是说,如果我们向一个视网膜投射一个看上去很像倾斜着的手背的映像,并向另一个视网膜投射一个在相似的条件下见到的类似手掌的映像,那么在我们的头脑里便会产生第三维度延伸的观念,尽管所使用的映像只不过是一个平面上的图画而已。这些视网膜映像与我们注视一只真实的手时所反映出来的视网膜映像恰好一样;其结果也因此保持不变。

要测试这一点颇为容易。最好采用简单形式的目标物。假定我们将截去顶端并且具有圆形底部的锥体放在眼前,锥体的顶点朝着我们的脸部。首先,我们闭起右眼,然后画一张确切的锥体图;接着,又闭起左眼,并画类似的图画。结果,画出来的两幅图是不同的,因为右眼所看到的锥体的一些部分是左眼所看不到的,反之亦一样,左眼所看到的那个部分是右眼所看不到的。左眼看到的锥体近似于 A,右眼看到的锥体类似于 B(见图25)。这两幅图仅仅作为图画都无法提供任何启迪以形成第三维度的观念。我们所能做的便是通过一种想象的努力去或近或远地注视内部的小圆,而不是去注视外部的大圆。但是,如果我们让 A 影响左眼,好像它是一个出自实际锥体的映像,并让 B 对右眼施以同样的影响,那么,我们便会得到明确的三维观念,就像我们通过观察锥体本身所获得的三维观念一样。

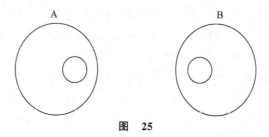

A   B

图　25

当然,如果用双眼去看这两幅画时眼睛随意乱指是不行的。我们必须以这样一种方式去看这两幅画,这种方式与那些由实际物体来形成的映像相对立。左眼必须凝视 A 里面的小圆,右眼必须凝视 B 里面的小圆。只有在这种条件下,两只眼睛里的映像才可能像我们凝视一个真实的截去顶端的锥体顶部时所产生的那种映像相关。但是,这样的实验并非易事。我们习惯于将双眼指向同一点上。这里,我们必须用两只眼睛凝视一个不同的点,用左眼看 A 的顶部,用右眼看 B 的顶部。唯有经过长而持续的实践,我们才能使自己的眼睛运动控制到这样的程度,即用每一只眼睛进行独立的注视。正常情况下,双目的运动完全是同时发生的。运动本身是由外部印象决定的;也有可能这些运动最初有助于机能的同时发生(functional concurrence)。因为,正如我们已经看到的那样,这是每只眼睛的反射机制的规律(law of the reflex mechanism),即我们的凝视总是受到与众不同的地点或界线(points or boundary lines)所吸引,并根据它们引起的印象的强度(intensity)从一个地点(或界线)移动到另一个地点(或界线)。由于双眼均遵循同一条规律,它们的运动必须紧密地相互联系。引导一只眼睛去凝视它的那个地点也会吸引另一只眼睛。这样一来,就两只眼睛来说,便产生了一种共同凝视的冲动,这种共同凝视的冲动只有通过实践才能克服。

二、立体视镜;最简单的立体视觉实验

为了排除仅仅把观察限制在少数有经验者的身上这一困难,惠特斯通制成了立体视镜(stereoscope)。借助这种仪器,任何一个人都可以相当容易地从一个平面上呈示的东西中获得三维观念。普通类型的立体视镜是由布鲁斯特(Brewster)提供的(见图 26)。它包含两块小的呈倾斜角度的棱镜,在棱镜后面的一段距离置有可供组合的两幅图画。双目在自由注视时必须使它们的视轴平行,以便能同时注视两幅图画(b)。但是,如果中间插入两块棱镜(p),而且它们的折射角朝向彼此的眼睛,从而使得来自图画(b)的光线将以这样的方式转向,即这些光线能落在视力最清楚的地方和视网膜的邻近部分,尽管双目并不凝视着图画(b),而是凝视着 f 点。这样一来,其必然的结果是,A 和 B 的内部小圆(见图 25)影响两眼视网膜的重合之点

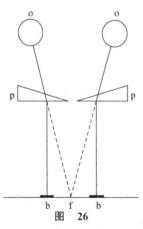

图　26

(coincident points),而图 25 的余下部分正好显现出视网膜映像中的同样差异,像我们直接观察一个具有类似特征的真实物体时所产生的视网膜映像的差异一样。

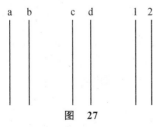

图　27

下面是最简单的立体视镜实验。如果用立体视镜把彼此位于不同距离的两根垂直线向每只眼睛呈现的话,那么深度知觉便会产生(见图 27);例如,向左眼呈现 a b,向右眼呈现 c d。运用这种方式,我们得到了两根垂直线的共同映像,共同映像之一,即垂直线 1,是由于融合了 a 和 c 的结果,共同映像之二,即垂直线 2,则是融合了 b 和 d 的结果。

前者存在于纸的平面上，后者则存在于稍后一点的距离上。这是符合通常的情况的。当我们双目凝视两根线条时，右面一根线条往往比左面一根线条稍远一点，右眼视网膜映像中两根线条的水平距离必然比左眼视网膜映像中两根线条的水平距离要大一些。

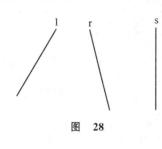

图　28

当我们向每只眼睛呈现画得稍稍倾斜的一根线段，而且使两根线段的倾斜度稍有不同时，用这种方式同样产生了深度观念。如果线段 l 和 r 分别落入左眼和右眼上面，具有如图 28 所示的倾斜度，那么我们便能获得一个共同的映像（s），它延伸至第三维度，其上端比下端更远。但是，另一方面，如果线段像图 29 那样倾斜，我们便获得了一个共同的映像，它的下端要比上端更远。

在上述两个事例中，倾斜的线段以不同的形式倾斜，或者说垂直线之间的水平距离有所不同。这两个事例不断地被肉眼在三维视觉的条件下认识到，同时也在立体视镜中被认识到。它们构成两种基本的立体视镜的视觉实验。垂直线或斜线无须笔直；如果它们有点弯曲结果也一样。所有立体视镜的视觉最终有赖于这两种基本实验的结合。另一方面，如果呈现不同距离的水平线，我们便无法获得深度观念了。这一现象是很容易得到解释的，因为我们记得在自然界并不存在这类三维视觉的情况。我们可以随心所欲地翻转或扭曲一个物体；它的界线不是垂直的便是倾斜的。

图　29

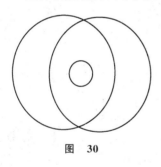

图　30

立体视镜视觉的事实无可争辩地证明了双目是彼此独立地感知的，它们的知觉只是在第二步上才结合成共同的观念。关于立体视觉现象的原因，其他任何一种观点都不可避免地涉及一些矛盾。例如，认为两只眼睛实际上仅是一只眼睛；认为每根神经纤维分成两个分支，各自通往两个视网膜的相应点上，这样的想法是绝对不可能的。如果情况真是这样的话，那么我们从截去顶端的锥体所获得的共同映像将具有图 30 所示的特征。在图 30 中，那些不投射于相应视网膜点上的图画部分干脆相互覆盖起来；而且没有产生一种简单的三维物体观念的暗示。

如果我们承认（正如该现象不可避免地迫使我们去承认的那样）两眼是分离的视觉器官，它们彼此独立地进行感知，那么我们便只能以某种心理过程寻求两种视知觉（visual perceptions）的融合。事实上，这一现象本身导致了这样的结论。我们认为深度观念只有在两种映像恰巧与我们对空间实际物体的看法相符合时才会产生；我们发现，第三维度的直接知觉始终意指着双目视觉。现在，假定在你面前分开展示两幅平面图画，你被告知这两幅平面图画是同一物体的两种投影（projections），那么关于这一物体的性质你会作出什么推论呢？当然，你会说，物体在三个维度中得到扩展；你甚至会拥有一个关于该物体第三维度的大体正确的观念，也许还能构筑整个物体的确切模型。如果双目知觉原本便是两个分离的东西，那么就必须通过一种基本相似的方法，它使我们最终将这两种分区（separate area）的映像融合成在第三维度中延伸的物体的共同观念。我们也必须从物体的分区投影中构筑我们关于该物体模型的观念。唯一的差别在于我们并不是有意识地做到这一点，而是通过一种感觉联合的活动无意识地和不自觉地做到这一点：这是出现在意识中的唯一的结果，也即物体本身的观念。

将知觉融合成单一物体的观念，就其必要性而言，部分在于这些知觉的无限数量。不断向我们的双目呈现的是与三维物体相应的并补充三维物体的分区的投影。我们总是根据通过我们双目获得的关于外部世界的不同观点来感知这些物体。但是，将两部分的观念联结起来的动机只是事情的一半。在心理努力中还可以找到另一种更强烈的影响支配着一切知觉过程——努力获得同时发生的观念和观念要素的永久性联合。我们已经发现，在刚才谈到的分区和三维的知觉过程中，这种努力运作着。毫无疑问，两种视觉映像的融合是一种心理联合活动的结果。但是，我们仍然需要更加精确地确定这种联合是如何发生的。

当讨论单眼知觉的形成时，我们发现运动感觉（sensations of movement）提供了对视野中一些分离点的空间距离的测量。与此相似的是，在双目的深度观念中，也是运动感觉为我们提供了对空间距离的基本测量。如果共同视野包含了单一的亮点（bright point），那么支配着视网膜上黄斑（yellow spot）的眼动关系的反射机制便导致了双眼对该单一亮点的凝视。该亮点的映像投射于黄斑，也即视觉最清楚的地方；它是视轴发生交叉的地点。如果在共同视野中出现其他亮点，这些亮点便依次地被感知，其顺序按照这些亮点刺激眼睛趋向于运动的强度而定。由此，产生了对视野中出现的与众不同的点或界线的连续凝视。但是，当双目以这种方式一个点接一个点地区分出一个物体时，必然会在各种情形之间立即产生重要的差异。如果目光扫视过的那些点存在于一个平面上，那么不再被凝视的那些点的映像——也就是说那些点的映像没有落入黄斑，而是落入视网膜的侧面部分——仍然会影响双目中近似于重合位置（coincident position）的一些视网膜的点。这种位置的重合也提供了有赖于印象位置的特定感觉色彩的某种相似性。另一方面，如果连续凝视的点位于离开眼睛的不同距离，那么不再被凝视的点的映像就不会落入重合位置和两眼视网膜中相似感觉特征的点上。随着把这些点分离开来的第三维度的距离越大，这种分叉（divergence）现象也会越大。在这种情形里，两种视觉映像的联合必然会存在基本的差异；而且，与表面知觉（perceptions of surface）和深度知觉相对应的两个系列的实际经验将会清楚地彼此区分开来。

三、立体视觉理论

然而，我们必须要问，上面讲的这种区分怎样才能形成与分区的物体观念相对的三维物体的特定观念呢？在这一点上，不同的观念仍然是可以考虑的。许多权威人士说，只有落入重合的视网膜点上的映像才可以看做是单一的；所有其他的映像都可以看做是双重的。因此，我们可以根据存在还是不存在双重映像（double images）来确证存在还是不存在第三维度。把这些东西分离开来的距离——也就是它们偏离重合的视网膜位置的大小——使得我们直接推理第三维度中延伸的大小。因此，深度知觉仅仅存在于对双重映像的忽略之中;深度观念越是清晰地产生,越是要忽略这种双重映像,以便达到对单一物体的知觉。

然而,这种观点经不起实验的检验。如果把图 31 引入立体视镜中来,那么左眼接收映像 A,右眼接收映像 B。线段 1 和线段 2 落入视网膜的相应部位,线段 1 和 3 则落入不同的部位。结果,两根粗线 1 和 3 融合成一个单一的观念,从粗线 1 和 3 的融合中产生的线段提供了清晰的深度知觉,而细线 2 在纸的平面上与它发生交叉;也就是说,我们的视觉已经将落入两眼视网膜不同部位的两根线段合二为一,而落入相应部位的两根线段被分别地感知。由此必然引申出这样的观点,即深度观念无法产生于对双重映像的感知和继后的忽略。如果情况真是如此,那么投影于一系列相应点上的映像 1

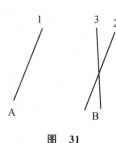

图　31

和 2,便不可能作为双重映像而分别出现。此外,这个实验还证明了视觉的形成是一种基于两种视知觉联合的观念活动,它不仅由视网膜映像的位置所决定,而且还由这些映像所具有的其他特性所决定。这两根粗线首先把自身强加于知觉,并且当双目的映像被比较时它们又可以单独归属于单一的物体;而物体本身必须在空间的第三维度中延伸到映像所占据的位置。

因此,深度观念并不是由视觉的共同活动中忽略分离的知觉或集中弱化分离的知觉而产生的,恰恰相反,深度观念是通过清楚地理解这些分离的知觉及其继后的结合而产生的——这种初级的联合进一步与其他类似的观念相联合。两个视网膜映像的差异并不意味着作为无价值的错误东西而不予考虑。恰恰相反,它们为我们提供了对外部物体空间质量的不同寻常的确切测量。而且,下面的推论将是不可避免的,即如果我们通过视网膜映像的差异而感知到这些空间的特性,那么这些视网膜映像本身就必须在知觉中与它们独特的空间差异一起被提供。

但是,这些视网膜映像的差异(它们的比较为我们提供了深度观念)被感知并被精心制作成观念的方式可能还存在一些怀疑。我们必须从这样的一个事实出发,即眼球的运动感觉(它们向我们通报了分区性视野的空间关系)也提供了——至少在最初——对第三维度中距离的测量。于是,深度观念由运动产生的假设看来有了可能。我们已经讨论了眼动(eye-movement)在估计距离方面的意义。如果我们用双目凝视一个物体,那么物体离我们距离的增加或减少可以通过眼动的辐合(convergence)或发散(divergence)而十分鲜明地被感知到,这种辐合或发散的运动是由双目进行的,目的是保持该物体能被恒定地凝视。我们通过运动-感觉意识到这些运动,并且通过运动-感觉,我们对物体的趋近或移远进行测量。如果一个空间延伸的物体放在我们面前,那么它只向我们同时展示当一个物体运动时相继感知到的东西。与此同时,尽管三维物体作为整体放在我们面前,我们在单一瞬间只能清楚地感知该物体的某个部分。在这种情形里,我们还通过辐合和发散的眼动逐步地由较近点移向较远点,或者从较远点移向较近点。用此方式,我们感知了物体中较近和较远的东西,正如我们观察运动中一个单一的点的位置变化那样。

毋庸置疑,深度观念原先就是以这样的方式通过一系列感觉和知觉而产生的。但是,深度观念是否继续以同样方式产生,由双目逐渐获得的每一个单一观念是否继续由一系列相继的活动来形成，这便是一个不同的问题了。我们已经在研究平面的知觉中讨论过类似的问题。在这个领域，也是运动起着重要的作用。但是，我们看到，运动并非在每一种单一的知觉中继续起作用，静止的眼睛本身也能见到空间的事物，并对空间的延伸具有相当精确的测量。而且，我们还发现，正是在视觉中存在这种部位色彩（local colouring），从而使眼睛省却了这些持续的运动。这些部位的信号（local signs）是永久的属性，一旦这些属性与运动感觉的关系被发现，那就足以把感觉带入延伸的形式。

因此，深度观念（在双目视觉中产生，以便使我们对视觉空间的简单理解变得完整），也可以在眼睛完全静止的时候产生。看来，深度观念通常在眼睛受到光的印象（impression of light）作用时瞬间出现，所以它几乎没有什么时间从若干由运动分离的相继知觉中形成深度观念。这种现象可以由下述实验作精彩的和结论性的说明：如果允许一名观察者在黑暗中借一台立体视镜进行窥视，而立体视镜中的图像突然由电火花照亮。电火花的持续时间如此之短，以至于在电火花发生期间不可能有任何眼动。但是，如果图像十分简单的话，由电火花照亮后也会立即产生第三维度中清晰的延伸观念。

由此看来，深度观念可以在极短的时间里产生，而且在引起深度观念方面肯定无须任何系列的运动。也就是说，在这一事例中，一定有某种东西，使静止的眼睛具有这样的视觉特征，通过这种东西，视觉可以摆脱原先强加于它的一些条件。这里所谓的某种东西，除了下述的东西以外，不可能是别的东西了，那就是我们的平面视觉也在某种程度上摆脱了运动的协作，而这种运动的协作原先是必不可少的。这里，我们再次提及部位的感觉特征（local character of sensations），这些特征的作用是决定它们在所属的视网膜上的安排，发出信号，以便使大脑构筑每一种特定的视网膜映像的空间延伸。大脑根据它在这些映像中发现的差异，测量第三空间维度中物体的延伸。如同在分区性视野中，重合的映像落入视网膜的一些部分，赋予一种实际上共同的感觉特征，为我们提供了在单一平面上物体延伸的标志一样，对那些不具相似特征的感觉来说，它们所在的视网膜部分的激发，也在第三维度中充当了延伸的一种信号。

正如你们知道的那样，我们对于空间距离（它与感觉之间的某种差异相对应）的测量，原先是按照运动来进行的。但是，一旦获得了这种测量以后，这两种感觉系列（运动感觉和部位感觉性质）的稳定联合便有可能在某些情况下使第一个系列（即运动感觉系列）消失，而对空间距离的测量仍然没有受到影响。与此同时，观察表明，两种系列的联结（即运动感觉和部位感觉性质的联结）不可能永远受到干扰而不造成空间视觉的扰乱，这种扰乱只能由一种新的系列的联结一步一步地逐渐予以消除。因此，如果眼睛在特定的空间知觉中摆脱了运动的决定性影响，那么这种摆脱仍然不是什么绝对的事情。但是，不论什么时候，由运动进行重新控制将被发现是相当必要的。只有运用这样的方式，两种感觉系列的牢固联合（这种牢固联合是由位于感觉器官中的一些条件坚持不懈的运作才使两种感觉系列彼此进入这种联结之中）方能保持在不受干扰的完整性（integrity）之中。

第 十 三 讲

• *Lecture Thirteenth* •

一、相似的立体视镜映像的结合

将两种视网膜映像（retinal images）融合成单一的观念（idea）只是观念形成一般规律中的一个特例而已。在由双目产生的视觉观念（visual idea）中，我们并没有发现一只眼睛的知觉与另一只眼睛的知觉有何不同；我们将两只眼睛的知觉立即混合成一个单一的、不可分解的知觉。两眼仅仅构成了单一的视觉器官，在这个意义上讲是真实的。它们实际上像两名独立的观察员，从两种不同观点对事物予以关注，我们只有将这些观察的结果加以组合，才能熟悉物体的特性，这些都是我们未予论证的事实；我们只是有意识地提供了这种组合的结果。那就是说，直等到双目视觉（binocular vision）的两种知觉被融合以后，我们才能产生"观念"；或者换句话说，两眼联合起来实施共同的功能（function）是联合的心理过程（mental processes of association）的本质之必然结果。

把联合中各个分离的要素（separate elements）联结成单一的观念（它不可避免地受制于大脑的性质），也受到外部知觉规律（law of external perception）的促进。我们的外部知觉具有这样一种特征，它们仅仅涉及与观念相对应的一个物体，该观念已经由该物体形成。因此，我们可以进一步提问：当存在着一些并不涉及同一空间上延伸物体（extended object）的印象（impressions）时，这种观念活动如何动作？ 当然，这样的情况在自然界中永远不会实现；但是，我们可以通过立体视镜（stereoscope）向双目展示假设的那种印象。在立体视镜中随机放进任意选择的不同形象，就好像以同样方法在两只眼睛前面放上同一物体的平面投影图（projections）一样容易。我们的大脑是如何处理这些无法结合成单一观念的知觉的呢？

几乎没有任何一种观察能比这些实验更使我们的观念活动性质清楚明白地显示出来。在这些实验中，向感觉器官所呈现的东西是与这些感觉器官的正常功能不相容的，该东西使大脑（即如何去除包含在冲突的知觉之间的那种矛盾）感到迷惑。可是，一个一般的规律是可以被阐释的：无论向双眼呈现的分离知觉（separate perceptions）之间的差异有多么大，对这些分离的知觉分别予以同时的理解是不可能的。结果，不是根据立体视镜本身的类推（analogy）来把分离的知觉结合起来，就是根据这种或那种视网膜映像来进行理解。

无论何时，当两种图像彼此之间具有某种相似性时——也就是说，它们的差异并不过于明显地超出自然界里发生的那些差异——它们就被融合成单一的观念。即便它们的差异很少与三维物体图像（pictures of a tridimensional object）中表现出来的那些差异相对应,深度观念仍然会立即发生。较小的差异被忽略了,与那些映像最为相似的实际物体的映像得到了解释。

但是,更甚于此的是,如果那些不能组合起来以提供深度观念的图像具有某种相似性,通过这种相似性它们可以容易地被理解为同一物体的图像,那么,那些不能组合起来以提供深度观念的图像便融合成一个单一的观念。譬如说,如果在立体视镜中放入差不多同样大小的两个圆,结果就产生平均直径(mean diameter)的单个圆的观念。与此相同,如果两根水平线彼此之间的垂直长度稍有差异,当把它们展现在每只眼睛的前面时,我们便会产生具有平均长度的两根线的观念。看来,无论是水平线还是不同尺寸的圆圈都无法为我们提供深度观念。但是,它们仍有可能进行组合,这是怎么回事?我们不要忘记,即使在缺乏深度知觉必要条件的情况下,在双目视网膜映像之间仍有可能存在差异。例如,如果我们把一个圆的图像靠近我们的双眼,不过大部分偏向一边——以至于使图像更靠近其中一只眼睛——较近的眼睛的视网膜映像比较远的眼睛的视网膜映像要大一些,原因在于视网膜映像的大小直接有赖于所感知的物体的距离。在这种情况下,两只眼睛中存在不同大小的视网膜映像;然而,当我们凝视该圆圈时,我们仍然可以单一地见到这个圆。无论是两根水平线的情况还是其他任何图形的情况都是一样。所以,通过在立体视镜里放入两个大小稍有不同的图形,借此获得的视觉条件与有时发生在正常视觉中的情况基本上没有差异。当然,当我们凝视直接位于我们面前的一个物体时,我们不会得到大小不同的映像,正如在立体视镜实验中那样。但是,那是一件我们可以忽略的次要事实,这是因为,在正常视觉中,当我们估计位于我们一边很远处的一些物体的大小时,我们仍然会对它们离开双眼的不同距离不予注意。

二、不同映像结合中观念的变化

如果完全不同的物体在双目之前展现,那么便会出现颇为不同的现象。如果我们在立体视镜中放入两幅随机选取的物体图像,我们便可以观察到观念的奇异交替(curious alternation)。我们既不能同时地或分别地感知两幅图像,也不能使它们融合在一起;但是,首先出现一幅图像,然后又出现另一幅图像。往往会发生这样的情况,一幅图像一度出现;然后,另一幅图像的各个部分又挤到了前面,接着可以突然地单独观察到第二幅图像。我们注意到一个普遍的规律,即不存在属于一幅图像的若干部分同时叠加于另一幅图像的相应部分;而且,没有复合的知觉(complex perception),即由第一映像和第二映像两个部分组成的复合知觉,能保持其作为永久性观念的地位。这样一种复合的图像始终是由一种映像转向另一种映像的过渡阶段。这种过渡或者说交替(也即同时强加于我们意识之中的两种知觉之间的过渡或交替)是很容易由外部影响引起的。在这一联结中,双眼的运动具有特殊的重要性。随着我们眼睛的运动,其中一只眼睛可能凝视着第一幅图像中某种鲜明的界线(boundary),而另一只眼睛则指向第二幅图像中某个不太显著的部分。用此方式产生了一种倾向,即前者在产生观念方面起着支配作用。但是,如果我们再次移动眼睛,从而使注视点发生改变,那么第二个映像可能以同样的方式占据了支配地位。首先进入观念中的那部分图像迫使它自己以特定强度（intensity）引起我们的注意，而这部分图像接着将所有其余的映像都携带在一起。

为了观察这些现象，我们可以使用相当复杂的图画；但是，这些图画也可以通过简单的图形而加以充分说明，例如，运用不同形式的字母。如果我们向一只眼睛呈现 U，并向另一只眼睛呈现 W，或者向一只眼睛呈现 J，向另一只眼睛呈现 S，那么便不会融合成单一的观念。通常，我们只见到一个字母；然后，该字母被分解成一些部分，其他字母的一些部分被增补到它上面；最后，后者便呈现在我们的观念中。因此，不存在任何一种映像的永久性，只存在永远的交替，也即映像的分解和建立，眼睛由于它所无法控制的映像的这种交替而极度疲劳。

可是，另一方面，如果两个字母没有冲突的特征，它们便可以在相当永久的观念中联合起来。于是，我们可以联合 E 和 F，或者 L 和 F，在这两种情况下都可以得到观念 E。但是，这一知觉仍然不像单眼视觉（monocular vision）中所感知的一个真实的 E 的映像那么稳定。当感知的两个映像的部分重叠（superimposed）在一起时，我们观察到观念中奇异的波动。这是因为在界线附近的某个距离上轮廓始终受到干扰，而且这种距离从较大向较小变化着。

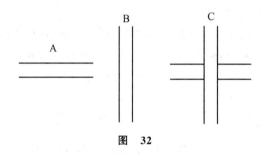

图　32

界线的类似干扰现象也可以在图像的结合中观察到（图像中的线条彼此交叉）。如果我们向一只眼睛呈现两条水平线（A），向另一只眼睛呈现两条垂直线（B），每两条线之间分隔着一段适度的距离（见图 32），那么在我们所获得的整个图像中，其中一个方向的两条线被另一个方向的两条线所干扰。这种干扰现象既可以发生在两条水平线上，如图 32 中的 C，也可以发生在两条垂直线上。在大多数情形里，这种现象依赖于双眼的运动。如果凝视点以垂直方向移动，那么垂直线就被看做是连续的，如果凝视点以水平方向移动，那么水平线就被看做是连续的。看来，似乎存在一种用双目视觉把物体看做在第三维度中延伸的倾向，这是由长期习惯引起的，而且在这些实验中得到了证明。这种倾向在视网膜映像的性质所允许的范围内得以实现；但是，产生的观念无法从这一假设中得到完全的解释。我们能够对明确地向我们展现的这样一组界线视而不见吗？一种视网膜映像的若干部分完全消失究竟是怎样发生的？

三、反射和光泽；光泽理论

为了了解这些现象，我们必须熟悉一系列事实，这些事实既可以在单眼视觉中被观察到,也可以在双眼视觉中被观察到,这些事实对于正确理解观念的形成,其重要性并不亚于我们已经讨论过的内容。

人们熟知以下的事实,我们可以从一只擦亮的桌子表面看到桌子所在的房间的天花板,家具和窗户也可以在桌面上映照出来。不仅桌面上反映出来的物体轮廓完全与众不同,而且反映出来的颜色也颇为真实。尽管这种观察看来很自然,但它却不能用感觉来直接解释。因为如果桌子的颜色呈深棕色,那么人们将会这样认为,白色窗户与深棕色的桌子相混合将会产生浅棕色的阴影。可是,情况并非如此。桌面上反映出来的物体颜色完全没有改变,而与此同时桌子本身的颜色却被清楚地看到了。我们当然无法用绝对的同时发生性(absolute simultaneity)去清楚地理解桌子的颜色和桌子反映出来的映像的颜色。但是,我们可以连续地正确观察到这两种颜色,而不受视网膜上光线—印象(light-impressions)的混合的干扰。

假如我们把一个有色物体(a)放在一块无色的平面上,然后在上方装一块玻璃板(g),再在玻璃板旁边放上第二个物体(b),b的颜色与a不同,b的背景和a的背景却是相似的(见图33)。透过玻璃板,我们可以直接见到物体a,此外还可见到物体b的镜像(mirrored image)b'。那就是说,我们的实验用人为手段恰当地复制了一只擦亮的桌面映照出物体时存在的条件;我们见到一个物体a,它具有明确的颜色,例如红色,同时看到物体b的镜像b',它也有明确的色彩,例如白色。两种情形里的结果恰恰是相同的。镜像b'不是淡红色,而是清清楚楚的纯白色;如果注意力转向物体a,那么它不会呈淡红色,而是不折不扣的纯红

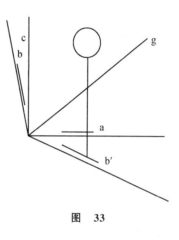

图　33

色,而是不折不扣的纯红色。因此,我们能够将这两种颜色的印象进行分离,并且分别考虑其中一种,而不顾这两种颜色在视网膜上相混合的事实。

但是,这个简单的实验比起观察擦亮的桌子或其他映照的物体更具启发性。因为在这个实验中我们可以随意变化各种条件,从而获取关于该现象的原因的更加确切的信息。如果我们将b的支座转动到c的位置,这样一来c和g形成的角度与g和a的支座形成的角度是一样的,这时b的镜像正好落在物体a被看到的位置上。此时,两种映像都涉及同一种空间距离,而且最终融合在一起了。结果是颜色的混合;由于两种映像的重叠,a和b的组合映像呈淡红色。

颜色的分离还可以用其他的方法来避免。如果有色物体a和b并未明确地受到限制,它们是如此巨大,以至于无法清楚地感知它们的维度,那么我们就会获得一种混合的感觉,就像在前述的例子中那样,镜像和直接的视觉映像位于同一地方。但是,如果我们在每一个有色表面上画线,以便标记一个较小的图形时,这种颜色的分离便立即发生。这些分界线迫使我们从心理上给每一个图形确定其明确的距离。由于两种图形的距离被清楚地理解为不同的,于是便产生了两种映像(并带有它们的全部感觉内容)分离的观念。

于是,我们在这里看到了观念活动造成印象分离的结果,而这种现象在视觉本身范

围内是绝不会发生的。在感觉中,这些印象是混合的,尽管产生这些印象的物体是不同的。可是,由于在观念中每种印象均涉及它的物体,因此,每种印象也就把它自己归于混合中的参与程度。也可以说,观念纠正了由感觉报道的内容。

在某些情况下,当用双目注视一个物体时,该物体似乎能被反映,可是当用单目注视时便不能被反映。如果在图 34 里面,我们单单用左眼(1)注视物体 a,我们便能以其自然特征见到该物体。另一方面,如果我们用右眼(r)注视物体 a,我们便可以在它的后面看

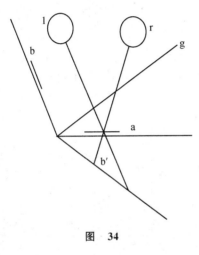

图 34

到镜像 b′。当这个镜像很亮而且覆盖整个 a 时,就会发生将 a 完全忽视的情况,以至于右眼只见到 b′,而左眼只见到 a。结果便产生了反射的单一观念,伴随着物体和它后面的镜像的清楚分辨。我们在这里显然拥有一种类似于我们在立体视镜实验中已经讨论过的情形。在物体位置与反射的图像的位置相对应的地方,前者被忽略了,正像立体图像的若干部分被其他图像的线条所掩盖从而被忽略一样。由于我们对我们四周的反射物的观察已经使我们习惯于或多或少地忽略一个图像的延伸部分,我们将这种忽略某些要素(elements)的习惯带入了这样一些情形之中,在这些情形中,所见到的物体不能自然而然

地,从而也不能强行解释地放在反射物(reflectors)的标题下。但是,这是唯一的结合形式,借助这种结合形式,两种分离的知觉能够被融合成一个单一的观念。

这种反射现象(既发生在自由视觉中又发生在立体视觉中)与另一种类型的反射现象密切联系着,后者由于很大程度上将观念活动的性质清晰地显示出来而显得重要——它便是光泽现象(phenomena of lustre)。光泽和反射彼此传递而没有十分明显的界线。由于反射现象有赖于一种观念活动,因此我们也可以推论光泽将涉及某种观念模式。与此同时,一个普遍的看法却与这一结论相悖。根据这一看法,如果光泽不是依附于发出光泽的物体的某种属性的话,那么光泽至少也是在感觉中直接提供的某种东西。但是,十分简单的观察将使我们相信这种观点是错误的。

我们发现,当房间的家具映照在擦亮的桌子表面时,我们可以不顾由此产生的颜色混合,而将我们的感觉分解成它的组成成分,并且,用此方式,我们总是以它们的恰当颜色去感知被反射的物体和正在反射的桌子。但是,只有当桌子的镜面具有十分均匀的颜色,以至于我们能从中抽取出可见镜像的要点时,我们对映照物体的认识才会相当清楚。一面好的镜子,尽管带有色彩,始终会向我们显示被映照的物体,就像这些物体被直接注视时所反映照的那样。可是,如果镜子在不同部分分别带有不同的颜色,或者如果在擦亮的桌面上交替出现或明或暗的部分,那么情况就不同了。不过,即使镜面的每个部分以同样的清晰度作出反射,反射物仍然不能清楚地被见到。这是什么缘故呢?显然是由于在这样的情形中我们难以将注意力限制在对单个物体的感知上。一方面,注意力为镜面上不同的有色部分的界线所吸引,另一方面,则为反射物的界线所吸引。这种由不同印象引起的同样强烈的吸引力导致了观念的冲突,阻碍了任何一种永久的或清晰的感

知。我们不能为镜面而见到镜像,我们也不能为镜像而见到镜面。在其他情形中(那里许多观念同时呈现),我们仍有可能感知和理解每一种特定的观念,我们只要将每一种特定的观念依次地单个地呈现在意识的面前便可做到。可是,在这里却是不可能的。因为同一个感觉器官同时为我们提供属于两种不同观念的印象。而且,由于这两种观念具有差不多相等的强度,所以无论是用一种观念去压抑另一种观念,还是两者的交替,都是不可能的。

这种关于光泽起源的描述的正确性可以通过实验用各种方法来证明。当我们通过一块玻璃板在位于直接看到的物体后面产生一个反射的图像时,所获得的映照现象可以通过上述实验中采用的两个物体(映照的物体和直接注视的物体)很容易地和直接地转变成一种光泽现象,基本的方式是使两个物体引起的观念具有相等的强度。当直接见到的物体颜色较暗,而镜像较为明亮时,当前者在它的整个平面上均匀一致,而后者则轮廓鲜明并明显地位于真实的映照表面之后的一段距离之内时,纯粹的映照就很容易发生。无论何处,每当反射的映像的界线模糊不清时,我们对它距离的判断也就相应地不确定,或者在直接注视的物体的界线十分显著并干扰了反射映像的界线的地方,映照便过渡到了光泽。

由此,我们可以清楚地看到,光泽现象很容易在双目视觉中发生。当一眼只看到物体,另一眼只看到反射的映像时,光泽现象就发生了。在这一情形里,我们完全知道在我们的面前有两个不同的东西——一个是物体,另一个是该物体所映照出来的映像。没有其他方法能使两只眼睛感知不同的颜色。但是,我们对于物体后面的那个映像的距离则胸中无数。我们甚至搞不清楚两种知觉中哪一种属于物体,哪一种属于映像。因此,在立体视镜里放一条彩色纸供一只眼睛观察,再放进另一条同样大小同样形状但颜色不同的纸条供另一只眼睛观察,用此方法可以产生十分强烈的光泽。绿色和黄色,蓝色和红色,或者任何其他色差明显的颜色,都能提供极为明显的光泽。采取同样的方式,我们运用颜色一样但亮度不同的方法也可获得光泽。最强烈的光泽是通过黑白结合而获得的光泽。在这一情形里,我们并未看到一个黑色的表面和一个白色的表面,或者通过黑色的表面看到一个白色的表面,而是像注视具有光泽的石墨(graphite)或闪闪发光的金属时那样,我们获得了同样单一的印象,除了这种光泽比我们在天然物体中发现的光泽更为强烈的情况以外。

日常经验告诉我们,无论什么地方,只要我们见到光泽便不可能清楚地感知所见的物体。因此,太多的光泽或者光泽过分地漫射均使眼睛感到不舒服,尽管物体的亮度(luminosity)并不强烈到足以使我们产生不愉快的感受。光泽的刺激只有当它在不常发生的时间间隔里发生时才使视觉产生愉快的感觉,从而使感觉器官通过转向普通视觉特征的印象而得以恢复。此外,光泽令我们目眩。这种对视觉的扰乱(这种扰乱甚至会影响感觉)再次具有心理的特征。无论何处,只要具有相等强度的观念冲突施加于意识上面,光泽便会出现。我们在立体视镜的实验中已经观察到这一现象。在立体视镜实验中,把那些差异十分巨大以至于不能结合成单一观念的图像呈现在两只眼睛面前。在两种情形里我们只处理观念统一(ideational unity)原则的特定结果,我们在讨论意识和意识中观念的联结时将不得不再次涉及观念统一的原则。虽然在我们心理生活的正常过程中这一原则仅仅决定了特定观念在暂时的连续中稳定的交替，但它导致了光泽和观念竞争这种特定现象。当这种正常的交替受到阻碍时（无论是通过两种观念同时为了理解而发生竞争，还是通过拒绝把大多数观念同时分解成它的要素），这一原则便导致了光泽和观念竞争的特定现象。

四、双目视觉中的抑制现象

除了光泽和观念的竞争之外，还存在着另外一种双目知觉的理解形式。如果双目知觉并不以相等的强度施加于意识，而是其中一目的知觉占了相当大的优势——原因在于外部印象的性质——这种占优势的印象单独成为一种观念，而另一种印象则完全被忽略了。这里，立体视镜的实验又一次使我们用人工的方法复制了产生这一现象的条件。我们只需要运用具有明确轮廓的有色物体便可以做到这一点。如果我们在立体视镜中放入一个黑色背景，然后在这黑色背景上面放上一个白色方块，作为由一只眼睛来感知的物体，结果，我们所获得的并不是黑白混合的观念，尽管事实上另一只眼睛只看到了黑色，但是我们仍然设想两只眼睛在黑色背景上看到了一个白色方块；白色方块就像用第一只眼睛看到的物体那样强烈。这种现象告诉我们，一只眼睛的知觉完全压抑了另一只眼睛的知觉。对此现象的解释显然存在于下述事实之中，即具有明确轮廓的白色物体，与它的背景形成鲜明的对照，比起均匀的黑色平面（也即背景）来，它具有形成观念的更强的强度。当我们在白色背景下放入一块黑色方块时也可以观察到相同的现象，或者，一般说来，如果我们向一只眼睛仅仅呈现我们选择的任何颜色的一个方块，该方块置于不同颜色的背景上面，结果也可以观察到相同的现象。

如果具有相似形状和维度的有色物体呈现于两只眼睛中的任何一只眼睛，而且每一物体以不同程度的强度与不同色彩的背景形成对照，那么运用类似的方式，一种知觉完全可以通过另一种知觉的呈现而发生变化。例如，假定我们在白色背景上放一深红色物体供右眼观察，放一深绿色物体供左眼观察。结果右眼的知觉完全压抑了左眼的知觉：我们只见到红色的物体，而一点也见不到绿色的物体。另一方面，如果我们用黑色背景取代白色背景，我们将会只见到绿色物体，而一点也见不到红色物体。这里的原因在于，深红色与白色的对照比起深绿色来更加强烈，而深绿色则与黑色背景相对照比较强烈。比背景更加鲜明突出的颜色有助于形成观念，我们便会单独地感知它，并对另外的颜色

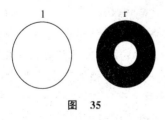

图　35

完全可以视而不见。在灰色背景上我们获得了用绿光呈现的一个非常具有光泽的物体的观念。在这一例子中，两种知觉都进入了意识，因为它们差不多具有相等的强度，也就是说，它们以同等的鲜明性突出于背景。但是，正如我们已经看到的那样，这种同时呈现的两种不同的观念总会引起光泽的产生。

人们有时可以观察到，这些压抑现象并不扩展到整个映像，而仅仅局限于映像的一个部分。当一种视网膜映像比另一种视网膜映像具有更大的延伸范围时，尤其可能发生

这种情况。例如图 35，如果我们向一只眼睛呈现一个白色平面的圆圈（l），并向另一只眼睛呈现黑色圆圈（r 圆的中央有白色小圆），那么我们将会在共同的映像中把中心那个光亮的圆点看做被深色的边界所包围，而这个深色的边界随着我们接近边缘时变得越来越明亮，最终几乎完全成了白色。在这个例子中，显然是映像 r 完全把映像 l 压抑在中央部分，但是反过来映像 r 本身也被映像 l 朝着圆圈方向压抑，虽然共同映像的这两个部分之间存在着连续的过渡阶段。下述实验也具有相似的性质。向眼睛 l 呈现一个均匀的平面，例如蓝色的平面，向眼睛 r 呈现两种颜色的平面，这两种颜色的平面例如绿色和红色交会于中线（median line）。那么在共同的映像中，我们在中央部分（也就是绿色和红色交会处）仅见到这两种颜色，可是一旦朝向外边，这两种颜色就混合成一种蓝色调。

但是，后两种实验只能部分地归纳到压抑现象中去。确实，压抑现象在后两种实验中发挥了作用，由于感知的映像的一个部分对另一个部分来说占有优势，从而使后者完全消失。可是，在此事例中，这种优势局限于映像的一个部分，而映像的其他部分也可能经常发生，那就是说，另一只眼睛的映像也可能占有优势。这个事实似乎直接违背了观念活动的规律。我们已经看到，观念统一的事实牢固地建立起来。一种知觉永久地压抑了另一种知觉，或者两种知觉相继地进行交替，这种情况与我们的定律似无矛盾。但是，两种知觉中的每一种知觉将被部分地理解，并且以混合映像的形式出现在观念之中——这种情况看来与我们的定律颇不协调。然而，我们已经熟悉了整个现象，在此现象中，两种知觉也可能结合而形成一个单一的观念。正如你们知道的那样，这便是光泽和反射现象。在光泽的情形中，有两种观念向我们呈现，我们对此未能成功地使它们保持分离。在反射中，我们影响了这种分离，由此我们能够在被反射的观念和正在反射的物体的观念之间进行交替，或者我们能够把这两者统一成完整的观念。当我们注视镜中的图像时，我们通常把图像和镜子都包含在一个单一的观念之中，镜子是把图像包围起来的框架（frame）。在刚才我们描述的那些实验中，我们显然也具有同样的情况。除了视觉的一个部分得到相当大的强化（intensification）以外，反射的观念也产生了一些影响。因此，一只眼睛的知觉的特别显突部分是在共同映像中它所占据的地方由观念来单独提供的，而在知觉的其他一些部分，观念则处于空转状态（free play），从而倾向于把另一只眼睛的映像理解为一面镜子，在这面镜子中，可以见到第一个映像。

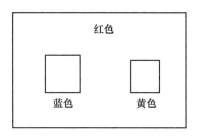

图　36

可是，这个人为实验中的一些条件仍然未与自然界中发生的情况完全相对应。在自然界中，也会发生这种情况，即我们只用一只眼睛见到镜子，而用另一只眼睛见到被反射的物体。我们只需将镜子挪近我们的双眼，并使反射的映像主要落在镜子的一边。但是,我们仍然可以把许多条件引入在自然界中不会实现的实验之中。例如,假定我们在立体视镜中放一块大的蓝色物体和一块小的黄色物体,以便在双目视觉中加以结合,这两个方块均置于红色背景之上(见图36),我们便得到一个共同的映像,其中的黄色方块看来被蓝色方块所包围。这并没有什么不正常的地方,因为自然界中也会发生这种情况:我们见到一个黄色物体在蓝色镜子中被反射出来。但是,发生这种情况的场合一定是我们用同一只眼睛既看到镜子又看到被反射的物体。这是因为,如果我们正在从一面很大的镜子中注视一个小的物体,那么肯定会发生这样的情况,即该图像只能为一只眼睛看到,但是镜子本身绝不仅仅为一只眼睛所看到,至少那只不注视反射映像的眼睛也会看见。这里的实验条件是与自然界不一致的。那么,眼睛如何对付这种困惑呢?由于右眼在红色背景上见到黄色,左眼在同样的背景上看到蓝色,于是,就产生了这样的观念,即红色背景上的黄色物体在蓝色物体中得到反映。也就是说,不仅是黄色物体,还有直接围绕着它的红色背景,在产生的映像中被理解。然而,较远的朝着映像的侧面部分,在观念中产生了蓝色表面的知觉,它那与众不同的轮廓在红色背景中衬托出来,从而使蓝色感觉逐渐开始占据支配地位。于是,我们获得了一个最终的映像,在红色背景上是一个大的蓝色方块,蓝色方块中央是一个小的黄色方块,黄色方块被一条呈深红色的边所围住,但是越向外边便越是染上蓝色。

所有这些现象(尽管可能以许多其他方式变化着)表明,一个单一的观念始终是由双目知觉形成的,而且,这种情况总是根据在自然界中发现的视觉条件进行类推而发生的。因此,两种视觉统一起来以形成一个观念的过程有赖于众多联合的形式,其中有些联合彼此和谐地互相作用,有些则相互对立。在后一种情况下,压抑现象或观念竞争便出现了。分离的双目知觉本身由这样一些感觉组成,它们以十分不同的方式按照投射于同一只眼睛的一个视网膜点上的光的印象来彼此结合。我们把双目视觉的观念看做是原先分离的双目知觉的心理产物。

第 十 四 讲

• *Lecture Fourteenth* •

一、情感

迄今为止,我们所关注的心理现象已经在一个复杂的过程中呈现了一些阶段。我们已经发现,在正常的发展过程中,观念(ideas)来源于感觉(sensations),两者同样具有一个单一的目标——认识外部世界。但是,我们有意忽略了我们心理生活中的一个十分重要的方面。实际上,我们从来没有发现过这样一种心理,它可以在理解事物时不带有欢乐或悲伤,并且以绝对无所谓的心情去沉思各种事物。在认识事物时,我们感到自己被事物所吸引或排斥,或者被激励去按照事物的性质采取某种行动。因此,我们可以理解并不包含在观念形成过程中而是在"情感"(feeling)和"意志"(will)两个术语之下的一切现象。情感的意动(conation)始终伴随着我们的感觉和观念,它们决定我们的活动,而且,主要由于情感和意动,使我们的心理生活接受了它的偏见(bias),并烙上了个性的印记。

情感和意志是密切地关联着的,两者都与观念相联系。这些过程之间的分离只有在心理抽象(psychological abstraction)中才会存在,而在现实生活中是没有任何基础的。情感过渡到冲动(impulse),冲动过渡到随意活动(voluntary action),而随意活动则与那些为我们提供观念的物体有关。

在日常语言中,我们把"feeling"一词用于不同的含义。我们把饥饿和口渴称做"feeling";我们把爱和恨,欢乐和悲伤,希望和焦虑都称做"feeling";我们谈论我们对善和丑的"感受"也用"feeling",甚至在表示某件事是真实的,或者是可尊敬的,或者是有道德的时,也用"feeling"。那么,我们如何去正确判断在同一概念(concept)下产生的这些心理过程呢?这些心理过程在性质上有着明显的歧义,而且属于不同的发展阶段。它可能仅仅出于偶然,语言可能将同样的名称用于完全不同的现象上去。或者,它可能是有目的的,也许这些过程拥有某种共同的东西,尽管它们之间存在各种歧义。

事实上,一切"feeling"有一点是一致的,尽管它们可能在其他方面有所不同:它们都意指情感主体(feeling subject)的一种状况,自我的感情(affection)或活动。情感总是主观的,而观念则总是具有客观的关系。甚至当观念问题成为我们意识过程的某个问题时,它也被认为是客观的。因此,人们将"情感的感觉"(sense of feeling)这个术语用于这样一种意义,即它们的印象十分明显地与愉快和不愉快的主观状态相联系。不管语言在称呼欢乐和烦恼,爱和恨方面意指什么,"情感"始终被理解为独特的主观状态,而不是我们身外物体的特性。

人们有时候试图限定"情感"这个术语的含义，原因在于"情感"这个题目下面所理解的一些过程具有不同的特征。尤其是人们根据心理学观点认为有必要在"情感"类别中把所有那些与感觉直接联系的主观的兴奋状态（subjective excitations）都勾销掉。据说，饥饿、口渴、身体疼痛、一般的触摸印象等都是感觉，它们伴随着神经系统中的物理过程。但是，情感是一种纯粹的心理状态。因此，这个术语应该被仅限于这样一种心理状态，它不受躯体感情（bodily affections）的支配，并单独产生自观念之间某种交互的活动（reciprocal action）。可是，一旦我们放弃了情感与愉悦—痛苦等主观状态的关系，或者放弃了某对相似的主观对立物的关系，我们便没有理由将感情的状态统一到一个共同的类别。另一方面，如果我们保留这种分类原则，我们便无法从"情感"中将伴随着简单感觉的感官情感（sense-feelings）排除出去。将同一个简单的过程既称做感觉又称做情感看来是相当困难的。但是，人们已经忘记，欢乐和悲伤，希望和焦虑，以及所有其他的"情感"实际上都是心理状态，只有当它们涉及情感的主体（feeling subject）时才是感情的；而在其他一些方面，它们则依靠观念（人们总是在客观上认为观念是完全缺乏情感的）。唯一的差别是，在这些更为复杂的情感的事例中，我们给情感赋予一种更大的价值，从而为它的每一种特定形式提供一个独立的名称。一种十分复杂的观念联合可能会引起一种简单的和一致的情感。因此，我们倾向于用主观的结果（情感）来替代那些形形色色的和复杂的过程，这些过程充当了情感的客观背景。在简单的感官情感情形中，则不需要这样做。它的客观基础是一种感觉，这种感觉与感官情感同样简单，而且根据它与一个外部物体的关系而更容易被分辨出来。

如果情感的特征仅仅表现在它与情感主体的关系上，那么很显然它与感觉或观念之间的区别不可能是原始的。简单的感官情感包含在感觉之中，如果说"我们最初只有一些感觉"的说法是不正确的，那么要是说"唯有情感才是原始的"也一样不正确。最终的事实是，我们感觉到和体验到。情感和感觉的逻辑分离只有在我们对主体和客体作出区分以后才会产生。然后，基本的感觉过程才被分解为一种主观因素（情感）和一种客观因素（感觉）。因此，情感可以用此方式被考虑为感觉本身不可分割的要素。而且，由于这个原因，它也被称为"感觉的感情色调"（affective tone of sensation）。

由于本论稿的目的是一般地描述我们心理生活的基本要素（也即在处理这些基本要素在意识中的联结以前进行描述），描述这种联结引起的复合过程（complex processes），因此，对我们来说，在这里最好把我们的注意力限制在感官情感方面。它们所依赖的条件的简单性使得我们对它们的考察变得容易，而无须详细涉及它们在意识中的联结。由于同样的原因，它们将为我们提供最有效的帮助，以便我们努力理解情感的一般性质及其与意志的关系。但是，我们也将偶尔对高级情感（higher feelings）予以粗略一瞥——尤其是理智感和审美感。这些情感对有些问题能提供更加明确的答案，因为它们涉及更加复杂的联合。

二、感官情感

有些感官（sense-organs）需要相当强度的刺激才能产生一种拥有相当强度的感官情

感。这种情形对眼睛和耳朵来说尤其正确。看来,一种适度的视觉或听觉刺激除了产生客观的感觉以外不会产生任何东西,例如,一种适度的光线印象(light-impression)仅仅涉及外部照明的物体。但是,必须承认,认真的内省(introspection)能使我们甚至在由微弱的视觉刺激和听觉刺激所产生的感觉中认识到某种感情的色调。尤其是当提供的印象并不直接涉及具有清晰明确的界线的外部物体时,我们注意到这种情况。因此,不同的光谱颜色——红、绿、蓝,等等——还有白色和黑色,如果带有哪怕是微弱的情感,便都有了特征;而每一种音乐的乐音也伴随着一种感情色调,在每一种情形里,它由色调音高和乐音特性决定。但是,这些情感的强度是很弱的。然而,它们的重要性由于下列事实而增加,即它们作为强化的成分进入审美感(aesthetic feelings)中去,审美感是更为精制的感情状态,它与整个观念复合体联结着。另一方面,令人目眩的光线或震耳欲聋的声音将直接引起痛苦的情感,在它后面,感觉的客观意义会消失得无影无踪。这些强度的刺激干扰了器官的正常功能,因此,正是这种主观因素在意识中占据支配地位。

皮肤感觉只要不是疼痛的话,通常也完全涉及外部印象(external impressions)。但是,某些刺激尽管实际上是触觉的,却产生了具有非常强烈的感情色彩的感觉。强度相当微弱的刺激,仅轻微地触及皮肤的表面,引起了瘙痒感。这两种感觉也会独立地产生外部印象。它们的特征是效果扩散(diffusion of effect)的倾向。发生这种情况的机制可能在于微弱的触觉刺激唤起了直接位于皮下的非横纹肌(unstriated muscles)的反射活动,皮肤运动是由于这种皮下非横纹肌的作用而产生的。当这些皮下非横纹肌收缩时,我们还会获得特定的伴随着哆嗦的肌肉感觉(muscle-sensation),这就容易与瘙痒感觉结合起来。皮下肌肉的这种反射刺激经常扩展到其他的肌肉群,而且,当兴奋性(excitability)很强烈时,可能导致反射痉挛(reflex convulsions),使有机体精疲力竭。

相当低的温度也会产生类似的结果。如果我们让轻微强度的冷刺激作用于皮肤,我们首先产生冷的感觉——也就是说,冷作为皮肤器官兴奋性条件中的一种选择而被感知——于是较小的皮肤肌肉发生反射性兴奋,从而引起了哆嗦的感觉。同样的结果也可以由于内部原因(internal causes)的活动而引起,例如发生突然的热度丧失,从而导致皮肤的寒冷感觉。这种情况发生在发烧时的寒战中,寒战的效果由于皮下肌肉异常的反射兴奋性而被大大增强。最终,很高或很低的温度都产生了像十分强烈的压力刺激一样的结果:它们并不产生热的或冷的感觉,而只是厉害的疼痛感觉。恰恰是这种疼痛的性质,使它的特征始终如一地存在着:一种刺痛,一种折磨人的挤压,酷热和奇冷都引起了同样强烈的感情性质的疼痛。

可是,对于嗅觉和味觉(smell and taste)的印象来说,情况便有所不同。甚至在低强度的情况下,这些嗅觉和味觉的印象也总是伴随着明显的愉快感和不愉快感。而且,这种情感与感觉如此紧密地融合在一起,以至于使人认为两者即便暂时地分离也是不可能的。唯有有些印象相对来说摆脱了情感的影响这一事实才会使我们相信,情感的强度和性质有赖于感觉之外的其他条件。也许,几乎没有必要指出,嗅觉和味觉的强烈的感情色彩对我们的物质生活来说是多么的重要。这里,我们可以说,愉快感和疼痛感比起任何其他的感觉来更易充当印象的主观指标(对于有些印象我们应当追求,对于另一些印象则应该避免)。当然,这些指标偶尔会使我们误入歧途。但是,天然的正常的情感对刺激的有益特性或有害特性的适应,总的说来是特别完整的。

可是,身体表面的兴奋性感觉并不构成感官情感的唯一材料。还有大量的感觉并非由外部印象所引起,并不意味着对外部物体的理解,而是可能在所有其他方面与来自感官本身的感觉进行协调。对于这组感觉来说,首先是肌肉感觉,这在我们探讨知觉的过程时已经作过描述。适度的肌肉锻炼与独特的愉悦感或多或少相互联系着。而疲惫、过度用力或肌肉的病理状态不仅改变了肌肉感觉的性质,而且还伴随着一种强烈的不愉快感。其次,属于这类感觉的还有来自各种人体组织和器官的感觉。一般说来,它们的强度较轻微,从而容易被忽略。但是在特殊的情况下,尤其在特定的器官或组织处于病理状态的情况下,它们可能变得如此强烈,以至于与此有关系的情感几乎完全支配了意识,这些感觉只有当它们处于最高的强度时,才能为我们所熟悉,也就是说,当它们变得疼痛时,才能为我们所熟悉。正如我们已经指出的那样,疼痛的感情特征在每种情形里基本上是相同的。由于该原因,器官情感(organic feelings)的特定差异一般说来难以为我们所觉察。可是,观察表明,这种特定的差异实际上还是存在的。我们的语言借助不同的术语去表示来自不同器官的疼痛。我们谈到骨头里面有着"刀刺般"的疼痛和"啮咬般"的疼痛,多孔浆膜(porous serous membranes)中的"刺痛",以及黏膜中的"烧灼样"疼痛。这里,像在外部感官中一样,疼痛仅仅是强度上升至最高程度的感觉。而且,有赖于器官结构(structure of the organ)的疼痛特性在纯粹的感觉中被预料的程度。这种现象尤其可在间歇性疼痛(intermittent pains)中注意到。有时,出现的感觉不能称为疼痛感觉。在这些间歇期中,赋予疼痛以特征的特定的感觉色彩通常一点不受影响。

由此可见,我们可以认为来自人体组织和器官的这些感觉与那些来自特定感官的感觉在价值上是相等的。然而,后者的这些感觉获得了支配地位,它们的重要性是逐渐通过观念的发展而获得的。大量的器官感觉直到它们在某种特定情形里的异常强度对有机体而言产生了某些重要变化以后才会引起人们的注意,期间,意识被迫考虑这些重要的变化。那就是说,感觉原先是作为未分化(undifferentiated)的情况而发生的,现在却被分成特定感官的感觉[sensations of special sense(相对而言不受感情色彩的控制)]和器官感觉[organic sensations(在感情色调方面强烈)],后一组感觉有着逐步从意识中消失的倾向。于是,儿童的整个生活和活动由官能情感所决定。然而,随着大脑的进一步发展和完善,它逐渐摆脱感官情感的控制,并在永久地压抑较弱的感官情感方面可以测量到更大的成功,至少是暂时屈服于较强的感官情感。唯一的例外是疑病症患者(hypo-chondriac),他们热衷于观察自己的身体症状和病情。通过焦虑地详述所有那些未被正常的意识所注意到的微弱感觉,他便在理解自己的感官情感方面得到了大量的训练。因此,内科医生常常会嘲笑他们的"疼痛"和"刺痛"不过是错觉。但是,一般说来它们是完全真实的。疑病症患者的变态之处并不在于他对一些原本不存在的情感的知觉,而是他清楚地感知了这些情感,并且焦虑地对此作出反应;与此相反,正常人对这些情感通常是不加注意的。

饥饿、口渴和呼吸短促等感觉也属于特殊的器官情感(organic feelings)。它们也与在明确的间隔期间用适当强度来正常重现的那些感觉相联系,但是如果这些感觉的要求得不到满足,它们将在感情强度方面越来越增强。饥饿、口渴和呼吸都是躯体中央引起的感觉,但是却在外周得到定位——口渴定位于腭和喉部的黏膜;饥饿定位于胃;呼吸感觉定位于呼吸器官,尤其是胸部肌肉,它促进了呼吸过程。

三、共同情感和其他完整的情感

我们躯体舒服或不舒服的一般状况有赖于始终存在着的大量的器官感觉,但是以不同程度的感情强度表现出来。在一特定时刻,作用于意识的整个情感称为共同情感(common feeling)。这个定义是按照同时呈现的无论何种性质的器官情感之和而界定的。但是,这个定义忽视了下述事实,即我们的情感状态在质量上始终是单一的。我们不会同时为若干分叉的和独立的情感所驱动,这些情感联合起来以形成一个具有明确的质量和强度的情感特征。在特定时刻,我们感到"健康良好"或"身体有病",或者淡漠。如果我们在谈到我们一般的身体状况时说我们觉得"舒服"或"有病",这始终可以通过内省得到证明,即我们一直在将"连续的"情感联合成单一的判断。可是,这仅仅是对我们的情感予以反映的结果。至于这种融合,情感本身并不提供。

看来这种情感的统一是与我们意识的观念统一相对应的。在特定时刻,由外部刺激和内部刺激引起的感觉并不作为一种乱糟糟的印象而被感知,相反,这些感觉联合起来以形成观念,然后这些观念彼此进入空间和时间的关系之中。所有这些特定的情感以同样方式联合成一个完整的情感,每一种情感作为组成因素进入这一完整的情感之中。但是,这种类推不可能深入进行下去,因为在这两种过程之间存在一个重要的差别。我们可以证明一种观念是能够分解成一些感觉的复合过程。一种复合的乐音,以及一种视觉的物体都是单一的心理事实,但却不是简单的心理事实。我们可以将它们中的每一种分解成若干简单的感觉要素。不过,在内省中没有任何情感可以进行这样的分解,不管它像感官情感那样与一种单一的感觉联结着,还是像基本的审美感、理智感和道德感一样与一组复杂的观念联结着。

情感的这种单一性(与其主观特征在一起,使得我们不可能在每种情况下都把它归属于外部事物,正如我们用感觉和观念所做的那样)无疑是"模糊性"(obscurity)的原因,这种模糊性一直得到强调,而且仅存在于感情特性的难以界定的本质之中。正是由于这种"模糊性",使得我们试图用列举情感产生的客观条件去取代这种难以界定的情况,同时也使我们通过对情感出现时所呈示的观念之间获得的关系进行描述去取代这种难以界定的情况。这些做法是可供我们调遣的唯一手段,以便在其他人中间也产生类似于我们在特定环境中体验过的那些情感。只要我们不把它们误认为是情感本身的解释,它们可证明是完全正确的。但是,心理学已经一再陷入这种错误中去。也就是说,心理学通过对情感赖以产生和相伴的那些观念进行反映而来"解释"情感。感官情感已被界定为我们躯体健康的深化或阻抑,或者甚至被界定为对感官刺激的效用或危险的直接认识。据说,审美感存在于明确的数学比例的观念之中,而道德感则存在于对我们行为结果的有益性或有害性的反映之中,如此等等。我们暂且不去考虑由于其他原因而对这些理论的异议,我们发现由于下述的考虑而推翻了所有这些理论:情感本身不是一种智力过程,尽管它始终与智力过程相联系。

　　每种情感从性质上说都是简单的和不可分解的心理状态。当然，这个事实并不排斥以下的可能性，即在意识中会同时存在若干情感。这些同时存在的情感总会与具有统一特征的整体情感结合，从而不能简单地被认为是原先特定情感的总和。动摇不定的情感（oscillatory feeling）和不一致的情感（discordant feeling）也许是这些复杂的情感状态中最具有启发性的例子了。在动摇不定的情感中，相互对立的情感以迅速的相继性彼此交替。但是，还存在着一个感情阶段接着另一个感情阶段的连续更改，结果具有自身特征的一种新情感随着原先变化着的情感而产生。当然，新情感的特征有赖于原先情感的特性，不过，新情感不能被分解成那些原来的情感。它的强度始终变化着，以至于一会儿是原先的情感，一会儿又是这种新的持久的情感（它具有情感动摇的特征，在意识中占支配地位）。情感的不一致性直接来自情感的动摇不定，如果非常迅速地进行，而且相继的情感本身强烈地对立时，情感的不一致便产生了。我们从搔痒的感官情感中得到了这种例子，并从怀疑的智力情感（intellectual feelings）中也得到了这种例子。而两种乐音的不和谐可以用来作为基本的审美感领域的例证。

　　人们声称，怀疑是默许和反感的复合情感，这确实是对构成整个心理过程的交替的情感状态（alternating affective states）的真实描述。但是，除此以外，看来还存在一种作为结果的整体情感，这种整体情感直接与情绪状况中的分歧（dissension）相对应。也有可能在怀疑的一些时刻，不论是默许的情感还是反感的情感都不存在于意识之中。这些时刻拥有独一无二的情感特征，这种情感特征看来难以分解成不时取代着它的其他两种情感的任何一种；但是，这种情感特征也可能继续与其他两种情感同时并存。因此，在这样的时刻中，存在着三种情感——默许的情感，反感的情感，以及由这两种情感产生的整体情感，它们之间在性质上有所不同。

　　怀疑始终涉及两种情感之间强烈的对立。在搔痒的情感和不和谐的情感中（它们在形式上作为"不一致的"情感与怀疑相联系），尽管它们的观念联结是完全不同的，但是情感状态却更加一致。在瘙痒中，由于一种连续的微弱的皮肤刺激，我们能清楚地区分两种原先的情感（其中任何一种情感都可能随时占据支配地位）——一种是愉悦感，看来它与肌肉感觉所引起的反射联系着，对于这种所谓的肌肉感觉来说，例如膈肌（diaphragm）的感觉就属于此种类型。如果瘙痒是轻微的话，那么刺激的直接效果以及由此产生的愉悦感便会显得十分突出；如果瘙痒是更加强烈的，那么反射和效果以及由此产生的不愉悦感就会占上风。瘙痒的特定的整体情感是这两种情感产生的结果。当这两种对立的因素接近于相等的强度时，它们可以特别清晰地被感知。不过，一般说来，作为这两种因素的强度的一种结果，瘙痒中的整体情感是强度相对较弱的情感。这种相对的情况也适用于两种乐音的不一致，当我们能够从整个不一致的情感中区分出与分离的乐音相联结的情感时，就发生了上述情况。随着这种不一致的逐渐增强，整体情感也就在由分离的乐音所引起的情感中占了上风。

　　于是，我们发现整体情感是由特定情感的联合而引起，但是，它们构成了具有明确性质的新的和简单的情感，这种整体的情感与它们的组成成分有明显的不同。很明显，共同情感必须被认为是属于这组情感的。我们运用共同情感这个术语并非意指特定时刻里存在于意识中的杂乱无章的零碎情感，而是意指由这些杂乱无章的零碎情感引起的一种新情感，这种新情感的性质借助于这些杂乱无章的零碎情感来确立。各种分离的情感之和结合成一个复杂的整体，它的倾向在组合的整体情感（resultant total feeling）中找到了反映。类似的整体情感以及与此相伴随的特定的情感构成了"高级的"理智感、审美感和道德感。在所有这些情形里，每种特定情感和每种整体情感都有它们自己的特性，依靠这种特征，它们处于与其他情感的一致和不一致的关系之中，尽管它们不能被分解为这些其他的情感。那种认为整个情感世界是由基本的情感之和构成的——也许是由性质上几乎一致的感官情感构成的观点，显然是错误的。情感的基本特征，尤其是高级情感的基本特征，具有一种相当丰富的性质。新的性质产生自同时发生的情感的相互影响，产生自先行情感性质在目前状态中的参与。对此，我们还需要补充的是，当情感所处的关系变得越来越复杂，情感的价值也随之而增加着，因为正是这些关系决定了任何特定情感对我们整个心理生活的影响。

四、情感与观念的关系

最后，整体情感的存在，尤其是反映一种动摇不定的情感状态或不一致情感状态的情感的存在，把我们引向了一个重要的事实，如果不提一下这个重要事实的话，那么我们关于情感的陈述，特别是关于组合的情感之起源的陈述，将是不完整的。我们主要把情感看做是伴随着观念的一个过程。由于我们迄今为止已经谈论了观念的分解，它们也必然会成为我们调查情感的出发点。但是，观念不是唯一的心理过程，即使我们从情感中以及与情感相联系的其他主观过程中进行了抽象。所有发生在特定观念内容中的变化也是具有特定速度和发生方式等特征的心理过程，而且，像观念本身一样，是与情感相联系的。因此，即使从一种客观观察的立场出发（这种客观观察只考虑心理的观念方面，而不考虑心理的情感方面），我们也必须把变化的观念与观念内容的变化过程区别开来。对这些变化的内省有时也称做"观念的形成"（ideation）。例如，我们被告知"形成"某种变化的"观念"，也即一种内容正在显露或消失，或者一些内容正在以较快或较慢的速度通过意识。几乎无须提出，实际上我们在这里并非处理两种不同的事情——观念和观念的条件与安排中的变化。物体的类比及其位置的变化通常被认为是完全使人误入歧途的。正如你们所了解的那样，观念本身并非不变的物体，而是过程（processes）和发生的事情（occurrences），它们的存在必然与发生在它们中间的变化密切地联系着。例如，如果一种观念消失了，那就意味着我们称之为一种观念的心理过程也随之不再存在。因此，当我们谈到"与情感联系着的观念"时，我们的语言至少易受曲解。我们应当说，一切观念的过程，不论它们的本质是什么，不论它们构成了一种关于外部物体的观念，还是构成了该观念中某种内部的变化，它们同时也是情感的过程。情感的不一致为这一观点提供了明显的证据：在怀疑中和在不和谐中，最终的情感很大程度上是由观念的独特交替来决定的，而不是由观念本身的性质来决定的。尤其是整体情感基本上总是有赖于观念的交替和连续的某种特性。我们将在考虑情绪（emotions）问题时再回到这个论点上来。对于情绪来说，整体情感是它的重要组成成分。

第十五讲

• Lecture Fifteenth •

一、情感与意志的关系;冲动和欲望

在前面的讨论中,我们把下述事实作为我们的出发点,也即意识的感情方面(affective side of consciousness)在任何时刻似乎都表现出一种单一的相互联结(interconnection),这种联结与它的观念内容所呈现的联结颇为相似。但是,进一步的调查使我们深信,意识的感情统一(affective unity of consciousness)在一些重要方面不同于它的观念统一。后者表现为外部的(external),也就是指特定观念被联合成一个整体,主要是由于这些特定观念彼此之间所处的空间关系,而不是该整体的各个组成成分必然地被带入任何内在关系之中。可是,在情感(feeling)中,情况就颇为不同。确实,有些性质上不同的情感可能同时存在,但是它们始终会产生一种整体情感(total feeling),这种整体情感赋予分离的情感(separate feelings)以一种内在的一致性。

如果我们更为密切地考察情感(feeling)与意志(will)的联结(这个题目我们已经以一般的方式在上一讲开头时提到过了),我们便会透彻地理解这种情感的内在统一。情感与意志的这种联结可以从两个观点来考虑。首先,情感可以看做赋予意志的一种心理状态。愉快的情感和不愉快的情感倾向于引导意志的过程,而不管它们是否转化成实际的意志(这种实际的意志是由内部条件和外部条件决定的)。但是,如果没有这种转化的能力,那么可供替换的东西便不可能存在。其次,意志是一种内部过程,与其他心理活动有所区别,因为我们意识到明确的动机(motive)。可是,动机始终伴随着情感,而情感在我们看来进一步表现为动机的要素,这种动机包含着行动的真正原因。如果没有情感提供的兴奋,我们将不会有意于任何东西。用完全无所谓的态度去看待事物,把它们视作"纯粹的智力",就不可能借此唤起意志或行动。因此,情感以意志为先决条件,使情感成为意志的情感。在一个具体的随意活动(voluntary action)中,两者不是不同的过程,而是同一种过程的部分现象(part-phenomena),它始于感情的兴奋,并转化成意志的活动。然而,常常会发生这样的情况,即这一系列的终期是需要的:一种情感的强度(intensity)可能变弱,或者它可能为另一种情感所置换,而不导致一种意志活动。因此,我们可以将情感分为两组——形成随意活动及组成部分的情感和产生不出任何明确意志的情感。后一种情感又包含了不同的程度。如果主观条件仅仅是一种愉快的或不愉快的心境(mood),那么我们便只谈论情感本身。当我们为这种情感增添一种朝着意志结果的明确倾向时,我们便给这种内部过程冠以一种努力(effort)或冲动(impulse)的名称。如果在这种努力中我们还进一步意识到某种阻碍(它阻止这种努力直接转化成意志),我们便称

它为欲望(desire)。

二、意志的发展

正是在这种情感和意志的学说中,而不是在其他任何地方,心理学仍被陈旧的官能理论(old faculty theory)束缚着。由此,心理学往往采用了一种极为错误的观点,也即紧密联系的部分过程(intimately connected part-processes)的观点,把每个组成成分看做是一个独立存在的整体,它可以偶然地,而不是必然地,对其他的组成成分发生影响。这样,情感被认为是与意志相脱离的,欲望也被作为一个独立的过程来处理,有时发现它与情感相联系。此外,冲动作为模糊的欲望与欲望本身相对立,在这模糊的欲望中,主体并不意识到所追求的客体;或者它也许作为一种低级的欲望,专指感官的需要(needs of sense)。这便是为什么许多心理学家认为冲动仅仅存在于动物中间的原因。最后,这些过程进一步被意志的假说所补充,意志作为一种完全新的和独立的官能,它的功能是在各种欲望的客体中作出选择,或者在某种情况下按照纯粹的理智动机(intellectual motives)而行动,并与冲动和欲望相对立。也就是说,根据这种理论,意志存在于自由选择(free choice)的能力之中。在这个意义上说,选择是以在各种意欲获得的客体之间作出决定的可能性为先决条件的,甚至是以在纯粹理性考虑的基础上反对意欲获得的客体的可能性为先决条件的。因此,人们可以假设,欲望是先于意志的一个条件,至少在许多情形里,后者只是行动中的欲望得以实现而已。

我们必须指出,这种理论从头到尾是纯粹虚构的。它从每一种可能的来源中采择它的事实,而不是从公正的内省(introspection)中去采择它的事实。情感被该理论说成是受意志控制的。冲动不是一种可以与意志相区别的过程,而且与意志多少有些对立,欲望不是意志的一贯前提,而是仅仅出现在意识中的一个过程,是在某些随意活动的障碍阻止意志本身实现时出现在意识中的一个过程。最后,把意志界定为选择能力,致使一开头便不可能对意志作出任何解释。这样一种能力把意志作为它的先决条件。如果没有选择(也即直接由内部动机来决定)我们便无法做我们想做的事情的话,那么包括选择的意志将必然成为不可能的事情。

这种把意志和选择混淆在一起的做法导致了另一种错误。意志被假定为由各种非随意的活动(involuntary activities)所引起。一般说来,这种观点专门用于外部的随意活动,许多心理学家认为这些外部的随意活动是唯一的随意活动。据说,不论是人类的躯体还是动物的躯体,在出现意志之前,原本都是具有不同特征的反射活动的所在地。这些反射活动大多是有目的的,根据目的论(teleological)的观点,感官与中枢器官中的运动纤维联结起来,于是,引起疼痛的一种刺激将产生防御的反射活动(reflex movement of defence),从而导致刺激的消除。它还被进一步假设,由于大脑感知到这些反射反应的目的性,因而使从中产生的思维有可能从事类似的运动,达到同样的有目的的结果。这样一来,当刺激在下一次临近时,大脑便会警觉起来以实施其防御运动,从而在刺激有可能产生任何痛苦的结果之前便被去除掉。这种反射最显著的结果是关于位移(locomotion)

的结果。也许会发生这样的事情,身体会突然跳将起来,以便对一种强烈的反射刺激作出反应。"我想出来了!"大脑对自己说。"当这种不尽如人意的刺激被清除时,为什么我不该使身体跳起来呢?"但是,当意志一旦发现它的随意肌(voluntary muscles)使它能做它想做的差不多任何事情时,意志便成了主人,而不仅仅是反射了。反射具有它的作用,它被限于绝对需要的范围内。

当然,你们不会发现这种描述与那些论述反射运动导致随意活动的著作中提供的描述相符合,但是,它们实际上是没有什么差别的。你们甚至会发现这样的表述,如"大脑注意到这一点和那一点",或者"大脑现在随意地实施运动,它原先观察到这些运动在身体里是不随意地产生的"。而且,确实没有任何理由去假设为什么大脑不该以这种方式去行动,如果它真的像这些作者显而易见地假设的那样是一种"纯粹的智力",或者在占据它的闲暇时间里它只有少量的情感可供支配。

但是,当我们不带任何偏见地去注视这个问题的时候(不去深入研究观察到的事实,其中的概念和反映只存在于我们自己的头脑中),这个问题还假定了一个不同的方面。首先,没有发现任何证据可以断言低等动物和出生才几天的婴儿仅仅是一些反射的机器(这种反射的机器只要我们一按弹簧便会以机械的确定性作出某些运动)。甚至那些明确属于动物王国的原生动物也提供了随意运动的确切证据。刚从蛋壳中孵出的小鸡所实施的一些运动至少大部分具有随意活动的性质。当然,没有人会否认,反射活动也可以从组织或结构更加复杂的动物身上观察到。我们自己也已经提到过眼睛的反射运动和触觉器官,以及它们可能在形成我们的空间知觉中所起的作用。然而,不该忘记,只有通过世代的演化过程中获得的一种组织(organization),方能使这些有目的的反射成为可能。在这一发展过程中存在着一些条件,它们不断改变着神经系统的结构,以便使那些运动(这些运动构成了它对外部刺激的机械反应)也能够尽可能地充分适应于促进有机体生活的直接目标,那么这些条件究竟是什么呢?对于这个问题,只有一个明智的回答。它存在于那些过程之中——这些过程在个体生活期间将有目的的反射形式和自主运动(automatic movements)传递到构成实践(practice)基础的过程中去。实践始终意味着这样一种活动,它起初是随意地实施的,然后逐渐变成反射的和自主的。因此,当儿童学会走路时,每一步的实施都伴随着相当大的意志努力。但是,过了一段时间,通过缓慢的进程,儿童便能够开始整个系列运动,而无须详细注意这些运动的实施。我们以同样方式学习弹奏钢琴,或者通过经常重复特定的和联结的活动而去实施其他复杂的手部运动,它们的结果是转化成一系列效果,一旦出现合适的冲动时,这些效果便以机械的肯定性彼此相随。在个体生命期间,由于这些实践运动的机械化缘故而导致的神经系统的改变,一定会像同样类型的其他东西的改变一样,在世代的过程中得到累积和强化。反射的目的性特征因而变得容易被理解,如果我们把它们当做导源于先前世代的随意活动的话;然而,与此相当,把它们视作意志发展出发点的观点未能对它们的存在和目的性作出解释,而且进一步与客观观察和主观观察的结果不一致——与客观观察的不一致表现在:对动物的观察,尤其是对动物生活低级形式的观察,从来没有证明该理论所假设的反射的原始特征。而与主观观察的不一致表现在:一种意志的决定怎样才能从纯粹的智力过程中产生,这仍然是完全不可理解的。内省表明,情感是意志的前提;但是,正如我们在上面看到的那样,情感和意志不可分,因为它始终以这样或那样的方式意味着对意志的某种倾向。

此外,该理论还热衷于"外部的"随意活动,并完全漠视以下的事实,即存在着一种内部意志,它只以意识过程的形式表明它自己。我们把我们的注意力有意地指向出现于我们视野中的任何物体,当我们在努力地回忆我们已经遗忘的一个词或一个事实时,我们清楚地意识到一种意志的努力。我们有意地把我们的思维转向不同的方向,以便挑选通过意识的若干观念(它们直接关系到当时我们思维的一般倾向)。要想让这些内部的随意过程从外部的随意活动中派生出来是完全不可能的。反之倒是正确的——每种外部的随意活动以内部意志为其先决条件。在我们有意地实施任何特定的运动以前,我们肯定已经作出了实施这种运动的决定。这种决定是一种内部的随意过程。这样说来,内部的随意活动在没有外部的随意活动情况下是可能发生的;但是,外部的活动却始终需要内部活动作为前提。

三、简单的和复杂的随意活动

由此可见,外部的随意活动以内部的随意过程作为它们的先决条件。而且,在各种可能的活动之间(这些活动通常被错误地认为是意志的本质),反射和选择以相似的方式暗示着简单的随意活动的预先存在(pre-existence)。在这些随意的活动中,某种明确的客体(不论它是某种外部的东西还是一种内部的观念)为意志所实施,而无须任何反射或选择。选择不过是一种复杂的随意过程。起先,若干导致意志的动机是同时存在的。之后,这些动机中的某种动机,也就是与我们已经作出的决定相一致的某种动机,比之其他动机占了优势。当这种优势足以使一种明确指向的意志去压倒其他的意志,但还不足以产生一种外部的随意活动时,我们便有了一种欲望(desire)。如果由于冲突的随意冲动(conflicting voluntary impulses)而使抑制得到逐步克服的话,那么欲望便会转化成一种随意的活动。这便解释了这样一个事实,即欲望可能以两种形式存在着——首先作为一种随意活动的初级心理状态,其次作为一种持久的意识过程(它并不引起任何一种这样的活动)。如果在这后一种情况下,与欲望联结着的是一种观念,这种欲望便在目前不可能实现,或者压根儿不可能实现,于是我们便有了一种所谓的愿望(wish)。因此,欲望主要是一种感情或意动(conation),可是在愿望中,除欲望之外,还存在着具有相当强度的智力过程。但是,流行的观点认为,欲望是意志的一贯的和必要的前提,这种观点实际上是我们一直在加以讨论的错误的意志学说的结果,而且是完全缺乏基础的。我们从列举的条件中得知,欲望可能在随意活动发生之前便存在于大脑中了,但是它并不是必不可少的。确实,它也许经常不存在而不是经常存在。甚至在复杂的随意过程中,活动便有可能在欲望状态得以发展之前发生。而在简单的过程中,欲望的可能性是被排除的,因为内部的随意活动直接引起了外部的活动,无须在意识中发现任何必须被克服的阻力。当然,情感占有完全不同的地位。它们始终相似地存在于简单的和复杂的意动过程中,唯一的区别在于,情感在复杂的意动过程中要比在简单的意动过程中更加复杂些。

在意志通过活动而得以实现之前，意志的倾向是已知的，而且这种倾向只是一种情感而已。因此，可以这样说，情感不是一个不同于意志的过程，而仅仅是完整的随意过程的一个组成部分。这仅仅是因为我们如此经常地体验情感（从这些情感中不会产生任何随意活动），从而使我们能将这两种过程分开。可是，反之却是不可能的，也就是说，随意活动始终以先行的随意倾向（也就是情感）为先决条件，这是不可能的。

那么，必须给情感添加些什么东西，以便使意志得以产生呢？这个问题实际上已经在前述的内容里作了回答。包含在情感中的意志倾向转化成同一方向的随意活动。那么，确切地说，我们通过这种活动（这种活动与情感在一起，构成了意志的主要特征）了解到了什么东西？这种活动的概念包含两个因素——首先，在一个客体（an object）的特定条件中，活动意指一种过程或变化，其次，这种变化涉及作为它的直接原因的某个主体。于是，在物理科学中，我们谈到电流的化学作用，我们还谈到风力和水力的机械作用，等等。液体分解成它的组成成分的化学作用，水轮（mill-wheel）的运动，等等，在这些例子中，都可以观察到变化。至于电流、流水和空气，则都是这些变化涉及的主体。因此，我们可以就这种随意活动的问题提问，发生的变化究竟是什么东西？我们为了解释这个问题而假设的主体究竟是什么？首先，变化始终是我们意识状态的改变：以前不存在的一个观念可能会产生，或者一个目前存在的观念也许会消失；或者说，变化可能表现为一个模糊的观念变得更清楚，或者较清楚的观念变得更模糊，等等。这些观念的过程总是进一步在意识中与各种情感和情绪相联系。在外部的随意活动中，与人体运动有关系的变化起着最重要的作用。如果我们从能动的主体（active subject）中提取一些东西的话，那便是肌肉感觉（muscle-sensations），还有运动知觉（perceptions of movements）以及它们的结果，它们形成了一种外部的随意活动的主要意识成分。而且，它们的全部或一部分不时地被认为是意志的独有特征。但是，十分清楚的是，它们并没有穷尽意志的心理分析，在意志引起的观念内容中的每一种变化可以在某些环境中不受意志的控制而发生。通过有意回忆（voluntary recollection）而带入意识中去的观念也可能通过不随意的联想（involuntary association）而突然出现；肌肉感觉可能由反射而产生，或者，正如你们知道的那样，通过对肌肉的外部刺激和人工刺激而产生。此外，必须对所有这些加以补充的是，它还涉及能动的主体，内省教导我们应该把主体看做是观念变化的直接原因。但是，这个"能动的主体"究竟是什么呢？最为明显的答复似乎是：有意的主体（willing subject）是我们自己的自我（self）。可是，那种回答无论如何不会对我们的心理学分析有所帮助。那个被我们视作我们的随意活动的创始人的"自我"又是什么呢？当我们对"自我"进行密切考察时，我们发现它不过是"有意的主体"这个古老词组的另一种表述而已。我们感知到我们意识内容的变化，并把它们归诸于主体。然后，我们继续把这些变化取名为"随意活动"，主体进而把它们解释成我们的"自我"。为了更加确切地确定"自我"的本质，唯一的方法是在每一特定的情形中对我们认为属于我们随意活动的原因的东西进行分解。

现在，有意的自我（willing self）通常被认为是随意活动的直接原因，但是这并不意味着有意的自我是随意活动的最终的和唯一的条件。我们假定，意志是由动机决定的。当然，我们也假定，没有有意的自我，动机也不可能有效。但是，另一方面，根据我们直接的内部经验的事实，如果没有动机的话，有意的自我便无法有所作为，这也是同样清楚明白的事。因此，动机和意志之间的联结正像意志和能动的主体之间的联结一样必要。一种反射，或者说某种外部力量迫使我们作出的一种被动运动，不是由动机来决定的，尽管它们肯定像随意活动那样有其自身的原因。因此，我们说，动机是意志的原因。而且，由于意志始终由内部过程来产生，所以它们一定是内部的心理的原因，这是同样清楚的。

那么，动机究竟是什么东西呢？人们通常在简单的动机和复杂的动机之间进行划分，并且在后者，也即复杂的动机标题下进行理解，在这组复杂的动机里面，其组成成分可能在某种程度上以不同的方向运作。但是，在对决定意志的特定原因提供解释时，我们将只考虑决定性动机（determinate motives），也就是给意志以明确方向的决定性动机。这种决定性动机像简单的力量那样运作，而且不可能进一步分解。在这个意义上说，每种动机均是一个特定的观念，并有一种感情色调依附于这种特定的观念之上。由于情感本身只是一种明确的随意倾向，因此在动机中观念和情感的结合仅仅意味着一旦观念引发了意志，观念便成为动机。由此可以这样说，只有具有强烈感情色调的观念才可以作为动机而运作，因为正是一个观念的感情色调为它提供了作为一种动机而运作的力量。

而且，内省可以表明有些观念成为动机，而另一些观念则不能成为动机的条件。这些条件有两种类型——它们部分地存在于感官印象（sense-impressions）的直接属性之中，部分地存在于我们先前的意识经验的性质之中。所有这些感觉属性赋予它一种鲜明的感情色调，也使得印象作为一种意志的动机而变得有效。在这一情形里，往往会发生这样的情况，具有强烈感情色调的印象是意识中存在的唯一动机。随意活动是一种简单的活动，或者像通常表述的那样，是一种冲动的活动。无可怀疑的是，动物的大多数行为是具有这种特性的行为。但是，冲动也构成了大多数人类的行为，尤其在人类行为发展的早期阶段是这样。一切感官冲动（sense-impulses）都是与明确的感觉联系着的意志倾向，也就是说，它们都是一些情感，这些情感有着转化成实际意志的强烈倾向。

但是，随着时间的推移，大脑获得了更新先前观念的各种倾向，这些先前的观念自身是与明确的随意倾向联结着的。一个外部刺激不再会简单地激起与它相对应的冲动，但是，这种冲动将不断倾向于影响已经存在于大脑中的倾向，并被这些倾向所影响。这些东西通过外部的印象或次级的影响（secondary influences）又会转化成对意志而言的有意识动机。因此，实际意志的主要动机从此以后不是某种恰巧存在于那里的特定的感官印象，而是由它的先前经验决定的整个意识倾向。当然，这种趋向或倾向并不直接进入意识之中。我们只能描述一下进入动机冲突中去的那些倾向，它们的知觉带有强烈的感情色调。这些东西一直十分模糊，尽管它们可能是组合的整体情感（resultant total feeling）中的一些因素，而且在最终产生的意志活动中，就我们自己而言，仍然未能清楚地感知到它们的独立存在。另一方面，我们仍然对以下的情况一无所知，即由观念中从未实现过的倾向来施加的无论什么影响，对我们观念内容的变化所施加的影响，从而对最终的意志活动施加的影响，我们均一无所知。把当前的实际过程与过去的意识历史联系起来仅仅起了这样的作用，它以正确无误的清晰度挑明了这样一个事实，即活动的决定性基础不是任何一种单一的印象，也不是任何一种特定的动机（不论是由联想引起的还是由"自身"引起的），而是大脑的整个趋向或倾向，它扎根于意识的原始性质之中，扎根于累积的心理生活的经验之中。具有或多或少强度的情感是与这种一般的观念相联结的,而且成为共同情感中的一个基本要素。从这些冲突的动机中产生出来的活动,我们称之为复杂的随意活动或意志活动(volitional action)。它在意识中有两个明显区分的标志——首先是决定感(the feeling of a decision),它出现在活动之前,并以现在的印象与先前的经验的联结为基础;其次是随意活动的观念,它由不同的和冲突的动机之间的选择所决定。这些特征中的任何一种特征或多或少有点独特。对其中一种特征的感知的清晰度是与对另一种特征的感知的清晰度成反比的。在随意活动立即发生和以完全确定的方式发生的地方,决定感占据支配地位。但是,在动机存在着长期冲突的地方,选择感(the feeling of choice)便占据支配地位。

这些事实使我们清楚地了解,简单的随意活动是更为复杂的随意活动的必要前提。甚至在简单的随意活动的情形中,印象并不引起活动本身,它的效果取决于当时的意识状态。但是,由于这种效果相对而言比较简单,因此直接提供的刺激成为决定中的主要动机,其他动机与其相比没有明显的意义。

四、随意活动中的心理成分

如果我们再次把随意活动的一切基本要素聚集起来,那么我们便可以看到:首先,它由情感组成,在情感中意志的倾向得以表现;其次,它存在于观念内容的变化之中,还可能伴随着由运动器官作为中介的外部效果;再次,它存在于下列一般的观念之中,即这种变化有赖于意识的整个倾向;最后,像所有次级观念(secondary ideas)一样,在情感中找到它的主要表述形式,这种情感部分地先于意志的决定(用上述情感指示意志倾向的形式),部分地伴随着意志的决定。对这三种组成成分而言,还必须补充情感,情感作为活动的内部结果和外部结果而随后产生,但是情感对活动的进行却无影响。

意志的一个十分重要的属性(它对我们这里引用的随意活动的一切要素均产生影响)便是它的统一性(unity)。尽管存在着动机的冲突和由动机冲突引起的情感波动,但是,在任何特定的时刻,随意活动本身肯定是单一的和统一的。这一事实也是自我统一性的基础。根据心理学中经常发生的"倒逆论法"(hysteron proteron),我们倾向于把后者作为意志统一性的原因,但是,事实上,我们所谓的"自我",简而言之,就是意志的统一性加上使之成为可能的我们心理生活的单义控制(univocal control)。此外,这种意志的统一性还使我们能够直接解释另一个事实,对于这个事实,我们已经提到过了——这个事实是,每一瞬间的情感均联合成单一的整体情感,不论在它们中间可能存在什么对立的东西。这种整体的情感便是组合的意志倾向(resultant volitional tendency)。而且,对它来说,不可能分解成若干独立的共存的情感,正如对我们来说无法有意地同时完成若干不同的事情一样。

根据这几讲中评述的属性,情感和意志对我们心理生活的观念方面发生作用,并且有助于确定我们所谓的意识(consciousness)的全部内容(尽管采用一种武断的划分,但却有助于事实的分析)。既然我们业已描述了构成心理生活的各种组成成分,我们将暂时转向讨论这些现象,也就是由所有这些组成成分结合起来所产生的现象。

冯特的心理学实验室吸引了大批来自世界各地（主要是美国和加拿大）的学生。他早在1875年就开始指导博士论文，至1919年（他去世前一年）已达总数186人。据统计，其中70篇是哲学论题，116篇是心理学论题。心理学独立发展的最初50年间的骨干力量，如卡特尔、铁钦纳、霍尔、安吉尔等，都出自冯特门下，为心理学的纵向和横向发展作出了显著贡献。

▶ 卡特尔（James McKeen Cattell，1860—1944）曾两度来到冯特门下，第二次（1883）还自愿当冯特的助教，他后来在哥伦比亚大学（Columbia University）创建心理学实验室。图为如今的哥伦比亚大学心理系大楼（Schermerhorn Hall）。

◀ 冯特写给卡特尔（J.M.Cattell，1860—1944）的信，邀请他到自己的实验室来访问，但卡特尔曾经公开宣称对冯特主张的内省观点的不满，1904年，卡特尔在世界博览会上发言时评论道："我不相信心理学应该只限于研究意识。在我看来，我或我的实验里所做的大多数研究工作几乎都与内省无关。"

▶ 铁钦纳学成后在康奈尔大学（Cornell University）创立了心理学实验室，他是冯特所有学生里最忠于冯特之学术的。图为康奈尔大学的Uris Hall，如今的心理学系就在此楼里。这个大楼还有一个神秘之处，由怀尔德（B. G.Wilder，1841—1925)创立的Wilder Brain Collection，通过解剖人类大脑来研究心理学。铁钦纳去世后，他的大脑亦捐献给该项目。

▶ 霍尔于实验室正式设立的第一年来到冯特门下，回美后在约翰·霍普金斯大学（Johns Hopkins University）和克拉克大学（Clark University）都建立了心理学实验室。图为1909年9月在克拉克大学召开的心理学大会上，霍尔（前排中）和弗洛伊德（前排左）、荣格（前排右）等人的合影。

◀ 如今的约翰·霍普金斯大学心理学和大脑科学系的课堂情景。

◀ 安吉尔（James Rowland Angell, 1869—1949）曾担任耶鲁大学（Yale University）校长，并创办了著名的人际关系研究所。他于1906年当选为美国心理学会第15任主席，为美国机能主义倡导者之一。

其他学生如：斯克立普却（E.W. Scripture）成为耶鲁大学实验室主任，是研究听觉的专家；卫特墨（L. Witmer）建立了宾州大学（Pennsylvania University）第一所心理卫生中心；贾德（C.H. Judd）成为芝加哥大学（Chicago University）教育心理学教授……

欧洲籍的学生中较为知名者有屈尔佩（Oswald Külpe，1865—1915）、闵斯特伯格（H. Münsterberg，1863—1916）、雷门（A. Lehman）、梅伊曼（E. Meumann，1862—1915）、立普斯（T. Lipps，1851—1914）、克鲁格（F. Krueger）、克莱普林（E. Kraepelin，1856—1926），等等。

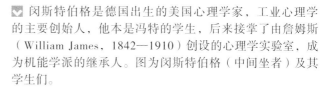 闵斯特伯格是德国出生的美国心理学家，工业心理学的主要创始人，他本是冯特的学生，后来接掌了由詹姆斯（William James，1842—1910）创设的心理学实验室，成为机能学派的继承人。图为闵斯特伯格（中间坐者）及其学生们。

屈尔佩，1881年进入莱比锡大学学习历史，与冯特接触后，冯特引导他转向哲学和实验心理学。1883年转入哥廷根大学，1886年重新回到莱比锡大学以冯特为师，1887年成为冯特的助教。

马林诺夫斯基（Bronislaw Malinowski，1884—1942），生于波兰，1908年师从冯特攻读博士学位，后在英国成为著名人类学家。图为马林诺夫斯基在非洲做研究。

在1883—1909年的24年间，冯特先后一共有15位助教，在卡特尔之后为朗格（L. Lange，1869—1938）、屈尔佩、克希门（A. Kirschmann，1860—1932）、梅伊曼等，其中至少三分之二在实验心理学史上成为知名人物。

冯特于1879年在德国莱比锡大学建立了世界上第一个专门用于研究的心理学实验室，用自然科学的方法研究各种最基本的心理现象、分析人的心理结构，因此被称为"构造主义心理学"，主要研究意识的结构，认为心理学可以通过实验方法分解成基本元素，之后再逐一找出他们的关系和规律，就可以达到了解心理实质的目的。

◀ 费希纳（G. T. Fechner, 1801—1887）于1860年出版第一部系统的心理物理学专著《心理物理学纲要》，此书的出版对实验心理学的发展和心理学的诞生作出了不可磨灭的贡献。他的研究和著述使心理学具备了实验和测量的特点，也使心理学更具严谨的科学性。他开创了心理物理法（即感觉阈限测量的三种方法），以可操作的量化方法研究物理刺激变化与感觉变化之间的关系，从而为实验心理学指明了方向。

▶ 艾宾浩斯（Hermann Ebbinghaus，1850—1909）属于联想学派，他最早把实验法应用于高级心理过程而得到数量化结果。他因看了费希纳的《心理物理学纲要》一书，而想到用实验方法研究高级心理过程。艾宾浩斯的记忆曲线为众人所知，他还有另一个重要贡献如右图所示：两个等大的橘色圆圈，因为放在不同的参照物里，看上去大小也不一样了。

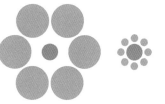

◀ 谢切诺夫（Ivan Sechenov，1829—1905）是俄国心理学中自然科学流派的奠基人。1863年发表《脑的反射》一书，认为一切有意识的和无意识的活动就其发生机制来说都是反射，大脑反射包含着心理的成分。反射的中间环节具有思维、思想的本质。他的研究方向后来成为巴甫洛夫（Ivan Pavlov，1849—1936）创立高级神经活动学说的思想背景。巴甫洛夫说过："我把我们研究的起源归之于1863年年末，即当谢切诺夫的有名的《脑的反射》问世的时候。"

▶ 巴甫洛夫证实了能用生理学术语来表述动物的高级心理过程，从而使心理学在研究方法上具有更大的客观性。

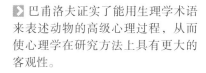

冯特本人称自己的心理学为内容心理学。至于构造主义心理学这个名称，是1898年铁钦纳在与机能主义心理学争议的过程中利用詹姆斯的用语提出的。冯特认为凡不能作确切内省的研究，都不是真正的心理学。还认为儿童心理学和动物心理学因研究情境不能受控制，所以他的实验室内从未用过动物来做实验。图为冯特在莱比锡实验室指导学生。

1884年，詹姆斯为《心灵》杂志撰写一篇文章，题为《论内省心理学的某些忽略》。在文章的附注中，提到"心理构造"一词。

冯特的心理学限于探讨正常成人的心理，只重科学，不重视心理学的应用。例如他的学生转向教育心理学时，冯特视之为临阵脱逃；克莱普林将心理学应用于精神病学，冯特命他放弃心理学而专门研究精神病学。图为克莱普林的墓碑。

Edward Bradford Titchener.

铁钦纳的构造心理学虽然与冯特的内容心理学在研究对象、方法和研究问题上基本相似，但在具体看法上并不尽同。比如他们都主张采用实验内省法，只是铁钦纳对内省法的使用比冯特更加严格而且复杂。

铁钦纳曾任《美国心理学》（*American Journal of Psychology*）杂志总编辑。并于1898年发表《构造心理学的基本原理》一文，阐述了构造心理学的基本立场和主张，正式提出"构造心理学"一词以与机能心理学相对立。构造心理学是心理学史上第一个从哲学中独立出来的心理学派，它为新兴的心理学提供了一些符合实际的实验资料。

1904年，铁钦纳成立了"The Experimentalists"，即今日的实验心理学家协会（Society of Experimental Psychologists，简称SEP），该协会共授予三个奖章。图为加州大学的伊丽莎白·洛夫特斯（Elizabeth Loftus）教授，她获得了该协会2010年颁发的霍华德·克罗斯比·沃伦奖（Howard Crosby Warren Medal）。

由于构造心理学为心理学所确定的研究对象过于狭窄和脱离生活实际，同时又把内省法看成心理学的主要方法，因而遭到欧美许多心理学家的反对。还在铁钦纳在世的最后岁月，构造心理学便已逐渐削弱，最后趋于瓦解。但是它同时也从反面推动了其他心理学派的兴起和发展。

机能主义心理学是与构造主义心理学相对立的一个流派，它没有明确的起始标志和终点，是构造主义与行为主义之间的一个过渡。它的先驱为詹姆斯（William James，1842—1910），创始人为杜威（John Dewey，1859—1952），主要代表人物有安吉尔（James Rowland Angell，1869—1949）、卡尔（Carl Ransom Rogers，1902—1987）等。这个学派的活动中心是芝加哥大学。

◀ 1890年，詹姆斯在《心理学原理》一书中指出："心理学是研究心理生活的科学，研究心理生活的现象及其条件。"他还主张意识的功用是指引用机体适应环境，强调意识是流动的东西，称为意识流。"意识流"这个词含有意识是不可分析的整体之意。他的这些主张成为后来美国机能主义心理学的基本信条。但是詹姆斯本人并没有建立一个学派，机能主义心理学作为一个学派创始于杜威。图为1910年詹姆斯和罗伊斯（Josiah Royce，1855—1916）。

▲ 1896年，杜威在《心理学评论》上发表一篇文章，题目是《在心理学中的反射弧概念》，反对构造主义心理学的元素主义，并阐明了心理学是研究心理功能的，为美国机能主义理学提供了理论基础。图为美国邮票上的杜威像。

▶ 1904年，安吉尔出版了《心理学》教科书，更加系统地提出了机能主义心理学的主张。他在书中表现的生物学倾向，与构造主义心理学的倾向形成了鲜明的对比。

▶▶ 1919—1938年，卡尔继安吉尔之后担任芝加哥大学心理学系主任。在他的领导下，芝加哥机能主义心理学达到成熟阶段。卡尔于1925年出版的《心理学——对心理活动的研究》是机能主义心理学代表著作。

▶ 有人做过一个简单的统计，一百多年来，心理学的流派竟有几百种之多，即使是主流学派也有十几种，内容繁杂，差异显著，互相之间的争议也非常激烈，有趣的是，心理学界这种"百家争鸣　百花齐放"的现象，很大程度上归功于冯特。在冯特晚年及其以后的几十年中，心理学界多半是反对他的理论的，但这并不削减他的成就。比如，在德国兴起的格式塔（Gestalt）学派主张完形，反对冯特的分析；美国的行为主义（Behaviorism）不同意冯特主张的心理学离不开意识；精神分析学派注重无意识的势力，正和冯特的意识说相反……20世纪初的几个学派可以说都是受他的刺激，为反驳他而逐渐形成并发展的。

◀ 1912年对于冯特和铁钦纳来说，是一个烦恼的年头：行为主义在美国对构造主义发起猛烈抨击，与此同时，格式塔心理学在德国对构造主义进行讨伐。格式塔心理学承认意识的价值，但不同意把意识分解为元素。该学派的代表人物有韦特海默（M.Max Wertheimer，1880—1943）、苛勒（Wolfgang Kohler,1887—1919）和考夫卡（Kurt Koffka，1886—1941）。图为北京大学出版社出版的考夫卡代表作《格式塔心理学原理》图书封面。

▶ 冯特心理学思想的本身到1920年以后已经影响甚微，一些新兴的心理学流派迅速取而代之。以华生（John Broadus Watson，1878—1958）为代表的行为主义心理学强调进行更为严格的实证科学研究，反对冯特的内省实验法。华生的《行为主义》一书就是其理论的最好概括。

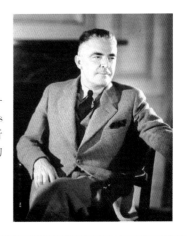

冯特是第一位近代科学心理学家，首倡实验心理学，他的伟大贡献在于领悟科学思想的重要性、创立第一所实验心理学实验室、创刊第一种实验心理学刊物、创设一个完整的心理学体系，培养了大量热衷于心理学的学子，撰写数十部心理学书籍。他也是第一位将示范仪器和放映图形的幻灯带进教室和演讲厅的心理学家。他不但认为心理学是科学，而且称它是科学之女王（Queen of the Sciences）。

第 十 六 讲

· Lecture Sixteenth ·

一、意识的概念

"意识"是什么？当代哲学家和心理学家对这个问题已给予大量的关注。毫无疑问，"意识"这个词意指我们心理生活的某个领域或某个方面,并且与任何其他概念如"观念"(idea)、"情感"(feeling)、"意志"(will)等并不一致,我们把后面这些概念用于特定的心理过程和心理状态。因此,这一观点自然提示了意识是一种特殊的心理状态,需要由某些特殊的标记予以界定。与意识相对立的是一种无意识(unconscious)的心理存在,认为这种存在是必要的观点促进了上述的看法。观念、情感过程等可能消失,并再度出现。由此可以推论,它们在离开意识之后仍然以一种无意识状态存在着,有时又会回到它们先前的状况中去。

根据这种观点,一个确切的比喻是:意识好比一个舞台,我们的观念好比舞台上的演员,既可出现于幕前又可退回到幕后,当我们接到上场的指令后又会重新登场。这种观点已经变得如此流行,以至于许多哲学家和心理学家认为,了解幕后发生的事情,也就是了解无意识中发生的事情,要比了解意识中发生的事情更加有趣。据假设,日常经验已经使后者(也就是意识中发生的事情)为我们所熟悉。但是,我们对无意识中发生的情况却一无所知,因此了解无意识中发生的情况实际上是对我们知识的有趣补充。

然而,将意识比作舞台是完全误导的。当演员离开舞台以后,舞台仍然存在着。舞台具有它自身的存在,这是不受演员支配的。但是,当我们意识到意识的过程已经消逝时,意识并不继续存在,意识始终随着这些过程的变化而变化,而且不可能是与这些过程相区别的任何东西。当演员离开舞台以后,我们知道他还在其他某个地方。可是,当一种观念从意识中消失以后,我们却对它一点也不知道了。严格地说,认为它以后会回来是不正确的。因为同一个观念是决不会回归的。继后出现的观念可能或多或少有点像先前的观念,但是却不可能恰巧是同一个观念。有时,对后来出现的观念来说,其中的有些组成成分是先前的观念所没有的;有时,在属于先前的那些观念中,有些成分是继后的观念所缺乏的。把观念视作不朽的客体,它们可能出现和消失,彼此之间可能挤压和贴近,有时通过感官活动对这些客体作些补充,但是,一旦这些客体已经形成,它们仅仅通过它们在意识和无意识中的分布状态的变化就可以被区分,或者通过它们在意识中拥有的不同清晰度就可以被区分,在心理学中几乎没有任何一种观点比上述观点具有更大的错误性了。事实上,观念像一切其他的心理体验一样,不是客体,而是过程和发生之物。当我们了解到后起的观念与先前的观念相类似时,用来与先前的观念作比较的后起观念已不再是先前的观念本身,这与我们写字和画画不同,我们现在写的字与先前写的同一个字是一致的,或者我们现在画的画与先前所画的类似的画是一致的。确实,如果你思考一下我们的内部经验得以产生的那些复杂条件,那么你便会看到,我们不可能期望找到哪些东西会在先前产品和继后产品之间具有像写字和画画那种程度的相似性。新的过程表现出与先前存在的其他过程的关系和相似性,这一例证不能用来证明观念的继续存在,可是,用钢笔写一个确定的字,从钢笔的运作中可以推论它与先前情形里写字动作的相似性,这种写字动作从最初写字开始便以一种看不见的形式继续存在着,而且要到我们重新写这个字的时候,这种写字动作才会重新见到。如果观念不是不朽的事实,而是以或多或少的变化形式重新发生的过渡过程,那么整个假设结构便会落空。而且,与此同时,无意识丧失了作为特殊类型的心理存在而归属于它的意义。尽管无意识本身不是有意识的,但是它使我们确定依附于心理物体的特征或条件,以便它们有可能变成有意识的。

以此方式,将意识界定为与我们的其他内部经验相一致的特定心理事实,这样的试图已经证明是毫无结果的。很显然,那些把意识视作内部观察之能力的人,也即把意识视作一种"内部感官"(internal sense)的人,在这种类比中所犯的错误类似于把意识比作舞台的错误。知觉的器官和知觉的物体是两种不同的东西,意识和意识过程则不是两种不同的东西。观察活动或注意活动当然可以在我们所谓的意识过程中间找到。但是,它只是一种意识的事实,与其他事实是同等的,这种事实以意识的存在为先决条件,而不是使意识成为可能的事实。同样的批评还用来针对有时提出的另一种解释。据说,我们在意识中辨认出一系列观念。因此,意识一定拥有辨别能力(capacity of discrimination),这个词肯定相当于辨别活动。但是,这里又产生了一个问题,直接感知到的辨别过程是否就是这些过程的先决条件,或者,对这些过程来说它是否恰恰不是基本的结果。首先,物体必须在那里被辨别。儿童将一些分散的事物组合成一个单一的观念,在单一的观念中,发展的意识把分散的事物分别保持。因此,辨别像观察一样,存在于过程之中,过程以意识为先决条件,而且过程最终不能构成意识的精髓。意识本身不是一种与其他心理过程等同的特定的心理过程,意识完全存在于下列事实之中,即我们具有内部经验,我们用我们自己的观念、情感和随意冲动进行感知。我们是在拥有上述这些东西的过程中意识到所有这些过程;当我们不拥有它们时,我们便意识不到它们。诸如下面的一些表述:"意识的界限","在意识中出现","从意识中消失",等等,都是形象化的说法,用来简要地描述某些内部经验的事实之特征,但是,决不能被认为是对这些事实的描述。在将一个观念上升到意识界限时所发生的事情,便是先前没有发生的某种东西发生了。当一个观念从意识中消失时所发生的事情,便是迄今为止一直在进行着的过程停止下来了。我们必须运用相似的方式将意识范围看做是仅指在特定时刻存在的心理过程的总和。

尽管意识不是一种与特定的意识事实相等同的特殊类型的现实,但是现代心理学仍然认为这个概念是必不可少的。我们必须对同时提供的或相继提供的整个心理经验进行集中的表述。当我们简单地指明内部经验的存在,而对这些内部经验的性质未能确定时,这一概念在处理心理事实的相互联结方面尤为有益,而且对于处理所有那些我们在孤立状态下熟悉的过程尤为有益。倘若脱离了它与同时发生的和相继发生的心理过程的相互联结,就不会有任何意义。意识的问题在于确定特定的现象究竟如何相互关联,以及它们的关系和联结如何再次结合以形成整个心理生活。为了陈述的方便,首先将我们自己限于意识的观念方面,然后,当我们讨论了从这一观点中系统阐释的问题时,通过有关的情感元素和意动元素(conative element)来补充我们的结果。这当然是我们在分析特定的心理过程中遵循的计划。然而,很快就会证明,在处理心理过程的相互联结时,我们不能把我们的抽象作用贯彻到底,原因在于我们心理生活的情感侧面始终对观念的结合和观念的关系施加决定性影响。因此,在某些例子中,我们至少不可避免地附带提一下情感因素和意动因素。

二、意识中观念的条件

在已经确定的条件界限内可以提出的第一个问题如下:在一个特定时刻,意识中可能存在多少观念?这个问题的内容似乎没有它的用词含义那般精确。对于一个整体所包含的组成成分的估计,自然依赖于我们所谓的组成单位(constituent unit)。即使我们忽略了观念之间的连续变化,它们在意识中的结合仍然是十分复杂的。意识内容的某个特定部分是否被考虑为一个独立的观念,或者被考虑为更加综合的观念的一个部分,这可能很容易成为值得怀疑的问题。我们在这里可以省却对这个困难的问题做出任何最终的理论解决。为了当前的目的,如果我们能够提供实际的标准,那将是足够的了。当一个观念没有通过惯常的联想而与其他同时存在的观念相联结时,我们将相应地认为这个观念是分离的和独立的。例如,如果眼前置有以系列顺序排列的几个字母(譬如说 x,v,r,t),我们将认为每一个字母本身形成了一个独立的观念,而无须顾及该字母与其余字母的空间联系。这是因为,作为一个整体来考虑,字母并不形成新的复杂观念,它们能够进入与其他观念的明确联结中去。但是,另一方面,如果我们感知了 work 这样四个字母,我们便不会认为它们是互相独立的观念了——至少,对于那些把这四个字母作为一个单词来阅读的人而言是这样——而是将这四个字母看做结合起来形成的单一的复杂观念。根据这些考虑,引出两种结果,它们在决定意识的观念范围的实验中是不该忘记或忽略的。第一,我们必须从在每个特定例子中运作的客观条件和主观条件中决定哪些观念可以成为独立的单位,哪些观念则不能。当然,很显然,同一种客观印象可以在一种情形里被理解为一个观念,而在另一种情形里则被理解为两个或两个以上的观念,这些应视涉及的主观条件而定。第二,从一种观念中得出的结论不一定适用于任何其他一种观念。我们特别可以期望发现,比起较为简单的观念来,复杂观念的意识范围较小。

当意识的范围问题最初被提出时,这些条件完全被忽视了,而且所追求的一般调查方法也不是一种可以导致任何肯定结果的方法。结论要么是从某些形而上学的(metaphysical)假设中推导出来的——例如,认为心理作为一种简单的存在,只能在特定时刻包含一种单一的观念——要么把调查仅仅建立在内省(introspection)的基础上。任何一个人只要扪心自问以下的问题,便可使自己相信后者的程序是完全无效的,这个问题是:现在我在意识中找到了多少观念?与此同时,实验向他表明了为什么他回答问题的努力终归无效的原因。问题在它提到的时刻已经过去之前几乎未被提出,也没有能使接下来的时刻更加成功地确定下来。这样一来,在特定时刻同时提供的东西与后来发生的东西进行区别便成为相当不可能的事了。然而,直接的内省本身之缺陷向我们表明我们该如何用实验对它进行补充。只需要这样来安排实验的条件,以便使同时产生的印象与后继的印象发生混淆的可能性变得不大容易。我们可以这样进行实验,即瞬时提供一些感觉印象,它们能成为独立观念,然后设法确定这些感觉印象中有多少实际上形成了观念。现在,倘若认为瞬时印象与继后观念的一起运作在这里受到了阻碍,这将是错误的。例如,假定我们通过瞬时的照明向眼睛呈现若干视觉物体,最初的瞬间的知觉将自然地为我们后来意识到的其他知觉所补充。你可以在黑暗中手持一本书,使书离开眼睛适当的距离,然后用电火花瞬间把房间照亮。即使在最初瞬间你仅仅认出了一个单词,那么也完全有可能通过记忆的帮助,接下来清楚理解其他的单词。确实,运用这种方法,继后读到的东西往往会比最初瞬间辨认出来的东西要多一些。但是,这些实验又把我们引向进一步的事实,它表明有可能从这些实践中进行有效的推论,即关于特定时刻意识状态的推论。我们可以十分清楚地把在原始印象基础上逐步构筑起来的图像从直接与原始印象相符合的图像中区别出来。这是由于以下事实,即特定的时刻并不完全类似事先或事后的时刻;光线的突然闪现和消失清楚地划分出时间界线,这种区分使得内省很容易忽略或有意排除原始观念图像的继后填补。这里,正如在其他地方一样,心理学实验无法使我们省却内省,恰恰相反,它使内省有可能提供它在进行精确无误的观察时所需要的条件。

用瞬间印象进行的这种实验可以用于任何一种感觉领域。但是,视觉印象最适合于这一目的,因为它们可以根据独立观念的观点而十分容易地被选择出来。确实,印象本身并不完全是瞬时的,光线刺激具有生理上的后效(after-effect)。然而,在迅速逝去的印象中,这种后效如此短暂,以至于我们可以为了当前的目的而忽略它。视觉实验所使用的装置如图 37 所示,它的目的是向大批观众进行现象的演示。如果你们仅仅想对自己进行这个实验,那么范围当然可能会小得多。该装置由一黑色屏幕组成,它镶嵌在一块黑色垂直板前面的槽内,约有 2 米高,当弹簧 F 被按下时,黑色屏幕便会落下。在屏幕上面有一正方形开口,其大小足以包含大量的可以分别形成观念的物体,例如字母表中的字母。设计这样的方形开口,可使屏幕升起时只能见到黑色背景,但当屏幕落下时,物体被快速呈现,然后屏幕又立即将物体遮住。在屏幕的方形开口下面有一小型白色圆圈,它的位置可使屏幕落下以前正好遮住视觉表面的中央。这个圆圈起着凝视点的作用,以便将眼睛置于最有利的位置去感知这些印象。图 37 中的 A 提供了该装置的侧面图,B 提供了该装置的正面图。在图 A 中,屏幕升起,并把即将被看到的物体遮住;在图 B 中,描绘了屏幕落下时的情景,结果使一些印象(随机撰写的一些字母)恰好能被看到。如果我们想象一下屏幕继续往下掉的话,那么这些字母便会被隐没,我们所见到的只是方块上面的黑色部分了。所呈物体的大小和分布,以及观察者离开该实验装置的距离,都需加以选择,以便使所有呈现的字母都落入最清晰的视野之内。但是,在这些实验中,严格地说,每一种视觉物体不仅仅在单一瞬间中被见到,而且在可以测量的相对小的一部分时间里被看到,这段时间对于不同的物体并不完全相同。在图 37 所描绘的装置中,方块中上面一行字母的视觉时间为 0.09″,下面一行字母的视觉时间为 0.07″,而中间一行字母的视觉时间为 0.08″。这几种时间与后像(after-image)持续的时间相比显得如此之短,以至于为了我们的目的,它们实际上可以被认为是瞬时的。

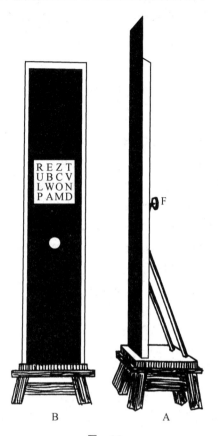

图 37

这类实验表明,四种(有时甚至五种)互不联结的印象(字母、数字或不同方向的线段)可以明显地被感知。如果这些彼此独立的印象被如此安排,以至于它们能在观念中相互结合的话,那么上述数目还可以增加两倍。这样一来,我们可以立即辨认两个双音节的词,每个词均有 6 个字母构成。

但是,该调查结果把我们的注意力引向了其他一些现象,这些现象表明我们实际上不能用这种方法了解有关整个意识范围的任何一件事情。我们注意到,字母、数字、单词等等(这些东西在屏幕落下时被我们清楚地感知)不会穷尽这一时刻的全部意识内容。除了这些被清楚地感知的印象以外,意识中还存在其他一些特征不太鲜明的,或完全不清楚的印象。除了你能读出的 4 个或 5 个字母以外,你还会注意到,例如,有几个字母你只能认出它们的大体轮廓,还有其他一些字母你只能拥有一些不明确的观念,即它们存在着,而且是一些视觉印象。因此,这类实验表明,这样的方法只能使我们确定意识中存在的清楚而又明显的观念数,不能为我们提供意识所包含的全部观念数的任何信息。对于视觉来说,这种清楚的观念数总计为 4～5 个,条件是它们必须相对简单和熟悉的;如果这些观念是复杂的,则根据其复杂程度,数目在1～3个之间变化。在后者的情形里,存在于一个清晰的复合观念中的简单观念数可以多达12个。当然,你们将会注意到,直接落在视网膜黄斑上的印象通常会比其他印象更清晰地被感知。但是,情况并不一定如此,侧面见到的物体可能会优先于直接见到的物体,尤其是当注意力有意指向前者时,更会这样。

三、知觉和统觉;观念的清晰度和区分度

即使我们的第一种方法没有告诉我们关于意识的实际范围的任何情况,我们也值得花些时间去考察所得到的结果。它们除了为我们提供在单一瞬间可以清楚感知的观念数目以外,所显示的不同程度的观念清晰度也特别值得注意。确实,清晰的观念和模糊的观念之区别没能逃脱莱布尼茨(Leibniz)的敏锐观察,自他那个时代以来几乎没人提出过质疑。但是,一般的内省并不允许对不同程度的清晰度的关系作明确而直接的确定,像瞬间印象的方法所提供的那种确定一样。这种实验方法表明,莱布尼茨的假设是正确的。莱布尼茨的假设是,不存在任何突然的过渡,存在的是连续的渐变(continuous gradation),从一种观念的清晰度转化为下一种观念的清晰度。在上述瞬间视觉印象的实验中,我们在意识中区分了三种观念:清晰的观念,较为模糊的观念(对此观念仍有可能进行部分的分辨)和相当模糊的观念(对此观念我们仅仅认识到某种属于明确的感官部分的意识内容的存在)。我们现在必须了解,这三种观念只存在清晰度的差别,所有这三种观念均由连续的渐变联结起来。然而,对于这两个极端,我们可以运用莱布尼茨介绍的术语。我们可以把意识中出现的模糊观念称为知觉(perception),而把清晰的观念称为统觉(apperception)。这两个术语不一定被理解为携带着任何一种先决条件,也即形而上学的先决条件或心理学的先决条件。它们仅仅反映了一个事实,像在自然科学中常见的那样,我们选择了由首先注意到这一事实的研究者所提议的名称。我们对来自这些观察的事实的任何假设和任何理论均不予考虑,莱布尼茨和他的继承者可能已经将这些观察到的事实与这些术语联结起来。只需注意,清晰观念与模糊观念的关系如同视野中见到的清楚的或不清楚的物体的关系一样。自然,知觉与统觉的区别涉及意识本身,正如在外部视觉中我们通过视野的不同部分的视觉敏锐性差异来考虑不同的区分度一样。因此,我们可以说,被知觉的观念就是那些存在于意识场(the field of consciousness)的观念,而被统觉的观念则位于它的凝视点(fixation point)。

那么,我们通过观念的清晰度意欲了解些什么呢?如同所有的心理学概念的名词一样,言辞从外部客体转化为意识主体。我们使用"清晰的"这一术语,意指明晰的或透明的物体,也就是那些本身容易被感知的物体,或者帮助视觉器官感知其他东西的物体。因此,当这个术语用于意识时,它必须在内省中表达一些相似的特征。当一个观念在内省中比其他观念更完善地被理解时,这个观念便是清晰的,与此相反的观念,便称为模糊的。言辞的原始意义和转换意义之间的唯一差别是:在前者的情形中,清晰度的特性可能属于物体,而与我们对它的知觉无关;可是,在后者的情形中,观念只有在意识中被清

楚地感知时才是清晰的。对言辞的原始意义和转换意义之间的差别来说,其根源还在于以下事实,即我们对心理过程的感知和心理过程本身是完全一致的。根据我们对观念的感知,观念仅仅是观念。内部知觉(内省)仅仅是内部经验本身的事实,当我们有时把内部经验作为观念、感情等等来谈论时,有时又把它总合起来作为内部知觉时,说明我们正从不同观点去看待这种内部经验。

我们倾向于用观念的独特性(distinctness)来鉴别它们的清晰度,并用其他概念来解释这些概念中的一个概念,也就是说,"独特"便是"可以清晰地认识的东西",或者说"清晰"便是"可以独特地感知的东西"。现在,必须承认,这两种特性一般可以一起找到。不过,两者并不完全一致,两者中的每一者意指某一特定观念在意识中拥有的优势的一个不同方面或不同原因。一个观念之所以"清晰",完全由于其自身的特性,正如将"清晰"这个词用于外部参照物时,把纯水(pure water)称为"清澈"而不称为"独特"一样,就因为纯水是透彻的,任何东西,只要被置于纯水里面,便可以透过水被看到。可是,另一方面,一个观念之所以称为"独特的",就是因为它与其他观念相区别的独特性。于是,位于清澈之水中的物体之所以明显地被看到,就是因为它处于与周围环境的明显不同之中。与此相似,当我们充分感知到一种音调的特性时,它便是清晰的;可是,当这种音调与一种复合的乐音(clang)的其他要素有明显区别时,或者与其他一些同时发生的声音印象有明显区别时,我们便说这种音调是独特的。

现在,将清晰度和独特性这两个术语用于我们的观念,就是指直接依靠观念活动的特性,或者,在同一个意义上说,就是指直接依靠内省活动的特性。在同样的客观条件下,同一种观念可能有时清晰,有时则或多或少有点模糊。鉴于这一原因,我们必须特别小心,不要将一个观念的清晰度与它的强度(intensity)相混淆。这里所说的强度,是指单单依靠构成观念的感觉的强度。感知观念的强度是由感官刺激的强度决定的,记忆观念的强度是由其他一些条件决定的,这些条件与观念的清晰度没有关系。与此同时,强度通常促进清晰度和独特性。当其他情况相等时,强的观念通常更清晰,而弱的观念则较含糊。不过,也可能发生这样的情况,即由于主观的知觉条件,致使强的观念变得模糊和不清,而弱的观念反而清晰和独特。例如,一种乐音中的泛音(over-tone)可能会被清晰和明显地听到,而其中更强的基音(ground-tone)则反而不太清楚地被感知,而且,同时产生的一种很响的噪音也许更加注意不到了。

根据上面所述,观念的清晰度必然依靠意识的条件。由于印象的强度和记忆的表象有助于决定条件,因此,印象的强度和记忆的表象也对观念的清晰度和独特性产生影响。但是,由于意识状态肯定不完全依靠那些条件,因此它们在这一问题中决非唯一的重要因素。由此可见,我们对清晰度的最终界定应该是:"清晰度是一种特性,依靠这种特性,一个观念在内省中具有先于其他观念的优势。"然而,不难发现,这一界定仅仅是对"清晰"一词的描述而已。事实上,不可能像界定一种感觉的强度或质量一样去界定一个观念的清晰度。我们能够对我们心理过程的这些基本特性彼此进行区别,其方法是在界定的条件下揭示这些基本特性的单独变化。但是,这些区别好比先天性盲人对颜色的辨别一样,也不会使从来没有体验过这些区别的人清晰地感知这些区别。

四、伴随统觉的现象

另一方面,一个观念变得清晰通常是与其他一些心理现象相联系的,这些心理现象不仅有助于对清晰的和模糊的观念进行内省的分辨,而且也使这些过程(我们把这些过程区分为知觉和统觉)的主观条件更清楚地显示出来。这些现象分为两种——它们部分地由感觉组成,部分地由情感组成。伴随着统觉的感觉属于肌肉感觉(muscle-sensations)的类别。它们尤其在外部感官知觉的例子中可以找到。如果我们把注意力集中在特定的音调上面,或者集中在特定的视觉物体上面,而不顾光和声的其他印象,那么我们在耳朵或眼睛里便有了明确分级的肌肉感觉,它们也许与鼓膜张肌有关,也与促进眼睛调节和运动的肌肉有关。同样的感觉可以伴随着记忆的观念而被感知到,尽管不很清楚,至少当观念鲜明时是如此。例如,我们见到一个物体,它离我们一定距离,我们对眼睛肌肉进行调节以便去注视着它。同样,当我们在记忆中回忆起一首乐曲的调子时,也会在耳朵中产生一种张力,就像这些曲调真的被我们清楚地感知一样。甚至构成抽象思维的模糊性形象观念,如果没有这种感官伴随的话,也是不完整的。当我们试图回忆一个人名或思考一个难题时,我们注意到存在一种紧张感。这些紧张感可以部分地在眼睛中被感受到——正如你们知道的那样,视觉观念在意识中居支配地位——部分地在额部和颞部被感受到,这两部分肌肉直接位于皮下[即在模仿活动(mimetic movements)中起作用的皮下],并产生或多或少与内部努力的数量成比例的紧张感。

这些肌肉张力与模仿活动的联结直接将我们导向统觉过程的第二种相伴物——情感(feeling)。如果没有情感,便没有情绪(emotion)的表现。情感先于统觉本身而发生,并在这一过程中继续存在着。但是,它们在这两种情形里是不同的,尽管它们在意识中的通途是连续的,结果那些先于统觉而发生的情感和那些伴随着统觉而发生的情感形成了一个感情(affective)的整体,这种感情的整体由于其连续性这一事实而类似于情绪(关于情绪问题我们将在后面谈到),并确实经常转化为情绪。我们对这些伴随着情感的知觉,正像上面讨论的我们对感觉的知觉一样,当它们的观念基础的清晰度很大时,是很明显的,尤其当这种清晰度主要是意识本身倾向的结果时,而不是外部条件的结果时,我们对这些伴随着情感的知觉是很明显的。例如,具体地说,当我们有意地回忆我们先前具有的一个观念时,或者当我们期望一种印象时,这些伴随着情感的知觉是很明显的。甚至当条件不是一种期望本身,先于统觉而发生的情感仍然十分紧密地与期望的条件相关。另一方面,伴随着这一过程的情感可以比作满意的情感,比作张力松弛的情感,或者,如果期望得不到实现的话,可以比作失望或失败的情感。这些情感只有在独特的期盼、回忆等特定条件下才会清晰地被感知,这是相当正确的。但是,认真的内省似乎表明,同样的情感不会完全不存在,在那里,先前模糊的观念会变得更清晰,即使这些观念的强度要小得多,而且它们的质量特别多变。至少可以这样说,如果真有什么基本差别的话,那也只有在先前发生的情感中才有。它们的持续时间可能很短(尽管它们很难完全消失),当统觉的客体是一种外部的感官印象,或者当记忆表象出乎意料地冒出来的时候,它们的持续时间可能会大大缩短。

五、注意

我们把与统觉相联的整个主观过程称为注意(attention)。注意包括三个基本组成部分:不断增加的观念的清晰度;与观念属于同样方式的肌肉感觉;与观念变化相伴随并先于观念变化的情感。与此同时,注意的概念本身与这三种过程的第一种过程没有任何关系,但是与后两种有关。因此,统觉意指观念内容的客观变化,而注意则是主观的感觉和情感(这些感觉和情感伴随着这种变化,或者为这种变化铺平道路)。这两种过程均属于单一的心理事件的组成部分。在某些例子中,可能会发生这样的情况,即客观的效果是明显的,而过程的主观方面不会获得阈限的强度(liminal intensity)。或者,可能会发生这样的情况,当期望得不到满足时,主观的组成成分获得了很大的强度,而客体便相形见绌了。可是,这些都是极端的例子,像所有的心理系列一样,它们包含了一些没有中断的安排好了的条件。广义地说,注意不是(这是重要之点)一种特殊的活动,它伴随着它的三个组成因素而存在,它是不被感觉或感受的某种东西,但是它本身产生感觉和情感。不! 至少根据我们自己的心理学分析,它仅仅是包括这三种组成成分的复杂过程的名称而已。它们的性质使得我们为什么把注意视作主观活动变得十分清楚,而无须去假设不受其他心理元素支配的任何一种特殊的活动意识。活动的概念预先假设了两件事情——第一,某事条件的变化;第二,一个主体以两者能被确切关联起来的方式随着这种变化而变化。于是,我们认为该主体是主动的主体,变化作为它的活动效应而建立起来。现在,构成注意的感觉和情感并不偶然地和模棱两可地与统觉的观念相联系,而是处于一种与统觉的观念具有十分明确的关系之中。伴随的紧张感,以及先行的或相随的情感完全受统觉观念的性质所支配;如果统觉观念变化了,那么它们也发生变化。所以,构成统觉过程的现象拥有一个从主动的主体那里发展而来的活动概念所需的全部特征。在与统觉活动相伴随的感觉和情感中,这个主动的主体简单而唯一地被提供给我们。由于我们在这些元素中间不仅找到了不断的变化,而且找到了较早过程与后来过程的连续联结,因此我们认为这一主动的主体坚持通过它的一切变化。语言已为这种观点(对区分的进一步概念发展起决定性影响的观点)提供了一种表述,也即通过在简单动词判断中第一人称的符号而不断提供的持久主体的概念,来为这种观点提供一种表述。

六、自我意识

自我(self)的概念就以这种方式产生了。这个概念就其自身而言,是完全不够满意的,但是,实际上,如果它不下特定的决心来为这个概念提供一点内容的话,它是不会进入内省这个领地的。因此,从心理学角度考虑,自我不是在其他观念中间的一种观念;它甚至不是一种次级的特征(这种次级的特征对所有的观念或大多数观念来说是共同的);

它不过是内部经验相互联结的知觉,这种内部经验伴随着该经验本身。现在,我们已经发现,这种知觉——也即涉及一个过程发生的知觉,该过程沿着它的路线发展的方式,等等——有时又会重新返回成观念。目前,存在着一种把心理事件实体化的根深蒂固的倾向,该倾向以这样一些理论来显示,即认为观念本身是持久客体。还存在着一种非常特殊的倾向,即将"自我"转化为这种特征的观念,尽管事实上它不过是观念和其他心理过程联结在一起的方式。由于这种联结的方式在任何特定的时刻都是由先前发生的心理事件决定的,因此我们倾向于在"自我"这一术语下包容先前经验中有其原因的全部结果。"自我"被认为是一种整体的力量,这种力量在特定事件发生时决定这些特定的事件,除非这些事件由外部印象的活动所引起,或由内部过程的活动所引起,我们对这些内部过程的体验如同对外都印象的体验一样是消极的。由于对意识的先决条件来说,其主要效应是决定观念清晰度的出现和程度,因此我们进一步把"自我"与统觉过程十分紧密地联结起来。自我是我们为统觉活动提供的主体。很清楚,这里涉及把我们在外部知觉中观察到的关系转化到内部经验的领域。自我是在对外部物体进行类比后被注意到的,尽管外部物体有种种变化,我们仍认为它们的特性是一样的,因为这种变化在时间和空间上是连续的。但是,没有我们心理生活的连续性,我们就不能认识客观事物的连续性。所以,在这种发展的相互作用中,我们把自我想象为既是原因又是结果。对心理过程相互联结的知觉(这些心理过程在"自我"的概念中具体化),使物体与其变化特性之间的区别成为可能,这种区别反过来又使我们倾向于把一种客观的价值归之于该概念。

对此,另一个理由在于这样的事实,与自我的一切状态联结着的身体本身也是一个外部物体。首先,自我是两个东西的产物——外部知觉和内部经验,它是身体加上与身体联结在一起的心理过程。后来,反射破坏了这种统一性,但是,即便在那个时候仍保留着那个依附于自我意识的客体观念的模糊踪迹。在当前生活观点成为实践观点的地方,作为一种朴素的感官参照,人体无疑以自我的不可动摇的组成成分而取得它的地位。

第 十 七 讲

• *Lecture Seventeenth* •

一、注意的发展；被动统觉和主动统觉

在自我意识(self-consciousness)发展的同时(关于自我意识，我们在前面一讲中已经描述过)，发展着另一种复杂的过程——那就是注意(attention)的过程。这两种发展在许多方面是相似的。注意的状态(像自我意识的状态一样)表现出某些可以被视作对立的外部差异。尽管下述情况是真实的，即这种对立是明白无疑的，但是我们必须或多或少忽略那些中间的过程，也即使我们从一个过程过渡到另一个过程的中间过程。对于那些极端的例子，尽管在理论上是可能的，实际上则不会以纯粹状态发生，在纯粹状态中这些极端的例子可以通过分析而获得。然而，如果我们暂时不顾具体的情况，我们将会找到关于这些极端例子的一般可能性的足够证据。

我们发现，在统觉(apperception)的每次活动中，就其产生结果而言有两个主要条件——第一个是意识的瞬间条件(momentary condition)，其本身部分地由外部影响所决定，部分地由其自身的早期状态所决定，这些自身的早期状态与外部影响直接有关，因而以或大或小的规律性与它们联系起来；第二个条件是整个先前的意识史(history of consciousness)，它可以由于这种瞬间状态而以最为多样的方式改变这种结果。当然，你们不必假设这两个条件从两种对立力量的意义上说都在个别例子中起作用。那将是不可能的。因为早先的状态，也就是与任何特定的客观印象直接联结的早期状态——观念(ideas)、情感(feelings)或这些状态可能成为的任何东西——本身构成了以往心理史的一部分。换言之，我们必须处理程度的差别，而不是处理种类的差别。但是，这不会阻止这两种情形中的结果表现为两种对立的东西。假设注意的方向仅仅由某种偶然的刺激所决定，并且由与该刺激持久地联系着的一种"心理状态"(state of mind)所决定，或者由偶然情况所造成。于是，我们从自己内部经验中得到的直接印象便成为对我们心灵中正在活动的东西进行被动接受的直接印象。另一方面，假设注意的方向是由更为遥远的意识倾向所决定，这些遥远的意识倾向来自先前的经验，而且与此刻的特定印象没有直接的关系。这样，我们便具有创造活动(productive activity)的印象。我们把这种统觉视为我们的"自我"(self)活动；"自我"则是对我们先前的心理经验所引起的全部结果的表达，而无须特别涉及对心理过程施加影响的这些经验的任何一种特殊的组成成分。为使这种差别清晰可辨，我们将把注意的第一种形式称为"被动的注意"(passive attention)，而把第二种形式称为"主动的注意"(active attention)。然而，让我对你们再次提出告诫，甚至以重复为代价也在所不惜，那就是当我们把注意称为"被动的注意"时，我们并不否定它

的任何一种主动特征,也就是说,并不拒绝去看它里面存在着的先前经验的运作。相反,这些经验始终在起作用,只是它们影响的范围和方向受到限制和约束而已。当然,也不可以认为,从它们那儿产生的外部影响和心理状态在主动的注意情形里是完全无效的。事实上,在这些倾向性影响被建立起来之前,在这些影响被彼此的联结加强之前,它们退居幕后,它们依然继续发挥作用去改变这些倾向。再次重复一下,我们是在讨论极端的例子,这些例子在绝对纯粹的状态下不会发生,因为它们所依靠的过程是一系列连续过程的最终条件。在两种情形里,意识均以同样的方式发挥作用,其中的差别只是多和少的差别,范围大和范围小的差别。

如果我们仅仅求助于心理的观念方面,那么,我们便会经常发现在特定的情形中难以确定一种特定的统觉究竟是主动的还是被动的。所以,我们在这里再次发现,情感在直接理解我们自己的活动中起着很大作用。你们记得情感的一般特征——也就是它反映整个意识态度的特性。在目前的情况下,主动统觉的存在不变地和无误地由一种活动的情感来指示。我们虽然能够描述任何其他的情感,但我们却无法更好地描述这种情感,我们只能试图用它的属于意识的观念方面的那些条件来确定它(参见第十四讲)。这种情感的强度为我们提供了对我们自己活动的直接测量,也就是说,对我们的整个心理本质(它要比瞬时的和暂时的刺激更占优势)进行直接测量。毫无疑问,根据我们上述的词义,我们必须把它视为完整的情感。它在任何时刻都决定着意识的态度。不过,它自己的独特性和多变性是由特殊情感决定的,这些特殊的情感依靠并存的观念及它们之间的相互联结。即使被动的统觉,也有它的附带情感。这些情感联合起来以形成具有它自身特征的完整情感,它要么受恰巧存在于意识中的观念的质量和强度所决定,要么(尤其在十分集中的外部感官印象的统觉情况下)存在于一种抑制的情感之中,这种抑制的情感看来产生自观念形成中现存倾向的突然受阻。在它的后一形式中,它可以由不欢的或痛苦的感官情感来强化,不过,无须依赖这些东西。

根据这些伴随的情感,统觉和注意的过程出现在联结之中,它立即指向我们业已讨论过的那些基本的心理过程。我们发现,情感总是意志的先驱者和伴随物。情感在一个意志活动本身变成有意识之前指明了该活动将应遵循的方向。当意志一旦获得充分的力量,情感仍然存在,以渲染和解释意志活动的结果。除了情感以外,意志的第二个特征是意识状态在其观念方面的变化,这种变化并不涉及外部影响,而是涉及过去的心理倾向。两种特征均依附于统觉过程,由于这一统觉过程的每种形式的条件没有中断地彼此转化,因此同样可以归属于主动统觉和被动统觉。为使一个观念上升至更高的清晰水平,只有在被动统觉中才会发生,因为当时存在某些积极的心理倾向以有利于它的偏爱。与这些积极的心理倾向联结着的观念和情感充当了统觉活动的动机,而统觉本身则表明了一个意志活动的所有特征。此外,统觉的两种基本形式(主动统觉和被动统觉)显然与意动(conative)活动的两种基本形式相一致——也就是被动形式(冲动行为)和主动形式(选择行为)。当我们在外部刺激的强制影响下理解一种印象时,或者在由这些外部刺激直接唤起的观念的强制影响下理解一种印象时,我们的行为是冲动的。当我们从整个并存的观念中进行选择时,我们在上升至更高的清晰水平的观念中选择出某个特定观念,长期建立的心理倾向使得我们把该特定观念作为当时最合适的观念。内部的随意活动与外部的随意活动的这种巧合由下述事实得到证明——即不同动机之间清晰可辨的冲突导致我们的决定。

现在,很清楚,这些内部的意志活动不仅是外部的意志活动的相似物,而且同时也是它们的条件。除了先前的内部选择的结果以外,不可能有外部的活动,这一观点也适用于冲动和选择的行为。由此,统觉成为一种原始的意志活动。即便没有伴随其他意志活动的结果,它也能存在,而这些作为它们的条件始终预示了某种内部活动。

二、注意和意志;注意的起伏

关于统觉和注意的另一种特性需要在与意志有关的标题下加以考虑,而且它在心理过程的序列中起重要作用。我们在注意的内部活动中观察到一种交替,正如我们在外部的随意活动中发现静止和活动的交替一样,这些交替以正常的时间间隔重新发生,或者由于条件的偶然变化,在经过一定的时间后重新发生。例如,你们知道,听讲座时要以高度的注意追逐一个又一个词是多么困难。如果我们真有必要去理解整篇演讲,那么我们就应该以相等的清晰度去理解每个单词,事实上,要想与演讲者所说的内容同步简直是不可能的事。但是,在大多数情况下,上下文(context)能使我们填补我们来不及专门加以注意的一些段落。这种情况在某种程度上也适用于演讲者。幸运的是,语言具有这样的性质,即整个言语观念(它们对于思维的表述来说是必不可少的)通过经常的重复与其本身引起的图式相联系。结果,只要演讲遵循惯常的联想路线,注意便可以休息一下。我们可以假设,注意的这些起伏(fluctuations)通常是相当无规则的,它们随着外部印象和内部需要而变化。换言之,由于注意的两个条件均发生变化,我们将无法期望在作为整体的注意中找到意识的任何一种间歇作用。然而,我们能够通过特定的实验安排将规律性引入这些条件之中,并使这些条件在相当长时间内保持一致。如果能够做到这一点的话,我们仍然发现统觉在某种强度上不是保持不变的,它仍然上升和下降,而且它的周期(由于条件的一致)是相当有规律的。

为了这些实验的目的,最好运用很弱的感官刺激,对于这些感官刺激,稍用一点注意便可轻易地感知到,但是,稍一松弛便会落入意识的阈限以下。鉴于这些条件,我们发现在观念的强度和观念的独特性之间存在一种相互关系。当然,这与下述定律紧密相关,即强度有利于观念的独特性。如果我们允许一种很弱的印象位于刺激的阈限以上,以便对感官产生影响,那么注意的任何一种暂时松弛将使它落入阈限以下。换言之,先前感知过的印象变得觉察不到。这一现象可以从两个方面予以考虑。首先,可以把它视作从最小的知觉量值(perception-magnitude)下降至零的一种感觉强度;其次,可以把它视作先前相对明显的观念下降到意识的阈限以下。这两种解释之间并不存在真正的矛盾。如果"刺激阈限"(stimulus-limen)的概念和"意识阈限"(limen of consciousness)的概念意味着同一种东西,只不过从不同的角度来考虑,那么这两种表述只能是相等的:通过刺激阈限的印象同时与意识阈限相交。也就是说,两种表述的相等是由于以下事实,刺激阈限既是一种有赖于刺激强度的值,又是一种有赖于意识状态(即注意)的值。

微弱的听觉刺激为我们提供了在恒定条件的影响下观察注意周期性起伏的简单方法。如果你在万籁俱寂的晚间将一块手表置于离耳朵的一定距离内,使得它的嘀嗒声用尽注意恰好能被听到,你便会发现,在 3～4 秒钟的时间间隔内,有规律的重现印象会交替出现和消失。如果皮肤被强度十分微弱的传导电流刺激时,可以发现十分相似的感觉

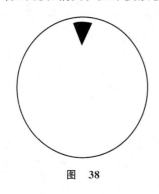

图 38

起伏现象。只有在这一情况下,周期才稍稍短些。视力最易测定,无须类似阈限刺激的东西,只要依靠注意阈限上的刺激差异的帮助便可进行。我们称之为差别阈限(difference-limen)的东西,在其他两个感官领域取代了刺激阈限,这种差异交替地被注意到和不被注意到。这种现象可以在迅速转动的圆盘上很方便地加以研究。在白色圆盘上涂有一小块黑色的扇形物,展开的角度只有几度。当圆盘迅速旋转时,我们可以在白色背景上看到一只灰色圆环。如果扇形以恰当的宽度构成,那么圆环将恰好能被觉察到与其背景不同。如果你连续注视它,那么你便会发现它交替地可见和不可见。

人们常常猜测,我们一直在描述的现象纯粹有赖于生理的条件,这些生理条件存在于外周神经和感觉器官之中,例如,有赖于周期性恢复的器官衰竭或有赖于交替进行的紧张和松弛活动。但是,就这个问题所许可的实验测试而言,这些假设尚未得到证实。在外周变化被发现的地方,已证明它们是注意起伏的效应,或是次级条件,尽管这些次级条件可能影响现象的暂时进程,但却不是它们的近因。人们也已经注意到,尤其在对伴随的情感进行的观察中,只要印象落到阈限以下,就会出现突然的和较强的注意紧张,并直接伴随着感觉的重现。所有这些事实使人们作出这样的假设,我们讨论的现象直接属于注意的功能范畴。当然,我们不必假设这些功能没有生理的伴随物(不论是中枢的还是外周的)。所以,用于改变这些东西的条件也会对注意起伏的时间关系(time-relations)产生影响。

三、意识范围;节奏系列的形成和划分

暂时的感官观念的瞬间产生(其作用首先是促进对观念独特性的变化程度的调查)已经证明了一种方法,这种方法扩大了我们关于大量的重要心理现象的知识。然而,业已发现,这种方法难以用于意识范畴的问题,原因在于观念独特性的渐变。与此同时,对突然发生的视觉印象的效应进行观察,也指出了调查这个问题的研究人员必须遵循的道路。

假设一下,在一个特定的时刻,一个复杂的印象以这样一种方式对眼睛产生影响,也即只有印象的一个部分可以被清楚地感知。这种印象可以是大量的字母,也可以是复杂的几何图形(见图37)。再假设一下,在这一特定的时刻以后,提供一个类似的印象或稍稍不同的印象。对于这两种复杂印象的比较,不仅以清晰的统觉为基础,而且以那些被模糊地统觉的观念的组成部分为基础。对此情形,人们可以说,这两种印象是"相似的"

或"不相似的"，而无须我们描述在第二个例子中作出"不相似"判断的那些基本要素。由此引申出来的是，一种印象的更为模糊的组成成分被渗入它的整个观念中去，而且能对它的整个观念作出改变。但是，如果该实验以这种方式发生变化，即一个复杂的图像被分成两半，在每一时刻呈现其中一半，过了较短但可以觉察到的时间间隔以后，人们发现，这两种连续的印象无法像同时出现的两种组成成分可以被结合起来。如果两个已经分半的图像 a 和 b 与整个图像 a＋b 进行比较（这个 a＋b 图像是后来的实验中显示的），那么就会发生以下两件事情中的一件事情。在印象的复杂性值得考虑的地方，就不会看到 a＋b 与相继产生的观念 a 和 b 相一致。或者，如果看到两者是一致的，那么可以肯定地说，反射和思维已经取代了直接的观察。例如，假设一下，被提供的第一个印象是一个均等的十二边形。如果同样的物体在第二次实验中被再次提供，它将会被立即辨认出来，并与一个十边形明显地区别开来，尽管没有对它们的角一一计数，尽管对它们数目以外的其他情况也一无所知。现在，设想一下，在第二组实验中，首先呈现的是十二边形的一半，然后呈现它的另一半，第三次呈现十二边形的完整图形。从这三个物体的知觉中，没有人会获得这样的观念，即开头两个图形构成了第三个图形。也就是说，我们的主观知觉划分为两个完全独特的过程：对一个复合的观念予以直接的和知觉的辨认；对一个复合的观念予以居间的和逻辑的辨认。前者是瞬间的知觉过程，后者是一系列比较性判断的过程。前者与独特的情感有关——它是我们将在后面重现的知觉辨认过程的组成部分，后者则无这方面的迹象。

就直接辨认而言，这些不变的和明显的特征（当然并不局限于视觉的观念方面）为我们提供了一种回答意识的范围这个一般问题的方法。对于直接的辨认来说，被辨认的观念必须在某个时间或在另一时间呈现于作为整体的意识之中。因此，现在的问题是去确定在一个完整的图像里可以结合多少彼此独立的观念，以至于在同一印象重现时并不失却知觉辨认的可能性。组成复合观念的各个独立观念不一定来自客观上同时呈现的印象。例如，假设有些听觉印象以相当迅速的连续性呈现出来。这些听觉印象形成整体印象，它的组成部分无论何时在意识中肯定不止一个。当一种新的铁锤敲击声音从它先前发生的一种或多种声音中产生时，如果此刻在意识中并不呈现的话，也就是说，如果铁锤的每两下敲击之间的时间间隔在知觉中未被直接提供的话，则我们显然不能估计铁锤在一系列敲击中一下接着另一下的速度。你可以发现，同样的条件也将适用于该类型中不同系列的知觉比较，正像它们适用于其他一些复杂印象一样。只有在某个时间或其他时间里作为整体而在意识中呈现的东西才能成为知觉的整体，正如与其他类似的整体进行比较的整体那样。在我们目前的调查中，我们偏爱听觉的印象而非其他感官刺激的印象是有特殊原因的。首先，获得声音印象的相对简明性和一致性是特别容易的；其次，视觉感官作为听觉感官的唯一对手，由于直接视觉和间接视觉之间的差异而易于失调；最后一点，我们关于听觉印象的理解具有许多实践。因此，在这一情形中，我们容易立即实施辨认活动，并以必要的肯定性实施这种辨认活动。你们可以看到实验是如何实施的。该实验的简单装置如图 39 所示。它需要一个节拍器（M），也就是在音乐中通常用来标记时间的那种节拍器。节拍器的敲击将作为简单观念，我们必须确定它在意识中的最大数目。粘在节拍器的上摆是一块小铁片，凸出在两侧的任何一侧。它安置在两个磁电器 E₁

和 E₂ 之间,以这样的方式可在任何时刻通过接通或切断发自电池 K₁ 通过两个电磁器的电流,让摆停住或摆动,只要用左手合上键 S 便可产生电流。为了从知觉中划分出彼此独立的节拍,我们利用一个小电铃 G,它由第二电流 K₂ 供电。这股电流接通一会儿,然后立即通过按一下电报键 T 的按钮而将电流切断。实验用下列方式进行:向观察者发出一个信号,表示一切均已准备就绪,然后实验者打开 S,让摆开始摆动。随着第一下摆动,实验者按下 T 键,于是铃声响了。在摆的摆动达到正确数目以后,第二轮立即开始,它的第一下摆动又以同时发生的铃声为标志。一旦第二轮结束,就合上键 S,也就是用两个磁器中的一个将摆吸住。如果我们用八分音符(quaver)表示节拍器的敲击,并在八分音符上面置一重音符号表示铃声,那么由两个连续的系列组成的实验便可以用下述方式表示:

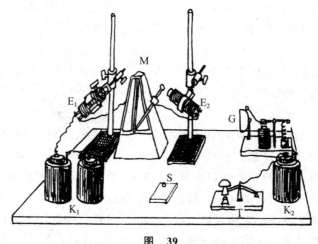

图 39

在这个例子中,两个系列的长度是相等的。可是,在实际的实验中,第二系列往往比第一系列多一下或者少一下,而系列的长度和钟摆运动的摆动速度也会发生变化。当然,我们可以将钟摆上的重物向上移动或向下移动,以便为了当前的目的而控制钟摆的速度,使它慢下来或快上去。现在的问题是确定一个系列有多长,也就是在特定的摆动速度下有多长,以便让接下来的系列在与它相等时被认识到是相等的,或者在不相等时被认识到是不相等的,而无须对摆动一一计数。进一步的问题是,恰好能被察觉的系列长度如何随着摆动速度的变化而变化。

促进这些实验的一种情况是(与此同时,十分强烈地表明了我们以此作出的解释是正确的):直接认识不再成为可能的那个点可以由观察者十分确切地指明。这个点实际上位于第一系列的结束处,对这个系列来说,既可以作为连贯的整体来感知,也可以作为分离的和不确定的印象而出现,如果限度已经成为过去的话。特定的情感是与两种现象相联结的,这是具有明显的对立特征的情感,它们使观察者在第二个系列开始时便相当确定,也就是使观察者能否在未来的系列和刚刚过去的系列之间开展任何一种比较十分有把握。对感知尽可能的印象数目来说,最有利的客观条件是在两次摆动之间的时间间隔为 0.2″～0.3″时获得的。如果摆的摆动速度加快或减缓,那么感知到的印象数目便会减少;最低限度为 0.1″,上限则为 4″左右,低于下限或高于上限都会使感知成为不可能。特别有趣的是位于上限邻近处的主观印象。在这一情形里,你们随着每一下新的摆动的到来而回忆起先前的摆动,但是,很清楚,你们的回忆是由同样的认知情感相伴随的,这种认知情感是在我们回忆已从意识中消失的先前的观念时所拥有的。也就是说,每一次单一的摆动符合前一次摆动(在那里,分类是可能的),正像每一个完整的系列支持并符合先前的系列一样。

在意识分类(conscious grouping)的可能性限度内,逐渐显现出一种进一步的现象,它如此多变,以至于对结果产生决定性影响。如果我们悄悄地接近于对印象的感知,我们便可观察到彼此独立的摆动并不完全相似,即使它们客观上和实际上是完全相等的。我们给这些摆动交替地加上重音和含糊的发音,就像我们随意地和有规律地交替加上重音,以便在演讲中标示出时间一样。如果我们通过在重音印象上加黑点的方法来表示重音印象,那么我们就从上述图形中得到了下面两个系列:

这就是说,由 12 下摆动组成的系列并不组成 12 个相等的观念,而是组成 6 个观念,每个观念有两个部分。用这种最简单的标示重音的方法,我们能够在一个可以辨认的系列中聚集最多达 16 个单一的摆动,也就是 8 对观念。但是,同样的现象也可以用更为复杂的形式表现它自己。该系列不必以 2∶8 的拍子在这个十分简单的图解中进行划分。可以有不同程度的重音标号彼此交替进行,并与含糊发音交替进行。如此,便可产生更为复杂的节奏。无须任何意图去形成这些次级的类别:某种程度的复杂性可能仅仅由以下的努力而产生,也就是在意识中尽可能容纳众多印象的努力。你们可以相当容易地获得下面的系统,例如,在该系统中不同程度的重音符号再次由黑点表示,最强的重音用三个点,次重音用两个点,最弱的重音用一个点表示:

如此等等。运用这种分级的重音标示方法,我们将当前系列的整个观念分成部分的观念,每个部分具有 8 个单一印象。

对这一性质进行详尽的和多样的观察已经表明,我们能够通过集中注意而在头脑中容纳它们,并且与随之而来的程度相似的一个类别进行比较,该类别由 5 个复合的印象组成。也就是说,它是一个由 40 个彼此独立的印象组成的系列。如果观念尽可能不太复杂的话,那么最大程度的归类数便是 8;如果观念变得复杂的话,那么最大的归类数便是 5。但是,另一方面,在意识中同时呈现的观念要素的数目可以通过渐进的复杂性从 16 上升至 40。

我们从未发现用三个重音以上的标记去划分一个系列的,主要的原因在于,一旦超过三个重音标记,便难以确切地作出划分。这使我们想起了一个事实,在直接感觉的纯量分辨情形中,我们不能超越"3"的限度,否则便会影响辨认的精确性。我们可以轻易地在较强音和较弱音之间插入一个中间音,但几乎不能插入更多的音。普通的语言把灰色称做黑和白的中间色;而灰色本身又进一步被区分为深灰、灰和浅灰。我们关于量化分级的能力限度充分涉及那个相对性原理(principle of relativity),它构成了心理测量的基础。该原理告诉我们,对集中量值的任何一种估计必须根据同时发生的观念的其他量值。由此,我们能在特定感觉与更强的感觉和更弱的感觉的关系中容易地理解这种特定的感觉,但是,当需要在头脑中容纳大量的可觉察的关系时,却毫无希望了。

如果我们观察音乐和诗歌中使用的韵律形式,我们便会再次发现三种程度的重音限度是不可能被超越的。当然,加注重音符号的绝对数量在不同的情形里可能会十分不同。在直接的感知中,这些不同的程度始终以三种主要的类别进行排列,它们在韵律划分中作为节奏形式的分类基础而具有真正的重要性。然而,事实上,音乐和诗歌从不把它们在形成这种容易理解的观念系列中所使用的辅助力量推向有意分类的极端限度。节奏系列中的每个成员必须涉及它的前者。就因为如此,才会有愉悦而且无须努力,把握意识而不花太多的力气,这是必要的。所以,像 6∶4 这样的拍子是音乐中所使用的最复杂的节奏之一。它的图解如下:

你们看到,上述图解只包含了 12 个简单的印象。当然,我们必须记住,在这种情况下,除了集中的音调变化,即质的音调变化之外,还可以进行更为广泛的变化,从而使所有狭窄的范围转向集中的变化。

第 十 八 讲

• *Lecture Eighteenth* •

一、观念的时间历程

我们已经解决了在任何特定时刻确定意识中观念内容的问题,接下来产生的问题是观念的相继性(succession)问题。这个问题可以分两部分:首先,我们必须调查观念变化的时间关系(time-relations);其次,我们必须调查正在变化中的观念之间获得的质量关系(qualitative relation)。实际的观念系列必须从时间和质量两个方面加以考虑。因此,对观念系列时间关系的质量考虑不能忽视单一观念的质量关系,这是因为心理的时间关系基本上有赖于意识内容(conscious content)的质量。与此同时,就优先处理时间特性来说,至少就专注于对时间特性产生决定性影响的那些更为一般和基本的质量关系而言,我们发现最好将该问题分为两个方面。

关于观念的产生和消逝,观念的兴起和衰落,往往得到充分的描述,尽管难以找到对这种描述表示绝对正确的保证。所谓的事实,部分地依据各种推测性的假设,部分地依据内省(introspection)的不确定基础。尚未得到实验支持的内省,就像在意识范围的调查中那样,极少有可能导致任何肯定的结果。而且,遗憾的是,内省特别关注的观念相继性现象恰巧就是确切的调查最难接近的现象——我们发现了在缺乏外部感知的情况下沿着它自己的路线运行的内部幻想(fancy)系列和记忆意象(memory-images)。问题在于对感官印象直接激发的观念予以完全忽视,或者直接地与感知相联结。这些情形看来无须质疑,因为在感知中客观印象的进程和主观观念的系列是完全一致的。

二、天文学家的个体差异;眼耳法

指出这种观点错误的第一个信号[即调查意识过程的时间历程(temporal course)的最佳途径在于对外部刺激直接引起的观念进行观察]是从外部进入心理学的,也即从一门科学(在这门科学中,观察法在时间历程方面得到高度发展)进入心理学的——它就是天文学。天文学家已经注意到在天体运动的时间确定方面某些错误的根源。当天文学家倾向于使一种观察的客观价值变成无效的时候,把观察者的主观特征清楚地揭示出来了。

假设我们必须确定位于一定距离的一颗恒星从一极穿越子午线的时间。我们可以运用一种古老的天文学方法(即便在今天,它有时仍然用来确定时间),这种方法叫做"眼

置。如果 ac 和 bd 都是$(1/6)''$，那么星体的这种通过时间显然要比它的实际通过时间晚$(1/6)''$。可是，另一方面，如果注意主要集中在钟摆节拍上，那么注意便将充分作好准备，并在它们实际地进入意识之前作出适当的调节，正如在正规的序列中所做的那样。因而，可能发生这样的情况，即钟摆的节拍与某个比星体通过子午线的确切时刻更为早些的时间点相联结。在这一情形里，你过早听到钟摆的节拍声，正如在其他情形里你过晚听到节拍声一样。现在，位置 c 和 d（图 42）与 a 和 b 的关系正好颠倒过来。如果 ca 和 db 仍是$(1/6)''$，那么这种通过时间要比星体实际的通过时间早$(1/6)''$。如果我们假定两位天文学家中的一位根据图 41 的方案进行观察，另一位则按照图 42 的方案进行观察——换言

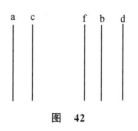

图　42

之，前者的观察以视觉为主，后者的观察以听觉为主——他们之间的个体差异将始终是$(2/6)''=(1/3)''$。你还会看到，如果两种情形里的观察方式一样的话，那么将会出现较小的差异，但是仍然存在注意集中程度的差异；而较大的差异必定会指向刚才描述过的那些差异，也即注意方向的差异。

　　遗憾的是，在这些天文观察中，不可能消除由观察者的心理倾向导致的误差。我们并不知道星体实际通过的时间，我们只能从个体的差异中推测出所观察到的星体通过时间并非真正的通过时间。但是，个别观察者在真正的通过时间方面表现出来的确切偏差仍然未被确定。由此可见，我们为个体差异提供的解释，尤其是为较大的差异提供的解释，迄今为止只不过是一种假设而已。为了证明这一说法正确，我们必须确定星体在其通过的某点上所处的实际位置，然后将这一位置与不同观察者提供的估计位置作比较。当然，这是不可能的，因为天体是不受我们控制的。但是，没有任何东西能够阻止我们用人工手段在对实际时间和估计时间进行比较的情况下重复这种现象。关于这一描述的一个十分简单的装置如图 43 所示。这是我在 1861 年对心理过程的时间关系进行首次实验时所用的一套设备。它由一个大而重的木摆组成。球状物上有一指针，当木摆摆动时，指针便在弧形量表上移动。在旋转点 m 附近，有一根水平的金属棒 ss 固定在转柄上。旁边有一根可以移动的直立支柱 h，一枚小的金属弹簧呈水平方向附在它上面。弹簧以这样的方式安置，致使金属棒 ss 的一端与弹簧的一点彼此接触时会产生短促的咔嗒声，由于震动十分轻微，所以沉重的木摆不会受到明显影响。通过观察系在木摆球状物上的指针的移动路线（这时，该装置的上部仍被隐匿起来），我们可以确定指针往前往后移动到哪一点上弹簧会发出咔嗒声。例如，如果发出咔嗒声时指针在 e' 的位置上，那么金属棒 ss 就将处于 ab 的位置，这意味着通过得太早。如果指针指向 e''，金属棒就将处于 cd 的位置上，这意味着通过得太晚。如果我们知道木摆摆动的持续时间和幅度，并测量 e' 或 e'' 与金属棒 ss 同弹簧实际接触的那个点之间的角度差异，我们便能容易地算出发生咔嗒声和感知这种声音之间的时间间隔。为了消除先入之见的影响，在每次实验中，安置弹簧的位置均稍有不同，以便观察者不知道声音实际上何时发出。运用这种调查方法，已经发现一种缓慢的摆动率（vibration-rate）提供了平均为$(1/8)''$的时间移置（time displacement）。如果咔嗒声来得太早，声音印象与实际上提前了$(1/8)''$的

指针位置相联系。后来用更为适当的技术进行的实验[1]表明,这种时间移置的量值和方向是由十分多样的方式决定的。特别重要的是声音印象彼此相继的速度。在一个缓慢的系列中,我们倾向于把通过时间说得比实际时间晚。此外,声音的时间定位(temporal localization)出现得晚一些,如果其他印象——例如皮肤的电刺激——与声音一起被同时提供的话。这些影响的性质证实了对上述天文观察中时间移置的解释。就我们对通过的时间进行感知而言,所有那些推迟我们感知的条件,都是那些阻碍我们进行注意的准备性调节的条件。声音印象的高速相继性属于前者;而其他感官的同时激发则属于后者。

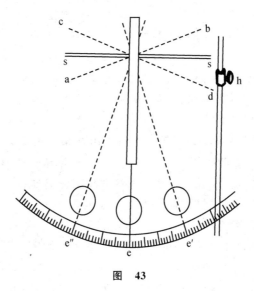

图　43

三、登记的方法

然而,尽管这些天文观察和用"眼耳法"模仿它们的心理实验对于一种注意理论来说多么有趣,它们仍然没有为我们提供关于心理过程持续时间的直接信息。把通过的实际时间和估计时间之间的绝对差异作为与任何特定的心理活动相对应的一般时间也是错误的。这是因为,我们已经看到,这种差异仅仅依靠印象的客观变化和注意调节中的变化这两者的相互关系。根据实验的条件,这种相互关系可以是正的,也可以是负的,还可以等于零。当实际的通过时间和感知的通过时间接近重合时,相继的速率当然就等于零了。

但是,还有另外一种方法给我们带来了更符合愿望的结果。像第一种方法一样,它也是从天文学进入心理学的。为了避免"眼耳法"产生的相当大的个体差异,并在估计星

----

① 我已经描绘了这些装置,它们以"*Pendel apparat fur kompli-kationsversuche*"的名称刊布于我的《生理心理学》(*Physiol. Psych.*)第三版 p. 344 中。

体运行的时间方面获得更大的精确性,天文学家开始采纳一种不同的观察方法,称为"登记法"(registration-method)。对星体在望远镜的目镜上通过时进行的观察与先前一模一样,只是对钟摆摆动不予计数。在星体通过子午线的一瞬间,观察者动一下手,在测时计上作一记录。该装置的使用如下:一种类似时钟构造的装置将一张没有尽头的纸条从一个圆筒转向另一个圆筒,以便在双重登记仪前以恒定的速度移动。登记仪的一半由一根书写杆构成,书写杆由一个磁电器推动,每当钟摆摆动通过磁电器的静止位置时,磁电器就产生作用。如果钟摆在一秒钟内作一次完整的来回运动,则书写杆就每半秒钟移动一次,结果在那条转动的纸片上画出的线条便呈现暂时的高度(见图 44 的 UU′)。登记仪的另一半也存在类似的书写杆,它与发报中使用的那种键相联结。观察者用手压键,使键处于闭合状态,然后在星体通过望远镜中线的瞬间将键松开。书写杆的运动便随之发生,这种运动的始端可以从同时记录的半秒钟摆而确定下来。由此可见,如果 UU′ 是在转动的纸片上画出的半秒线,而 RR′ 是对观察者的手的反应运动的记录,那么我们便可确定第二根书写杆开始上升的时间 c,其方法是对线段 UU′ 画一条垂线 cb,并对时间 ab(时间 ab 是在 b 和上一个半秒开始之间逝去的时间)进行测量。接着,用时空换算的办法完成这项工作。如果 ab=1/4aa′,那么在时间值 a 上必须加(1/4)″。

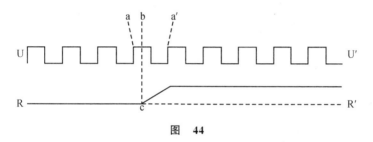

图　44

　　正如人们期待的那样,用登记法对星球的运行进行天文观察,比之用眼耳法进行观察,表现出较小的个体差异。但是,差异不会消失。这些差异仍然会达到一秒的几百分之一,甚至几十分之一。对此,是不难理解的。我们不可能假定手动反应会与星体的实际通过同时发生,在星体通过和它被人们感知之间将逝去一定的时间,而且在感知和实施手动之间也会逝去一定的时间,逝去的时间在不同的个体中可能是不同的,这就决定了"个体差异"。确实,这些较少的时间值的组成成分比起用眼耳法找到的时间值的组成成分,显然是一个更为复杂的问题。首先,占据一定时间的生理过程进入了考虑中的整个运动过程。星体穿越子午线的印象必定传到大脑里,并在大脑里唤起兴奋;然后,在手动发生之前,意志的冲动必定传递到肌肉,受到刺激的肌肉引起收缩。有两种纯粹的生理反应必须加入这些情形中去,那就是印象统觉的心理过程或心物过程(psychophysical processes),以及意志冲动的心理过程或心物过程。即便与此类似的活动中,对印象的运动应答如此确切地被期盼,致使统觉和相应的运动这两种活动可能在时间上恰好重合,但是,看来仍然有必要假设,整个心物过程将占据感官印象和反应运动之间那部分逝去的时间。当我们考虑仍有可能产生的个体差异的量值时,这种假设便成为可能。如此之大的差异可以被期望在涉及心理过程的地方找到,但是,很难在涉及生理的或以生理为条件的地方找到。登记法也不会告诉我们有关各种过程实际时值的任何东西。我们不知道星体运行的实际时间,因此仍然局限于这样的推论,由于观察者之间的差异如此之大,由此产生的时间差异也是较大的。

但是,这里不难引入一些人为的实验条件,这些条件可以对讨论中的绝对时间进行测量。为此目的,我们可以运用同样的天文学方法,除了登记时间和运动的仪器以外,还引进了第三根书写杆,以便在提供外部感官刺激的瞬间,从转动的纸上进行标记。由于所需确定的时间和时间差异可能很小,因此也有利于用其他更精确的测时仪来取代在记录时间曲线方面使用的钟摆。最好的东西是一只振动的音叉(tuning-fork),迄今为止,这一技术已经如此简化,以至于只需一根硬毛附在音叉上面便能充分地跟踪音叉的运动。例如,如果图 45 里的 SS′表示振动音叉所画的线,RR′表示观察者的手动反应,第三根线 EE′(位于两根线之间)则表示刺激的客观发生瞬间该刺激所作的自我登记(self-registration)。从表示刺激提供的高度开始,从对刺激作出应答的反应活动开始,就音叉曲线 SS′作两条垂线 ab 和 cd,接着用已知的音叉振动的持续时间去测量 b 和 d 之间的时间。例如,如果音叉在一秒钟里振动 100 次——100 次完整的振动,每一次振动由一个波峰和一个波谷组成——这样一来,每一个 1/10 的来回运动便相当于 1‰秒,这一空间值太小了,以至于无法允许正确的测量。距离 bd 相当于 10.4%=104‰或 0.104″。用这种方法在印象和反应活动之间测出的时间叫做反应时(reaction-time)。正如我们已经见到的那样,反应时由纯粹的生理过程和心理过程所组成。我们无法将这两者分开,或者以猜测的可能性弄清这种心理组成成分的时间值。尽管对心理学来说,仅仅确定反应时几乎并不具有任何重要性,然而,它在一切可能的心理时间测量中是必不可少的第一步。认识到这一点,我们必须稍微详细地考虑一下反应时问题。

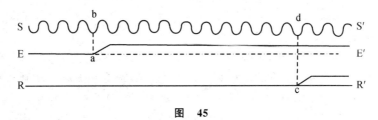

图　45

由于反应时在某些情形里可能只达到 0.1″～0.2″,而与反应时相联结的心理过程的时间值,以及依靠反应时而接近的时间值往往较大,因此,这种计算音叉振动的方法在实验的应用方面变得过于累赘和拖沓。一般情况下,往往用一种更新的装置去替代它,该装置的工作原理如下:振动体并不在纸上记录它的运动,而是对十分迅速运转的时钟装置的进程进行调节。一根振动弹簧取代了不太方便的音叉,并与一只钟表齿轮联结起来,其联结方式是这样的,即每次振动时齿轮只转动一个齿。同一个齿轮与一个钟面相联结,在钟面上可以直接读出逝去的时间。为了测量较长的时间,在时钟的齿轮装置中引入一些联结,类似于在普通的秒表中联结齿轮的装置,该齿轮带动秒针并调节时针。此外,还进一步引进了一种磁电器系统,它使我们能够用通电或断电的办法在任何时刻阻止或启动秒针的运动。现在,可以容易地用这样的方式去安排实验,即提供外部的感官印象,使时钟转动起来,观察者作出反应,使时钟停止转动。指针在此之前的位置和在此之后的位置之间的差异为我们提供了反应时。

四、反应时

在用测时仪进行这种实验时,或根据这些实验作出推论时,我们必须记住,计时单位为 1‰ 秒的计时器(chronoscope)不能被视为是一块简单的表。但是,如果不去注意精密的测时法可能含有的差错根源的话,那么单凭计时器上的时间读数往往会产生误导。除非对仪器进行不断的和正确的测试,而且观察者完全以该实验的技术进行实践,否则便无望获得可靠的结果。你们将会发现,在实践的过程中,有些个体完全不能稳定地集中注意,因此,他们无法成为值得信赖的被试。这是毫不奇怪的。不是人人都具有天文观察或物理观察能力的,也不可能期望每个人都具备心理实验所需的天赋。遗憾的是,这点经常被忘记。结果,关于心理计时测验的文献资料,尽管在过去的几年里假设了这一令人印象深刻的方面,但是对于那些想把计时测验用于心理学描述的询问者来说,只不过提供了少量的经过筛选的内容。

与此同时,对声、光和触觉等印象的简单反应使之拥有某些特征,这些特征使有用的反应与无用的反应区分开来成为一桩容易的事情,只要实验能被充分详尽地描述,以便它们为人们所清楚了解,便可做到这种区分。特征之一在于反应时的平均值(mean value),特征之二在于这种平均值的相对恒定性。与早先认为在反应时方面个体差异较大的陈述相反,自从引进了更为确切的观察方法以后,日益增加的肯定性表明,当其他条件相等时,在反应时方面存在巨大的一致性——当实践一旦被充分开展时,这种一致性不受所有个体差异的支配。条件的相等首先意指感官印象的质量和强度的相似性,其次意指反应过程中所涉及的感觉器官和运动器官的条件相似。关于前面一点,值得注意的是,不同的感官领域显示了恒定的差异,而且微弱的刺激延长了时间,尽管对于适当强度的印象来说这些东西是绝对恒定的;至于第二点,即感觉器官和运动器官的条件,尽管它们的功能是一致的,仍会表现出一种差异,这种差异由注意方向中的差异所决定,而且,迄今为止,性质上是心物的。注意可能主要指向期望的感官印象。在这一情形中,感官中的特定肌肉器官(例如鼓膜张肌或调节肌)被强烈地激发起来,与反应运动有关的肌肉只是受到微弱的激发。或者,注意可以主要地转向即将产生的运动。在这一情形里,激发的能量以相反的方式分布。因此,我们可以把第一种反应,也就是感觉器官参与的反应,称为感觉的形式(sensorial form);而把第二种反应,即注意指向运动器官的反应,称为肌肉的形式(muscular form)。我们可以这样说,一个人若能随心所欲地将这两种反应形式中的任何一种形式转化为另一种形式,他方才可以被认为能对心理过程进行时间关系的实验。关于我们在特定情形里拥有哪种形式的问题,可以通过测量的时间之长短,以及它们的平均恒定性的程度而轻易地作出回答。如果我们为了简便起见,将我们的时间单位不以秒计算,而是以 1‰ 秒计算,并且用希腊字母 Σ(sigma——西格马)表示这一时间单位,这样,我们便可以说,感觉的反应时从 210～290,而肌肉的反应时则从 110～180。在每一种情形里,较小的数字提供了触觉和听觉的时间,较大的数字提供了视觉的时间。在至少由 25 次观察组成的一个实验系列中,各个实验的平均变化在上述第一种情形里达到 20～40（这里，较大数字仍然指视觉），在第二种情形里达到 10～20。无论何时，倘若实践并不充分，或者倘若不能集中注意，在这两种反应之间就会存在波动，或者说两者都没有达到它的极端形式，所以我们在平均值的持续时间和平均变化的量值方面总会找到差异。

五、心理过程的时间确定

我们可以把这种对于声、触觉或光的期望印象的反应称为简单反应（simple reaction）。在简单反应的每一种形式里，可以认为，由于上述的原因，它是一种合成的过程，既包含生理成分，也包含心理成分。而且，这些成分的联结又是这样的难以分析，以至于得不出关于这个系列的心理条件的持续时间的结论。但是，在我们看来，这些心理条件是与其他条件分开的。因此，我们可以将其他心理活动插入同一过程中去，从而通过完成这些心理活动所需的精确的时间间隔来延长整个反应时。我们把这些反应称为复合反应（compound reactions）。同时，我们通过用复合反应时减去简单反应时的方法获得插入的心理过程的持续时间。因为我们可以有把握地假设，纯粹的生理过程在这两种情形里是一样的，而且印象的理解和意志的冲动（也即简单反应中所指的印象理解和意志冲动）在复合反应中以类似的方式重新发生。然而，始终存在一种必要的条件，这是真的。把感觉的形式作为比较的基础，而不是把肌肉的形式作为比较的基础。肌肉就其特征而言是如此的自主，以至于插入新的心理过程几乎不大可能。例如，在第一个实验系列中，观察者可能对某种光的印象作出反应，而不考虑它的质量特征，反应活动仅仅追随着投向眼睛的印象。在第二个实验系列中，质量上不同的光线印象可能不规则地和随机地呈现，因此只要求观察者在他区分了特定印象的质量以后才作出反应。通过从这较长的时间中减去先前确定的简单时间，我们便得到了辨别时间（discrimination time），那就是说，完成一次分辨活动所需的时间。

现在，我们可以容易地向前跨进一步了。我们可以要求观察者在辨别之后从不同的反应活动中作出选择，并要求他在作出选择之前不要作出反应。譬如说，有两种光的印象，一红一蓝，以不规则顺序呈现，按规定红色将用右手作出反应，蓝色将用左手作出反应。你们看到，这里有两种心理活动超过和越出了简单的反应——首先，像先前一样的辨别活动；其次，是一种新的过程，即在两种活动之间进行选择的过程。如果我们从第二顺序的复合反应时（也即采用选择的辨别时间）中减去第一顺序的复合反应时（也即辨别时间），那么我们便得到简单选择时间（simple choice time）。除此之外，我们还可获得复合选择时间（compound choice times），也就是在两个以上的运动之间进行选择的活动时间。由于我们有十个手指头供我们在实验中调遣，因此我们可以在多达十种的活动之间作出选择。当然，在这种情形里，如果实验的条件类似于在每样东西中作出简单选择的条件（除了印象的数目以外），那么十指运动和十种性质上不同的联想之间的联结必须通过练习方可求得稳定。被辨别的印象自然可以在很大的程度上进行变化。我们不仅能确定色彩和明度的视觉辨别时间，还能确定字母、词、几何图形以及其他或多或少熟知的物体的视觉辨别时间。

然而，获得第二顺序反应时的另一种方法是从辨别或认识的时间出发，要求反应活动只有在某种观念已经与印象引起的观念相联系时才接着产生。通过从整个联想反应中减去认知反应（cognition reaction），我们便获得了联想时间（association-time），也就是说，为使知觉激发的联想观念在意识中呈现而需要的时间。你们将会马上看到，这些条件可以随意改变，只需通过一系列由感知提示的逻辑思维，把联想限于一些明确的观念类别便可做到。

当然，我们不能在这里详细讨论这些测量。下面是一张数字简表，它提供了上述心理过程在几千分之一秒内的平均时间值[①]：

辨认一种颜色 30

辨认一个短词 50

在两种运动之间选择 80

在十种运动之间选择 400

联想 .... 300～800

当认识简单的几何图形（三角形、正方形等等），或者其他一些同样简单的视觉物体时，看来与认识一种简单的颜色一样快。认识单个字母的时间与认识一个短词的时间是一样的。这两个事实均说明习惯性实践的重大影响。一个熟悉的物体的完整印象，对我们来说如此之熟悉，以至于把它分解为一些组成部分并和其他物体相区别的可能性，与在一种简单颜色的情形中将它进行分解的可能性一样渺小。同样，我们一旦学会了阅读，就不会将一个词分成它的组成字母，而是将该词作为一个完整的印象去加以理解。这里，还有一种进一步的有趣观察。对用普通德文铅字印刷的字母进行辨认所需的时间，比之同样大小但用罗马字印刷的字母进行辨认所需的时间要多 10σ～20σ。但是，用这两种铅字印刷的单词之间却无这种差别，也就是说，读德文单词与读罗马单词所花的时间是一样的。单个德文字母难以辨认，是因为它的精细笔画和手写体的花饰。如果你们采用大写字母，你们便十分容易地看到这一点；如果一个单词全部用大号字母印刷的话，也不时会发生这种情况。在这一情形中，由于整个印象不符合习惯的性质而使认识受到阻碍，这也是真实的。我们之所以在阅读用小写字母开头的格林姆（Grimm）印刷或书写的名词时速度缓慢，说明同样的因素在起作用——这一事实也表明了沉溺于这种德国式的业余癖好是不可取的。

我们可以容易地理解，为什么对复杂事物的认识、联想和形成判断等所花的时间不仅比其他的要长一些，而且同时更加多变。过程越复杂，对每一种特定结果来说就越依

---

① 上述表格中头两行取自一项调查结果，这是在我的研究所里由 E. B. 铁钦纳（E. B. Titchener）于近期实施的［见《哲学研究》（Phil Studien）第八卷，第一部分］。比之早期研究中同样活动的数值来，它们要小得多，并刊布于我的《生理心理学》（Physiol Psychologic）第三版中。导致这种差异的原因，在于对一种一致的感觉反应形式（既在辨别实验中，又在用它们进行比较的简单时间中）进行更为仔细的观察。较早的数字在实验中取得，这些实验是在发现并最终利用这两种简单形式之间的差异之前实施的，并且由倾向于肌肉反应的观察者开展的——该情形增加了他们的认知时间，也就是通过类似感觉形式和肌肉形式之间差异的某种东西增加了他们的认知时间，数据约 80σ～100σ。

赖个体的观察条件,尤其依赖观察者的倾向,这种倾向是由无数以往的经验和大量的机会决定的。从上面的简表中得出的进一步结论是,心理过程的持续时间不像人们想象中的那么简单。"像思维一样快"这句话并非指意识中一个观念接一个观念的实际速度,像我们有能力在一系列思维中去排除中间条件那样,从而在观念链中从第一个观念直接转向最后一个观念。除此之外,各种心理过程的绝对时间值并不重要,这是很显然的。只有当它们使我们的"心理状态"的性质和内在联结清晰地显示出来时,它们才会变得重要起来。为此原因,对观念的时间历程进行量的考察必须与它们的相互关联的质的考察同时进行。如果考察时注意到这些事实,那么未来的心理测时学看来便能解决许多重要的问题。

第 十 九 讲

• *Lecture Nineteenth* •

一、观念的质变

如果我们注视一下我们心灵中那些忽来忽去的观念(ideas)，我们便会看到它们是由两种影响决定的——偶然的外部感官印象和以往的经验。这两种影响中哪种影响在特定时间里占优势，需依具体情况而定。当你们将视线投向风景，或者专心地聆听音乐演奏时，你们会发现自己完全被外部印象所吸引。主观倾向的产生是第二位的，而且这种主观倾向主要是情感(feelings)而非观念。现在，我们试着回忆一下过去几天经历过的事情吧。外部的感官印象几乎注意不到了，而一连串观念(就其清晰和独特的程度而言)组成了以往心理经验的再现过程(reproductions)。有两种极端的情况，一般说来，我们发现自己处于某种中介的心理框架之中。记忆观念(memory-ideas)由感知觉(sense-perceptions)产生，并且被新的印象所阻断。在以往经验的影响可被追踪的地方，我们发现唤起的记忆观念证明了与当时的意识状况的明确关系。感知觉随着环境的变化而变化，但是，记忆意象(memory-image)经常被一种感知觉所提示，或者被以往的记忆意象所提示。你们也许会反对，说回忆会突然发生，而且讲不出明显的原因。然而，专注的内省(introspection)在大多数情形里会使你们发现与你们当前的心理状态相联结的思维。不管这种联结多么不明显，我们仍然可以假设它就在那里。如果它逃脱了我们的观察，像它可能发生的那样，那么仅仅是因为条件不利于对它的理解。

记忆观念和感知觉的相互联结，或者记忆观念与其他记忆观念的相互联结，称为观念联想(association of ideas)。这个术语属于英国的"联想"心理学。它最初被用来涵盖记忆的现象。但是后来却扩展到所有可能发生的观念联结中去，即扩展到以意识为前提而产生的观念联结中去。像习惯性用法那样，该术语不是过于狭隘就是过于广泛。说它过于狭隘，是因为它不考虑整个联结，唯一的原因在于联结中的观念并不像通常的回忆那样相继地来到意识中，而是由于特殊的情况作为一种复合的整体同时出现；说它过于广泛，是因为它包含了一切相继的观念联结，也即由一种简单的感官印象和主要的逻辑思维过程所唤起的回忆活动。下述的观点是正确的，即在这两种情形里，观念联结受制于以往的意识经验所包含的相互关系，但是，同样正确的是，它们在其他方面如此不同，以至于在不作进一步辨析的情况下就去处理它们，只会使对它们组成过程的分析变得模糊不清，并阻碍对它们的内在关系的理解。我们使用"联想"这一术语，仅仅意指那些并不揭示逻辑思维活动之特征的观念联结。至于逻辑思维活动的特征是什么，将在后面讨论。

二、观念的联想;同时联想;复合

联想学说的出发点,就这个术语的一般意义而言,是对早先观念的再现过程的观察。在联想问题上,除了将亚里士多德(Aristotle)时代以来的记忆心理学转化为现代形式以外,几乎再没有更多的发现。但是,有意识的回忆意指诱导的观念和被诱导的观念(inducing and induced ideas)之间的区分。如果两者不作分辨的话,那么该过程就不可能是有意识回忆的过程了。现在,很清楚,把一个观念视作先前曾经经历过的观念,也即对一个过去曾经经历过的观念的认识,应该说是一种特征,这种特征可能从属于回忆的观念,但是没有必要一定这样去做。对于较为简单的联想情形,我们必须承认,观念是通过它们在意识中的相互关系而联结起来的,无须把这种联结直接理解为一种回忆活动。当然,记忆以联想为先决条件——按照这样的假设,进入我们头脑的任何一个观念都是有原因的——但是,并非每种联想都包含记忆活动。也就是说,我们必须首先从联想本身的现象出发,然后确定使联想成为回忆时哪些新条件是必不可少的。

广义上说,联想包含整个联结过程,在这些过程中,联结的观念并不彼此相继,而是作为同时发生的观念复合体进入意识之中。这里,不可能存在一种回忆活动的问题,原因在于,与诱导的观念相联合的被诱导的观念并不与它分离——换言之,不能独立地与它作比较,或者与任何其他观念作比较。我们可以把这种联结(其中原始的诱导观念和联想的被诱导观念形成了同时发生的有意识的复合物)称为"同时发生形式的联想"(associations in simultaneous form),或者,为了简便的缘故,称为"同时联想"(simultaneous associations)。首先,这里存在简单感觉的融合,这些简单感觉构成了我们的复合感知觉。后面这些东西是由形成同时发生的复合观念的各种感觉之联结组成的,例如一种复合的乐音(clang)或者某种视觉的或触觉的空间观念。在这些联结和其他的联想之间存在一种差别——引起组合感觉的感官印象本身是相互联结的,所以,早先观念的重新激发,尽管并未完全受到抑制,却被感觉中间获得的联结倾向完全投上了阴影。由乐音或视觉组成的感觉有赖于一种同时发生的感觉刺激活动。与此同时,这种差别并不意指一般过程的心理特征中的任何基本差别,也就是说,如果我们认为,将某些观念或观念要素自动地联结成一种复合观念的心理特征是联想的主要特征的话。而且,有理由认为,某种乐音,某些感觉的空间排列,都像一种知觉与一种相似的记忆意象相联结那样熟悉,甚至比这种联结更熟悉。但是,这意味着,在这些同时发生的知觉联想中也没有任何东西去阻止一种实际上不是在感官印象中被提供的感觉要素,这种感官印象由直接的再现来补充。例如,我们已经见到,眼动(eye-movement)影响视觉空间的知觉,甚至当该器官处于静止状态时也是如此。于是,我们可能在打算进行眼动但实际上并未实施这种眼动时弄错了外部物体的位置或运动,而这就是运动感觉与意志冲动密切联系的结果[若欲获得相似的例子,请参阅第五讲(关于音调感觉的联想),以及第九讲和第十讲(关于空间知觉的联想)]。

这些一致地联结起来的感觉之融合(一般说来,它们组成了感知觉),很显然与当前心理学的"联想"无关。与这些联想更为近似的是,不同感官知觉的相互联结。例如我们见到一种乐器,并从中听到一种乐音。我们的眼睛在理解一块具有白色结晶状性质的糖果的同时,我们的舌头正在体验一种甜味的味觉。以这种方式在如此密切的不同感官的感觉和知觉之间产生一种联结,只要一种感官印象偶然地呈现,或者一种印象的记忆意象仅仅在一种感官范围内唤起,那么其他感觉便立即在心理上与其产生联系。我们听到钢琴声,只要一听到该声音,我们便会在脑子中产生该乐器的视觉意象。或者,我们在黑暗中吃糖,与糖的味觉联系立即使我们产生有关糖的外形的一般观念。指向同一物体的不同感官的观念联合是如此密切地相关,以至于我们可以将之称为赫尔巴特(Herbart)的复合(complications)。毫无疑问,它们是同时产生的联想。一种感官印象与另一种感官印象如此密切地相联,或者说,两者的发生至少在时间上如此难以区分,使完全不同的组成成分本身在意识中仅仅表现为单一观念的相关部分。

在不同的复合中间,最频繁和最重要的是言语观念(verbal ideas)。通常,言语观念处于双重联结状态:听觉印象首先与运动感觉相联系,然后——至少在许多情形里——与印刷体或书写体的视觉印象相联系。运动感觉也由于其他观念而明显地复杂化。运动感觉从下述事实而获得特殊意义,即运动的记忆意象倾向于同时唤起运动本身。这一情形的结果是,运动感觉经常与某些感官的感觉产生共鸣,对这些感官的感觉来说,它们的记忆意象如此模糊,以至于我们无法感知这些记忆意象,或只能通过与其联系的肌肉感觉的帮助来感知它们。例如,当你认为你可以回忆起一朵玫瑰花的香气时,在大多数情况下这是一种幻想。仔细地观察一下你在记忆活动时的心理运作,你就会发现诸如此类的情况。首先,你或多或少具有玫瑰花的独特的视觉形象;其次,是与吸入的空气相一致的鼻子里的运动感觉;最后,产生自实际吸入的空气的触觉和温度觉。这时,你们的运动感觉已经被一种实际的运动所伴随。嗅觉本身并不完全存在,或者至少是如此的模糊,以至于被"复合"中的其他组成成分投上了阴影。以此方式,存在于味觉印象的记忆意象中的复合几乎不包括味觉的任何东西,然而,这种味觉由运动感觉十分适当地反映出来,它随着不同的味觉物质而变化,同时也伴随着模仿表情的一些变化。

三、同化

除了这些明确的感觉性质与肌肉感觉和触觉相混淆的情况以外,复合中的彼此独立的组成成分一般说来是清楚可辨的,它们属于截然不同的感觉道,并在其他条件下以其他联结方式发生。一种外部激起的感知觉与其相关的记忆意象的联结,同样不能说是次要的同时发生联想。我们把这种联想称做"同化"(assimilation),记忆意象称做同化的要素,并把伴随着感官印象而发生的感觉称做同化的感觉。这些表述意指记忆的组成成分是决定因素,而传入的感官印象则由它们来决定。迄今为止,这是正确的。一种印象可以用十分不同的方式来理解,根据以往经验中所保持的心理倾向来理解。因此,复合的观念是知觉中所提供的印象的混合产物,是数目尚不明确的记忆意象的混合产物。但是,正因为观念是单一的复合,就不可能存在分解为两个组成成分的问题。再现的要素不变地涉及感知觉,它现在所包含的成分在唤起感知觉的印象中找不到。另一方面,感官印象的真正成分在产生的观念中可能是缺乏的,原因在于它们与具有较大强度的再现要素发生了冲突。

因此,同化的过程不同于复合的过程,它无法由偶然的内省来发现。为了对它进行考察,我们必须仔细地将印象与印象引起的观念作比较。这种比较表明了两者的不一致,从而使我们去寻找它们之间差异的基础——在以往体验过的观念活动中可以发现的差异。一旦我们的注意转向它们的影响,我们便掌握了开启整个生活现象和实验操作的钥匙,尽管它们十分引人注目,但是,一般说来,仍然未被人们所注意或得到解释。我们在阅读中通常容易忽略印刷错误,也即对错误视而不见,那就是说,我们常常把词的形象硬塞进向我们呈现的印象中去。或者,我们在一个听得尚不清楚的演讲中填入一句句子,而不去对听得不清楚发表评论。另一方面,当我们用一组错误的记忆观念去补充听得不清楚的声音时,也同样会容易听错。在舞台布景中表示一种风景的粗略轮廓,通过人工的灯光照射,能在适当距离内使人看到一种真实场景的完善再现。这里,由合适的记忆要素提供的现成帮助,通过视网膜映像的轮廓而变得更加有效。如果三维物体的轮廓图纯粹是图解式的和没有阴影的话,便可以任意地把它看做三维的或者二维的,如果是前者的话,则可以看做沿这个方向或那个方向延伸,它的确定有赖于我们所使用的何种熟悉的空间观念。例如,硬币上的头像轮廓图可被任意地看做浮雕或凹雕。你们都很熟悉猜谜图,也即在一片树叶中镶嵌着某位名人的头像。起初,难以找出这个头像,但是一旦你把它找出以后,它就一直保持住了,你不易再把它抹除,无论你多么努力地想把它抹除。同样情况也常常可以在立体观察中被注意到。深度概念一度似乎难以获得,然而,突然之间,它以富有立体感的清晰度产生了。所有这些例子都表明,同化的记忆要素需要时间才能被外部感官印象的合适成分所唤起。

当然,在同化过程中,通常并非单一的记忆意象与特定的印象联合起来。我们从未看到过的一个立体物体,当它以正确的方式被呈现时,将会唤起一系列记忆要素(这些记忆要素产生自一系列原先彼此独立的知觉)的协作,从而可以用此方式唤起三维的观念。但是,也正是由于这个原因,如果认为感官印象在同化中首先作为独立共存的观念来呈现,然后才融合成一种观念的统一体,这将是错误的。关于这些组成成分的独立共存的假设阶段,既未被内省所发现,实际上也不可能发现,这是因为,一般说来,同化的效应产生自大量的观念要素,而这些观念要素原先是通过十分不同的观念系列来分布的。我们只能认为,每一种感官印象起着一种激发作用,也即对先前印象中保留着的众多倾向进行刺激。如果众多倾向中有些倾向适合于该印象的话,那么,与此同时,它们就比其他倾向更容易被激发,从而有助于形成产生的观念。最后一点,在所有这些同化过程中,同化直接伴随着感官印象而产生,以外周形式激起的感觉便对记忆要素产生影响,致使增加再现感觉的强度。对此事实所作的唯一可能的解释是,甚至在正常的同化中,也不可能在外部刺激引起的观念要素和联想引起的观念要素之间作出区分。当联想引起的观念要素获得了优势地位,从而使产生的观念完全不适合感知觉时,这种不可能性便会变得更加清楚。我们把这种类型的同化称做错觉(illusions)。在错觉中,我们想象我们感知了某种不存在的东西,也就是说,我们把记忆要素和感官印象混淆起来了。只有当在两种组成成分的强度没有明显可察的差异时，才会发生错觉。

同化过程的发生能用绝对的肯定性予以证明，正如这些例子所表明的那样，当产生的同化产物（assimilation-product）是一种感知觉时，不论是实际的还是多少带点错觉的，都可以证明同化过程的发生。在两种情形的任何一种情形里，新观念与感官印象的差别如此明显，以至于同化活动成为一种直接推论的事情。但是，你们将会看到，同化根据纯粹而简单的记忆意象而发生，这至少是完全有可能的。而且，我们在下述的事实中也获得了明显的指示，也即一般说来特定的知觉不是由特定的记忆观念来同化的，而是由数目尚未确定的这些观念来同化的。假设不存在任何感知觉，但有些记忆意象却突然产生，记忆意象将会通过对涉及类似物体的其他观念的同化而经受连续的变化。所以，我们无法在记忆意象本身和所谓的幻象（fancy-image）之间画一条确实无疑的界线。心理学家习惯于把记忆意象界定为确实再现某种以往知觉的观念，并把幻象界定为由一系列知觉要素结合而成的观念。现在，从这一界定的意义上说，记忆意象根本不存在。普通的记忆表象（memorial representation）是由同一物体的若干知觉决定的。如果我们回忆一位经常看到的人，我们就决不会按照他在某个场合的那种模样去表征他，我们对他的观念是由许多知觉的结合产生的，这些知觉的组成成分（它们相互补充或彼此阻碍）结合起来，部分地加深一般轮廓，部分地则淡化一般轮廓。这就解释了大多数记忆意象的不确定性。甚至当我们回忆仅见到过一次的一个物体时，我们的观念也不符合原先的知觉，有些要素是缺乏的，其他一些要素，即不属于该物体的要素被错误地从类似的要素中迁移至原先的知觉中去。例如，你可以试着根据记忆画出你只见过一次的某张风景画，然后将你的画同原先的画作比较。你肯定会发现大量错误和遗漏，不过，同时你也会发现，你在根据回忆画出的风景画中也加进了不少原画中没有的东西，这些东西来自你在其他地方曾经见过的风景画。因此，根据一般的界定，每种记忆意象将是一种幻象，而且是与现实并不一致的观念再现。因为并不存在这样的记忆意象，它既能再现原始的知觉意象，又能再现同一知觉的任何其他记忆意象。我们必须记住，我们的观念不是永恒的物体，而是不会确切地重新发生的过程，因为它们发生的条件不会双倍地相似。

四、同时联想理论

因此，同化过程始终是一种复合过程，它在任何一种特定的情形里都是由不可计数的基础联结过程来构建的。我们现在可以询问一下这些不可分解的和基本的联结过程的特征。在回答这个问题的时候，我们必须再次从始于一种感官印象的那些同化的情形出发，因为它们为确定这些现象的条件提供了最佳材料。毫无疑问，在每种同化情形里，始终有两种联结过程同时进行着，不论这种情况是正常的并为感知觉所接受，还是带点错觉色彩并意指对感觉印象的错误解释。首先，感官印象唤起了先前的类似感觉，其次，通过这些感觉的中介，引起了在特定的印象中并不包含的其他一些观念要素，但是，在其他一些场合，这些观念要素还是与感官印象相联结的。当你注视一个立体物体时，首先发生的事情是，某些轮廓与先前知觉中已知的某个物质客体的轮廓相一致。可是，这些一致的要素就其本身而言是完全不适合提示一个三维物体的实际图景的。必须进一步唤起实际图像中不存在的那些要素,将其与一致的部分在先前观念中联系起来,现在必须完成这一映像(作为某个明确事物的映像)。当我们正确阅读一个印错的单词时,主要的线索来自该印错的单词里一些没有印错的字母:这些未印错的字母唤起了与同样的字母相对应的记忆意象,并且使我们回忆起先前知觉中与它们具有视觉联结的字母,这些字母与先前的知觉结合在一起提供了该词的正确图像。结果,印象中干扰要素被再现的观念所遮掩。

陈旧的联想学说——也就是相继联想(successive association)学说——把联想分为相似联想和接近联想(similarity and contiguity associations)。在第一种形式里,一种观念被激发,它在某些特征方面与正在激发的观念很相似;在第二种形式里,一种观念在某个时间或其他时间与激发的观念有着时间或空间的联结。如果我们把这些术语应用于同时发生的联想,我们显然可以把上面所谓的第二种同化活动称为接近联想(contiguity-association)。另一方面,我们不能用同样方式将第一种活动还原为相似联想(similarity-association)。当两个物体的某些特征相一致而其他特征不同时,我们说这两个物体相似。如果一种印象与另一种印象多少有点不同,而这种印象会直接唤起另一种印象的记忆,看来不大可能。可以肯定,它只能唤起与其本身相似的记忆意象。当然,有可能在这些相似的要素被激发以后会使其他一些不相似的要素得以再现,条件是这些要素在先前的观念中与相似的要素相联结。换言之,相似联想始终意指类似联想(likeness-association)与接近联想的统一。印错的单词唤起了正确的映像,它通过相关字母的类似联想唤起这种正确的映像,同时也唤起了接近联想,它根据先前看到过的词的图像采用了实际印象中未被提供的正确要素。这种复合过程的结果就是所谓的相似联想,因为印错的词和正确的观念化的词是相似的,而非一样的。这与立体观念恰恰相同。引发这种线索的轮廓唤起了类似联想,它立即被接近联想所补充,而接近联想部分地充实了产生的观念,部分地通过压抑印象中干扰要素的办法去纠正它。由于没有两种观念绝对相像,因此必须反对以下说法,即我们的类似联想本身比相似联想好不了多少。但是,事实上,我们在这里并不关心完整的观念之间的联合,而是关心观念组成成分之间的联合。两种观念之间的绝对相似是不可能的,原因在于,类似联想本身有若干接近联想依附其上,最终的结果究竟是"相似"联想还是"接近"联想,完全根据该基本过程中哪种过程占优势而定。除了这两种过程以外(相似的联结和时空上接近的联结),我们无法发现任何一种其他的过程。它们中的每一种必然借助各种具体的联想表现出来。如果一个观念所具有的某些要素与先前的观念有着共同之处,那么这种观念只能唤起一种先前的观念。而且,由于再现的观念既包含相似的组成成分,又包含不相似的组成成分,因此相似性联结意味着接近联结的形成。你们知道,要素的类似性是直接有效的。如果新的印象所包含的要素与先前印象中的要素具有类似之处,那么,这些要素将与其余要素分离,而且通过重复而变得更为熟悉,从而将在意识中占支配地位。接近性只是中介的有效,它通过将其他要素(这些要素与先前激发的观念的相似组成成分具有外部的联结)复活起来而发挥作用。

鉴于这两种过程之间的这一基本差别,是否可以按联结的同样意义去谈论相似联结呢?当一种特定的印象唤起一种观念,它部分地由属于该印象的要素所组成,部分地由实际上并不存在但在先前知觉中与它相联结的要素所组成,这样一来,我们在谈论涉及这些不相似的组成成分的联结过程时便无疑是正确的了,相应的兴奋必须是由该印象派生出的一种冲动来建立。但是,从该印象直接进入同化产物的那些要素,看来无须指望联想过程中间的任何东西。它们是由外部感觉刺激直接提供的,并且更有可能表现为一种联结过程起源的条件,而不是它的结果。换言之,同化过程难道不完全涉及由接近性所指的联想吗?

不论我们是否试图在乍一看之下对这个问题作出肯定回答,但是,稍作进一步的考虑便会使我们相信这种回答是不正确的。实际上,从印象进入同化产物的那些要素,在它们的第二次联结中与它们的第一次联结并不一样。因此"进入"(pass…into…)这个词意指我们将结果与其组成成分进行比较,而不是指实际的过程。"通过"(passage)这个词则涉及朝着两个不同方向的中介过程之活动。首先,一种印象的要素进入作为结果而产生的观念中去(正如我们从经验中得知的那样),这是通过它们在先前印象中呈现的频率而促进的。对此的唯一解释是,相应的兴奋是由于先前印象的活动所留下的倾向来得以加强的。当然,这种加强与目前的印象发生直接联系。如果我们假设,新观念的组成成分与先前某个观念的组成成分相联结,这样的假设是不行的,像那些心理学家那样,把观念视作永久的实体是不行的。实际上发生的事情是,某些兴奋的更大频率意味着把更高的强度值(intensity-value)归于任何一种对我们产生影响的刺激。由此引申出来的一点是,最终的结果并不仅仅由于印象,而是由于印象与先前兴奋的后效(after-effects)的联结,这时一切联想过程均可适用。其次,一种印象的要素进入同化产物意味着另一种过程的存在,这种过程的方向正好与前一过程的方向相反——这是印象中所包含的要素消失的过程,但是却被其他新的、不相容的、由接近性唤起的要素在观念中给取代了。那就是说,相似要素并不意味着在"通过"它们之前的情况以后才出现。它们部分地由先前的练习来强化,部分地被弱化,或者,至少由于抑制的影响而中断了它们原先的联结。所有这些表明,相似联结像接近联结一样,是许多不同过程的结果。与此同时,我们不应忘记,这些决定过程在这两种情形里是基本不同的。用以表示这种差别的最佳术语也许就是上面用过的那句句子:相似联结是直接的,接近联结则是中介的。

第 二 十 讲

• *Lecture Twentieth* •

一、相继联想

正如我们上面看到的那样，与同化（assimilation）密切关联的是观念的相继联想（successive association of ideas），这便是"联想"这个一般的名称最初限定的过程。甚至在今天，当说到联想定律时，当我们以那种方式将相似性联结（connection by similarity）与空间上共存或时间上相继的联结相区别时，或者有时与对比联结（connection by contrast）相区别时，它仍然是合乎惯例的。无须赘言，这些实际上是联想的简单形式，而不是联想的定律，它们不是联想起源的普遍有效条件。它们的作用仅仅是提供分类概念，联想的现成产物便在这些概念之下进行归类。但是，十分奇怪的是，亚里士多德（Aristotle）的权威和人类心理朝着逻辑图式化（logical schematization）的恒定倾向在心理学领域造成的危害并不比在自然科学方面造成的危害更小。亚里士多德根据"相似"和"对比"、"同时"和"相继"的逻辑对立，区分了四种类型的记忆，正如他将所有自然物体的基本性质在对比的标题下分成"热"和"冷"，"湿"和"干"一样。这四种形式（暂且不论观察的证据）直到今天仍有一定的市场。现在，人们普遍认为，"对比"（contrast）可以略去，或者，在与"对比"相对应的任何东西发生的地方，都涉及"相似性"（similarity）；而空间共存和时间相继则可以置于外部接近性（contiguity）这个一般的标题下面。这意味着四种形式可以还原为两种形式——相似联想和接近联想。这种还原如此有利，以至于相继联结（successive connection）的不同情形一般说来可以置于这两种类型中的一种或另一种里面去。与此同时，这些术语仍然倾向于暗示错误的观念，即它们是基本过程的区分标记，而不是联想产物（association-products）的分类标题（每一种联想产物都由一系列简单的过程所组成）。当然，就组成成分这个问题而言，在这两种形式之间无法划分基本区别。因为很明显，正是这些相同的过程必须像同化那样在相继联想中运作——它们之间的唯一差别在于，相继联想的观念并不结合成一种同时产生的观念，而是在时间上保持分离，以服从于我们仍需讨论的条件。

然而，除此之外，我们仍然期望找到由两种过程复合而成的相继联想：不同观念相似要素（elements）的直接联结，以及与那些相似的组成成分有着外部接近的先前观念的要素之联结（这种联结直接依附于相继联想）。当我们探究整个结果时，如果相似要素的联结占优势，我们便说是相似联想；如果外部联结较强，我们便说是接近联想。由此可见，当一幅风景画使我们想起像我们实际观赏风景那样的现实时，这便是相似联想。尽管这幅风景画可能实际上不同，视网膜映像也可能实际上不同，但是仍然有某些轮廓是一致的。这些东西使我们想起早先知觉的记忆意象(memory-images),并使我们向这幅风景画迁移许多该画实际上并不拥有的原先要素。现在,风景画所没有提供的那些要素的恢复显然是一种接近联想。在这些接近要素中,有些要素以同化方式起作用,它们使该画与原来风景的相似性显得比该画原有的相似性更大。其他一些要素则与同化相对抗,正是通过这些对抗作用,我们能够将风景画和现实相区分——结果,整个过程不是同时发生的同化,而是相继的相似联想。另一方面,如果我们读了 a、b、c、d 这几个字母,我们便能倾向于继续读出 e、f、g、h。这是接近联想的例子。不过,也可以说,原始的过程是相似之间的直接联结。当阅读这几个字母时,我们想起先前读到过或听到过的类似字母。正是在这个阶段上,如果视觉观念被理解成与先前的知觉相一致时,接近的效果就一定会介入进来。于是,通过接近性的进一步运作,当时不在场的一些字母得到补充,从而使通常的字母系列得以完整化。

相似联想和接近联想就其组成过程的性质而言有两点不同。第一,前者以相似性的基本联结为主,后者以接近性的基本联结为主;第二,在相似联想中,我们的注意力指向观念的共同特性,而在接近联想中,我们的注意力指向观念的分离(divergences)。风景画与风景的联想是一种相似联想,因为两种观念的相似使我们不仅忽略了它们的差别,而且还忽略了对于建立一种比较来说十分必要的接近联结。字母表中字母的联想是一种接近联想,因为我们只注意加上去的字母,而不去认识第一批字母以及字母表所包括的相似联结。

二、相似联想和接近联想;认识与再认是联想的简单形式

所有这些结果表明,在观念的要素之间存在两种基本的联结形式:相似联结和接近联结,两者都涉及实际联想的每种情形。为了证明这一事实,我们的最佳求助对象便是联想的最简单例子。这些例子具有用特殊的清晰度展示一些条件的进一步好处,而所谓的条件是指相继联想和同时联想进行区分的条件,尤其是与同化进行区分的条件。当然,在两种形式中,组成的基本过程是一样的。

最简单的同化例子是认识(cognition)一个物体;相继联想的最简单例子是再认(recognition)一个物体。我们认识一幅画,即便我们完全肯定以前从未见到过这幅画,我们仍然把它作为一幅画来认识;可是,当我们再认一幅画时,指的是我们曾经见过它,而且是在以前某个场合曾经见过它。简单的认识活动是同化过程。当前的印象使人想起先前的观念,存在着由相似性和接近性建立起来的联结,但是不会分解成一系列相继的观念;呈现的要素和记忆的要素立即结合成单一的观念,它涉及实际的印象。然而,事实是,作为结果而产生的观念不是新观念,而是一个熟悉的观念,它以伴随着的情感(feeling)特征表达它自己。我们把这一特征称为认识情感(feeling of cognition)。由于情感始终具有某种观念的基础,我们可以设想,意识背景中不确定的记忆意象(它们的作用是对特定印象进行同化)便充当了这种特殊情感的理智基础(intellectual substrate)。

从这种认识过程发展出再认过程。步骤有三。

与认识活动联系最紧密的是直接的再认(immediate recognition)过程。在这个过程中,我们没有意识到或者仅仅模糊地意识到那些联结的环节,借助这些环节,再认得以实现。这里,又有两种选择成为可能:第一,观念仅由意识伴随着,它在我们进行回忆之前已经存在——也就是说,在没有任何回忆的情况下也会发生再认;第二,尽管这种再认是直接的,但它涉及对伴随情况的回忆。我们回忆时间关系和空间环境,先前就是根据这些时间关系和空间环境认识被再认的物体的。在这两种情形里,再认的活动伴随着情感。在第一种过程形式发生的地方,一般说来这是不明确的,而且可能带有怀疑的情绪。但是,一旦再认的观念在时间和空间上产生意识定位时,再认活动便变得明显和清楚。我们可以把这种情感称做再认情感(feeling of recognition)。现在,对伴随情况的回忆仅仅存在于次级观念的激发之中,这些次级观念与先前经验中的再认物体有着外部的接近。换言之,再认活动需要这些接近联结,以便完成再认活动。

直接再认的第二种形式提供了向该过程的第三种形式的过渡——过渡到中介再认(mediate recognition)。在这方面,我们一开始便清楚地意识到再认是由次级观念的中介产生的。想象一下你经常遇到的一个人,乍一看你还以为他是一个完全的陌生人。但是,当他通报姓名以后,突然间那张陌生的脸向你展现了一位老相识的容貌。或者,可能还有其他一些中介情况。你见到第三个人,他也是你经常遇见的人,你的眼睛偶尔落到一件外套或一只旅行包上,从而唤起了你的记忆。这里,有一种特定的情感经常与再认活动联系着。这种情感出现得较晚,而且与直接再认的情感相比,它是逐渐地产生的。与此同时,你将发现这种情感可能会十分鲜明,甚至在对当前观念和先前观念之间的一致性的理解还不相当明确时也是如此。

毫无疑问,中介再认的例子有可能被误认为是直接再认的例子,原因在于我们没有充分意识到那些对再认起中介作用的辅助观念。实验表明,在黑白两个极端颜色之间的三种灰色是容易记住的,而且在经过一段时间以后直接清楚地再认其中的每一种灰色也是颇为容易的。然而,如果再插入一种灰色的话,要将它们一一再认就不容易了,而且错误很多。现在,用语言对灰色的浓淡进行称呼时,仍普遍使用三种称呼——深灰、灰和浅灰。所以,对于再认的明确界限而言,我们不难看到其原因了。我们不得不假设这三种言语观念中的一种言语观念是不自觉地与这三种印象中的每一种印象相联系的,而且它对再认起中介作用。一只善于辨别音乐的耳朵能再认一种特定的音乐乐音(clang),甚至过了长时间后仍能再认,只要这种乐音具有明确的音调性质,并在以某种音符名称为标志的音阶中具有它的明确位置。但是,如果某个其他的音调被介入,致使不能明确地与像 c、c♯、d 等等的名称相联系,面对这样提供的印象,再认便马上变得不可能了。

我们已经看到,这些再认的不同形式在一定程度上被忽略了。值得质疑的是,它们是否应当被看做不同的过程,而不是同一过程的变化,仅仅因为它们的次级条件不同,也就是在各种意识要素的清晰度或时间进程方面次级条件的不同。由此可见,中介再认和带有伴随情况的直接再认显然在这方面存在差异——在中介再认中,次级观念被首先理解,然后产生主要观念与以前经验的观念相一致的意识;在直接再认中,这些次级观念只有同时与两种主要观念相一致时才能被清楚理解,甚至可能更晚些。现在,对一个观念的理解与观念在意识中出现不是一回事。我们关于时间移置(time-displacement)现象的讨论向我们表明,当两种观念 a 和 b 彼此以迅速的相继性一个接着一个发生时,第二个观念 b 有可能在第一个观念 a 之前被清楚理解,尽管 a 在意识中肯定是占先的。这就是说,具有次级观念的直接再认有可能实际上也是一种中介再认。在后者的情形中,次级观念可能施加了同样的影响,尽管它们进入清晰意识的时间更长。这两种形式之间的差异主要有赖于速度,再认的情感伴随这种速度而产生。如果再认仅仅通过次级观念进入意识而被激发的话,那么我们便称这种再认为直接再认。可是,如果需要次级观念的长久运作和更大的清晰度,那么这种再认活动便变成中介的了。

现在,如果这两种形式之间的差别在次级观念的效验方面还原为一种程度上的差别,那么便没有充足的理由把没有伴随情况的简单再认视作是独特的过程了,这是很清楚的。如果次级观念(它的活动的整个范围是辅助力量的范围)只有在再认发生以后才能上升到清晰的意识,那么,只要该再认结果开始生效,它们便会从意识中完全消失,这将是完全有可能的。事实上,只需注意一下条件,就会使可能性变成或然性(probability)。直接再认首先发生在物体由于我们的反复体验而对我们来说完全熟悉的场合,其次,发生在我们刚刚了解这些物体的场合,或者发生在物体对我们的情感产生特别深刻印象的情况之下。这些便是我们对物体的迅速了解得以实现的条件,而且带有一种伴随着再认的情感,但它并不意味着没有其他一些普遍存在的次级观念。当我们见到我们经常联系的一个人时,存在着许多情境的再现,在这些情境中,我们与他相伴,以至于这些情境中的任何一种特定情境很难进入清晰的意识中去。与此同时,有些朦胧的次级观念也可能始终运作着,它们将对再认情感的出现作出解释。当我们第二次见到不久以前遇到过的一个人时,情况便稍有不同。在这一情形中,再认情感倘若没有伴随的次级观念的基础便不可能存在。但是,这些东西的数目较少,而且彼此并不对立。它们拥有更为明确的特征,如果注意力集中于它们的话,一般来说通常容易被感知。换言之,这个例子中的过程似乎假设了一种直接再认的特征,唯一的原因在于,次级观念与物体的联结仍然如此紧密,以至于在激发再认情感时不需要任何感知的时间。

看来,再认情感——正如内省所表明的那样,在我们讨论的不同例子中具有不同的特色——有赖于辅助观念的激发。但是,这些次级观念出现的时间并不始终相同,而且,指出了同化过程和再认活动之间的另一种差异。如果一种特定的印象唤起了一个早先的观念,既未激发次级的观念(不管是清晰的观念还是模糊的观念),也未恢复依靠它们的情感,那么结果便是一种同化。印象和观念结合成同时发生的整体,再认的条件是缺乏的。我们把物体感知为某种类型的成员,对此类型我们是熟悉的,用不着把它与我们以往经验中具有的任何一种明确的东西联系起来。鉴于这一原因,我们谈论一种认识活动而不是再认活动。换言之,我们可以把再认活动(作为相继联想的一个简单例子)与认识活动(一种同时发生的联想)对立起来。

我们已经看到,接近联结甚至涉及认识活动。如果首先激起的相似联结并不立即从早先的知觉中唤起接近联结的话,则我们就不该把我们对一个物体的视觉观念归到熟悉种类的标题之下。但是,由于接近联结仍然未被明确——它们可能属于十分不同的和无关的观念——其结果仅仅是一种认识的情感：物体被视作是一种新的呈现，但是属于已知观念的一个种类。因此，尽管再认情感与认识情感肯定十分相似，但是两者之间的质的差异比起上面提到的再认情感的不同形式要更大些。这些情感不仅在质的方面有差别（正如我们在考虑这些情感得以出现的不同条件时所期望的那样），而且在强度方面也有差异。一般说来，再认情感的强度大得多。还有，与这些差异相平行的是时间关系方面的差异：再认情感出现得较晚，而且它的逐渐加强通常可以在内省中被跟踪；而认识情感看来与印象同时出现。当我们想起构成联想过程之基础的不同性质时，这些差异是可以立即得到解释的差异。

在对我们日常经验中熟悉的人或事进行简单的再认时，这两种情感就其所有属性而言是接近一致的。这里，整个再认过程与同化过程密切相关。另一方面，再认情感在中介再认的情形里是十分独特的。

因此，在中介再认的情形里，再认情感所依赖的次级观念实际上存在于意识之中，这无论如何是不能予以怀疑的。确实，我们在这一过程中不仅意识到次级观念的存在，而且还十分清楚地看到，伴随的情感与它们也息息相关。但是，如果这些辅助观念压根儿注意不到，或者仅仅在活动发生以后才被内省所发现，那么，我们对直接再认将说些什么呢？我们可以假设它们处于意识的阈限以下，只有在以后的阶段才会上升到阈限以上；或者它们始终存在于意识之中，但是形式上十分朦胧，以至于无法被首先感知。我们对具有瞬间印象的观念的不同清晰度所做的实验（这些实验我们在前面已经提及），实际上赞同后一种假设。毋庸置疑，辅助观念存在于意识之中，尽管有点模糊不清。那些实验以不同的方式向我们表明，朦胧的观念也能使它们的存在在意识中被人们所了解，这与直接再认的各种现象相一致。有时，在活动完成以后，具体描述它的情况是可能的；有时，只留下所见物体的不确定感。所以，再认物体在空间和时间上无法经常定位的现象，不能作为反对朦胧的辅助观念存在的证据。另一方面，认为从意识中消失的观念仍然能用一种确定感的形式对意识施加影响，这至少是一种十分不可能的假设。这是因为，如果一种已经消失的观念仍然能在意识中激起一种情感的话，那么它也一定在其无意识条件下具有积极的属性，这些属性与作为意识过程而依附于其上的那些属性十分相似。你们看到，不论再认是直接的还是中介的（也即由清晰意识到的次级观念为媒介的），再认的情感基本上是相同的。换言之，该假设显然使我们采取一种站不住脚的立场，即从意识中消失的观念仍然在无意识条件下保持着，仍然拥有像意识中依附于它们的同样属性；或者，消失的观念将是一些不可摧毁的物体，并不具有重复先前过程（事实告诉我们它们确实是先前过程）的倾向。

三、相继联想的理论

上面描述了作为相继联想的一种简单形式的再认过程。对此，现在必须补充的是，它的各种形式表现了从同时联想到相继联想的连续的系列转化。直接再认（它十分接近于简单的认识活动）在所有各方面均与同化十分相似。唯一表明存在于再认物体以外的观念基础的标志是再认的独特情感,这种再认的独特情感甚至在这里也通常需要一些时间方能产生。如果这些外部观念随后进入清晰的意识之中,那么同时联想便会省却与相继联想的联系。认识活动也会发生同样的情况。当一个物体被同一种类的先前观念同化时,就有可能发生以下两种情况中的一种:与正在同化的观念相接近的某些特定的次级观念可能进入到意识中去,或者从整个同化的观念中筛选出一些特定的观念,它们随后达到更大的清晰度。

如果在一个系列中,像这样一种联合激发的观念被理解为在它自己的特殊性质方面先前已被经验过的话,那么这种过程便成为相继的记忆活动。当同时提供或差不多同时提供的观念活动被分成清楚意识到的时间系列时,这样一种记忆活动直接导源于不同形式的认识和再认。在这些转化的情形中,我们可以特别的清晰度感知到这样一种时间分解的条件。这种条件在下述事实中被提供:在一个完整的联想复合中,彼此独立的组成部分需要各种持续时间以达到清晰的意识。在直接再认中,在认识的简单活动中,并不存在可以清楚地觉察到的相继性,因为一旦印象被提供出来,与印象黏合在一起的同化观念的要素也被理解了。但是,甚至在中介再认中,不仅次级观念和主要印象之间难以区分,而且内省中存在它们的时间分离(temporal dissociation):次级观念首先发生。这种时间关系进一步以各种方式变化着。主要观念可能先被同化,次级观念作为先前经验的再现而出现得较晚,那便是"接近联想"的例子。或者,普通形式的同化过程(包含数目不明的正在同化的观念)可能沿着自己的路线前进,然后这些观念中的某些观念被它们自己保持在意识中,那便是普通的"相似联想"。如果这种情况存在于上面描述过的那种再认活动中,如果与先前认识的物体在空间和时间上接近的其他次级观念同那种再认活动进一步联合的话,那么,这一过程便是一种回忆(recollection)过程。

在所有这些例子中,有赖于两个条件。首先,在两个恢复的观念中,一个观念可能比另一个观念更晚进入意识之中。这在中介再认的情形中得以实现,而且在从它那里发展出来的简单记忆过程中得以实现。其次,当若干恢复的观念同时出现在意识之中,并对情感状态施加各种影响时,它们仍然会被相继理解,一个接一个地进入意识的视野。当然,这是具有时间和空间定位的一切再认活动的情况。与此同时,这种条件也许常常与其他条件交叉。正是由于这种时间和空间的定位结果,观念才成为有意识的。

上述段落的结果是想说明,在相继联想中运作的联结与构成同时联想的那些联结是一样的。第一件事情始终是,我们观念的某些要素唤起了其他观念的相似要素。这些要素依附在某个时间或另外时间与它们联结着的其他要素。整个过程不断地形成,并由两种影响来改变——相似要素的彼此加强,对立要素的彼此压抑。因此,我们的一切心理经验都是连续的和相互联结的。在意识的支配下,观念要素的总和形成了连续的、交错的和缠结的整体,在这个整体里面,每个分离点可以通过它们之间存在的媒介而由其他任何一个点来激发。进入意识的每个观念(由于它不是感官印象的直接产物)是观念倾向的连续交错所开创的联想运作的结果。而感官刺激本身,正如同化现象和复合(complication)向我们表明的那样,在每个地方均与属于这种联想网络的要素相联结。所以,记忆和想象的观念与直接的知觉的差异仅仅表现在程度上,而不是表现在产生联想活动的方式上。

四、间接联想

但是，有没有这种可能，既不是感官印象，又不是联想，而使观念在意识中不出现呢？有些幻象在没有任何已知原因的情况下，而且与先前的经验没有任何直接的可觉察的关系时进入我们的心灵，这难道不是经常发生的事吗？

诸如此类的情况已经导致观念自发起源（spontaneous origin）的假设。据说，一个无中介的观念已被其他一些观念所抑制。一旦这些观念轮到被另外一些观念抑制时，这个无中介的观念便主动地进入意识之中。当然，这些抑制过程完全是假设性的。没有人曾经感知过它们，也没有任何明确的事实允许我们去推测它们的存在。此外，很显然，对于"自发起源"的解释再次假设了观念的不朽性，或者至少它们以无意识状态存在着，在这一状态中，它们具有像意识中依附于它们的属性一样的属性，除了意识的特性以外。在这一点上，它们被它们的观念对手暂时制服了。这样的假设是站不住脚的，正如我们极力主张的那样，观念不该被看做是不变的物体，而应该看做是可变的过程。实验为我们提供了开启困难之门的钥匙，间接联想（indirect association）的现象（这种现象是很容易证实的）清楚地解释了观念的"自发"起源。我们可以把整个问题还原为联想的情形。

让一名观察者身处一间暗室，或注视一间黑暗的小室。用有规律的相继性向他呈现瞬间光刺激。开始时，刺激系列由 a、b、c、d、e、f……组成。在接着进行的第二个实验中，这些字母与其他字母发生联结，联结的方式使每个字母都配上一个同样的次级观念：例如，aα、bβ、cγ、dδ、eα、fγ、gβ……过了一会儿，该系列中一些主要字母 a、b、c 等等以不同顺序重新呈现，而没有次级物体 α、β、γ 等等相伴了，例如，以 f、b、a、g、e 等等方式呈现。如果在每次印象以后有充分的时间去形成一种联想，那么可以发现，在相对来说大量的情形中，存在着来自同样系列的联想观念，它们与一致的次级观念相联结：例如，e 将与 a 联系，g 将与 b 联系，等等。当主要观念 a、b、c、d……是熟悉的物体（如屋子、树等），而次级观念 α、β、γ、δ……是任意的符号（如来自观察者并不熟悉的一种语言的字母）时，该结果是十分引人注目的。在这一情形里，对联想来说极有帮助的次级观念却极少能被清楚地记住。因此，当观察者被问到为什么他把明确的观念 e 与 a 联系起来时，他回答他无法说明原因。如果你回顾一下我们在上面曾讲过关于认识和再认活动中这些次级观念的效应，那么你将会看到我们必须在目前这个例子中假设，次级观念 α 在意识中朦胧地呈现，并激发了先前曾与之联结过的 e，而这个 e 由于具有有利的频率和熟悉的程度，其本身就出现在意识的显突部分之中。那就是说，这一过程与普通联想之间的唯一差别是，在这里，联想系列中的某些成员是未知的，结果，联结似乎在被联想系列的某些成员中介的地方中断，这种间接的联想形式的发生并不罕见。因此，我们经常用它来意指意识中观念自发起源的例子，这将证明是正确的。根据这一例子的性质，唯一的例外是，我们可以证明无法感知的中间条件的效应。

第二十一讲

• *Lecture Twenty-First* •

一、概念和判断

联想（associations）是由于我们观念意识范围内获得的相互联结（interconnections）。由此得出的必然结果是，观念（ideas）得以彼此进入的一切关系导源于相似联结和接近联结（connections by likeness and contiguity），这些相似联结和接近联结一般说来扎根于联想过程。但是，同样清楚的是，由此作出推论，认为"一切观念的联结都是联想"，则证明是完全错误的。这种错误推论有其根据，我们对此已经很熟悉——也就是将联想形式（forms of association）转化为"联想规律"（laws of association）。它基于这样一种假设，即这些形式本身是基本的过程，正如我们已经见到的那样，它实际上是来自相似联结和接近联结的复合产物。但是，当我们认为观念的一切可能的相互作用能被还原为这两种基本类型时，我们并不意味着这些联想产物可以彻底地和毫无例外地在同时联想和相继联想（simultaneous and successive association）的标题下进行分类。有一种限制不该忽视，除非对联结起中介作用的要素（elements）属于观念的限定范围，否则我们不会谈到联想。由此可见，同化（assimilation）限于特征方面如此相似的知觉上，以至于这些知觉能够联结起来以形成单一的观念，即对不同印象（它们是知觉中不可分离的伴随物）的复合。以相似性和接近性为标志的相继联想也是如此，你们记得，它们仅仅在（特定条件下）观念活动的时间分离方面与同时联想不同。

毫无疑问，我们发现，意识中的有些过程倘若按照相似的或频繁联结的知觉之间的联想是无法得到解释的，尽管可以肯定地把联想产物的存在作为先决条件。让我们考虑一种特定的观念，它属于同一发生类型的过程，这种类型在关于起源的条件方面与联想十分相似，但在特征上仍与其不同。我指的是我们称之为概念（concepts）的东西。如果我们的目光突然投向一个人的照片，发生的第一件事便是一种同化的效应：我们把该照片视作是一个人的照片，它与先前的知觉具有相似的关系和接近的关系。如果这些关系在性质上是如此独特的话，那么它们便暗示着与某个确定的人的相似联想，原先不明确的认识（cognition）活动转变为再认（recognition）活动。于是，若干相继的接近联想便可能进一步归属于此。我们记得在某个情形里，我们曾最后一次见过该再认的面孔，或在某个特定的场合我们见过该再认的面孔，如此等等。所有这些过程均在明显的联想条件下产生，但其中没有一个条件为我们提供了人类的概念。如果这个概念恰巧是很熟悉的概念，那么它或多或少会清楚地呈现在联想之中，这是完全正确的。然而，就这一例子的性质而言，下述情况是不必要的：对一个已知物体的简单认识无论如何并不意味着一个概念,尽管简单的认识活动和再认活动一般说来总是先于概念的形成。那么,我们究竟如何把一个概念与一个普通的观念(后者被认为是与其他某种观念或某些观念相一致的)相区别呢?概念的特性不可能是观念的特定属性,尽管后者在意识中代表概念。认为这个观念除了与其他观念相联系以外,它无论如何是与其他观念相区别的,这样的思考是不会有什么内容的。区分概念和观念的唯一标志在于相伴的意识之中,即特定的个别观念只具一种替代的价值(vicarious value),因此属于同一概念名下的任何一种独特观念,或者认为是它的一种任意符号,可能恰好使它按部就位。这种相伴的意识也伴随着一种独特的情感(feeling),或者说一种概念的情感(conceptual feeling),这种情感与认识的情感和再认的情感完全不同,而且指向一种分离的概念基础。这种情感只能存在于相伴的观念过程之中,该过程的发展与意识中更为朦胧的区域十分相似。就当前的例子而言,这些过程显然是为概念的观念(concept-idea)提供使其与其他观念区别开来的特性的过程。这种过程便是判断(judgement)的过程,正如我们可以从下述事实中看到的那样,概念并非一开始便孤立地存在,它们只有作为判断中的要素才获得其概念的意义。因此,无论何时,当我们考虑孤立状态下的概念时,我们便把它视作数目不定的判断的组成成分,不可能有任何其他情况了。在这个例子中,次级观念(secondary ideas)将是朦胧的意识判断,概念便在这些判断中得以发生,它们将特别有可能成为对一个界定多少能作出贡献的判断。例如,如果我们孤立地思考"人"这个概念,我们便在自己的面前出现了意识的焦点(fixation-point of consciousness),这种意识的焦点可以是某个个体的意象(image),也可以是"人"这个词(作为替代符号),还可以是视觉和听觉意象的复合(complication)。在意识的更为朦胧和远离中心的区域,不停地从这部分移向那部分的东西便是一些判断,这些判断涉及概念,其中只有一种偶然的判断可能在这里和那里产生,以形成更为清晰的观念。但是,尽管这些判断可能是朦胧的,它们仍然使概念的观念带有其替代意义的意识,并使其带有作为结果而产生的概念情感。你们看到,这种意义和与之相伴随的情感依附于直接的内省知觉(immediate introspective perception),结果,在所有这些判断中,观念可能已经不同。

现在,我们已经看到,认识活动和再认活动也伴随着次级观念,它们一方面引起了伴随着这些过程的特定情感,另一方面,如果它们碰巧在意识前面清楚地发生,那么便会安排它们自己通向相互联结的观念的时间系列。但是,如果认识、再认和概念是相似的,那么,正是在这一点上,我们能够正确地指出头两个过程和第三个过程之间的基本差别。这个时间系列始终是一种相似联想或接近联想,其中(如名称所意指的那样)每个观念坚持作为一种独立的整体。这是因为,彼此相似的物体,或者在空间和时间上接近的物体,肯定会结合起来形成更为复合的观念,但是这种复合过程的每个部分仍然是独立的。所以,如果它与它的"伙伴"分离的话,它在意识中仍然不会受到损害。可是,对于概念的观念来说,正如对于意识内容(它们属于逻辑上一致的思维过程)来说一样,情况就不同了。个别的意义现在完全依赖于它在其中仅仅作为一个部分的整体。离开了这一点,它便不再拥有它自己的任何意义。或者,如果它拥有自己的意义,则对于我们孤立思考的概念来说,解释是一样的。我们可以赋予一种意义,只要为此目的,我们让它归属于不确定的逻辑联结。因此,当我们在不涉及任何判断的上下文关系的情况下思考"人"这个概念时,"人"的概念只可能具有这样的意义:它可能是大量判断的主语或谓语。只有像这样一种逻辑思维的不确定要素才是一种"概念"。在所有其他的情形里,相应的观念只是一种具体的特定观念。

对于这一系列的论说可能会提出反对意见。你们会说,"这可能相当正确,概念及其联结在许多方面不同于特定观念之间产生的普通联想。但是,没有任何理由拒绝把它们以及与它们在一起的所有逻辑思维过程还原为广义上的联想,也许是具有一种特定的更复杂的性质的联想"。这种异议是站不住脚的。这两种意识过程之间的差别是独特的和基本的,它们在主观知觉方面与它们在客观的可觉察的一致性方面一样明显。倘若想给这两种过程取一个名称,以便提出这两种过程属于同一种过程的观点,不仅不会使调查的路径显得清晰,反而会使它严重受阻。

二、智力过程的区分标志

对智力的意识过程(intellectual conscious process)来说,它与联想有所区别,其最为明显的主观标志是相伴的积极情感(feeling of activity)。产生一系列纯联想的(也即非逻辑的)观念的最佳手段是去假设消极的态度,它可能压抑那种需要意志去开创的、并由积极情感相伴随的思维活动。这种积极性究竟是什么,积极情感存在于什么地方,关于这个问题我们已经在讨论随意活动(见第十五讲)时作出回答了。按照智力活动的主观特征,可把智力活动归入内部随意活动(internal voluntary action)的概念之下,或者归入主动的统觉(active apperception)之下。在这个意义上说,我们可以把智力过程与联想区别开来,即把智力过程与纯心理学基础上作为观念的统觉联结(apperceptive connections of ideas)的联想区分开来。这里,我们当然不是用一种"自由的"或"随意的"活动去理解一种无条件反射的活动,这是超越我们先前的讨论的。上述短语仅仅指意识中的变化是复杂的,在涉及个别观念的联结方面是不可解释的,它们导源于在任何一个特定时刻我们的一切意识内容的一般倾向——也就是说,导源于意识的先前发展。如果我们把这种发展的结果称做"自我"(self)的话,那么我们必须把这个自我视作一切智力过程的原因。

上述考虑不言而喻地表明,这些内部过程将它们的起源归之于主观关系,而主观关系的范围可能变化很大。当然,没有一种刺激能立即对我们的一系列获得的倾向发生影响。对于列入随意的智力活动的这种行为来说,必然包含一组组观念,这些观念与那些直接先于它们的观念并不具有任何一种明显的联想关系。而且,不可避免的是,联想用同样的方式干扰了智力机能(intellectual functions)。根据这一点,尤其重要的是,智力的观念联结一旦形成,其本身便进入接近的关系(contiguity-relations)之中,从而能以外部联想的形式来恢复。当然,在这一情形中,没有积极情感的踪迹,而在其他地方这种积极的情感始终伴随着智力过程。从统觉的思维系列向联想的转化具有十分重大的意义,它促进了高级程度上的建设性心理运作。从这个意义上说,它构成了那些实践过程的主要组成部分,那些实践过程使我们实施随意的活动,最初是意图问题和反映问题,作为对明确的外部刺激的适当的机械反应。它是如此普遍,以至于对完成外部的意志活动来说，一种意志决定的介入只在某些关键时刻才有必要，它们的详尽实施被归入实践已经完善的机制(mechanism)。在智力过程中，思维的积极运作以同样方式变得越来越受制于思维流(the flow of thought)，而我们的思维则在一切从属点(all subordinate points)上继续前进，除了逻辑联想的帮助之外，它无须其他任何帮助。我们越是用思维进行实践，那些表示它们自己的中间阶段就越多，思维也就不得不把更多的力量和能量赠予决定的问题。

与这些主观特征在一起的是具有一定重要性的客观特征，这些客观特征将智力过程与联想相区别。它们在两种情形里以完全不同的时间序列之特征被提供。在相继联想中，一种观念跟着另一种观念，正如这一情形里各种相似联结和接近联结所决定的运作一样。每个特定的观念均保持其独立性。由于在长的联想系列中，一种新的观念有规律地与它原有观念中的一个观念相联系(一般说来是与最直接的观念相联系)，因此该联想系列便屈从于最具变化特征的突然变化。开始和结束可能完全不相关，尽管一个阶段接着另一个阶段的联结链条是完整的。与此情况截然不同的是，智力过程经常从聚合观念(aggregate ideas)开始。这些聚合观念不同于从同时联想中产生的复合观念，在同时联想中，它们并不由这样一些联结组成，这些联结(像时间和空间中的位置一样)看来像观念的直接的客观属性。但是，存在于它们的组成成分之间的关系被视作是概念的决定因素，复杂的物体借此通过思维活动被分解。然而，这样一种聚合观念的基础总是联想地产生的复合观念。于是，一间红房子印象通过联想的融合和同化产生了复合的视觉观念。当红色与房子的观念相分离时，它就仅仅变成了一种聚合观念。因为这时属性和物体在概念上被思考，并被带入聚合观念中的相互关系中去。

三、智力机能的发展

智力活动的第一批产物是同时的聚合观念(simultaneous aggregate ideas)。它们与普通的联想地形成的观念的唯一差别就在于此——根据任意选择的思维关系，观念的物体被认为是可分解的。一旦对这种分解实施了一次或多次以后，它们的同时联结便产生了一系列思维。这一过程从狭义上说可在逻辑思维的活动中看到，也就是在用语言来表述的判断过程中看到。然而，即使就外部形式而言，这些东西也与联想系列完全不同。在后者的情形里，一种观念与另一种观念不确定地联合起来。但是逻辑思维受"二分定律"(dichotomic law)所支配，不容许有任何例外，除非联想以上述的特定方式干扰统觉的观念系列，否则便毫无例外地受制于二分定律。这个定律的最清楚的表述可在句子成分的语法区分中找到。这种区分可以是简单的，像在简单句中那样，在简单句中主语和谓语各由简单观念组成；也可以是多重的，像在各种复合句中那样，在复合句中，每种主要的组成成分可以按同一方法细分，主语分为名词的和修饰，谓语则可分为动词和宾语、动词和副词等。

但是，这种外在定律是内在条件的结果。思维始终是一种区分和联系的活动。遵循上述规律而发生的思维的分解是由于以下的事实，它把一种聚合观念的组成成分进行分离，以便将它们立即带入某种相互的关系中去——这是一种在比较了众多观念（部分相似和部分不同的观念）以后确定的关系。直到关于房子的许多观念已经形成，并具有可变的颜色属性以后，红房子的聚合观念和最终判断——"房子是红的"——方可清楚地产生。那时，而且只有到那时，才可能在特定的情形里从经验的客体中抽取属性，或者把它归之于独立存在的客观思维。

关于把聚合观念与判断区分开来的做法也许会遭到异议，即当我们一旦把前者与普通的复合观念进行分离时，我们就根据事实本身将它构成一种判断。例如，认为一个物体可与它的任何属性发生逻辑联结，而无须在判断中找到这种联结的直接表述，这是不可能的。但是，可以肯定的是，最简单的判断（像"房子是红的"那样）事实上几乎不能从它们的相应的聚合观念（"红房子"）中区分出来，可能的混淆也随之停止存在了。让我们考虑一下那些思维活动（它们以连续的细分过程为先决条件）。当我们准备表述一种复合的思维时，在意识中首先出现的东西是以一种聚合观念为形式的整体思维。但是，如果说它与分解得以实现的判断相一致，那是完全不可能的。不！我们可以充分地看到，当整个思维像一种尚未表述的聚合观念那样已经在那里时，它的彼此独立的组成成分上升至清晰意识的程度，依它们的分解实际得到实施的程度而定。因此，聚合观念越是不明确，它们便越需要理解，它们需要大量的判断活动方可作出完整的确定。

然而，我们必须记住，逻辑判断并非是唯一的形式——不仅如此，它也不是原始的形式——这种形式使统觉的观念过程在意识中被采用。通常的情况是，或多或少具有综合特征的聚合观念以感知觉的形式有意识地被分解。这种复合过程的单一特征甚至在这里也意味着，一个聚合观念中的每一种划分活动（假定这种划分活动已在心中保持了相当时间）紧密地依附于其毗邻。但是，这些内容的纯知觉性质，以及用逻辑关系对它进行系统阐述的缺乏，将导致由一种分解过程的一般印象替代二分定律（这种分解过程以正常序列发展，并从单一的聚合观念出发）。对此必须补充的是，比起概念的逻辑思维（概念的分解意指一种观念的解释），它在这些例子中是一个更为明显的事实。分解的产生起初不过是朦胧地被理解，而且往往要等这些分解的产物进入新的联想中去时，它们才能获得更清楚和更独特的内容。对智力的精心阐述的这种知觉形式便是想象活动（activity of imagination）。换言之，想象实际上是一种特定的感官观念（sense-ideas）的思维。照此说来，这是一切逻辑或概念思维的源泉。但是，它继续存在，不受下述两者的支配，既不受我们日常生活中无指导性的幻想作用的支配，也不受艺术想象所完成的创造物的支配，而是与这两者并行。

四、精神错乱

如果完整地描述智力机能将超出我们目前讨论的范围。部分地描述——对思维的概念形式或逻辑形式的描述——存在于逻辑的领域之内；部分地描述——把想象视为一种智力活动的形式——则存在于美学的领域之内。但是，出于心理学的兴趣，出于正确理解联想与智力的关系的愿望，我们需要考察一下观念和心理过程中产生的变化，对于这些变化，可由不同形式的精神错乱（mental derangement）予以表述。

这些精神错乱的最明显的标志和最持久性的表现是各种类型的精神病（insanity）。正如你们知道的那样，精神病的特定形式如此众多和不同，以至于心理病理学有充分理由要求将它划为独立的学科，与正常的心理学分开，正如把人体病理学与人体生理学分开一样。后者的这种分离早已实现，两门学科均已独立，事实上病理学也得到了实际的应用。对此，所作的补充是，每种精神错乱，除了智力过程和联想的改变之外，还包括心理生活的其他一些基本变化，尤其是与观念障碍相比较而言的感知错乱和精神错乱，而观念扰乱常常表现为次级的结果，尽管这是真的——当你考虑所有这些心理过程无法摆脱的互相依存时，你将会理解这一点——观念内容的这些改变将对意识的情感方面和意动方面（affective and conative side）起反作用。然而，我们在这里不准备讨论这些问题，只想根据观念变化的观点来探讨精神错乱。对此，我们将揭示它的基本特征，而不顾一致的和同质的细节差异。

关于精神错乱在感觉和情绪方面产生的改变就谈下面这些：从纯粹的心理学角度来讲，它们在各个方面与标准相比存在各种偏离——从白痴（idiocy）的情感淡漠（这种情感淡漠只有通过最为强烈的感官印象才能被打动）到谵妄（delirium）的极度兴奋（最轻微的外部刺激或内部刺激都足以唤起幻觉和误导的错觉）；或者，从忧郁症（melancholy）的深度压抑（它使现在和过去一样变得一片灰暗）到躁狂症的情绪爆发和麻痹症的呆样欢乐。当然，正常观念的偏离也相应地不同，它的发展进程不是太快就是太慢，随情形而有所不同。这些偏离与情绪的变化具有密切的关系，它们并非真正的障碍，情绪变化是不受这些障碍制约的，但是任何一种心理障碍都意味着这两种精神错乱。忧郁症和麻痹症相似，观念运动迟疑不决，易为明确的印象和记忆所吸引，只是情感色彩完全不同；而在精神兴奋和躁狂中，观念运动加速，没有次序或不受控制地从一个题目跳至另一个题目。

更加值得注意的是，暂且不管这些差异，对标准的偏离不变地表现在一个特定方面——也即联想与智力过程的关系方面。如果真有精神错乱的任何一种标准的话，那么就如下述——建设性想象的逻辑思维和随意活动让位于五花八门的联想的不连贯作用。如果精神错乱不是走得太远的话——例如，在缓慢发展的疾病的初期——意识内容中的这种变化可能难以觉察，也许是因为精神病的长久间隔阻碍了精神错乱的进展，也许是因为后者似乎把它自己限于某个特定的观念联结和感情联结之中。但是，即使在这些情形里，即在介于正常和变态之间的临界病例里，良好的自然体质也要比制止疾病的入侵更重要——即使在这些情形里，即在意识被精神错乱纷扰的那个时刻起，毫无疑问，正常的联想平衡和主动的统觉均被破坏殆尽。

平衡失调的最一般方式是通过"注意力有缺陷的集中"（a defective concentration of the attention）表现出来的。它产生自智力过程被突如其来的联想连续打断的倾向。在这种心理状态中，患者总是关注特定的印象或情感，这样一种心理状态不过是该规律的一个明显例外。当忧郁症患者郁闷地沉思于在他看来即将经历的压倒一切的悲伤时，并不是他有意地把注意力指向这种悲伤，而是用这种办法来控制他的思维方向。他的心灵被一组经常存在的具有强烈情调的观念所支配，对此他的意志经常与之斗争，但结果却是徒然。在精神兴奋的状态中，我们的感官中枢具有不寻常的强烈兴奋，为联想内容提供外部感官印象的特征。所以,这些联想(一般说来不利于积极注意的影响)反映出不同寻常的力量。在这种情形里,观念的同化起着特别重要的作用。在正常的心理生活中,同化的要素强大到足以使认识活动和再认活动(acts of cognition and recognition)成为可能。在幻觉中,它们变得如此有力,以至于把感官印象置于仅仅是外部偶发事件的位置上,这种外部偶发事件使那些与其具有一定相似性的观念倾向运转起来。

让我们注意一下精神病患者表达他们思维的方式。他们的语言是不连贯的,这种语言会在截然不同的题目之间以无目的方式摇摆着,或者这种语言会一遍又一遍地回到同一个题目上来,而没有可以说明的理由。所有这些是不难进行解释的,如果我们想象一下对一些难以驾驭的联想缺乏有意的控制,就马上明白了。当然,所谓控制的缺乏也存在程度不同的情况,从思维的偏执(仅仅有些越轨)到极度的幻想(其中,一个思维接着一个思维,而不容许理智对思维进行哪怕是短时间的细想),发展到最后阶段便是完全不能形成任何复杂的判断。患者开始表达某种句子,但是,他的注意力却被新的感知觉所吸引,或者被某个外在的情形所吸引,还有可能被他自己的说话声音引起的联想所吸引。这样,另一种异质的思维启动了,接着又被其他的联想所阻断。于是,患者的这种表现匆忙地继续下去,直到精神的衰竭使这种纷乱缠绕的思绪漂移暂告一个段落为止。

当我们考虑语言对思维发展的巨大重要性时,我们可以理解词和音的联想在精神病患者的异想天开所涉及的上千种形式的观念中起着重要作用。具有相似发音的一些词在一个句子中间以无意义的混淆堆砌在一起,或者一个词将提示某种完全异质的思想,在这种思想中,该词会碰巧出现。因此,精神病患者的言语是我们观察同时形式和相继形式中"相似联想"和"接近联想"的最好机会,这种言语也带有极其多样的内容。但是,经常会发生这样的情况,当观念的飞翔涉及大量题材时,某个特定的词并不唤起另一个词,而是一系列清晰的发音,这些音可能属于相似发音的词,也可能包含在偶尔与第一个词相联结的其他词里面。当发生这样的情况时,精神病患者的语言就成了听不懂的莫名其妙的话,其中虽然也有发生在真实言语中的一些发音清晰的音,但是却将这些音置于完全新的联结中去了。患者心中可能产生一种妄想,即他正在讲述一种以前不熟悉的语言,这种观念反过来又会引起其他的妄想。不过,如果我们稍微考虑一下令人混淆的音群[(sound-conglomerations),我们一直在追踪它们的起源了],我们将会看到,甚至在这里,实践的影响(一般说来它们对联想是如此重要)也是显然可以追踪的。一种特定的复合音越是经常地得到重复,再去发这种复合音的倾向就越大。这种复合音尤其倾向于进入新颖的联想中去,不论是与其他音进行联系还是与外部物体进行联系。于是,便可能产生一种精神病患者的惯用语,这种惯用语在某些组成成分方面拥有一种新形成的语言的一切特征:某些音或复合音成为确定概念的决定性符号。与此同时,我们几乎不能说这种语言是精神病患者的创造。这种语言的起源在于联想活动的盲目偶发,而且,继续以杂乱无章的方式对它进行改变。

对于心理学家来说,恐怕没有任何事情要比观察精神病患者的语言中表现出来的智力机能的逐步衰退更有兴趣了。为此目的,书面记录甚至比口语更好些。因为滔滔不绝的言辞,必须以令人难以置信的速度跟上想入非非的速度,事实上这种速度是很难跟上的。在所有的文献中,有些著述本身就表明是精神错乱的头脑之产物。在这些著述中,我们已经十分精彩地证明了分离的联想,它们对逻辑思维进程的侵扰,逻辑思维的逐步瓦解,以及感官印象的幻觉和异想天开的误解所产生的影响。当然,这种智力衰退的最后阶段并不常见,但是所有其余的阶段都存在着。我有一次偶尔捡起一本书——正如你们可以想象的那样,是一本作者私下印刷的书——在这本书里,差不多瓦解过程的每个阶段,从一端到另一端,都可以清楚地被追踪。在这本书里,开头的句子从形式上和表述上说是正确的,尽管它们的内容从一开始便是以变态思维为开端的。接着幻觉的描述和语言的不通越来越多,而支离破碎的联想的侵扰变得越发明显。直到最后,在那本书最后几页的地方,已经没有一句句子符合正确的语法规则了。

当我们对这些现象进行仔细的分析时,尤其是当这些现象在病态心灵的产物中以这样一种持久形式表现出来时(这些病态心灵的产物比起口语来更易于调查),我们可以立即看到,把这些病态心灵的产物说成是由于"心理机能的降低"(lowering of the mental functions)将是多么的不确切和肤浅。关于异想天开的情况,心理机能非但没有下降,反而在特定的方面有所上升。正常的心灵不会像精神错乱中经常遇到的情况那样,任意地进行联想的补充。与此同时,正是在这种联想的多变中可以寻找衰退的萌芽。其确切的症状在于,患者对所有观念要素的联结[这种观念要素的联结使得联想网络的各种衍生物(ramifications)在意识中可能发生]缺乏有意的控制。我们可以很有把握地说,除非这些关系和联结已从先前的印象中被集合起来,否则便不会有任何一种智力机能。但是,只有当这些先前的经验、意志所产生的整个力量控制了它手头的联想材料,并使这种联想材料具体化时,心理活动才会理智化。与这些联想有关的是,意志立即成为一种积极的和抑制的力量——意志推动了与占优势的兴趣有关的联结,同时也抑制了可能使注意力转向别处的一切东西。你们可以看到,一个健全的人可以在实验中随意地唤起一系列与精神病患者十分相应的观念。他必须压抑与进入意识中的联想有关的意志的调节和抑制功能。如果将你们自己置于这种条件之下,并写出进入你们头脑中的思想和观念本身,你们将会在思想不全面(half-completed thoughts)、偶然的印象等问题上面临一种无法解开的缠结(inextricable tangle),而且在此处和彼处又具有一种新形成的联想——这是一种你可以轻易地认为由精神错乱的心灵产生的图景。

这种联想的繁殖,就像爬山虎之类的攀缘植物束缚了它们所缠绕的树木的生长一样,阻碍了智力机能的发展,但是这并非是一种持久的情况。如果精神错乱的过程继续下去,联想便日益限制在较少和较稳定的观念上面,即限制在反复发生的一些观念上面。这些"固着的"(fixed)观念,首先由病态心灵的特定倾向所唤起,随着联想的实践过程与一般的瓦解过程亦步亦趋,变得越来越顽固。当这些固着的联结在意识中占据优势时,意志的影响便被彻底地破坏了。与此同时,患者对外部刺激很少作出反应。烦躁不安的幻觉产生了情绪压抑,痛苦的印象引起了情感障碍,感受性开始减弱,最后逐渐消失,一般的心理迟钝却越发增大,而且,让位于始终如一的欢乐或无所谓的心境。与此一起来到的是精神错乱的最后阶段,它对旁观者来说是最悲哀的,而对患者本身来说却是最快乐的。

第二十二讲

• Lecture Twenty-Second •

一、梦

我们已经看到,具有健全心灵的人能够根据他自己的意志专注于联想的作用,从而诱发出一种多少与精神病患者的观念条件相似的心理状态。然而,这还不是一切。我们通常屈从于一些经验,这些经验使我们更接近于心理障碍(mental disturbance)的实现。我们称之为正常的暂时性精神错乱的状况便是"做梦"(dreaming)。

在生活的每一种关系上,我们发现了对这种未知事物的夸大(omneignotum promagnifico)所提供的证明。人类总是倾向于把那些不惯常的东西视为比惯常的和正常的东西更加奇妙。那些不熟悉的东西周围之所以被赋予一种神秘的魅力,就因为它是不熟悉的;而那些习以为常的现象,尽管它们实际上经常表现出最困难的问题,却被人们视为是必然的事情。以往的时代把精神病视为是上帝的恩赐,而且精神病患者要比他们的伙伴更引人注目,或者认为精神病患者拥有魔力——按照命运的钟摆而晃动。即使在今天,这些不幸者的主观观念有时还受到这些思想的影响,这些思想首先来自这样一种观点,即精神错乱是各种形式的冥思苦想。甚至在关于精神病的这种观点消逝以后,做梦仍然带有某种神奇的色彩。在普通百姓看来,对于梦能预示什么东西,我们无须多加留意。但是,仍有一些哲学家倾向于认为,当我们做梦时,我们的心灵冲破了肉体的桎梏,从而使梦的幻想超越了醒着时的意识活动,并密切受制于空间和时间的范围。

对做梦现象所作的不偏不倚的观察必定使我们相信,尽管这些理论说得很漂亮,它们仍然与真实的情况背道而驰。当我们醒着时,一般说来,我们能够通过意志的努力而容易地克服轻度的身体失调。可是,在做梦时,情形就有所不同,做梦者绝对地受制于这些轻度的身体失调的摆布,他的观念系列随着影响他感官的每一种偶然的印象而转向,随着每一种偶然的联想而转向。这种最为鲜明的梦的最普遍原因是消化不良、心脏悸动、呼吸困难,以及诸如此类的症状。究竟是否存在无梦睡眠,还是一个颇有争议的问题。鉴于我们很容易将我们曾经梦见的事情忘得一干二净,看来始终会存在这种争论。但是,可以肯定的是,倘若这种情况确实发生了,那就会很容易地发现,在有些情形里,身体刺激贫乏,或者身体刺激太弱,以至于无法唤起观念。

我们无须停下来讨论睡眠的生理性质。我们除了下述的一般事实以外,对睡眠的了解甚少,这个事实便是:睡眠是一种周期性的生命现象,它毫不例外地起源于中枢神经系统。还有一个事实是,从心理学角度讲,对生活给予目的论(teleological)的考虑是重要的,也就是在睡眠期间发生着精力的恢复,这些精力是在清醒状态时由于各种器官的作用而被消耗的。睡眠由于伴随着梦，因而在实施这一重要任务时经常受阻。栩栩如生和毫无休止的梦将会减弱睡眠恢复精力的效果。然而，做梦这一实际现象使下述情况成为可能。梦对睡眠或大或小的干预，是由于大脑感觉中枢异常应激性（abnormal irritability）的或大或小，或由于大脑感觉中枢一些特定部位的异常应激性的或大或小，这种情况反过来又受到颅内循环失调的影响。从下述事实中可以找到对这一观点的证实：血液和血液供应的病理改变（例如发烧中出现的情况）可以大大地强化梦的现象，甚至引起与醒着时出现谵妄现象相类似的心理状态。

我们已经大体上勾勒了梦观念（dream-idea）的基本特征。梦的基本特征是一种幻觉（hallucination），它的强度（intensity）与直接知觉中提供的感觉强度一样大，而且与做梦者所认为的一样。梦的主要组成成分是记忆意象（memorial images），但是这些记忆意象通过联想的无规则的作用而被任意地交织在一起——不论它们涉及的是刚刚过去的事件还是涉及更为遥远的经验，不论它们属于一类还是完全无关。因此，乍一看，梦与想象的正常活动有所相似，它倾向于将梦中的记忆观念（memory-ideas）以新的和不寻常的方式组合起来。但是，它完全缺乏观念的有目的安排和分类，这是将想象与记忆活动区别开来的一个标准。

记忆的世界和梦境的世界一样，都受制于视觉的观念。业已发现，听觉观念也起作用。其他感官看来未能在很大程度上提供梦的材料，除了从外部对它们直接刺激以外。当然，在视觉和听觉的情形里，也存在直接的外部刺激，而且，确实有这样的可能，即梦的观念以此方式被引起要远比一般假设的更加经常。甚至有这样的可能，在梦境的世界里，占优势的视觉观念不仅可由视觉对记忆的巨大重要性来说明，而且还可由眼的特定性质来说明，因为眼睛要比其他感官更加暴露于微弱的外部刺激的连续作用之下。如果我们专心注视闭着眼睛的黑暗视野，我们就会注意到光现象的无休止的出现和消失：时而一些光点流星般地从一边射向另一边；时而一片曙光从黑暗的背景中闪现；时而这些部分又以最亮的色彩出现。毫无疑问，这些现象在睡眠期间坚持唤起与其相似的记忆意象，而意识则拥有大量的记忆意象的储存。

因此，梦与清醒状态时意识中的观念系列有关，在意识中，梦的近因（proximate cause）通常是某种外部的感官刺激，对此，记忆意象易于将它们自己依附于这种外部的感官刺激上。但是，这些过程在两个方面有所不同。由感官印象唤起的观念是多少有点想入非非的幻想；而最终的相继联想（successive associations）并不拥有普通的记忆意象的特征，而是拥有幻觉的特征。像这些情况一样，它们被认为是实际的经验。因此，下述情况是十分罕见的——只有在这样的时刻，当睡眠转变为清醒状态时——我们梦见了正在记起的东西。梦像任何经验那样是直接的，它并不显示想象和现实通常具有的辨别标志的迹象。

根据这一观点，如果梦使我们想起心理障碍的话，那么它一定具有某种特征，这种特征看来与任何一种形式的精神错乱并不处于同样的程度——也就是说它完全局限于直接呈现的观念。精神错乱者心灵中的幻觉或实在的记忆意象除了对正常理解一个物体存在偏见以外，不可能做更多的事情，而且它们与惯常的想象和记忆活动之间存在清晰的区别。做梦还在另一方面占有特定的位置。如果我们注视幻觉在梦中所起的作用，我们将倾向于把它与某些心理障碍的起始阶段同等看待,这些心理障碍携带着一种变态的兴奋性(abnormal excitability)。但是,在梦观念的不连贯中,在判断的模糊性和自我意识的失检(lapse of self-consciousness)中,我们有着一系列现象,这些现象可与最为极端的心理紊乱形式相比拟。也许大量的梦来来去去而不涉及任何实际的智力过程。做梦者活动着,或者注视着活动,而不是使其经验成为反映的题目。一般说来,当梦与清醒相衔接时——也就是我们入睡之前或即将醒过来之前——实际的智力活动是可以注意到的:我们说梦话,或者继续进行梦的对话。不过,所用的语言属于奇异的混合类型。有时,存在一种差不多正常的联结表述能力,尽管当我们分析时,发现梦话完全由熟悉的短语和流行的措辞所构成。有时,在发声的思维中不存在正常的联结,这种发声的思维是一个奇异的大杂烩,其中,判断失去意义,结论也是错的。思维的混乱甚至有可能扩展到所用词语的发音方面,结果,我们具有发音清晰的音节的新形式,就像发生在精神病患者谈话中的那些发音清晰的音节一样。这些东西还与同一组主观观念相联结;做梦者像躁狂者一样,认为他正在流利地讲述一种新的、人们不懂的语言,或者也许是某种真正的语言,这种语言他实际上学过,但是还没有完全地掌握。

所有这些现象倾向于表明,在梦中,智力机能与联想的关系被改变了许多,正如它在精神错乱前几个阶段中表现的那样。对观念和情感的意志控制已被废除。做梦者完全听从由偶然的外部印象构筑的联想所摆布。而且,除此以外,梦观念的幻觉特征又给了这些联想以特定能力,认为它们是实际经历的事件。

二、梦游

一种特殊类型的梦(一般说来是神经系统异常的兴奋性之征象)叫做梦游症(sleep-walking)。它也是一种梦,比之上面提到的幻觉对话进了一步。梦游仅仅在于:意识状态和我们醒着时保持的外部随意活动之间的联结在睡眠期间以同样的程度得以实现。由于在所有这些联结中,在具有促进语言的肌肉活动的观念中,这些联结已经成为最习惯和最自动化的,所以我们能够了解,这些联结将会更经常和更易实施。可见,梦游与做梦一样,没有什么神秘之处。它只是一种并不经常发生的事件,正因为如此,有时它被视作是不可解释的。确实,当我们考虑在感觉和由感觉激发的运动之间获得的联结特征时,梦游并不是一种十分普遍的现象,这是相当令人惊奇的事情。我们可以用两种方式中的一种来解释这些事实。我们可以假设,在睡眠时感觉中枢比运动中枢更加暴露于种种刺激原因的作用之下,或者后者一般说来屈从于某些抑制的影响。不论是何种情况,把梦观念的世界与外部活动的领域区分开来,无疑具有很大的效用。设想一下,如果我们实际上干了我们在梦中想象的每件事情,那将会发生什么情况!

但是,梦游还表现出与普通睡眠的其他一些差异。尤其值得注意的是在外部刺激面前感官增加的兴奋性。梦游者可以在某一点上看到并认识外部的事物。但是,他的梦知觉(dream-perceptions)属于幻觉性质,从而使他对梦知觉产生误解:他可能把窗误以为门,或者把屋脊误以为林荫大道。因此,他可能实施简单的活动,尤其是那些通过实践已经变得多少有点自动化的活动，他几乎难以超越这些活动。有些传说谈到奇异的梦行为（dream-performances）——梦游的数学家解决了一个难题，或者一名学童常用这种十分便捷的方法做功课——我们可以毫不费力地将此归诸于寓言故事。没有一个可靠的观察者曾经证实过这类报告，而且，一般说来，它们与我们所了解的梦观念的本质发生冲突。

三、催眠术和暗示

从梦游到我们最近讨论的课题——催眠现象（phenomena of hypnotism），只有一步之遥。诱导催眠状态的主要条件是将被催眠者的意志服从于其他某个人的意志，后者能用言辞、动作或姿势对前者施加影响。神经系统的异常兴奋性促进了这种影响。但是，通常说来，经过长期的操作，实验将会取得成功，甚至对那些曾被证明反对催眠术的人来说也一样；或者，换言之，经常重复这种状态会促进催眠的诱导，并使起始阶段转入高级阶段。通常被视作催眠术之辅助原因或唯一原因的其他一些条件——尤其是微弱的和一致的刺激：固定地凝视一个物体，对皮肤进行"通磁"（magnetic）抚摩，等等——显然只是达到目的的次级的和间接的手段。它们的作用部分在于减弱积极的注意，部分在于唤起一种观念，即阻碍被试意志独立性之影响的观念。由麦斯麦（Mesmer）及其继承者根据"动物磁性说"（animal magnetism）进行的疗法证明这种疗法与催眠术基本上是一样的，为使这样的实验获得成功，有必要使患者相信这些抚摩和其他一些手段的效验，这种信念必须充分。结果，只要被试认为这些手段仍存在着，即使把它们都去除也无妨。

根据催眠条件达到的阶段，以及被试的易感性（suscep-tibility），催眠征象可以随之变化。我们可以根据催眠状态与正常睡眠阶段的相似性，把催眠状态划分出三种程度，它们是瞌睡、浅睡和沉睡。然而，这种相似性受制于外部特征，尤其是从被试的外表和行为中获得，即在允许对他产生明确影响之前，并假设对他的知觉和意志实施控制以前，从被试所表现出的外表和行为中获得。鉴于这种情况，正如我们称呼它的那样，实际上区分了两种状态。甚至在浅度催眠的睡眠中，"暗示"（suggestion）——来自外部的观念和意志的影响——已开始发挥一种作用。受催眠的被试无法主动地睁开双眼，不能实施任何随意的运动，尽管催眠师通过一个指令词向他暗示他已恢复了这种力量。皮肤处于麻木状态，而在睡眠时是不会发生这种情况的，因此皮肤对针刺通常没有感觉，或者，如果针刺能为皮肤感觉到，也不过像来自钝点的压力。我们发现，与麻木结合在一起的是各种"对指令的自动反应"现象。被试根据对他的暗示而行动，将其四肢置于最不舒服的位置上，并保持那种姿势，直到另一种指令暗示放松为止。在许多人身上，一种僵硬的或强直的肌肉状态甚至在没有暗示的情况下也会出现。当清醒时——催眠可通过催眠师发出的一个指令而瞬间消失——被试一般保留了对他在睡眠期间曾经发生过的事情的模糊回忆。

这种回忆能力的作用是把较浅的催眠与较深的催眠——也可以称做催眠梦游症（somnambulism）——区分开来，在较深的催眠之后，记忆是一片空白。所有其他征象也有许多逾常，尤其是自动反应从运动扩展至感知觉。催眠梦游者将会把那些对他暗示的任何观念具体化。有两种证据表明普通的幻觉意象（fancy-image）向幻觉（hallucination）方向增强，前者是通过催眠师的暗示任意引起的。首先，是想象和现实之间的混淆，其次，受暗示的知觉的补充后像（after-images）而产生。这里是一个用以说明第二种事实的特殊观察。催眠师向被试喊道："注视墙上的那个红十字！"当被试找到红十字以后，他又被告知去注视地面，并被询问"你在哪里看见了什么？"回答是，"绿十字"。这就是说，幻觉的后效（after-effect）是一个红十字的实际印象可能会具有的后效。味幻觉也很容易诱导。被试把一杯水误以为是香槟酒，并抱着满意的态度喝它。但是，如果在此之后他马上被告知他喝的是墨水，他将以同样明显的厌恶心情把它吐出来。我不能肯定所有这些都是真正幻觉的例子。当我们考虑嗅幻觉和味幻觉多么罕见地发生于梦中时，我们将倾向于认为，在这些暗示的例子中，构成观念的感觉也可能受制于模仿运动（mimetic movement）。

四、自我暗示和催眠后影响

还存在许多其他的现象，尤其表现在催眠梦游阶段，这些现象经常用来给催眠睡眠罩上一层神秘和奇异的幕纱。一种暗示很容易导致一种观念的形成，即被试只服从一个人发出的暗示和指令，通常是催眠师的暗示和指令，同时对来自其他人试图施加的影响却无动于衷。于是，便产生了动物磁性说学派把与催眠者的媒介称做亲密关系（rapport）的事情。正如我们上面表示过的那样，这实际上是一种次级暗示（secondary suggestion）的结果，它为诱导的特定情形所促进。被试对操作者的专一注意本身有时足以产生这种亲密关系，甚至在没有任何明确指令下也会产生这种关系，尤其是假如他始终被同一人催眠，当然像在"通磁"疗法例子中那样。也就是说，没有固有的理由可以说明为什么催眠的被试无法接受其他的影响。没有这些影响，我们便无法解释"自我暗示"（autosuggestion）的事实。自我暗示意味着一种朝向催眠的异常强大的倾向。从长远看，经常催眠会导致催眠睡眠的无法抗拒之心情，在这种催眠睡眠中，获得催眠睡眠的冲动就像吗啡瘾，或对任何刺激物或镇静剂的上瘾一样。上瘾的催眠被试将尽一切可能去获得他所渴望得到的享受。而且，当他一旦发现如何去使用自我暗示时，他便拥有了随时可用的手段。通过有意唤起和巩固能使他陷入催眠睡眠的观念，他便能诱导通常伴随着这种催眠睡眠的一切现象。此外，在由自我暗示引起的情形中和由外部暗示引起的情形中，看来从睡眠到睡眠可能有连续的记忆，正如有时在梦中所观察到的那样，在某些周期性精神错乱的形式中也可以观察到。回忆活动的心理学为我们提供了解释这种现象的钥匙。它认为去假设存在一种神秘的心理两重性（mental double），即所谓"另一个自我"（the other self）或第二人格（second personality），是完全不必要的，或者创建任何一种其他的异想天开的假设去充斥该领域，也是完全不必要的。正如你们知道的那样，发生回忆活动的一种不变条件是：如果我们希望完全更新一种过去的经验，我们就必须再现（reproduce）具有该经验特征的意识的整个观念和情感内容。现在清醒状态的意识和催眠睡眠的意识之间存在巨大的差异，由于这种差异随着睡眠的进展而增加，我们便可容易地理解，它的暗示将在清醒状态时被忘却；我们还可以看到，当这种催眠状态得以恢复时，这些暗示的回忆将如何成为可能。

暗示的催眠后效应（post-hypnotic effects）的许多情形看来可以根据记忆功能和自我暗示这两种原理来予以解释。例如，对一名催眠梦游者暗示，他将在某天某时实施某种明确的活动——例如，散一次步，执行一项特定的命令，混合一种特殊的饮料并把它提供给被详细描述的某个第三者——可是，醒着时这些观念都退入意识的背景中去了。然而，随着指定时间的临近，它们又以朦胧的形式重新出现，正如某种特定的"情感"即将发生那样。当时间实际来到时，这种实施活动的时间观念（在最初的暗示中，通常由于它的特定坚持而得到推动）仍会得到加强，与一般的联想定律一致。而且，从这一时刻起，所需处理的委托事项的不明确观念（什么委托事项仍然不知道）实施了一种自我催眠的效果。接着是催眠梦游状态的部分复活，这种复活足以重新激发受暗示的观念的记忆，与此同时，排除了对活动动机或目的的任何考虑。于是，这种情形在自动的、昏睡的条件下实施，然而，作为以前完整的催眠梦游的不完全重复，该条件并不阻止在正常的清醒状态中对它的记忆。当询问被试他为何如此这般地干时，醒着的被试无法提供任何解释，或者干脆说他实在没有办法，或者干脆说这是在睡眠中向他暗示的。后面这种回答提供了清楚的证据，即以模糊形式受到暗示的观念可以坚持到清醒的状态。在从催眠梦游中苏醒以后立即发生的催眠后效果的地方，也许是受暗示观念的部分坚持运用的直接结果。不过，在这些情况下，尽管被试实际上没有完全苏醒，他的行为却更像一个刚从普通睡眠中被唤醒的人。在受到十分鲜明的梦境之影响的你们中间，有些人从梦境中醒来时可能会观察到颇为相似的现象。你们会根据先前的梦观念思考和活动一会儿，但是醒着时的印象继续保持与那些先前的梦观念相混合，直到它们最终占据上风，你也完全处于清醒状态时为止。

但是，自我暗示不可能作为催眠后效果的唯一原因，这是十分清楚的。当它是一个在醒来之后直接执行某个简单指令的问题时，或者在一段明确的时间消逝以后，接着就会十分经常地发生一些活动，而没有部分回到催眠状态的任何征象。因此，我们必须假设，受暗示的观念与其相应的运动冲动一起，可能在意识中潜在地运作着，结果，它将在醒来之后或在受暗示的时刻进入意识的焦点（fixation-point）。因此，它将像其他每种冲动一样，继续施加其影响，直到活动产生结果为止，或者被清醒意识的对立力量所阻止，这些对立力量是冲动、感觉或智力的力量。这一观点已经被经常发生的抗拒现象所证实，该抗拒现象能成功地阻止暗示活动的实施。与此同时，积极的证据表明，即使在这里，意识也不立即回复到它的正常条件上去——这一证据是由催眠后幻觉（post-hypnotic hallucination）提供的。觉醒的催眠梦游者，在服从暗示方面，可能看到催眠师穿着迷幻的服装，也许肩上披着红袍，头上长角；他将在实际上不存在的纽扣洞里发现一朵花；或者，他将漏看一扇门，并宣布房间没有出口。显然，这种幻觉和错觉要求我们对感觉中枢假设一种极端的兴奋性，这种兴奋性在从正常睡眠中醒来后是肯定不存在的。

现在，你们对这些令人惊奇的疗法，对这些被内科医生所利用的疗法（他们把催眠术作为疗法来使用）已经熟悉了。这些疗法肯定涉及暗示的催眠后效果。对暗示的谨慎而又明智的运用可能暂时有助于驱除疾病,这是不容反驳的,也许它对驱除下述疾病长期有用,即由于神经系统的功能混乱而产生的疾病,或者由于损害健康的行为如酗酒或吗啡成瘾而产生的疾病。不过,从长远观点看,暗示对疾病的治疗是无效的(这些疾病是由某种明显可知的病理原因引起的),就像任何其他形式的指令对患者恢复健康无效一样,这同样是不容否认的事实。

确实,对此规律有一例外——这是从众所周知的生理事实中可以得到解释的一个例外。当然,心理影响可以对人体器官的机能发生影响,尤其对血管舒缩和分泌腺神经的兴奋产生影响。在这方面暗示可以与其他心理影响并列,并且随着被试越来越使自己持久地屈从于受暗示观念的力量而不断增加其有效性。由此说来,抑止任何特定的分泌——假定这种紊乱现象不是由于器官本身存在的病理状态——可以在暗示影响下加以克服。血管的扩张及其后果,可以用暗示方法来诱导,尤其是在实际的外部刺激存在着以帮助产生这种效果的情况下更是如此。一张本无害处的邮票,贴在皮肤上,被认为能够达到治疗疱疹的效果,如果这种观念被暗示,即说它确实有益于疱疹的治疗的话。可是,这些现象不可能在每位受催眠被试的情形中获得,或者甚至在每位催眠梦游者的情形中获得,这是确定无疑的,正确的倾向对于表明这些器官的效用是必不可少的。至于暗示本身产生的生理结果,它们仅是存在于心理状态和身体过程之间熟悉而又普遍的关系的持久形式。如果短暂的羞耻情绪能使脸部的血管产生暂时的扩张的话,那么血管舒缩和分泌腺神经系统的异常兴奋性,与观念和情感对意识的支配作用(这些观念和情感倾向于与伴随着的心理紊乱相对立)相结合,将产生对心理刺激更强烈和更持久的生理反应,这是毫不奇怪的。在这样说的时候,我们认为,催眠作为一种治疗力量,它是一种双刃工具。当患者在身体上和心理上事先倾向于催眠时,它的效果就最强,或者,当暗示已经成为一种确定的治疗方式时,它显然可以被用来强化或实际引起一种病理倾向。暗示应该被看做并非一种普遍有用的补偿,而是一种毒药,它的功效只有在某些情况下才有益。当然,我们发现,不仅主司催眠的人(他并不要求对该问题作出判断,而且在他手中,暗示的实践成为一种公众的讨厌之物),而且还有内科医生(对他们来说,有思想的人们将不再否认在某些情形里使用这种危险疗法的权利,而不是使用任何其他疗法的权利),都坚持认为催眠是无害的,因为催眠本身并不是一种病理状态。不过,可以肯定的事实是,催眠后幻觉和抗拒暗示影响的力量之减弱将对这种没有任何反论可以使之动摇的陈述予以驳斥。经常接受催眠的个体,当完全清醒时,可以使他们相信最荒唐的寓言故事,并且把这些故事当做来自他们自身经历的事情,这是一种可以普遍观察到的现象。

五、"催眠心理学"的错误

但是,我们在这里并不关心暗示的生理效应,以及它在治疗上的最终意义。对于心理学来说,特别感兴趣的问题是催眠期间发生的意识改变,而且,直接与这种情况有关的是暗示的性质问题。前一个问题的困难在于,就催眠被试一方而言,实际的内省(introspection)是不可能的。当被试从较浅的催眠状态中被唤醒以后,他不能清楚地回忆起已经发生的情况;而在催眠梦游状态以后,记忆活动处于完全中止状态。因此,观察工作如果能够进行的话,在这里也比在做梦的情况下困难得多。所以,有着更多的机会去进行幻想性的假设,对于这些假设,非专业的头脑就被这些现象的异常而又神秘的特性所诱惑。而且非专业的人也往往就是那些使催眠成为心理观察之目标的人。大多数催眠研究者不是内科医生就是哲学家,前者把暗示用于治疗的目的,后者认为他们已经在催眠中发现一种新的形而上学系统的基础,而且他们不是按照充分确立的心理定律去考察一些现象,而是将事情颠倒过来,在催眠基础上建立他们的心理学上层建筑。这样一来,对下述情况几乎可以不容怀疑,即现代催眠心理学(hypnotism-psychology)再次表现出它的招魂术(spiritism)的翻版。千里眼(clairvoyance)和传心术(telepathy)的魔力在其中扮演了可疑的重要角色,尽管人们发现一些观察者的心智十分健全,以至于可以避开所有这些荒唐的想法,但是他们中仍有不少人反映出该影响的致命效应,在这种影响下,他们通过宣称所有这些迷信全是"公开的问题"而遭沉沦。这些公开的问题应该受到更加严密的考察,即便他们不要求的话。像各个时代的科学迷信一样,这种现代的科学迷信也披上了一件从真正的科学那里借来的外衣。它通过数学概率的规则决定千里眼催眠梦游者的可信性,或通过数学概率的规则决定传心术奇迹的发生。它把整个催眠的神秘主义称做"实验心理学"——这里,再次表明它跟着它的先行者"招魂术"的脚步前进。它组织了"心理研究社"(societies for psychical research),该社致力于催眠实验的迷信。在我看来,所有这些的主要危险并不在于将催眠后暗示滥用于犯罪的目的,这是偶尔会发生的。犯罪几乎不会通过作为暗示结果的"媒介"(mediums)而产生。不!更大的危险在于,没有经过充分医学培训的人们,不是为治疗目的而工作,而是"为科学利益"而工作——尽管对他们的科学奉献是否确有其事还没有绝对的保证——这些未经充分医学培训的人们可能会对他们的同胞的心理生活和肉体生活施加影响,这种影响如果持续一段时期的话,不可能不产生有害的结果。

此外,对你们来说肯定清楚的是,在催眠这个问题上,不可能存在实验心理学(就这些词的确切意义而言)的方法问题。催眠的条件是绝对排除真正意义上的心理实验的可能性的。心理实验要求它的被试集中注意,进行实践,操练内省,总之,满足一切条件,这些条件对于催眠的被试来说即使不是达不到的话,也至少在催眠过程中是完全不可能做到的。如果我们使自己入睡,目的是尽可能地观察我们的梦,或者即使我们为了同一目的而服了吗啡,也不能说我们正在做实验,而不是做在实施和结果上与简单观察基本不同的任何事情。在我们有意促成的睡眠事实中,梦的观察条件丝毫没有改变。实验方式的特征是现象的渐变,以及某些条件的消除。这样一种过程在人工诱使的睡眠中像在自然睡眠中一样极少可以被探究到底,或者说不能完全被探究到底。我们对前者(催眠)的研究,比起对正常梦境所作的偶然观察,不会有更多的收获。所有这些仍在催眠术的测量中保持着,因为在呈现最有趣的现象的这些情形里,完全缺乏任何一种继后的回忆。我们只能从催眠梦游者的言行中去推测他的心理活动,如果我们想使他屈从于特殊的影响,我们便受阻于使睡眠和梦的调查受阻的同样条件。

六、催眠和暗示的理论

对催眠现象所作的任何解释显然必须以我们正常的心理生活的同类事实为开端。我们不必根据催眠术去解释意识的一般机能,而是相反。业已确立的正常生活的事实,尤其是那些充分允许内省控制的事实,必须被利用,以便使这些现象清楚地显示出来。这些现象即使不是病理性的,至少也是由异常的条件引起的。现在,存在着一种状态,你们会看到它与催眠睡眠有着十分巨大的相似性——它就是"醒后的迟钝"(heaviness after waking)。在这一条件下,我们可以实施活动,服从命令,回答问题。但是,当我们完全清醒以后,我们发现所有这些都是在半自动的(half automatically)状态下完成的,没有从意志方面得到任何帮助。换言之,可能发展出一种"对指令的自动反应",这种自动反应与催眠被试的反应十分相似。昏昏欲睡的士兵能对命令作出自动反应;半睡半醒的仆人能按指令执行一项任务。但是,只有在他们完全清醒时,他们才会注意到已经做了什么。确实,如果睡眠状态继续下去,他们将会完全把它忘记。几年以前,当我自己经历这几种体验时,我发现我感到自己完全受外部印象的摆布,并在它们的影响下活动,在它们引起的第一批梦般的联想中活动,而不进行任何考虑,从而也就意识不到我正在干的事情中所犯的偶然错误。这种对外部印象的自我屈从(self-surrender)与梦的状态很近似,而活动的能力和幻觉与错觉的缺乏却从反面暗示着意识的清醒状态。不过,这种免除并非恒定不变。尤其是错觉,往往在瞑睡状态下发生。

现在,假设刚才描述的条件使一个阶段更接近于睡眠的阶段——假设对外部印象的自我屈从通过催眠师暗示的明确观念和情感引起了专一的意识控制——从而使你产生催眠。暗示的一个主要效果就是去增加这种状态的持续时间。被试在接受指令词时入睡,或者在相等于指令的观念影响下入睡,他继续受这种观念的支配,以至于只有通过新的指令才会醒来。因此,催眠的最显著特征是丧失了意志的创造力,限制了对外部印象的意识接受能力和外部印象引起的第一批联想,而且注意的确定方向通常是由施术者的暗示影响引起的。它的效果被幻觉的倾向所强化,并与对外部印象的绝对屈从相结合,导致催眠意识的暗示向实际事物的转化。

因此,你们看到,催眠与正常睡眠和梦很接近,它在正常睡眠和瞑睡之间占据中间位置,不过,具有将我们的意志屈从于他人意志的特征,并且有暗示的最终效用的特征。特别要注意的是随意活动的抑制。这不仅是一个主要的诊断性症状,而且也是其他现象之起源的一个重要条件。然而,你们不应认为意志力被搁置。从该词的广义上讲,催眠活动始终是随意活动。但是,它们并非自我创始(self-initiated),这种自我创始导源于动机的考虑和代理人自己心理的决定。它们是冲动的,由受暗示的观念所决定,由该观念直接激起的联想所决定。

根据意志和随意活动的观点,催眠是一种异常状态。但是它仍然是遵循我们醒时生活的一切心理学定律的一种状态。暗示也一样,在催眠的起源和进展中是另一个十分重要的因素。观念通过我们听到的话和看到的活动在我们心中被继续唤起。言语和活动与观念密切联系,并用更大的力量和更少的相互冲突的联想或与此对立的抑制性智力动机来影响我们的头脑和意志。由此看来,暗示可以还原为伴随着联想的外部印象,这些联想的特征与缺乏抑制影响的这种消极性质相比,很少具有明确的和积极的属性。这种印象和最终的观念将继续成为意志的独特决定因素,直到其他暗示(也即其他类似的被激发的联想)为催眠的意识提供相反的方向为止。这些事实如何使我们解释某些特殊的暗示形式——自我暗示,催眠后暗示的影响,等等——我想用描述这些现象本身来加以说明①。

---

① 对于催眠状态的生理学基础,对于这里只能简要触及的其他许多观点的讨论,请参阅我在《哲学研究》(*Philosophische Studien*)第八卷,pp. 1ff. 中对催眠所作的详尽描述。

第二十三讲

• *Lecture Twenty-Third* •

一、动力心理学问题；科学的欠缺

在前面几讲中，我们已经考虑了意识的联想过程和智力过程（associative and intel-lectual processes of consciousness）。首先，考虑了它们的一般特征和正常特征，接着，考虑了它们的各个方面，例如，它们在心理障碍（mental disturbance）、做梦，以及与睡眠和梦有关的某些情形中的表现。现在，还留下最后一个问题，如果我们想去了解这些过程的本质以及它们与心灵（the mind）其他机能的关系，那么对于这个问题的回答是重要的，这个问题便是"动物智力"（animal intelligence）的问题，或者，更确切地说，就是动物活动的意义和本质问题。动物活动的起源之条件使我们把它们与类似于我们自己联想的心理过程联系起来，甚至与我们自己的判断过程和推理过程联系起来。

动物心理学的研究可从两种不同的观点来加以探讨。我们可以从一种心灵的比较生理学（comparative physiology）概念出发，它是机体世界中心理生活的一种普遍的发展史。然而，对动物的观察是一个更为重要的问题，人类是唯一作为动物发展阶段中最高的发展阶段被考察的。或者，我们也可以把人类心理学作为调查的主要目标。但是，动物的心理生活的表现也应加以考虑，因为动物的心理生活能使人类意识的演进更清楚地显示出来。你们也许还记得，在本论稿的开端，我们便决定从第二种意义上对动物心理学进行探讨，为的就是这个更为局限的目的。

如果我们比较一下用比较生理学和人类生理学来陈述的心理学的两种方法，我们就一定能看到这两个研究领域在方法和应用上是十分不同的。动物的身体器官和机能像人类的身体器官和机能一样是易于进行客观考察的。确实，在生活的情形里，对于完善地做到这一点有明显的理由。所以，无须提醒人类生理学不要忽略与动物的比较关系。它主动地遵循这条规则，往往比它关心的还要多，或者比为了生理学理论的利益所希望的还要多，因为人类生理学必须求助于动物，也即在对人类的观察无法进行的地方去求助于动物。人类心理学则与之相反，它把自己限于人类，而且，一般说来，已在较大程度上这样做了。业已刊布大量的心理学教科书，从这些教科书中，你们几乎很难搜集到人类之外的其他一些意识生活。比较生理学和比较心理学是完全不同的。如果需要的话，有可能写一本关于一个目或一个物种的生理学专著，譬如说纤毛虫或蛙类的生理学专著，而无须对人类中的相似机能进行考虑。但是，如果不从人类意识的事实出发，便不可能在一个特定的动物的心理学方面或在动物王国的心理学方面取得哪怕是一点点的进步。这里，心理学再次出了毛病。心理学家遵循比较解剖学或比较生理学的类比方法，试图不费力气地使动物心理生活的演进程式化(schematise),然后将它们的结果直接应用于人类心理生活的演进中去。结果,除了不成熟地使用在另一组概念联结中发现的一组概念联结之外,不可能还有其他任何东西。因此,培根(Bacon)将他那个时代中由亚里士多德学派对自然界所进行的不充分观察,比作一位大使不经周密考察而是根据街谈巷议来作出对一个政府进行评价的报告,这种情况足以适用于我们时代的动物心理学(animal psychology)。动物心理学充斥着日常心理学(everyday psychology)的概念,据认为,这种日常心理学以满足日常的生活需求为己任,而且对没有心理学的依据便无所作为的科学来说也是如此。这种大众心理学(popular psychology)的一个主要缺陷是,它并不把心理过程作为表现它们自己的一种直接的和不偏不倚的观点,而是引入了观察者关于它们的一些反映。对动物心理学来说,必然的结果是,动物的心理活动,从最低等的动物到最高等的动物的心理活动,被解释为理解的活动(acts of the understanding)。如果有机体(organism)的任何一种生动表现可能来自一系列的反映和推理,那么就可能充分证明,这些反映和推理实际上导致了这种表现。确实,在对我们的主观知觉缺乏仔细分析的情况下,我们几乎不能回避这一结论。逻辑反映对我们来说是一种十分熟悉的心理过程,这是因为,每当我们考虑无论何种物体时,我们便发现它的存在。所以,对大众心理来说,心理生活一般说来是被分解在逻辑反映的媒介之中的。至于是否存在更为简单性质的其他心理过程的问题根本未被提出。鉴于这一原因,每当需要自我观察时,它便在人类意识中发现这种反映过程。同样的观念可以用于情感(feeling)、冲动(impulses)和随意活动(voluntary actions),这些东西即使未被认为是智力活动,仍被认为是属于智力范畴的感情状态(affective states)。

可以这样说,该错误来自对精确的心理学方法的无知。遗憾的是,由于动物心理学家倾向于看到动物智力成就的光辉一面而使问题变得更糟。当然,这种情况是由于我们的观察目标经常为我们提供了自然的愉悦,这是我们继续致力于一个特定目标的最有效动力。在目前的情况下,它转化为非有意的努力(unintentional endeavour),即努力观察尽可能有趣的事物。观察者不受科学批判的约束,他的想象力使他把现象归于完全由其自己创造的动机。观察者报道的事实可能完全正确;但是,心理学家的解释,由于与事实的报道天真地交织在一起,致使这些事实从头到尾完全错了。你们可在动物心理学著作的几乎每一页上发现这种证据。我们可从罗马尼斯(Romanes)经过艰巨努力编纂而成的《动物的智慧》(Animal Intelligence)一书①中随便选取几个例子。我们一方面钦佩作者的勤奋观察和积极搜集他人的观察,另一方面又不得不注意到作者在这一领域中缺乏那种批判态度,而那种批判态度对该领域来说是特别需要的。让我们翻到关于蚂蚁的一章。一位英国牧师在议及蚂蚁的"葬礼习惯"时写道:"我在一个蚁巢旁发现一处地下公墓,在那里见到有些蚂蚁埋葬它的死者,它们用土盖在死者身上。有只蚂蚁显然太感动了,设法将尸体挖出来;但是,一些黄色的教堂司事者②的联合努力足以抵消这只郁郁寡

---

① G. J. 罗马尼斯(G. J. Romanes)《动物的智慧》,Int, Sci. Series, vol. xli, 4th ed(1886年)。参阅罗马尼斯于1885年写的《动物的心理演化》(Mental Evolution in Animals)。

② 指一些黄蚂蚁——译者注

欢的送葬者的力气。"(第 92 页)上述这段描写中究竟有几分事实和几分想象呢？蚂蚁被带出蚁巢，置于附近某处，掩埋尸体，就像它们对付挡道的任何别的东西一样。这样一来，它们就可以毫无阻碍地在尸体上面来来往往了。在上述观察到的例子中，它们的工作显然被另一只蚂蚁打断，从而对它的干预进行抵抗。公墓、教堂司事、闷闷不乐的送葬者的情感，驱使它去挖出死者的尸体——所有这些都是富有同情心和想象力的观察者虚构出来的故事。另一位蚂蚁的友人提供了这样一则报道："在一处蚁巢，同时出来半打或半打以上年轻的蚁后。它们爬上位于门口附近的一块大卵石，迎着风，显出猖獗横行的姿势。有几只蚁后一度爬到石头上，在那里做出游戏般的交战姿态。它们用上颚轻轻地相互钳夹，并在有利的位置上相互追逐。不过，它们从不咬工蚁。这些工蚁显然注意着这些喜爱运动的公主们，偶尔用触角以通常的方式向她们敬礼，或触摸她们的腹部，但是显然让她们保留充分的行动自由。"(第 88 页)上述观察的正确性是毋庸质疑的。为什么这些年轻的蚁后没有挤在一块卵石上，而一些工蚁则簇拥着她们，并且像任何地方的蚂蚁一样，用触角触摸它们呢？说什么它们在"运动"和游戏，其他蚂蚁则像在社交场所陪伴未婚少女的年轻妇女那样，对她们十分留意，而且还不时地用触角向她们"致敬"——所有这些再次来自观察者的想象。如果动物学没有引进那个误导的术语"蚁后"来称呼成熟的雌蚁的话，他就不会那样编出上面的故事来了。如果成年的雌蚁是"蚁后"，那么年轻的雌蚁就必然是"公主"了。由于没有任何一位公主外出时不带随从或作为陪伴的年长妇女，因此故事后面的解释也就成为顺理成章的事了。用同样的风格所写的关于蚂蚁教育的报道，是从同一本著作中摘录的。它可以看做是动物心理学文献中流行的普遍报道的一个例子。"这只年轻的蚂蚁，"作者告诉我们说，"在来到这个世界上时，看来并不具备作为一个社会群体的成员所应该具备的关于它的一切职责的知识。于是，它被领着在蚁巢四周走动，并'接受有关家务知识的培训，尤其是在幼年的情况下'。随后，年轻的蚂蚁被教导如何区别朋友和敌人"。(第 59 页)这些例子将有助于你们判断在诸如此类的描述中有多少是事实，有多少是观察者的想象。

如果不以极大的谨慎去记录一个观察，如果不能用实验去改变环境，以便获得有关其条件的确切知识，那么结果就会十分容易地对一个观察作出错误的解释，这种情况可以用下述事实说明。皮埃尔·休伯(Pierre Huber)是一位研究蚂蚁习惯的最可信赖的学者，据说他曾经使自己确信，如果将一只蚂蚁从巢里取走，过了 4 个月再把它放回到巢里，仍会被它以前的伙伴认出来，并友好地接待它，可是另一个巢里的蚂蚁，即使属于同一品种，也会被驱逐出巢。休伯认为，这种情况证明了蚂蚁的记忆具有非凡的准确性。他的观察的正确性是无可怀疑的。此外，这一观察也已经为另一位老练的研究者——约翰·卢布克爵士(Sir John Lubbock)——所证实。乍一看，这一结论似乎完全正确。但是，如果一个个体经过这么长的时间间隔仍能被认出，那么想象一下蚂蚁的一般心理能力该有多大！幸亏卢布克把该问题作为一个实验课题提出来。他从巢中取出一些蚂蚁的幼体，直到幼体充分发育以后才把它们放回巢内。结果发现，它们也受到十分友好的接待。显然，这里不存在任何个体再认(recognition)的问题。对特定蚁巢的所有成员来说，肯定存在某种共同的特征，也许是一种特殊的气味，它决定了"友谊"的本能表述。

以此结论为基础的事实还表现在,生活在一个"国度"里的蚂蚁和其他昆虫具有相当发展的语言。无疑地,这些动物能召唤其他动物,借助后者的帮助去完成它们力不从心的任务。但是这一目的可以适用于颇为简单的活动,这些活动对于多种社会动物来说是共同的。由于这些活动是冲动的表现,所以它们对同一种类的所有个体的相应冲动均施加一种反射的影响。在每一种情形里,活动必然先于某些观念的联结,这是确定无疑的。当蚂蚁发现一种负载过于沉重的物体时,它将把这种重物的印象与联合努力能加以解决的反复的知觉联系起来,并且与其他蚂蚁帮助的观念联系起来。所以这些都是十分清楚的联想问题。倘若为一些过程(它们由动物日常发生的本能表现所组成,并通过无数世代而得以重复)假设一种超联想的智力活动(supra-associational intellectual activity),看来是无法得到证实的。它与内省告诉我们的关于我们自己的冲动和自动活动完全相反。

二、方法论的规则

这些考虑导致了一个问题,提出这个问题是重要的,因为它关系到动物心理学的研究。除了根据我们自己的意识来进行评估以外,没有其他评估动物心理过程的手段了。我们必须以这样一种方式来运用这些手段,以便获得有关动物心理的最佳和最确切的知识。如何做到这一点呢?当前的动物心理学不会为了提供任何一种小心翼翼的答案而使自身烦恼,事实上,它也根本没有提供一般的答案。然而,正如我们见到的那样,在任何一种特定的情形里,动物心理学从整个心理过程中选择出智力机能(intellec-tual functions),并根据这些智力机能来解释动物的心理生活。它蕴涵的原则与自然科学公认的准则相反(自然科学公认的准则在于:我们应当始终求助于最简单的可能解释)。它试图从人类主观经验的最复杂的心理过程中获得客观观察的一切事实。只要存在二择一的地方——依据逻辑反映进行解释和依据简单联想进行解释——它就一律选择前者。事实是,逻辑反映到处存在,一种可能的解释便可用做充分的证据,证明它是正确的解释。但是,有两个理由可以说明为什么由果溯因这种特殊的推论是不能容许的。首先,心理活动如此复杂和多样,以至于每种客观的活动都可能有几种解释。而且,它需要对所有次级的环境予以十分仔细的考虑,以确定一个特定结果的实际的心理条件。其次,正因为每样东西均可以主观地归属于逻辑反映,因此逻辑反映本身可以转化成任何事物的客观条件。所以,把一种意识的事实解释为逻辑的心理学家,当这种逻辑反映如此被提供时的心理学家,他的行为原则上像一名自然科学的学者,将某些自然物体的特性归于有用的,这些有用的特性恰巧为我们自己所拥有,或者为其他有机体所拥有。但是,由于逻辑反映本身是心理过程,从而可能与其他过程一起作为某种心理结果的可能原因而取得自身的地位,一旦发生错误,其危险性便更大,而且关于它的证明也更困难。当我们试图对现象(从它们的客观结果中推论出来的现象)作出心理学解释时,就有理由去强调这样一种必要性,即经常询问那些在一种解释和另一种解释进行比较时具有决定性价值的特征。

三、动物中间的认识活动和再认活动

如果我们询问：不引进心理因素便无法作出解释的动物生活的最简单表现是什么？我们便会首先遇到随意活动的问题，这些随意活动涉及认识活动和再认活动（acts of cognition and recognition）。你们可以立即看到，正是这两个用来指最简单的观念联结的名词显示出致命的倾向，也即在逻辑反映的媒介中分解一切意识事实的致命倾向。讨论中的过程是由简单的联想构成的，当我们分析人类意识的相应现象时，它才显示出来。我们使用"认识"（cognition）这个词，原因在于目前没有其他术语可以指称这个过程。但是，根据我们描述的语言，一个逻辑认识活动的任何一种观念与我们的想法相距甚远。现在，动物意识的类比现象当然必须根据同样的心理学观点进行探讨。认识活动和再认活动是代表着当前印象和过去观念之间最简单的联结方式的；换言之，它们都是心理现象，这些心理现象以大量的事例为我们提供了关于心理生活存在的唯一可靠的证据。为了证明心理（mentality），我们必须能够证明感官印象（sense-impression）的持久性——不管多么基本，仍属于某种形式的记忆。某种类型的记忆以认识一种印象为先决条件；而一种明确类型的记忆则以它的再认为先决条件。在前者的情形中，印象被具有同一特征的许多先前印象所同化（assimilated）；而在后者的情形中，印象则与单一的或数量有限的过去印象联系起来，联想的条件通常按时间系列排列它们自己。

在十分低等的动物中间，只存在最为简单的联想过程，我们称之为对一个起着重要作用的物体的"认识"，"再认"则几乎反映不出来。生物了解其特定的食物，可能通过先前的印象，根据有关食物的知识来加以确定，这种情况被认为是动物存在的首要的和原始的标志——也就是心理生活。但是，一个动物再认某个物体——例如，它找到食物的地方——是以分离和分辨观念为先决条件的，这些观念在机体存在的最低阶段是根本不可能实现的。简单的认识活动是从原始的动物冲动中发展起来的，这些冲动扎根于能在心理物理学上予以界定的生命的最初表现。例如，选择食物源只能根据下述的假设来解释，即遗传的组织决定了欢快色调的感觉与某些感官印象的关系，而这些感觉又与吸收营养的运动相联结。可以用实验来证明的事实是，甚至根据一种性质的光点而团聚的原生动物，也能根据另一种性质的光点而予以回避，此类行为肯定有赖于某种原始的感觉特征。这种分辨是根据感觉和依附于感觉的情调作出的，正如在一切高等动物中那样。蚂蚁设法避开紫光，但却聚集在蓝色物的表面。蜥蜴和蛇蜥回避蓝色和所有可折射的颜色，但却喜爱红色。再者，与这些心理生活的本能表现相联结的可能还有其他一些表现，它们是由先前印象来强化的原始感情特性。越是频繁地实施不同空间不同照明的实验，动物就越能迅速地和肯定地作出它偏爱哪种颜色的决定。动物所偏爱的颜色和亮度是与它们生活于其中的颜色和明度相一致的——例如，有翅昆虫偏爱蓝色或白色——这可能与先前的印象有关。与此同时，这些心物影响不可能在世代交替过程中改变感官的感觉要素。所以，决定着偏爱某种刺激或回避某种刺激的感情性质是与生俱来的，以至于它立即与感官印象联结起来。由此，猫头鹰和鹰的眼睛的兴奋性从一开始便完全不同。

然而,有理由假设,这种差异是在遗传进化的过程中发展起来的,也是与生活方式和习惯方式的分化同时进行的。而且,动物与它们的特定食物供应的关系具有类似的情况。由吸取营养的冲动引发的活动首先受某些明确的感觉的感情色彩所激发。但是,一旦食物的享受被体验以后,新的印象和旧的印象便联系起来了。因此,我们发现,在一切动物中,发现和正确辨别食物是在动物个体生活的经验中得到完善的。从心理学角度进行分析,这种"经验"完全存在于简单的"认识"活动中,也就是说,存在于先前印象与具有同样特征的新印象的同化效应之中。

通常,在一个特定的例子中,很难说是否发生了一种再认的活动。在再认过程中,一种知觉被理解为与一种先前的知觉相一致(这种先前的知觉涉及某种个别的物体),或者与严格限定的一组先前知觉相一致。这一过程显然以高度发展的观念辨别为先决条件,也就是以大量的决定联想的观念辨别为先决条件。被解释为再认活动的低等动物的行为通常属于不明确的认识范围。一个明显的例子便是上面引述的蚂蚁实验。由皮埃尔·休伯过了 4 个月以后放回到蚁巢中去的那只蚂蚁,实际上并不作为一个个体受到其他蚂蚁的接待,而是根据某种遗传的或家族的特征受到接待。当然,这并不是说,个体再认在同类昆虫中不可能发生,尽管这种再认也许只持续十分短促的时间。召集伙伴们来帮助搬运重物的蚂蚁,必须自然地再认出要搬运的物体和经过的道路——也许还要再认一些帮忙的蚂蚁。众所周知,在高等动物中,它们的记忆能将特定的事实和物体保持相对来说较长的一段时间。狗在几个月不见主人的情况下仍能再认出主人;家猫对它生活在那所房子里的几个房间十分熟悉,即使离开了一段时间以后仍能使自己在家里无拘无束。狗、大象和其他许多动物对原先戏弄过它们或攻击过它们的任何一个陌生人具有正确的记忆,并且用相应的举止来表现出这种正确的记忆。当这种记忆得到本能的和特定的感官发展的帮助时,动物中间的这种再认官能(faculty of recognition)可能在其自己的特定范围方面超过人类的再认官能。狗能凭嗅觉在漫长而复杂的道路上找出自己的路线;信鸽能再认方向,甚至是它很久以前飞过的方向,这是由于它训练有素的空间记忆和远距离视觉。所有这些现象[有时被人们作为神秘的"定位感觉"(sense of locality)而提及]有赖于某一特定方面高度发展的回忆,并得力于感官特征。把关入笼子的信鸽从家里带出,到达一个陌生而遥远的地方,信鸽要么就此一去而不返,要么兜了一个大圈子才回来。

四、低等动物的联想

在可以观察到再认的地方,也可以观察到其他的联想。动物像我们人类一样,自然地进行时空方面的相似联想和接近联想(associates the similar and the contiguous)。我们常可在低等动物身上找到我们在人类身上观察到的东西——也就是联想产生了一些活动,它们的结果相等于由于智力机能的运用而产生的结果。因此,在各种形式的相继联想(successive association)中,将动物的心理生活分解成根据一切逻辑规律来进行的概念、判断和推理,这种解释活动得到了最充分的发挥。但是,如果对整个可靠的观察予以仔细的检验,那么,由于"节约的原则"(lex parsimoniae),当简单的解释原则证明为不恰当时,看来动物的整个理智生活可以按照简单的联想定律来说明。无论何处,我们都找不到真正的反映特征,找不到任何一种想象或理解的积极作用的特征。在这样说的时候,我们当然只关注经过充分证实的事实,而不是那些不着边际的故事,这类故事在动物心理学中像它对实际观察所作的错误解释一样多。你们可能还记得普林尼(Pliny)的《自然史》(*Natural History*)中所讲的故事,故事说有一只大象因为在一次表演中舞跳得不好而受到惩罚,它便偷偷地在晚间练习舞蹈,以便下一场表演时跳得好些。我们可以满怀信心地假设,在动物心理学中颇为流行的这则故事和许多其他类似的故事,不过是一些哗众取宠的创作,如果它们确实包含一点实际观察的话,也已经融入了许多添油加醋的成分,以至于面目全非。

事实上,动物的心理生活极其丰富,完全可以进行真实的观察。较为高级的无脊椎动物的生活——撇开与社会本能相联系的现象,对此现象,我们在后面将予以讨论——仍然有许多特征会使一名在心理分析方面未受过训练的观察者感到惊讶。这里我不准备为你们提供一系列例证,因为它们都是同一主题的一些变式,我将谈一下我自己进行的一项观察。我记得非常清楚,这是我平生第一次深切地认识到一个低等动物的心理生活。我还在孩提的时候,曾自己动手做过一只捕蝇器,也就是像鸽笼一样的东西。苍蝇被笼内的糖果所吸引,一旦它们进入笼内,便可将它们逮住。捕蝇器后面连着另一只匣子,中间用活门隔开,可以随意地开或关。在这只匣子中,我放进一只蜘蛛。笼子和匣子的顶部均安装了玻璃窗,以便我透过玻璃可以看清里面发生的一切。开始时并没有发生任何特别的情况。每当有几只苍蝇在笼子里面被逮住时,活门便开启,蜘蛛自然地冲了进去,将苍蝇们饱餐一顿,吃得只剩下腿、头和翅膀。这种情况持续了一段时间。蜘蛛有时被放入笼内,有时则留在匣子里。不过,有一天我有了新的发现。当我不在时,活门偶尔开了一会儿,当我把门关上时,我发现了一种不同寻常的阻抗现象。我仔细察看,发现在升起的活门下方,蜘蛛已开始织网,好像为了阻止我把活门关上。

蜘蛛在为了自我保护而采取这一步骤之前心理发生了什么变化(这一步骤不过是对我这个孩子王的不可抗力而产生的合适结果)? 动物心理学家可能会说,"蜘蛛必须首先了解活门的机制,而且肯定对它自己讲过,以一定方向作用的力可以用相反方向的力来补偿。于是它便依靠完全正确的推断着手干了起来,如果它使活门不能开启或关闭,那么它将可以随心所欲地接近猎物。在此,你们对一般问题有了一种考虑,一种正确的预见,一种关于因果关系的谨慎平衡,以及关于目的和手段之间的谨慎平衡"。不过,我宁可倾向于对这一问题予以另外的解释。我认为,随着时间的流逝,蜘蛛的心理可能形成一种明确的联想,一方面是自由进入笼内和摄食本能得到满足而产生的愉悦感之间的联想,另一方面则是关闭的活门和饥饿的被抑制的冲动所产生的不愉悦感之间的联想。在蜘蛛的自由生活中,它始终把蛛网用于摄取食物的冲动。于是,在蛛网的明确位置和蛛网所附着的物体特性(以及这些物体位置所产生的变化——树叶、小枝等等)之间产生联想。活门落下的印象被蜘蛛所缠的其他物体的移动观念的联想所引起。最终,与其他两种联想联系起来,它们是活门升起——愉悦,活门落下——不愉悦。这种情况足以使蜘蛛采取行动。任何其他的智力活动或创造活动都是不必要的。如果蜘蛛没有这些联想供它支配,它便不会实施它的计划。

第二十四讲

· Lecture Twenty-Fourth ·

一、高等动物的智慧

乍一看，在下述两个方面存在着相当大的差异，一方面是高等动物的智慧（mentality）表现，尤其是高度发展的家畜的智慧表现，另一方面是我们在前一讲中描述过的某些无脊椎动物的简单的或复杂的联想（associations），例如具有十分明显的本能的蜘蛛、蚂蚁和其他昆虫，也就是说，在高等动物的智慧表现和某些无脊椎动物的联想之间存在着相当大的差异。看来，家畜与人类的不断接触使得家畜在心理方面贴近人类，人类对家畜的观念内容（contents of ideas）、联想方向和它们的整个感情生活（affective life）起着决定性影响。狗往往和主人同悲同喜，狗能理解主人脸上显现的愤怒、喜悦或沮丧。受过训练的长卷毛狗能够在主人显得高兴时也流露出愉悦的神情，能够在得到主人信任的情况下接受某些任务，例如携带一只篮子或一根手杖等，并表现出自豪感。所有这些指向情感（feeling）的巨大差异和对他人情感的巨大适应性是十分真实的。不过，长卷毛狗表现出来的情绪并不属于理智感——逻辑的、美学的等等——的范围。因此，从动物与人类如此相似的行为中得出的唯一推论是，动物被赋予一种十分积极的联想机制（associational mechanism）。

毫无疑问，我们的更加高度发展的家畜行为证明了这种联想活动。一旦你拿起帽子和手杖，你的狗便知道你准备外出了，从而表现出一种喜悦的迹象和其他一些明确的姿态，以表示它愿意跟你一起出去。我每个星期六要对我自己的一条长卷毛狗进行一次彻底的洗澡，可它却对之十分厌烦。当它看到屋子里正在进行的各种准备时，就意识到星期六已经到了。于是，它一清早就不见了，直到傍晚时候才回来，此时它对冷水的一切恐惧已经结束。那一整个白天，它通常是在屋前的广场上度过的，期盼地望着窗口，显然在回家的意愿和对洗澡的厌恶之间踌躇不决。当星期天到来时，它显得格外高兴，因为在那天，我的弟弟一般都要上我家来看我。那条狗，对他比对我们更加依恋。它一清早所做的第一件事，便是待在大门后面守候着，用满怀希望的摇尾动作迎接听到的脚步声。如果来的不是我弟弟，它便垂头丧气；如果露面的是我弟弟，它便欣喜若狂。这种经验不仅表明联想的机械运作可能会延续一段时间，正如在过了几天以后去认出一个人时所证明的那样，而且——这是将目前的例子与简单的再认（recognition）相区别的情况——动物本身也能将时间或空间上相合的事件联系起来，并将这种联想延续至相对长的时间。当然，长卷毛狗仅仅通过屋子里清洁工作的特定准备而知道星期六的来临。这种观念与它自己洗澡的不愉快观念密切地联系起来。这样的联想不仅强烈到足以使它离开屋子达一整天,而且与次日其他的和更为复杂的联想进一步联系起来,并与我弟弟的来到联系起来。当然,我弟弟的惯例性访问进一步形成了这种联想。与此同时,我们在这里发展了时间的观念,这种时间观念远远超出了同时发生的事件或相继发生的事件(simultaneous or successive events)的联结。如果我们把狗的表现用这样的一种方式予以归纳:"昨天是打扫屋子和洗浴的日子;我的朋友通常在第二天达到;因此他将在今天来。"尽管这种说法很符合当前的动物心理学,但却是十分错误的。更为简单的解释,从而也是唯一证明为正确的解释是,前几个星期的经验已经使这些事件系列在动物的头脑里形成了一种稳定的接近联想(contiguity association),使得它期望我弟弟的来到(在先前发生过类似的事件之后),这与它期望在食物盘盛满食物以后能得到吃的东西一样。这两种情形之间的唯一差别在于,前者的联想持续一段较长的时间,并比后者包含更多的事件。

许多观察[它们通常根据智力活动(intelligent action)这个词的严格意义来进行解释]多多少少有点像我自己的例子。我仅仅引用下面的例子,这也是从罗马尼斯(Romanes)的著作《动物的智慧》(*Animal Intelligence*)中摘取的。(第418页)一所房子里的仆人已经习惯于在严寒的日子里将早餐桌上的剩余面包屑用来喂鸟。一只猫钻了这个空子,由于客人(即鸟)聚集而来,它得以不时地美餐一顿,把飞来的鸟吃掉一二只。于是,喂鸟的活动难以继续下去。然而,那只猫却自己动起手来,它在草坪上撒上面包屑,其明显的意图是去引诱鸟儿来上钩。罗马尼斯还用另一则故事作了补充,在该故事中,面包屑撒在花园的小径上,而猫则埋伏在一边等待雀儿的到来,以便把它抓住。在这个例子中,猫往往离开花园小径,躲藏在附近的灌木丛里,等待着鸟儿的到来。可是,雀儿们表现得比猫还要警觉:它们在墙头上等待着,直到它们的敌人感到厌倦并离去以后才飞到地上来觅食。

罗马尼斯认为,两只猫具有同样的推理方式。在第二个例子中,那只猫的推论是:"面包屑能引诱鸟儿,因此在撒好面包屑以后,我将等待鸟的到来";在第一个例子中,那只猫则进了一个阶段:"我将撒下面包屑以吸引鸟儿。"毫无疑问,这两种情况是相似的,而且更为简单的是,它始终是引导动物行为的普通联想问题。但是,两只猫中的任何一只并没有作出作者的推断,这也是毫无疑问的。一旦撒面包屑和吸引鸟儿之间的联想得以形成,那么期望感(the feeling of expectation)就足以使猫躺下来等待猎物的到来,正像它在其他情形里经常做的那样。这种联想就像雀儿形成的联想那样,甚至在它对意志的作用中。除非猫被引导去从事一种特殊的活动,而雀儿却忍住不去从事这种活动。我们必须承认,当猫自己动手撒面包屑时,情况便有所不同。根据我们了解的关于动物行为的观点,这则故事如此靠不住,以至于我们从观察者角度讲可以将它归诸于自欺行为(self-deception),或者是对作出错误解释的某种偶发事件的猜测。由于高等动物的模仿冲动(imitative impulse)得到高度发展,因此关于猴子的同样故事听起来更具可能性。在猫的例子中,除了捕捉猎物的食肉天性以外,没有任何东西可以取代这种本能。但是,即使我们假定这种观察正确的话,其活动也可用联想过程来解释。撒面包屑和吸引鸟儿的稳定联结(与逮住鸟儿的冲动结合在一起),已经使得猫为它自己提供了一个联想系列。可是,如果我们排除这种自发活动与特定的食肉天性联系起来的要素,那么我们便可看到,在这些引用的例子中间,联想范围并不如上述我的狗的回忆和再认的范围大。

动物的行为可由记忆观念（memorial ideas）来决定，同样也可由相应的感官印象（sense-impressions）来决定，这是可以十分容易地加以说明的。我常常用我自己的长卷毛狗进行下面的有趣实验。我教会它每当我伸出手杖并喊一声"跳！"时，它便跳过手杖。可是，有一天我向它发出"跳"的指令，但没有出示手杖。起初，长卷毛狗惊讶地望着我，然后，由于我重复发出指令，它便不耐烦地吠叫起来。最后，在我板着面孔多次重复上述指令时，它决定向空中一跃，可是嗣后仍大声向我吠叫，好像抱怨我的命令绝对荒谬似的。以后，每当我重复上述实验时，长卷毛狗都能立即向空中一跃以作出反应，不过总是用咆哮和吠叫以示抗议。我们可以分析一下，指令词激发了记忆观念，足以唤起像实际呈现手杖那样引起的行为；而观念和物体之间的对照感（the feeling of contrast），以及行为的失去目标感（the feeling of purposelessness），引起了与狗的习惯服从相冲突的不愉快情绪。

二、动物的游戏

"智力的"联想活动的标准和智力活动本身的标准只能是这样的——联想的效应并不超越特定观念的联结［不论是直接由感官印象激起的观念还是仅仅由感官印象再现（reproduced）的观念］；而智力活动（从该词的狭义上讲）以可证实的观念、判断和推理为先决条件，或者以建设性想象活动（activity of the constructive imagination）为先决条件。在这意义上说，普林尼（Pliny）关于大象在月光下练习舞蹈的故事毫无疑问是想象活动的一个例子。另一方面，狗在听到指令后跳过一根想象的手杖，这意味着记忆而非想象，也就是说，它并不依赖于联想的自发唤起，而是依赖于由外部印象引起的联想的释放。

人类和动物的游戏像他们的"智力"一样以同样方式产生差异。当高等动物采取有目的的随意活动的模仿形式时，我们便认为它们的某些活动是游戏性质的。我们知道，这些活动都是模仿，因为追求的目标仅仅是虚构的目标——真正的目标是激发起快乐的情绪，它与产生有目的活动中的次级结果（secondary effects）相似。你们瞧，这就意味着动物游戏在实际的目的上与人类中间的游戏一致。我们自己的游戏，至少以最简单形式表现的游戏——例如在儿童的游戏中——仅仅是排除了其原始目的的日常生活活动的模仿而已，并导致了愉快的情绪。动物的游戏与人类的游戏具有同样的关系，就像动物的生活与人类的生活具有同样的关系一样。若想逾越某种现成联想的范围，借此成为动物游戏的特征（甚至成为最高度发展的动物游戏的特征），就像它成为动物心理生活的特征一样，那是不可能的。儿童的各种游戏反映了各种可以察觉的生活关系，与之相对的是动物中间简单的模拟争斗形式（当然，受过训练的动物不在此列，因为它们的行为不是真正的游戏）。猫和猴子在与它们的幼仔一起玩的时候，通过假装与它们的幼仔斗争而表现自己的感情。尽管游戏是心理高度发展的标志，而且比其他任何活动都更使动物贴近于我们自己，但是，事实是，游戏发挥了作用，而不是游戏的性质本身发挥了作用，这是重要之点。只有那些能够游戏的动物，才能在记忆中再现愉快的经验，并改变这些愉快的经验，使之只有愉快的方面进入意识之中，而让不愉快的方面消失。与此同时，在动物的心中,任何一种相对来说复杂的联想活动和感情活动是游戏活动得以产生的充分理由。动物游戏从不显示任何创造性,也从不显示任何正常有序的一般观念。只有在那里,游戏才可被视作对实际的想象活动的表达。如果允许我们表述的话,动物的简单游戏和原始游戏是一种纯粹的联想游戏。当一只狗见到另一只狗的时候,它不一定感到对另一只狗有敌意,而是感到有这样一种倾向,即在一场模拟的争斗中施出其力量,以便获得一种快感,这是它在一场真正的争斗中已经体验过的快感。如果它的心境是友好的,或者至少是不怀敌意的,那么其结果便是在一场游戏竞赛中彼此力量的较量,这场较量产生的结局通常是(也许如你们在狗和猴子中已经观察到的那样)产生争斗的真正欢乐和一场一本正经的战斗。然而,在许多动物中,尤其是在像狗这样的动物中,由于它们为人类驯养已有很长时期,因此它们遗传下来的本能从一开始便表现出一种适度的有节制的形式,先天的争斗冲动似乎成了先天的游戏冲动。

三、所谓的判断和概念形式

我们的结论是,促进我们注意想象活动的那些动物行为并不表明将想象与记忆区分开来的任何特征。不存在观念的目的性联结和理解性联结,也不意味着任何创造性。那些十分接近于人类理解范围的动物活动也未为我们提供关于推测真正的概念、判断和推理等存在的根据。动物心理学的作者们之所以如此经常地作出相反的断言,是因为把比较简单的联想过程解释为统觉的智力运作(apperceptive intellectual operations)。

罗马尼斯描述了一头大象的一系列智力测验,这头大象是由他的一位客户送给他的。(第401页)故事继续表明"大象具有抽象观念"。即使我们没有为"抽象观念"(abstract ideas)这个短语提供其哲学含义,而是仅仅通过其一般的经验概念(general experiential concepts)进行理解,我们仍然必须承认,记录的事实并不证明它们的存在,相反仅仅表示了高度发展的联想活动。一头大象被驱使着用象鼻举起各种物体———一捆捆衣服、树干、沉重的铁块等。业已注意到,大象逐渐地"了解了要求它举起的物体性质的情况",从而将轻的物体迅速地抛向空中,对重的物体则略作尝试并缓慢举起,对锋利的工具则表现出谨慎的行为。因此,观察者得出结论说:"大象能再认诸如硬、尖锐和重量等特性。"你们也许会认为,对于这些行为来说,没有别的什么东西比在一个物体的视觉印象和它的触觉特性之间形成明确的联想更需要的了。这些联想在任何一种情形里都将产生观察到的结果,尽管大象实际上有轻、重和锋利等一般的概念。但是,如果一旦形成了联想,它们足以决定"理智地"举起这样一些物体,而且无须进一步形成一般的概念。

我花了大量时间试图发现在我自己的那条长卷毛狗的各种行为中是否存在一般的经验概念的某种确定标志。我无法证实它们,但是,我作了许多观察,这些观察使得形成上述的说法变得越发不可能了。我教狗把一扇开着的门关上,通常采用的方法是按它的前肢,同时发出"关门!"的指令。狗首先在我书房的一扇特定的门上学会了这一技能。有一天,我要它在同一房间的另一扇门上重复这一动作。可是它惊讶地望着我,一动也不动。结果花了很大的劲才诱导它在变化的环境中重复这一技能。不过,在此以后,它毫不犹豫地服从我要它关上其他任何一扇门的命令（这些门与前述两扇门是相似的）。很显然，当狗第一次学会关门的技能时，它并没有形成任何关于"门"的一般概念，否则的话，它就不会在关上其他门的时候发生困难了。它的行为显然依赖个别的联想。某种力量必须用来形成这种联想，正如在这类行为中经常发生的情形那样。我让狗用两条后腿站起，搭在开着的门上，同时发出关门的指令，直到狗使用随意动作对命令做出反应为止。但是，你们也许会说，是否可以采取进一步的必要步骤，以便在狗学会关第一扇门时形成一种概念呢？此后，它便能关其他的门，即使它未曾受过专门的训练。我并不认为形成一种概念的假设在这里是必要的。当指令、动作和关门之间的联想经过若干次关门的练习已经形成，那么，在特定的门和关门的动作之间的特殊联想肯定会变得模糊，这是显而易见的。特定观念的联想已经发展成为一种真正的相似联想。在狗的心中，并不存在有关概念形成的主要特征的最微弱标志——也就是意识到特定的物体替代性地代表了整个物体类别。它仅仅贯穿于一扇门的"性质"的混乱观念之中。例如，当我命令狗去关上一扇从外面开启的门时，它只是做了同样的动作——结果不是去关门而是去开门——尽管我不耐烦地重复这一命令，仍然无法使狗去做这样的事情，显然狗对于它的努力没有成功也很不高兴。只有在我改变了做法，让狗从房间里出去，然后让它从外边关上这扇门（该门从里边是无法关上的），它才决定从另一边重复这一尝试。过后，它会立即开始抓爬关着的门，以求重新尝试。

　　用于概念的东西也同样适用于智力更高的家畜的判断和推理，在进行周密的思考时，这些判断和推理可能被分解成明显的联想，而且可能在外部暗示的联想范围和智力本身的范围相接触的地方失去地盘。请看下面的例子。以往，我常在夏日傍晚把我的长卷毛狗带到一座花园里，该花园穿过一条小溪，我们常在溪上泛舟。河岸上人头济济，船只在两岸之间来回穿梭。有一天，长卷毛狗落在其他几条狗的后面。因此来到河岸的时间晚了些，结果当它到达岸边时，小船已离岸有一段距离了。这时，摆在狗面前的，除了游泳过河之外没有别的选择。由于溪流相当宽阔，而且狗又不喜欢嬉水，因此它显得很不高兴。几天以后，同样的不幸遭遇再次落到长卷毛狗的身上。它在河边来回奔跑，一边发出绝望的吠叫，显然对于重复游泳这件事情很反感。正在此时，另一只载满乘客的渡船离岸了，长卷毛狗跳进船舱，高兴地到了河的对岸，连脚都未沾上水。从此以后，它经常用这一方法过河。现在的问题是，在采取这一特殊的行动时，狗的心里在想些什么？它是不是在想："我的主人已经过河，这只船也准备过去，因此假如我跳进这只船也许会赶上主人。"当然，我们可以将狗的行为转化为这些推理。只是我们没有探讨狗的心理过程，而是探讨了对过程的逻辑解释。但是，解释和过程是否相等？由于该系列推理会导致同样的结果，我们又如何知道它实际上并未发生在狗的意识中呢？这个例子实际上充分说明了一个事实，即逻辑反映的结果并不完全与单纯的观念联想相一致。这两个过程反映了特征的差异，这些差异在类似这种情形的例子中获得特殊意义，我们从中确定了内部经验的性质。如果我们凭着狗立即跳进泊于岸边等待乘客的一条船中，就此认为这是狗的逻辑反映，可能会被证明为是错误的，船和过河这两者之间的联想可能通过狗的经常渡河而形成。然而，这种联想可能相当复杂，而且，这种联想在不存在相应印象的情况下包括若干记忆要素，从而使它十分接近智力运作。但是，绝不会发生这样的事，即狗跳进一只空船并等待着。除非船立即离岸,否则狗是不会把这次过河与以前的过河互相联系起来的。所以,这种行为带有简单联想的标记。如果在以后的场合——对此我尚无把握——狗确实跳进了一只空船,或者跳进一只刚载满乘客的船,我们无须将该行为归之于突然产生的逻辑反映,而可以把它解释为由实践引起的联想系列的逐渐拓展。关于动物智慧的许多报道(这些报道在被引入论述动物心理学的著作中未经歪曲或夸大),我们可以肯定,如果我们获悉动物行为的一切阶段的话,那么我们常常可以对动物的智慧作类似的解释。你们几乎想象不出比一只狗过河更好说明动物智慧的例子了,这只狗主动地与乘客一起过河(这些乘客对狗来说完全是陌生的),过河的目的是到达对岸花园。只要我们详细地追踪狗的过河行为的渐进过程,那么狗的行为就会变得十分简单。

四、联想的一般意义

所有这些动物"智慧"的表现形式可以恰当地解释为相对简单的联想。无论何时,每当我们涉及对意识过程的联结性质进行考察时,我们往往徒劳地寻觅逻辑反映的踪迹或真正的想象活动的踪迹。我们现在可以了解,动物如何一方面缺乏一种作为智力过程特征的功能,与此同时,也缺乏这些智力过程的伴随物——语言。动物能够表达情绪;一些更加高度发展的动物能够在一定程度上提供观念与情绪联结的证据。但是动物的表达活动并不表示正常的发音,也不表示作为理智观念之本质的机体构造的反映(这是语言本身的特征)。动物具有语言的某些要素,正如它们具有意识的某些要素一样,这些要素可以作为智力机能的基础,但是动物却不拥有语言本身。因此,仅仅这种外部标记的缺乏,就可以使我们推论动物智力机能的缺乏,因为这种外部标记也是智力机能的标记。一般说来,正如人们经常认为的那样,并不是什么身体的障碍阻止了动物开口讲话。在许多动物中间,言语器官的发展已经达到如此之高的程度,以至于足可使这些动物用言辞来表达它们的思想,如果这些思想真的可以表达的话。为什么动物不能说话的问题可用老方法得到十分正确的回答:因为它们无话可说。我们必须补充的是,某些运动,某些标志情感和观念特征的声音,看来是语言的先驱。而且,动物还提供了一些符号,在符号的联系中,正如在其他的联系中一样,它们的心理生活是我们自己心理生活的直接先兆。

确实,就动物的意识而言,联想的重要性使我们想起我们已经讲过的关于人类心理的价值。当我们开始考虑动物的心理生活时,我们谴责了动物心理学将每种"智力"的表现形式都转化为一种智力运作的倾向。同样的非难也可以用于有关我们自己智慧的多少有点普遍的观点。关于人类"经常思考"这一古老的形而上学偏见还没有完全消失。我本人就倾向于认为,人类实际上思考得很少,或很少思考。许多看似智力表现的行为,可以肯定地说来自联想,除此以外,人类还将逻辑思维的活动重新转化成惯常的联想,从而增加了联想过程的范围和智力结果。我们可以通过实践将任何东西还原为联想。一开始就包含大量智力劳动的思维系列,随着它们越加经常地重复,以不断增加的肯定性和机械的熟练性而得以完成。我们难以高估逻辑运作的熟练性和与此相伴的建设性想象。通过联想的实践而节省下来的功(work),可以用于新的智力成就方面。鉴于这一原因,思维本身继续参与持久的智力联想,结果形成新的观念联结。这是一个由观念的逻辑联结和联想联结组合起来的过程。我们可以将思维的名称提供给一系列观念,它们的联想是由为了明确的智力目标而实施的注意所操纵,而且只有在那些目标设定的范围内才有效用。对此,最佳的证明是通过用语言来表述的思想而获得的。尽管表述的一般内容是一种智力过程的结果,但是由联想提供的现成的思维形式在整个过程中仍然起着不小的作用。

联想和智力的这种相互作用有助于我们理解,许多心理学家非但没有将所有智力活动转化为逻辑反映,而且恰恰相反,倒是更倾向于把思维和想象视作联想的形式。我们在前面看到,存在着区分这些过程的一些外部特征和内部特征。联想主义心理学无法提供关于这些过程的描述。联想主义心理学对这些过程视而不见,它将想象与记忆等同起来,并将逻辑思维归之于与心理学不同的逻辑,好像由逻辑发现的形式不一定依赖心理事实和心理定律一样,根据这一学派的意见,想象和智力的创造性与联想活动并驾齐驱。当然,梦和心理障碍(mental disturbance)对这种观点提出了直接的批驳,但是,联想主义理论却形成了那些见解。它对观念的定律考虑得如此之少,以至于我们没有必要在考虑例外的方面花任何时间了。

五、人类和动物

暂且不论智力过程和纯粹联想之间存在的基本差别,在我们的意识中,两者之间仍然存在密切的相关和相互的推动,因为它们是同一发展过程中的两个阶段。联想的任务是在这些意识要素中形成多种联结,这些意识要素使我们将一系列先前的经验理解成最终的心理力量,例如在有意注意的每种独立活动中所运用的心理力量,在此基础上,联想活动可以指向明确的智力目标的成就。所以,智力产生自联想,反过来通过新的联结又使它丰富起来,这些新的联结将进一步促进思维的运用。

正是联想和智力之间的这种关系决定了我们对这个最终问题的回答,这个最终的问题产生自我们对动物智慧能力的调查。我们是否认为,将动物与人类分开的鸿沟,也就是在心理方面将联想与智力分开的鸿沟,能够被跨越呢?

按照人类个体发展的事实,我们除了以无条件的肯定作出回答以外,几乎不能作出任何其他的回答了。刺激智力和智力活动的纯联想过程之间的界线是可以跨越的,这是因为,事实上,在我们每个人的生活史中它是被跨越的。我们从孩提时代开始就储存的联想,逐步发展成为个体人格的心理合力(collective mental force),它在自我意识中,在积极的注意中,在观念的随意控制中表现自己。在这最后一个方面,我们尤其能够清楚地追踪稳定的联想得以不断储存的影响,以及随之而来的感情和意动之智慧(affective and conative mentality)的相应丰富。

但是,在用于人类与动物的关系时,我们的问题构成两种特殊的询问:今日生存的动物物种或个体有否可能跨越这一界线?人类本身有否可能在他的某个发展时期跨越这条在今天把他与动物分开的鸿沟呢?

对于这两个问题的第一个问题，必须作出否定的回答，而对第二个问题，则可作肯定的回答。从联想到智力本身的步骤无疑是心理进化过程中所采取的最长的步骤。心灵一旦达到逻辑思维水平和建设性想象水平，在它面前就展现了无限的前景，这种前景不可避免地在某一时间体现于文明和历史之中。高等动物中的任何一个物种要想通过它们心物组织（psychophysical organisation）的一般性质来取得巨大的进步是不大可能的。除此之外，这种组织看来具有决定性的作用，即便进一步的变化也无法超越其范围。也许地球上生物界的生存竞争，将会阻止大量的不同构造的生命借助它们自己的力量步入文明。

可是，第二个问题又另当别论。物质发展的规律在使人类到达目前的组织阶段之前已越过了低级的生命形式。心理发展的规律使得同样的结论尤其可能。正如每一个人在他自己的个体发展过程中从联想步入智力的意识活动所采取的步骤那样，人类也一定在世界历史的某一点上做到了。这是从野蛮走向文明的第一步。而且肯定没有贬抑心理发展的价值，从一开始我们就像今天看它那样去考虑它——这种来自它本身的心理演化，按照心理生活的普遍规律，在由环境设定的条件下进行着。

第二十五讲

• Lecture Twenty-Fifteenth •

一、意识中感情状态的联结

在本讲义中,我们的原始计划是对特定的心理过程——感觉(sensations)和观念(i-deas)、情感(feeling)和随意活动(voluntary actions)——进行考察,然后,将我们的注意力转向意识中所有这些过程的相互联结(interconnection)。可是,当我们开始对复杂的心理状态进行分析时,看来将它们的组成成分分离开来进行分析,像我们考察简单的心理现象那样去考查它们似乎更好些,尽管它们的分离只不过是一种抽象(an abstrac-tion)。在前面的几讲中,我们仅仅提及了意识的观念方面。我们不能忽视感觉和意志(will),因为它们对观念的统觉(apperception)和联想具有重要意义。但是,我们尚未谈到感觉和内部的随意活动与意识的其他感情状态(affective states)以及外部的随意活动的关系。现在,让我们简要地探讨一下更为复杂的感情过程。

我们发现,一切复杂的感情状态的感觉基础是共同情感(common feeling)。正像引起这种共同情感的特定感官情感(sense-feeling)一样,它是一种愉快的情感或不愉快的情感。尽管这些类别是不确定的,但是它们仍然具有感情活动的心理本质的特征。构成感觉基础(感情依附于其上)的物理刺激只在强度(intensity)上和产生这些感觉的刺激质量上有所区别。因此,感觉本身仅仅表现为强度和质量的差别。但是,当刺激也引起一种感情过程时,我们发现了愉快和痛苦的对立两极,其主要的决定因素是刺激的强度。随着我们强化任何一种感官印象(sense-impression),愉快的情感就逐步转化为不愉快的情感,直至转化为痛苦。由此可见,随着物理刺激强度的不断增加,它的感情相伴物也从一种性质变为它的对立面。

与此同时,这些质变的条件实际上存在于物理刺激之中。对有机体内的生理过程予以刺激的结果要么是具有促进作用的,要么是具有阻抑作用的。适度的刺激对于正常功能的继续是必不可少的。长期不用的器官在形态上发生退化。那些在强度上受到人体器官本身正常能力调节的刺激对维持生命有利,它们要求均衡地消耗能量,而不会达到衰竭的限度,并始终保留少量的剩余力量。这些正常的内部刺激还激起强度上适度的情感,它们联合起来以形成共同的舒适感。另一方面,当刺激强度变得如此之大,以至于器官处于衰竭的危险之中或彻底破坏的危险之中时,与此相伴随的便是生命机制的一般紊乱或暂时抑制。这种过量的刺激不仅引起了身体器官的形态错乱和生理错乱,而且也引起了不愉快或疼痛感。

对于刺激的感情特征的这些差异来说——也即愉快的和痛苦的差异——其原因是

与刺激的物理属性一起被提供的，也是与它们在感官中建立起来的变化一起被提供的。但是，差异本身就其性质而言是心理的，而且仅仅作为一般心理状态的改变而表现自己。尽管它们最初是由感官刺激引发的，但它们并不包含与物理过程的必然关系，所以我们可以拥有与简单的感官情感具有同样关系的情感，正如逻辑思维与特定感觉的关系一样。愉快和痛苦意味着我们一般精神状态的改变。因此，它们无须一种感官刺激去引起这种心理状态的改变；它们只需一种感官刺激的观念便可引起，或者通过一种单一观念的智力内容便可引起，或者通过一种观念的联想便可引起。

与此同时，纯粹的心理情感始终有赖于一个感觉的基础。正如在心理的智力方面，最抽象的概念如此紧密地依赖感觉，以至于不把它转化为替代性的感官观念便无法思考。

与感官的这种联结，对于情感来说，可以清楚地被表明，正如对于观念来说可以清楚地被表明一样。依附于最复杂的观念系列的情感，像简单的机体情感一样，具有相同的名称。"痛苦"既可以指对一个感官的过量刺激，也可以指较高程度的心理不适。我们因为失去一位朋友而感到"痛苦"，或者由于失望而引起"悲痛"。我们谈论"燃烧的"爱情，"迫切的"关怀，"痛苦的"悔恨。总之，我们为各种与感官印象没有直接联系的感情状态所取的名称，既来自外周感觉（peripheral sensations），也来自它们产生的情感。

当然，我们可以把这些词的次级意义（secondary meaning）称做纯粹比喻。我们用隐喻的手法谈论被冲突的情绪"所撕裂"的东西。所以，心里"极度痛苦"，关怀"备至"，以及既用于身体状况又用于心理状况的类似表述，都是一些我们容易忽视的隐喻，因为我们一直在使用它们，除此之外，没有其他东西可供使用。然而，对于感情意识的这种比喻特征来说，也肯定有某种心理原因。在采用这种名称的感官情感和它所用的理智感（intellectual feeling）之间肯定存在某种关系。最明显的关系是这两个过程的暂时联想（temporal association）。

于是，问题便产生了，心理的痛苦是否与身体联系起来，当痛苦"压迫"着和悔恨"折磨"着感官情感时，痛苦的感官情感是否确实存在。

二、复合情感的感觉伴随

只要仔细地观察一下理智感，尤其在它们更为集中的几个阶段，我们便几乎不容怀疑它们由感官情感伴随着。这些相伴的情感通常具有一种与直接的外部刺激或内部刺激唤起的感官情感的强度相等的强度。有时，它们甚至可以在某种明确的程度上被定位化。它们始终显示一种明确的性质，这种明确的性质随一般的感情条件而变化，而且在我们用于描述这种情况的表述中反映出来。所有过度的情感均伴有身体的痛苦，无论是扩散到身体各部，还是限于某个特定的器官。适度的刺激也影响感官情感，尽管不太强烈，而且更明确地被定位，就特定的感情状态而言，有关感官刺激的这种定位，可以在古代文献中找到。据假设，每种性情均位于特定的器官。而且，必须承认，在需要观察的地方，想象也就定位了。愤怒定位于肝脏，妒忌定位于脾脏，高级情绪定位于胸腔，甚至到了今天,还认为心脏是大多数感情状态的住宅。担心和失望引起心脏疼痛;绝望产生于一颗破碎的心;爱情的一切变化和机遇在心脏里有其源泉和中心,而"懦弱之心绝不会赢得美女"。

上述关于心脏活动与情感状态的这种关系确实有其充分理由,因为心脏的神经是最容易受到我们感情状态的变化所刺激的神经。每一种感情的兴奋状态都可以通过心跳的变弱或变强,变快或变慢而表现自己。快乐和希望使脉搏增快和增强;担心和焦虑使脉搏变弱和变慢;恐惧则使脉搏受抑。同时,其他器官对情感变化所作的反应也有许多标志。人们通常注意到,狂怒导源于胆汁返回血液,从而造成肝功能的混乱。泪腺很容易因为悲伤的情感而被激发出来。毫无疑问,我们还可以发现其他一些类似的相互关系,只要它们具有外部的征象。除了与特定的情感状态有关的特定器官之外,还有其他一些器官或多或少受到影响。正是从这些感觉总和中产生的共同情感构成了整个感情状态的感官基础。例如,肌肉活动几乎总是涉及这种次级的兴奋。我们对运动感觉中肌肉能量和肌肉张力进行直接的测量,或者对肌肉的疲乏和松弛进行直接的测量。按照四肢是能动的和伸缩自如的,或者按照四肢负重时的情况,我们的一般情感状态也完全不同。此刻的情感具有极大的重要性。欢乐和兴奋的感觉使运动变得轻松和迅速;而忧郁的心情则使运动变得缓慢和沉重。

我们必须设法解释为什么感官兴奋在感情过程中始终以或大或小的程度存在着。古人的观点认为,受刺激的器官是情感的直接场所。这种观点当然已无法坚持了。我们十分清楚地知道,与心理活动有着密切关联的身体的各个部分是神经系统的一些中枢器官。这里具有感官情感(作为中枢器官一部分的感官情感)的冲动一定会出现。在外周器官中可以观察到的征象仅仅表明了中枢兴奋在不同时间具有不同的活动中心,并最终产生不同的器官变化——时而改变脉搏,时而使肝脏紊乱,时而又影响肌肉系统。实际上,在我们面前展现了一种现象,它与反射活动具有某种类比性,只是它的来源无法在外部刺激中被找到,而是在中枢器官的活动中被找到。

这些外周的征象是一些特别重要的征象,因为它证明了与观念的范围相比,在情感范围内,心理过程和身体功能不再完全分离,而是紧密关联的。

三、情绪

在意识中,依附于观念联结的感情过程通常称为情绪(emotions)。情绪属于对观念和随意活动产生明显影响的最重要的心理现象。它们与情感相似,其中它们是与外部物体并不直接关联的主观过程。它们与情感的差别在于,它们包括观念的变化和运动器官的反应。那就是说,情感不易接受外部观察,或者至少可以这样说,在它们转化为情绪时方才可以进行外部观察。这样,它们便在某些表达运动(expressive movements)中反映出来。它们与心脏、血管、呼吸肌和某些分泌器官的反应进一步联系起来,这些心脏、血管、呼吸肌和分泌器官等反映在每一特定情绪中呈现其独有的特征。

情绪与情感和观念的这种双重关系已经导致了有关其性质的观点分歧。人们认为,它既是一种加强的情感,又是一种来自观念系列的情感。在这两种界说中,任何一种界说都不能充分证明为正确。典型的情绪有三个阶段:初始的情感;随后在观念系列中的改变,也即在强度上和质量上改变初始的情感;最终的情感(假定情绪是独特的和充分界定的),它具有或长或短的持续时间,可能产生一种形成初始情感的新的情绪,也就是说,情感和情绪之间的主要差别在于第二阶段,观念系列中的改变。这种改变的产生使我们把情绪分为两类:兴奋性和抑制性。前者的例子是快乐和愤怒,而后者的例子则是恐惧和害怕。与此同时,一切十分强烈的情绪,就其特征而言,都是抑制性的,只有当它们经历了某个过程以后,它们的兴奋一面才会进入意识之中。从身体方面来说,情绪对观念系列的影响确切地反映在外部运动中。兴奋的情绪加速了观念的形成,并涉及显著的模仿和表意的动作,包括心脏活动的增强,血管的扩张等。可是,压抑的情绪却使肌肉瘫痪(或者至少使肌肉松弛),心率减慢,血管收缩。所有这些生理效应都伴随着感官情感,后者加强了情绪中的感情要素。

程度上不太强烈的情绪称做心境(moods)。一般说来,情绪的持续时间与其强度恰好相反,所以,心境比起情绪来是更为持久的心理状态。激烈的情绪有时称为激情(passions)。这个术语表明,强烈的感情状态(也就是摇摆于愉快情感和痛苦情感之间的感情状态)均趋向于后者。"激情"也意味着一种特定的情绪已经变成习惯。因此,这个术语往往用来意指一种持久的状态,它在情绪的频繁爆发中找到表现机会。

最难界定的情绪要算快乐和悲伤了。所有其他的情绪则可被视作这两种基本心境的一种形式或另一种形式。例如,当悲伤指向引发它的外部物体时,我们便称之为"关注"(care)。如果我们意欲表白事实,即某一物体不再使我们感兴趣,我们说我们对它并不"关注",我们只关注其他一些东西。与关注在主观上对立的是忧郁(melancholy)。忧郁症患者是以自我为中心的人,他远离外部世界,一人独处,陷于自身苦痛的沉思之中。当关注和忧郁从情绪转化为持久的心境时,它们便变成焦虑和沮丧。介于这些客观的和主观的悲伤形式之间的是忧愁和抑郁(gloom and depression)。我们可以为人世间的命运而忧愁,为痛失一件东西而抑郁,或者,没有任何外部的原因,仅仅由于我们的心境而产生忧愁或抑郁。

像悲伤一样,快乐依据其采取的方向而有不同的形式。但是,我们用来表述快乐的词语却没有像用来表述悲伤的词语那么多。我们把快乐的心境称之为快慰,或者把它的过激表现称之为狂欢(hilarity)。我们可以将快乐的情绪分成客观的和主观的,正如我们可以将它们的对立物进行分类那样。也许,面对我们感情生活的事实,我们的用词还显得贫乏。看来,快乐的情绪要比悲伤的情绪更为一致,而且缺乏多样化的色彩。

快乐和悲伤的情绪(不论它们主要涉及外部的主体还是情感的主体)就其特征而言始终是主观的,我们自己心境的感情兴奋始终是主要的事情。另一方面,一种心境可以通过将我们自己的情感投入外部物体(该物体刺激了这些情感)而具体化。如果快乐和悲伤是一种内在和谐与不和谐的表现,那么这些客观的情绪便是某些外部和谐或不和谐印象的结果。喜欢和不喜欢是客观情绪的最一般的形式,这种客观情绪与主观方面的快乐和悲伤相对应。它们进一步意味着趋向或来自客体的一种运动。我们喜欢的东西吸引着我们,而我们不喜欢的东西则使我们反感(repulsion)。这种运动以各种特定的形式表现出来,在这些特殊的形式中,一般的情绪得以发生。我们把一种令人愉快的东西对我们具有的吸引力称做魅力(charm)。因此,一种具有"魅力"的东西既使我们开心又吸引我们。魅力的对立物是反感,也即一种强烈的不喜欢,它使我们以不愉快的心境对一样东西调转头去。反感变成厌恶(aversion),在更高的阶段变成愤怒,这时它直接指向令人反感的物体。如果这种不愉快的心境得不到宣泄,它就变成懊恼(chagrin)和屈辱(mortificaton)。愤怒的极端程度是狂怒(rage);而屈辱的极端形式则是恼怒(exasperation)。懊恼的对立物是满足。当愉快地处世时,称为喜悦,当自主地支配自己时,称为幸福。

魅力和反感这两种对立过程相交于一点,这一点便是冷淡(indifference)。冷淡趋向于不愉快,当感觉或思维饱尝冷淡,或对原先有吸引力的物体感到腻味时,就会立即进入深恶痛绝(repugnance)的状态。深恶痛绝像情绪一样也是一种感官情感。它有其客观形式[厌恶(antipathy)]和主观形式[失落感(discontentedness)]。如果这种情绪成为持久的心境,我们便产生厌倦(weariness)和失落感(dissatisfaction)。

在所有这些情形里,情绪和心境通过它们与一系列强烈的感情观念(affective ideas)相联系而立即与感官情感相区别。当我们感到快乐或悲伤时,我们的心境是某种愉快经验或痛苦经验的结果,这种经验可以分解为若干观念。如果我们哀悼一位朋友之死,我们的意识便充满着感情的回忆,这种回忆多少是清晰或独特的,其协同运作可以产生情绪。如果我们因遭受无礼的指责而愤怒,我们的最初情感便是强烈的不愉快。接着,我们的心理因充斥着与我们本身、攻击者的人格和侮辱的直接环境相联系的观念而起伏。大多数观念不会达到清晰的程度,但是却由不愉快情感汇聚在一起,它反过来又被伴随着我们表达活动的感官情感所强化。

与我们过去的心理史没有特别关系的一种简单的感官观念(sense-idea)将会因此而难以激起一种情绪,尽管它会引起十分强烈的感官情感。在一种情绪出现的地方,我们可以假设存在着回忆的观念,存在着涉及类似的感官印象的经验。和谐的钟声使我们感受到假日的气氛,因为从儿时起我们便把钟声理解为假日和宗教节日来临的预兆;军号声使我们想起战争和武器;号角声使我们产生围猎的体验;布谷鸟的叫声告诉我们春天已经来临;风琴的奏鸣则使我们想起一群教徒正聚集在教堂里做礼拜。

也许,记忆决定了我们对颜色中印象的感情反应,尽管在该情形中所唤起的观念并不那么清晰鲜明。为什么白色代表天真和欢庆,黑色代表悲哀和严肃呢?为什么我们选择红色来表示力量和精神,或者用紫色来表示尊严和庄重呢?为什么我们把绿色称为希望之色呢?在每一特定的情形中,难以将心境追踪至它的源头。在许多情况下,也许它产生自颜色与风俗(即习俗规定使用哪种颜色)的某种模糊联想。紫色一开始就成为王室的颜色,而黑色几乎到处是丧服的颜色。

这种联想不能充分解释感官印象与它引起的心境之间的联系,这是正确的。作为一种感情状态的反映,之所以选择特定的感官刺激而非其他的刺激,肯定有某种原始的原因。在感官情感和特定情绪的感情特性之间的关系中寻找这种原因也许是正确的。感觉本身最初只能激发一种情感。但是,一旦意识具有感情上有效的记忆观念,它就会变成情绪,感觉自然地作为正常的组成成分进入到这些记忆观念中去。

当情绪的感情特征尚未为目前考虑的印象和观念所确定，而是为属于未来的观念所确定（不论以明确期待一种事件发生的方式，还是以某种产生情感的不确定的未来观念的方式，而且通过它导致一种情绪）时，它们便会阻碍特定的变化，像迄今为止考虑的一些情况那样。

在对未来的期待中，最普通的是期待本身。借助期待，我们超越了目前的印象，并面临未来将出现的印象。我们盼望期待的实现，如果这种实现被推迟的话，它便成为我们所谓的紧张的期待（strained expectation），身体的紧张感伴随着情绪。在期待中，肌肉是紧张的，像一名赛跑者在等待起跑信号时肌肉所处的状态一样，尽管所期待的印象也许并不要求运动反应。如果被期望的事件在任何时刻都能发生的话，期待使人保持警觉，而且我们的感官注意会保持高度清醒，以防止被期望的事件在不知不觉中悄悄溜走。随着被期望印象的出现，张力就松弛。如果继后的知觉实现了我们的期望，我们便产生满足的情绪；如果继后的知觉未能实现我们的期望，我们便产生失望的情绪。满意和失望导致期望性注意的突然松懈。如果期望被延长，那么期望的张力本身将会逐渐消失，这是因为，正如你们所知道的那样，每一种情绪均会随时间而减弱。

失望的对立物是惊讶（surprise）。惊讶是意外事件的结果。在意外事件中，我们有着由外部印象突然唤起的观念，并以一种我们从未面临过的方式打断了目前的思路，与此同时，它们强烈地吸引了我们的注意。就其性质而言，惊讶可以是愉快的，也可以是痛苦的或冷淡的。它的特殊形式是惊愕（astonishment）。在这种情况下，发生的事件不仅在当时是出乎意料的，而且在过些时候也是不可理解的。因此惊愕是一种继续的惊讶。如果它转化为一种更为持久的心境，那就是惊奇（wonder）。

节奏感是舞蹈中的单一心理动机，并与音乐创作中作为心理动机的和谐和不和谐相并列，节奏感包含期待和满足两种要素。经常重复有节奏的感官兴奋使我们期待每个后续的刺激，而这种期待立即得到满足。因此，节奏从不涉及紧张，如果涉及紧张的话，也是一种不好的节奏。在令人感到愉快的节奏中，伴随着期待的是尽快发生满足。每一印象唤起另一种期待，与此同时，满足了前一种印象唤起的期待，它再现了前一种印象的时间关系。也就是说，节奏感是一种复合期待和满足这两种情绪的体验。破碎的节奏在情绪上与失望一致。

希望和害怕可以被视作期待的特殊形式。期待是不确定的，它可以涉及合宜的事件或不合宜的事件，甚至涉及相对来说无所谓的事件。希望和害怕为期待提供确定性：希望是期待一种合宜的结果，而害怕则是期待某种不合宜的结果。但是，如果把希望称为未来的快乐，把害怕称为未来的悲伤，则很难说是正确的。这种情感像感觉一样极少渗入未来。希望和害怕是对未来的快乐和悲伤的期待，但是却不是快乐和悲伤本身。它们中的任何一个都有可能实现不了，正像期待可能导致满足或失望一样。

直接导致某种讨厌的害怕称为惊恐（alarm）。恐惧（fright）与惊恐的关系像期待与惊讶的关系一样。恐惧是由某种突然的恐惧事件引起的惊讶。当发生的事件使经历该事件的个体在身体上产生麻痹时，就称为惊呆（consternation）；当经历事件的个体在事件面前处于惊愕状态时，便叫做恐怖（terror）。因此，惊呆是恐惧的主观方面，而恐怖则是它的客观方面。如果害怕继续下去，就会使人变得心神不安（uneasiness）。心神不安的心理状态始终是一种害怕，每一个发生的事件都会使之惊恐。换言之，情绪变得持久，但同时却不太强烈。

四、理智感

当前和未来这两种情绪，按照当时变化的观念内容，具有各种形式。尤其重要的是这样一些情绪，它们依附于某种智力过程，并发生于伴随着它们的特定情感。我们可以区分四种理智感（intellectual feeling）：逻辑的、伦理的、宗教的和审美的。正如它们依附于复杂的观念联结一样，它们几乎不变地转化为情绪，并以这种形式对我们的心理生活施加影响，这种影响远远超出其他任何感情过程。当然，它们的分析属于特殊科学，这些科学为它们提供了专门的名称。但是，我们将就逻辑情绪（logical emotions）补充几句：首先是因为它们常常被忽视，其次是因为它们与未来情绪的关系使我们借此用来说明一般情绪转化为理智情绪的特殊形式。

众所周知，思维过程的速度对我们的一般感情状况具有相当大的影响。我们的观念是否以正常速率彼此连续，或者经许多阻碍和中断而缓慢前进，或者以纠缠不清的混乱出现在我们心中，这些对我们来说不是无所谓的事情。这些情况中的每一种情况都可能产生自内部原因或外部原因。我们此刻的心理状态，我们当前思考的课题，以及外部的感官印象等，都可能成为决定性的影响。在一个新的国度里，当车子把旅游者从一种印象带入另一种印象时，他会感到满足——车子的速度并不很快，足够他消化所见到的东西；也不很慢，足够他浏览各个景点。当他希望旅行结束，或者期盼着参观一些新景点时，笨重的四轮马车缓慢的速度，或者每天看到的都是似曾相识的景观，他自然不会感到满意。同样，如果他乘坐火车，飞快地穿越一个富有历史联想的国家，却只能徒然地用震聋的耳朵和疲劳的眼睛去凝视记忆中的某些景色，他也不会高兴。

这种一般的结果可以通过内在原因而产生，正如它可以通过外部印象的变化而产生一样。如果你不得不在短时间内解答一个数学题，思绪之间会发生冲突，你匆忙地进行着解题活动，但是却被迫后退，因为你在对第一种思维作出结论之前，第二种思维已经冒出。你在解题的途中被阻住，因为你的思维停顿了，你无法对下一个问题作出回答，这同样是令人头痛的事。另一方面，当一种结果十分肯定地和轻易地导致另一种结果时，解题便成为乐趣。

因此，我们便有了混乱的、受阻的和无阻碍的思维这三种情绪。后两种思维与努力和熟练（effort and facility）的情绪有关。与此相关的是依附于肌肉活动的轻松和困难的感官情感。一般说来，它们在某种程度上存在于相应的情绪之中，即便这些情绪产生的原因完全是心理方面的，也是一样。努力的情绪是对感情状况产生压力的一种力量，伴随着这种压力解除的是突如其来的快感。这种独特的轻松感主要通过与我们先前心境相对照的方式对我们的情绪产生影响。

无阻碍的和受阻的思维情绪有其特殊形式，这些形式实际上是享受（enjoyment）和沉闷（tedium）的。在享受中，我们的时间充满着对观念活动的内部刺激或外部刺激，以至于我们几乎难以觉察到时间的消逝,如果我们确实留意一下的话。沉闷的性质可以顾名思义。我们闲得无聊,而且时间似乎过得很慢,因为我们没有其他东西要加以考虑。因此,沉闷与期待紧密相关,可是,它是一种具有不明确状态的期待。它并不期望任何特殊事情的发生,而仅仅等待新事件的发生,不管它们可能是哪种事件。长期持续的期待通常转化成沉闷的等待,而这种沉闷的等待与紧张的期待几乎难以区分。

与努力感和熟练感相联系的是失败感和成功感。调查和发现伴随着与努力感和熟练感十分相似的一些情感。而一致感和矛盾感则有所不同。它们导源于同时产生的观念之比较,这些观念在一种情况下是一致的,在另一种情况下则是不相联系的。

我们在第十四讲曾经讨论过怀疑。怀疑与矛盾不一样。持怀疑态度的人在两种可供选择的东西之间无法决定哪一种正确,他处于与自身的矛盾之中。冲突的观念并非观念本身的冲突,只不过是他自身思维的产物,所以始终存在着这样一种可能性,即怀疑中的矛盾可以通过经验来解决,或者通过更加成熟的考虑来解决。迄今为止,怀疑与未来情绪有关。这种关系在特定形式的怀疑中——也就是在犹豫不决的情感中——变得更加明显。当我们优柔寡断时,我们便在该走哪条路或在不同活动中选择哪个活动时处于自相矛盾的境地。因此,犹豫不决是一种涉及活动的怀疑,也只有通过怀疑才能得到解决。

第二十六讲

· Lecture Twenty-Sixteenth ·

一、情绪的表达

我们业已看到,具有情绪(emotion)特征的观念(ideas)之间的运动始终伴随着生理运动,这些运动依据特定情绪的强度(intensity)和特性表现出特定的差异。这些情绪的表达(expressions of emotions)不只在征象上令人感兴趣,它们在遗传上是重要的。只有通过它们,我们才能了解情绪与外部随意活动(external voluntary action)发展的关系。情绪与这种外部随意活动的关系类似于情感(feeling)与内部意志过程(internal will-process)的关系。意志向外部随意活动的过渡与情感向情绪的过渡是平行的。但是,正如不是每一种情感都发展成意志一样,情绪也不一定必然导致一种随意的活动。让我们举一个特定的例子,情绪的控制对于道德上和理智上成熟的意识来说是十分自然的,这种情绪的控制大部分存在于把它与外部随意活动分离开来的抑制界限之内。在野蛮人和动物中,任何一种情绪都会毫无阻碍地转化为活动。甚至在这种抑制有效的地方,内部的张力(internal tension)始终会在活动中谋求释放,其唯一的差别在于,它们并不有意地产生任何一种确定的结果。以此方式,产生了情绪的"纯粹"表达,这些表达仅仅代表了一种特定的内部感情状态(internal affective state)。它们是真正的随意活动的雏形。

在正常的情绪表达中间存在着模仿活动(mimetic movements)。就特定的情绪性质而言,它们是最为独特的。从生理学的角度考虑,它们与面部感觉器官的一些明确的反射运动相对应。由此可见,口部的模仿活动(这些活动对于感情状态的表达十分重要)与味觉刺激(如酸、苦、甜等)的活动建立起来的反射颇为相似。当一个人"尝到酸味时",嘴唇向两侧拉开,在嘴唇和舌头(舌头对酸是特别敏感的)之间形成更大的空间。而在"尝到苦味"的表情中,舌头后部和腭部之间分得很开,因为这两个部分对苦味最为敏感。我们可以这样说,所谓"酸相"和"苦相"都有赖于某些反射运动,它们的作用是防止某些味道不好的物质与某些对此十分敏感的器官部分相接触。而"甜相"则恰恰相反。舌头是对甜味很敏感的部分。"甜相"表情存在于一种吮吸运动之中,也许这是为了让舌头尽可能与甜味物质完全接触。我们可以想象,所有这些运动有赖于某些神经纤维和神经细胞的联结,而反射运动则逐渐受制于我们在前面讨论过的(见第八讲)调节过程。对后面这种假设来说,直接的证据是由下述事实提供的,即在幼年生活中,模仿活动要比它们后来成为的活动更加扩散和不明确。例如,口部运动总是伴随着一般的脸部扭曲,而且还往往伴随着身体其他部分的运动。

但是,模仿活动不仅是对特定的感官刺激(sense-stimuli)的反应〔对这些刺激来说,模仿活动是目的性反射（teleology reflexes）]，而且还是内部情绪的表达。无论哪种不愉快的刺激，都将以"酸相"和"苦相"表现出来。"苦相"表情随着轻蔑、憎恶和厌烦的不同程度而变化；"酸相"在哭泣时达到高潮，既可以表示心理的紊乱，又可以表示肉体的痛苦和感情的障碍。于是，面部表情变成符号性（symbolic）的了，成为一种心理状态的指标。当然，这一现象假设了可察感觉的表情和产生这种表情的感官刺激或多或少与情绪密切关联。情况就是如此。你们也许还记得，所有的情绪都伴随着感官情感（sense-feelings），尽管这些感官情感只有在情绪十分强烈时才可以清楚地被感知。现在，这些模仿活动意味着来自肌肉的动觉（movement-sensations），它们反过来又产生感官情感，这些感官情感十分清楚地唤起了与之相应的外周激发的感觉。当我们表现出"酸相""苦相"或"甜相"时，我们认为我们实际上在尝某种酸性物质、苦性物质或甜性物质。这是因为，无论何时，当这些刺激对我们产生影响时，反射运动就会伴随而至，于是模仿活动的感觉与味觉本身相融合了。

这些运动的发展过程有点像以下的情况。每一种感情的兴奋均伴随着身体运动。在这些运动中，有些运动（也就是感情色彩类似于情绪的那些运动）相对于其他运动来说逐渐取得优势。这是一个限制运动的过程，与前面讨论过的反射运动逐步受到限制的过程完全相似。模仿活动和依附于模仿活动的感官情感与情绪和心境（mood）的无限多样性相比，在数量上是极少的。它们除了表示特殊的感情状态所属的一般种类以外，没有更多的作为。可是，它们仍然容许一定量的变化。正像不同的面部表情详尽地结合起来或加以改变一样。然而，随着情绪变得越来越强烈，模仿也就变得越来越不确定和模棱两可了。

这些模仿活动充当了情绪和心境表达的一种手段，它们显然不可能被视为是真正的反射，因为反射的前提是感官刺激的运作。它们最好用"冲动的"运动（impulsive movements）这一术语来表示，如果我们认为"冲动"是诱导适合于特定精神状况的身体状况的意识努力的话。反射无须涉及任何一种意识过程。在冲动中，某个这样的过程好似一个必要的条件，或者是外部运动的前提，或者至少与外部运动同时发生。我们不要将此误解成把符号性意义归于与纯反射机能中同样的模仿活动相比较的冲动运动。我们的意思并不是说它一旦成为反射，符号性意义便逐步从它们先前的意义中发展出来。有关的观察必然会否定这种观点。相反，我们有充分理由假设，运动首先是冲动的，然后才是反射的。从未尝过甜酸苦味的新生儿，能相当正确地作出相应的模仿动作。当新生儿啼哭时，便出现"酸相"和"苦相"，或交替出现，或一并出现。在新生儿尚未将其嘴唇贴上母亲的乳房时，它已能作出吮吸动作，从而表现"甜相"。经过几个星期，新生儿已能发展出笑的模仿动作，它是愉快的心理兴奋的标志。

这些现象十分清楚地表明，人类婴儿出生之际便具有情感和情绪，甚至在生命的初期阶段，情绪已通过活动而得以表达（这些活动的感情特征与情绪本身的感情特征有关）。有假设认为，这是由于存在一种先前的心理发展，或者是人体运动对心理状态的天生适应。在个体的生命历程中，显然不存在这样的发展。因此，我们必须假设一种联结（connection），这种联结对于个体来说是原始的，也就是天生的。

对此现象该如何解释呢？要做的最明显的事情是从神经纤维和神经细胞的机体相

互联结中获得联想。我们可以假设,大多数感官在中枢神经系统中是与通向模仿肌肉的运动纤维紧密联结的。但是,始终存在着这样一种可能性,即这些联结在个体生命历程中得到进一步发展,起初分散和不明确的运动逐渐受到限制。观察证明了这种可能性:我们找到了一种对模仿活动的连续的和不断增长的限制。与此同时,我们发现我们在处理反射过程的一般理论时,被迫作出如下假设,即由于中枢神经系统中神经纤维的原始联结而存在某种倾向。这种理论解释了个体生活中反射性反应不断增加的限制,它假定感觉神经和运动神经的联结可能是最直接的,也就是说,这种联结代表了通常由一个兴奋过程相伴随的路径。

但是,当我们刚才谈到模仿活动与情绪的联结"对个体来说是原始的"时,就意味着把我们的调查推向了个体生活范围以外的可能性。这个问题现在成了一个进化的问题。

二、冲动和随意活动

你们知道,达尔文(Darwin)把他的"自然选择"(natural selection)的物种起源之假设建立在下述两个原理之上——变异(variability)原理和个体特征的遗传原理。很清楚,这些原理并不意味着真正的解释原理,而仅仅作为一般的标题,在每个标题下包括一系列有待解决的问题。然而,鉴于我们当前的目的,它足以表明,不论它们的最终原因可能是什么,它们对心理是有效的,就像它们对身体有效一样。假设变异和遗传这两种情况在一个不确定的时间里起作用,而且有机体世界的身体特征使它越来越分化,在心理倾向中也将始终找到差异。物种的躯体和心灵之完善和分化构成两个平行的发展过程。当某些神经、肌肉和中枢器官习惯地起作用,以便对心身冲动作出反应时,它们的身体发展必然会照此而行。然而,另一方面,身体发展的深入意味着心理机能的增强。

如果我们将这一假设应用于我们的特定情形,看来十分适合于解释从新生儿身上观察到的天生冲动行为的出现。为什么在世代的进程中,某些神经纤维和神经细胞得以产生,而旧的则消亡,看来没有理由。甚至在同一物种的不同个体之间,这些要素的数目可能有很大的差异。因此,家族、种族和物种的差异是通过由遗传产生的个体变异的累积而引起的。使身体不同部分同时发生兴奋的能力,也就是朝着某种特定类型联合行动的倾向,则进一步依靠神经系统各个分离部分的发展及其终端器官。

因此,我们可以把冲动活动发展的条件视作是身体的和心理的。让我们来假设,存在这样一种有机体,它的神经系统十分简单,譬如说,只由少数细胞和联结纤维构成。在这样的生物体内,由感官刺激引起的冲动运动将是不规则的。但是,特定的感觉纤维(由于它们的位置或某种其他的原因)比起它们的"邻居"来更经常地受到外部的刺激,结果,这些特定的感觉纤维将开始更有力地发展。直接的结果将是运动纤维的相应发展,也就是直接与感觉纤维联结的运动纤维的相应发展。一种联结以此方式形成,而且可能永存。也就是说,它从第一代起便存在,并延续至个体的子孙后代。从心理角度看,该过程似乎是情绪对活动的影响逐渐加以限制,那些活动将引起与感情色调中的情绪相似的情感,并且与情绪一起进入密切的联想中去。当然,联想不能照此遗传。可是,由于神经系统中相应的物理联结从一代传到另一代,个体的冲动活动就像对构成情绪基础的中枢兴奋的反应一样具有反射性,正如它对外部感官印象(它们对感觉的效果是相似的)的反应一样。在长期的遗传发展过程中逐步获得的感情联想可能从一开始就以这种方式存在,而且,即便通过个体的实践,也很少取得进一步的发展。

在这一点上,很明显没有一种确实可靠的界线可以在冲动活动和表达活动之间加以划分。每种冲动活动都是一种结果,从而也是一种情绪的表达。受到食欲驱使的动物扑向它的猎物,表现出一种受情绪支配的心理状态,就像一个人用眼泪来表示他的悲哀一样。唯一的差别在于,从狭义上说,在表达活动中,外部活动没有特定的目的,它对满足与情绪联系的愉快感或痛苦感没有直接的影响。在这种意义上说,表达活动是冲动活动的雏形。但是,积极的情绪,诸如在觊觎物体时的愤怒或愉快,都直接过渡到冲动和冲动的活动本身。例如,愤怒转化为复仇的本能,这种本能可在意欲满足复仇感的活动中找到它的表现,也即通过对愤怒的对象作出伤害而满足这种复仇感。这就是说,在内部经验中,冲动与情绪的关系和冲动活动与表达活动的关系是相同的。正如在心理生活的发展中那样,冲动活动很早发生,而且纯表达的活动——它的遗物——必然发生在后,普遍的动物冲动也是如此(如摄取养料的冲动、性冲动、报复冲动、保护冲动等),毫无疑问,这些都是情绪的最初形式。或者,如果我们用不同语言来表达同一思想的话,情绪是已经变得复杂的冲动,但是,根据其复杂性比例,它们已经失去它们的活动特征。

因此,我们可以通过下述事实把冲动活动与纯粹的表达活动区分开来:前者具有明确的目的,也就是有意地获得或至少是意欲获得;而后者尽管表现出一种有目的的模糊迹象,但是并不意味着达到这种目的的起码意图。在说到这一点时,我们同时又把冲动活动描述成随意活动。这是随意活动的标准,即关于目的的思维伴随着它而产生,或先于它而产生。因此,在上述解释的意义上(见第十五讲),冲动活动就是一种随意活动。

此外,当一种情感转化成情绪时,它参与一种观念运动,这种运动本身伴随着情感。一般说来,有些特定的观念作为该过程的有效原因而突显于该运动之中,并唤起了与其同时出现或继后直接唤起的适当的冲动活动。如果在这一阶段,有若干情绪结合起来形成一种复合的感情状态(compound affective state),那么在意识中显然会存在若干相互冲突的动机。从简单的、复合的随意活动或"选择活动"(act of choice)中发展起自然顺序。在这些阶段的任何一个阶段上,随意活动可能被机械化为反射活动。这些步骤已经在我们描述分离的意识过程中(见第十五讲)阐释过了。纯粹的表达活动也受制于这种机械化定律(law of mechanization),它们的情绪伴随物已经不再是一个意识和意志的问题。

三、本能行为

原先伴随着简单的或复合的随意活动的运动,但在个体的生命历程或遗传的进化历程中变得完全机械化或部分机械化的运动,我们称之为本能活动(instinctive actions)。"本能"(instinct)就其含义而言,如同界定的一样,它与冲动十分接近。两者的唯一区别在于——"冲动"一般意指较为简单的有目的活动;"本能"则意指更为复杂的冲动活动,这些活动预先假定了个体实践的长期过程。因此,本能的活动实际上介于反射活动和纯粹的随意活动之间。这样,在对舌头施以一个酸刺激以后旋即发生的模仿活动,将被视作一种反射,几乎不能视作是本能活动。但是,当将一块石头掷向一个人,而那个人旋即作出不随意的防御活动,我们称之为本能活动。很清楚要想在已经变得完全机械的活动和那些仍然保持冲动要素的活动之间划分明确的界线往往是困难的。在某些情形里,对酸的模仿反应可能是冲动性的。确实,这种情况会经常发生,也就是说,无论何时,一旦与酸的味觉联系上,就会发生使舌头离开刺激的冲动。另一方面,防御活动看似一种简单的反射,在危险的印象进入意识之前发生。这种界定的不确定性,与目前关于意志概念的心理限制相结合,说明了为什么本能的问题成为科学中最有争议的领域之一,尽管现在关于动物生活的遗传观点的普遍认识已经消除了理解复杂的动物本能时所遇到的主要障碍。

四、本能理论

时至今日,本能的理论仍然引起大量的冲突意见。有些人认为它是身体组织的纯机械结果,是一种复合的反射运动,它与简单的反射的唯一不同在于,对特定刺激的运动反应更加复杂,而且延续时间更长。其他一些人把动物的本能活动看做是先天观念的表现。第三种观点认为它是一种随意活动,包含着目的的意识,但特征却是观念清晰度的减弱。后面两种假设在当今时代已逐步为第四种和第五种观点所取代,这些观点是在进化论的影响下形成的。这些观点与第一种观点(即纯粹反射的假设)一起被认为是当今的标准理论。这些理论中的第一种理论使本能行为成为"智力表现的机械化雏形"。它强调这样一种观点(尤其涉及动物的本能),即这种机械化(mechanization)已经延续了了无数世代。第二种观点以达尔文为代表,把本能解释为主要由环境影响和生存竞争所决定的"遗传习惯"(inherited habit),但是在某种程度上也由智力所决定。像所有的习惯那样,本能也服从于变化。但是,自然选择已经使这些变化始终带有对物种是有利的目的。

我们可以当即驳斥这种站不住脚的假设,即认为动物的本能来自智力,而那种智力尽管与人类的智力不相一致,却仍然是同等的。与此同时,我们必须承认,有种智力理论的追随者在更为一般的意义上并未把大量的动物心理生活归之于智力,像唯理智论者(intellectualist)所做的那样,而是归之于个体经验,这种个体经验只能根据联想来解释(正如我们前面所见到的那样),他们这样做是正确的。蜘蛛在织网以及为织网选择合适的地点方面所采取的谨慎态度,确切地表明了联想的心理活动。当蜂房的正常结构受到投入蜂巢的玻璃片或其他东西的侵扰时蜜蜂所作出的许多改变也是一样的。确实,要想引证一个本能的例子,在这个例子中,动物的行为在某种程度上无法提供个体经验的证据,这也许是不可能的。与此同时,有另一组相似的行为可以考虑,这组行为尽管有目的,但是既不能解释为目的论反映的结果,也不能根据个体生活中经历的印象和联想来解释。鸟类筑窝、蜘蛛织网或蜜蜂垒巢,都是一些明显的有目的的行为。确实,比起可以根据个体经验来解释的这类动物的其他一些行为,上述行为是更具目的性的。如果真的是目的论反映导致了鸟类筑窝、蜘蛛织网和蜜蜂垒巢的话,那么我们将不得不认为这些动物具有一定程度的智力(单一的生活经验几乎难以期望甚至在人类身上发展出这种智力来)。

反对上述解释的另一种论点认为,经常会发生这样的情况,即单一物种的不同成员会重复出现同样的行为,即使在不同个体之间并不存在任何联系的情况下也会出现同样的行为。当然,在同一蜂房或蚁巢的居民之间存在着密切的联系,在亲属聚集生活的时间极短的物种中间,父母和幼仔之间也存在这种密切的联系。但是,大量的例子表明,动物可以在完全不受其伙伴的影响下开始其生活。当毛虫从卵中孵出时,它的父母早已死去,然而,它仍能像父母那样去作茧。最后,把本能行为解释成智力,在许多情况下,意味着对未来的一种预示。由于在个体的以往生活中既没有提供类比的经验,也没有可以向个体传递这些经验的方法,因此难以假定这种预示是有意识的。一种名叫法拉那(phalana)的夜间飞行动物常在所产的卵上面覆盖一层毛,以保护卵子在冬季来临之前不被冻伤。而毛虫变成蛹,对此变形毫无先前的经验可言。

我们可以通过早先时候一位作者的说明来证实导源于意识反映的本能行为的不可能性(在这位作者的说明中,该理论所包含的所有矛盾均被置于一个狭窄的范围之内),没有什么东西能比这一例子更说明问题了。帝蛾(the emperor moth)的幼虫在其茧子顶部用硬丝织成一对拱门,仅用几根硬丝把拱门吊在一起。也就是说,在内部只需用最少的力便可打开茧子,但是却能抵抗来自外部的相当大的压力。奥顿里斯(Autenrieth)在其著作《关于自然生活和心灵生活之见解》(*Ansichten uber Naturund Seelenleben*)中写道:"如果幼虫借助反射采取行动,并且在理解的基础上行动,那么,根据人类的类比,它一定会遵循下面的思路:一旦它到达化蛹的阶段,便会受到任何一种不幸的偶发事件的摆布,没有逃脱的可能性,除非它预先采取某些预防措施。也就是说,它必须从其茧子里产生成虫,而无须用某些器官或力气来穿破它在幼虫时期织起来的茧子,也无须像其他昆虫那样(它们一旦分泌出这种分泌物便能边吃边穿过那些丝线)拥有任何分泌物。结果,除非它十分小心地像毛虫一样从其茧子里提供方便的出路,否则它肯定会在禁闭状态中导致早熟的结局。可是,另一方面,必须清楚地认识到,在它对茧子所进行的工作中,为了像成虫一样获得自由出口,它只需建筑一个拱门,这种拱形结构对外能抵抗压力,对内则很容易打开。只要拱门是用硬丝制成的,这些条件便可得到满足,因为硬丝沿中线倾斜,它们的端部却是不受限制的。与此同时,毛虫一定会意识到,如果用这些丝特别小心地编织茧子的顶端,那么该计划便可得以实现。然而,这一切是不可能从它父母那里学来的:因为早在它从卵里孵出之前,它的父母便已寿终正寝了;它既无任何实践经验,因为织茧这件事在一生中仅发生一次而已;也无法向伙伴学习或模仿任何东西,因为该物种并非一种社会昆虫。在它作为幼虫而存在的整个期间,它的理解也极少得到发展。它在初次见到光亮时便开始沿枝头爬行,吞食树叶而无须任何考虑,因为食物就在那里,随时等待毛虫的光顾;它用脚牢牢吸住叶子,也许为了防止掉到地上,而且还会爬到叶子下面去躲雨;它还会通过整个身体的无意收缩而多次蜕皮,但是却不结茧——那便是它的整个一生,也就是它智力练习的机会的总和。"

因此，本能活动既不能用有意反射也不能用个体联想来进行解释。这种假设需要一定的预示，就动物而言，从心理学角度讲是不可能的。但是，与之相反的理论，也就是近来由赫伯特·斯宾塞（Herbert Spencer）加以捍卫的理论，认为本能只是一种复合的反射活动，由生理组织的规律所决定，同样是站不住脚的。毛虫吐丝、蜘蛛分泌织网的材料、蜜蜂产蜡，这些都是生理需要的问题，正如其他一些分泌物的产生是生理需要的问题一样。但是，这些东西在分泌以后却以如此艺术的形式构筑起来，这从生理组织的事实来说是无法解释的。它只能说明动物具有供它调遣的物质，而无法说明构成其工作的真正结果的"形式"（form）。

如果可以这样说的话，更糟的是介于智力和反射理论之间的一种观点，这种观点把先天的观念（connate ideas）视作本能活动的动机。他们假定蜜蜂一开始就有六角形蜂巢的图样，蜘蛛有蛛网网眼的图样，毛虫有茧子的图样，鸟儿有即将筑成的巢的图样，每种动物一定会将它的观念变成现实。古老的哲学唯心主义在此假设中找到了对先天观念学说的颇受欢迎的支持。但是，它与人类意识的分析所教导我们的每件事情都发生抵触。无法证明存在于我们心中的观念不是产生自个体的生活经验。天生的聋子对音调一无所知，天生的盲人则对色彩一窍不通。就复杂的观念而言，天生的可能性极少。除此以外，有关本能的观察对此假设也未提供绝对的支持。如果蜜蜂心里真有六角形蜂巢的确切形象，那么蜂房中所有的巢为什么不是同样大小呢？你们看到，在蜜蜂的意识中，存在的肯定不是单一的巢的观念，而是属于蜂群的各种蜂巢，如果它的行为在每个方面都变得可以理解的话。鸟儿用某些确定的材料筑巢，一般从不改变这些材料，除非在必要的情况下。关于巢的先天观念是否包括筑巢中用到的每根小枝和稻草的观念呢？这种理论显然已经引起了麻烦，其麻烦并不比智力活动的假设所引起的麻烦更少悲哀。它需要的不是这种关于单一先天观念的假设，而是一种完整的联结系列，总之，是一种以大量的经验为背景的先天的思维活动。

因此，只有两种假设是真正可论证的。其中一个假设把本能活动视作一种机械的智力活动，它已在总体上或部分地还原至反射水平；另外一种假设把本能视作一种遗传习惯，它在无数世代的历程中，随着外部环境的影响而逐渐获得和改变。显然，在这两种观点之间并不存在任何必然的对抗性。本能可能是一些最初有意识的活动，但是现在却变得机械了，并可能成为遗传的习惯。如果我们稍稍改变第一种理论，并且按照第一种理论使本能部分地成为机械化意志的问题，部分地成为仍由心理动机所决定的活动，则这样的妥协有不少地方是可取的。如果我们想诉诸这样一些事实，即赞同这两种观点中的一种观点，或对两种观点的结合下一结论，或持反对意见，我们应当充分牢记与我们考虑动物的"智力"表现（见第十三讲）相联系的一些规则。它们从来没有像在关于动物本能的性质这一心理学特定章节中那样破绽百出。你们记得，第一种观点认为我们必须从人类意识的已知事实出发；第二种观点认为，简单的解释原理始终比复杂的解释原理更为人们所偏爱。

因此，我们必须在下一讲继续讨论人类的本能活动。当我们完成讨论后，我们可以停下来再次回顾动物本能所揭示的一些困难现象。

第二十七讲

· *Lecture Twenty-Seventeenth* ·

一、人类的本能活动

正如前面提及的那样，通过本能活动，我们了解了有目的的（purposive）、不随意的（involuntary）、半冲动的（half impulsive）和半反射的（half reflex）一些情况。在这个意义上说，人类的许多活动可以归入这种本能活动的类别之下，对此不可能有任何疑问。

我们笑和哭，我们在不受我们的愿望或知识的支配下，甚至在违背我们的愿望或知识的情况下作出最为复杂的模仿动作（mimetic movements）。我们的大多数活动是由情绪（emotion）决定的，意志（volition）通常在活动的节制或抑制中表现它自己。意志为活动确定明确的方向，意志的执行则留给了本能。当我们步行时，一般说来，是意志规定了路线，但是我们却本能地一步接着一步地走。许多活动，开始时需要实践和意志努力，但是，一旦它们变得熟悉时，几乎可以在专门的本能控制下实施。例如，正在学习写字的儿童可能吃力地抄写每一个笔顺和笔画；老练的作家只需具有写出某个特定单词的意图，这个单词便会显现在他面前的纸上。初学钢琴者必须费力地注意每个音符，以便找到每个合适的琴键；熟练的钢琴演奏家却能机械地将印刷符号转化为弹奏钢琴的活动。任何一种变得习惯化的活动都是本能地形成的。当然，意志的冲动肯定在一开始就出现了。不过，其效应却延伸至整个活动，每一种特定的活动无须努力便会发生。整个活动系列一旦发生，便会像反射一样，以同样的无意识确定性和目的性而进行到底。童年早期的随意运动是不确定的和不熟练的，实践还没有时间把这些随意运动转变成本能的活动。这种情况对于成人来说同样也是正确的，无论何时，只要他想实施某种尚未习惯的运动，尽管性质上是简单的运动，也需要时间和实践把它转化成本能的活动。运动的精确和优美，不是依靠意志的坚定，而是依靠本能的确定性。

这种从随意活动向本能活动的转化受到环境影响的极大推动。从生命的第一天起，我们便处于同伴的包围之中，并对他们的行为进行模仿。这些模仿活动就其特征而言是本能的，一旦儿童的意识从其沉睡的被动性中被唤起，它便开始感知他人情绪的表达，并通过相应冲动的类似情绪对他人的情绪表达作出反应。借助不断的模仿，儿童开始学习语言，学习周围人群所讲的语言，这是一种冲动，而不是一种随意活动。甚至，对儿童语言来说，词的形成也不是像通常错误地认为的那样由儿童自己发明的，而是借助于环境——借助于保姆和母亲的言语，她们在与孩子进行交流的过程中，使她们的言语适应于儿童心理发展的水平和清晰发音的能力。对她们来说，特定的儿语的形成和模仿发音在某种程度上是一种有目的的创造,对于其中的大部分来说,这种适应和模仿本身是本能性的。由环境和例子所提示的随意活动和本能活动,从生命开始到结束,在人的行为中不断交叉。如果把来自个人选择和智力反映的活动总和置于天平的一端,把来自本能和模仿的活动总和置于另一端,那么,几乎毫无疑问,天平会斜向本能的一端。假设有一只鸟对动物学调查产生了兴趣,那么,它可能会认为人类的本能是所有生物中间最丰富的。人类和鸟类一样,都具有婚姻生活的本能;人类像狐狸一样,对子女进行教育;人类像海狸一样具有建造房子的冲动;还具有像蜜蜂一样的习俗去建立国家并开辟殖民地;同时,人类还与蚂蚁一样,喜好战争、奴役和驯养有用的动物。

确实,这里存在着巨大的差别。对人类来说,所有这些本能,至少就历史过程中这些本能所采取的形式而言,都是不断的智力发展的结果,这在动物中间是找不到蛛丝马迹的。此外,由于以下事实,还筑起巨大的鸿沟,即在一般的生活标准范围内,个人意志在决定他对这些生活标准的特定遵奉方面具有宽敞的空间。再者,如果把整个人类行为分成两大部分,即随意活动和不随意活动,那么就我们大多数人而言,对于构成人类普遍标准的那些活动的主要刺激不是反射和自由意志(free-will),而是对我们毗邻的本能模仿。通常只有在生活的一般标准必须用于特定的情形中时,反射和意志才开始起作用。个体如何建造自己的房屋,或者他住在何处,对他个人来说可能是一个长期考虑的问题。但是,一般说来,建造房屋和寻找庇护所在人类看来是自然而正确的事情,正像蜜蜂建造六角形的巢室一样,在蜜蜂看来也是自然而正确的事情。甚至像对自己的生活进行特定安排的问题,对文明人来说是如此重要,但它却很少引起野蛮人的烦恼。野蛮人像他的伙伴那样盖起茅屋、支起帐篷,而且像他的祖先那样从事这些活动。所以,人类生活浸透了本能活动,然而,这些活动部分地是由智力和意志决定的。至于各种形式的心理条件作用,都是一些混合的过程。几乎不会发生这样的情况,即一个意识事实可以完全归入由心理抽象建立起来的任何一种类别。像一般的心理生活那样,它是由各种组成成分混合而成的。

二、获得性本能

就我们所能阐释的而言,在个体生活期间以此方式发展起来的本能,以及在缺乏明确的个体影响下可能得不到发展的本能,可以称做获得性本能(acquired instincts)。你们可以从已经讲过的那些内容中看到,所有这些本能——从熟练的钢琴家的本能性手指运动到建造庇护所的本能,和为了抗寒而穿衣服的本能——都取决于两种条件,一种是生理的,另一种是心理的。前者存在于我们的神经组织的特性之中,这种神经组织使复杂的随意运动逐步机械化;后者存在于模仿冲动的动作之中,对于生活在任何一种社会里的动物来说,这也许是很自然的,但是在人类身上,它尤其有力。这种冲动本身是一种本能,模仿运动通常是冲动性的,而非随意的。但是,与此同时,它也是其他许多本能的源泉,特别是那些在发展方面受到一种社会生活方式推动的本能。就严格意义上的获得性本能而言——在个体生活中作为个体实践的结果而发展起来的本能,例如熟练的钢琴家的本能运动——第一种条件将是有效的,即使第二种条件不存在,这是由此评论得出的必然推论。这些纯粹是生理实践问题,因此不难理解这些运动可能会变得反射性。差不多适合于这种特定情形的假设将是我们上面回顾过的关于本能解释的第四种解释——也就是说从智力转化为反射活动。我之所以说"差不多",是因为"智力活动"的表述在目前的例子中是不容许的,比起我们已经讨论过的其他上下文来,"智力活动"的表述是不可以采纳的。在大多数情形里,并不涉及智力活动,而是仅仅涉及联想。而且,在任何一种情形里,智力活动在能够被机械化之前肯定已还原为联想。例如,钢琴演奏者必须首先在印制的音符和触觉运动之间形成一种稳定的联想。但是,这种联想逐渐摆脱意识的检验,而运动的相互联结成为纯机械化的了。

第二种条件的运作,也即朝向模仿的心理冲动,可在社会本能(social instincts)的情形中见到——往往与生理因素相结合。扎根于模仿冲动的事实是这样的——通常,产生自心理动机的任何一种活动在同一物种的全体个体中激起一种情绪,这种情绪类似于代理人本身体验的情绪。情绪的相似性意味着它的外部表达的相似性。因此模仿冲动的最简单表现将在不同形式的狂暴情绪表达中达到。例如,一位演说家的充满激情的手势将会在听众的不随意运动中得到反映。当我们注视一张悲戚的脸庞时,我们自己的容貌就会承担一种投射,以保持与那张悲戚的脸部表情同步。在所有这些情形里,模仿运动纯粹是本能的。另一方面,如果呈现的陌生情形使我们唤起一种意志活动,则本能反应就会转化成某种较为简单的活动形式。这种情况可在一切人类的社会本能中见到,在那里,本能的范围与习俗的范围相连接。这里所说的现象是一种混合和复杂的现象,以至于它们的本能要素(instinctive element)通常被完全忽略了。

三、先天本能

与这些获得性人类本能相区别的是其他一些本能,它们是先天的(connate)。这些先天的本能,在人类方面,由于文明和教育,比起其他动物来也许已有变更,不过,它们对于最为重要的生机功能的起源来说是必不可少的。尤其存在两种基本的机体性质的本能——性冲动和营养冲动——它们像先天的本能那样,在人类身上保持不变。对先天本能的情况进行调查一般说来是特别困难的。当然,从人类的意识事实出发进行调查,似乎有着许多的理由,因为它提供了直接可得的观察材料。

那么,先天的本能是否来自先天的观念?或者说,它们是否有赖于智力过程呢?你们将会立即看到,如果人类对这些假设的系统阐述不予考虑的话,那么这些假设便不可能建立起来。或者模仿的冲动是否以这样或那样的方式成为这些假设中的一个构成因素,就像在获得性社会本能的情形中那样呢?对于这个问题,我们也会予以否定的回答,而无须赘言。那么,我们是否把这些原始的本能表现看做与机械的随意活动相似的某种东西呢?当然,如果你观察一只新生动物的最初吮吸动作,也就是通过实际吮吸乳汁来满足其饥饿之前出现的那些吮吸动作,你将对"反射"这个术语不会持很多的反对意见。

但是,人们仍然不可能假设这些反射以类似的方式起源于实践引起的机械活动(譬如说钢琴家的那些活动)。不!只要我们把自己限于个体生活的圈子里,那么,它们是原始的而非获得的便不会有任何问题了。因此,我们似乎找到了一种例外的情况去支持这种反射理论,该理论在其他地方已被证明是完全站不住脚的。

但是,我们不必过于匆忙地去确定它的有利方面;我们必须进行观察,借助观察去加以驳斥或证实。反射理论假设新生动物的吮吸动作不仅是不随意的(involuntary),而且是无意识的(unconscious)。像一般的反射运动那样,它们在性质上纯粹是生理性的,它们表明完全缺乏心理动机。现在,尽管这样一种假设在研讨会上可能显得十分合理,但是对于一名真正看到过饥饿婴儿的运动的人来说,几乎是一种得不到支持的理论。每种容貌和每种姿势都预示着存在不愉快的情感。从婴儿的啼哭和运动中可以充分理解这样一种模糊的抱怨:"我饿了。"这时给婴儿任何一种可以吮吸的东西,例如一只手指或枕头的一角,于是婴儿的一切运动都停止了。吮吸,而且只有吮吸,成为此时此刻的全部行为。当然,无须多长时间,不安分的情况又会重新恢复,只有满足了饥饿感才能最终予以克服。

把所有这些说成是纯粹的生理反射问题是完全不可能的。如果情绪表达具有任何一种意义的话,那么婴儿的运动只能被解释为心理的条件活动,也就是冲动的表现。毫无疑问,我们一定会假设,在这些最初的冲动运动中不存在观念(冲动指向该观念的目的)的阴影。对于情绪表达和冲动表达的起源来说,那是根本没有必要的。感觉与依附于感觉的情感是适合于这一结果的。它们在饥饿感中被提供(这种饥饿感是由生理决定的),并且与不愉快的感觉联系着。

与此同时,在该效应中,有一个部分是这些原因不足以解释的——正是这种现象为这些冲动的活动提供了它们的有目的的特征,并使它们有可能达到它们的目的——那就是嘴唇的吮吸运动,这种运动一般并不具有不愉快情绪的特征。我们把这种现象视作一种特殊的情绪表达,它在人类婴儿身上与具有强烈色彩的饥饿感不可分割地联系在一起。如果这种运动是一种表达,那么它的目的性便成为可以理解的了。当表达的运动成为个体情绪表达的手段时,它们的一般性质,尤其是产生自发展过程的目的性特征,便延伸到了个体以外。它们的生理条件是遗传的,或者说,是在早先的世代历程中获得的,可以追溯至无限的过去。这就向我们表明了包含在反射理论中的一点儿真理。新生儿的吮吸运动是反射,在这个意义上,其中的表达运动一般说来也是反射。它们的目的性,像反射的目的性那样,是由于种族进化过程中获得的一种组织,而非个体进化过程中获得的一种组织。但是,它们与反射本身的区别在于,它们伴随着心中的情绪,它们的操作受这些情绪的调节。正是这两种特征的结合构成了"先天冲动"的特性。它介于反射和获得性冲动活动之间。与前者有关的是,它的最终基础是生理的,而与后者有关的是,它直接产生自心理的条件,只要予以干预,便可改变其原先的特征。

四、实践、模仿和遗传

如果我们对所有那些与本能有关的人类行为现象进行调查的话,我们便会看到,本能活动的最简单条件可在个体实践的结果中找到。这里，活动仅仅表示生理组织的一种倾向，该倾向是由过去经常重复的运动所诱导的。一种明确的复杂活动的操作和它与适当的感官刺激的联结已经越来越成为一种过程，直到最后它们变得完全机械化为止。其次是获得的社会本能，它们的条件随着社会情绪和相应的模仿活动的发展而复杂起来。最后，先天的本能使我们假设生理组织的倾向加上与此相关的复杂运动的机械化，如果通过若干世代的诱导，便会留下持久的生理效应，它们对一切个体来说均是共同的。所以，某些冲动的运动，也就是促进生命基本需要的冲动运动，表现出反射的形式。它们可能为新的发展构筑起点，通过这些新的发展，冲动能在特定的个体身上达到一定程度的完善。

"实践"和"习惯"的效应只能是由于刺激的后效（after-effects），也即我们在解释本能活动时所假设的那种后效。由于本能的表现是典型的"习俗的"或"习惯的"活动，因此把它们归于一般的实践定律是无须证明的。该定律的内容如下：一种随意活动越是经常地得到重复，它便越易实施，它的组成成分越是倾向于表现出反射的形式（如果它是一种复杂活动的话），也就是说，这些组成成分本身已经置于一系列联结的运动之中，一旦为某种适当的刺激所启动，它们就会机械地反应下去。

有关这一定律的系统阐述立即向我们表明它的基础必定是生理的。实践过程所达到的目标只是运动的机械化，这些运动原先有赖于心理的前提。所有这些意味着神经系统的机械改变（也就是生理改变）是整个问题的基础。由于我们对于神经过程的真正性质一无所知，因此，当我们发现这些变化的物理特征和化学特征仍然不为人们所知时无须感到惊奇。尽管我们对它们的情况一无所知，但我们至少可以肯定它们是存在的，实践结果的证据不能被认为是有问题的。对于人体的任何一种运动来说，几乎都可以通过连续的实践和重复而还原为机械的肯定性，这种机械的肯定性如此完整，以至于它能像对某些感官刺激作出必要的反应那样进行操作，甚至无须任何一种意图的参与，尽管这样做是困难的。关于通过实践而发生的复杂活动的机械化的例子，经常发生在"心不在焉"的人们的行为中。在不适合从事某种活动的时候去开始一种习惯活动，已经成为人们的共同体验——刺激是由某种熟悉的印象提供的。我们可能过家门而不入，或者经过我们的工作单位而不入，但却突然发现我们已经机械地走在通常所走的路线上，并进入了我们根本不想进入的建筑物。下面的例子也颇能说明问题：几年前，我专注于青蛙的某种生理实验，为此，每只青蛙都要进行相当复杂的手术。一天，我恰巧拿起一只青蛙想进行一项不太相同的实验。可结果，我惊讶地发现我没有做我打算做的那种实验，而是仍然做了往常习惯的手术。现在，我们肯定不能把这种活动视作纯粹的反射。这些印象不仅是生理刺激，而且也是心理动机。但是，对它们的反应都是冲动的：熟悉的视觉印象唤起了与此联系着的感觉、情感和运动。然而，运动不可能以那种方式变成本能的，除非运动的连续性已经彻底地在生理上实践过。这种实践的规模越大，对我们正在从事的事情的有意识实施的阻抑便越有效。

因此，存在一些十分不同的经验，它们使实践的生理效应摆脱了怀疑的阴影。但是，仍然有另一种证据表明它们存在于神经要素的功能特征之中。如果你用一种刺激去激发运动神经（这种刺激十分微弱，以至于只能引起依附于运动神经的肌肉收缩），如果你间歇地使用这一刺激，其程度足以避免因疲劳而衰竭，那么你便会发现（尤其当神经处于良好状态时），肌肉的收缩在数量上逐渐增加。这种因刺激而引起的兴奋的增加，可以在与脊髓联结的感觉神经受到刺激后产生的反射运动中充分观察到——假定这种实验始终在排除疲劳的逆向影响下进行。但是，兴奋增加所依赖的神经要素中的分子变化，正如我们上面所说的那样，仍然不为人们所知晓。然而，我们可以通过因重复而促进一种运动的若干例子来说明这一问题。例如，当马车的轮子绕着车轴旋转时，原来粗糙的轮子表面渐渐磨光，摩擦的阻力也随之消失。你们也都知道，如果你们经常给手表上发条的话，它便会运转得更好些，如此等等。同样，我们可以假设，重复促进了神经要素的作用，因为它排除了一切形式的障碍和阻抑。现在，一种复杂的肌肉运动由一组明确排列的简单运动所组成，每种简单运动均依赖某种基本的兴奋过程。在这样的系列中，每个先行的兴奋为继后的兴奋充当着适当的刺激。这就意味着，实践的效应不仅在于促进复杂过程中每个特定的组成成分，而且也在于促进构成复杂过程各个基本运动的明确结合。

你们可以容易地看到，这一实践定律为我们的超出本能活动之范围的心理生活提供了物质基础，不仅某些运动的结合，而且一般说来感觉和观念的联想，都因实践而变得稳定。接近联想和相似联想（contiguity and similarity associations）也对其影响作了见证。前者与感官中枢某些兴奋过程的习惯直接相关，其效应是在同样的印象得到重复时促进感觉的发生；后者则有赖于我们的习惯与同时兴奋或相继兴奋的特殊联结。也就是说，根据这一观点，本能似乎是联想向运动范围的延伸。

这些实践定律足以对获得性本能进行解释。先天本能的发生使得附带的假设成为必要。我们必须假设，神经要素经历的生理变化可以由父代传给子代。嗣后的世代因此将在两个方面受到影响：由于神经系统的先天倾向，他们将从一开始便易于获得与某些复杂运动的相似性；由于明确而又清楚地标志的特定的神经倾向，它们将以机械肯定性的反射运动对特定的刺激作出反应。如果确有任何进化连续性的话，那么对获得性倾向之遗传的假设便是不可避免的。我们可能仅仅对这种遗传的程度存在怀疑，我们无法对事实本身提出质疑。特别是人类婴儿的遗传性反射，它们对其营养本能的发展来说如此重要，以至于这些反射属于原始倾向的组成成分（这种原始的倾向可以追溯至种族发展的起点）。但是，更多的个体天赋——某些天资的可遗传性是毫无疑问的——看来也为下面的观点提供了可能性，即倾向的传播发生着，至少在某些范围内发生着。然而，这种倾向并非任何长久发展的产物，也许可以被视作有利于新功能实践的倾向，而不是有利于现成的反射弧系统（systems of reflex arcs）的倾向。在更为特定的天赋遗传中，联想的倾向和本能的方向完全一致，这一点具有十分重要的意义。一种先天的才能，尤其是如果它的实施范围是内部的而不是外部的，至少有赖于形成某些联想联结的倾向，正如有赖于某些复杂的运动形式的熟练性一样。但是，在每一情形里，必须牢记的一点是，这种倾向（disposition）是天生的，而非实际的功能能力（functional capability）是天生的。每一种本能活动，不管多么原始——例如婴儿的进食——必须在某种程度上由个体重新获得。因此，为了实现天生的才能（在这些天生的才能的背后只有很短的发展时期），就需要更多的实践。运动的准备状态和观念联结的多面性是先天倾向的希望所在,这种希望的实现在生命中出现较晚。观念不可能比复杂的意志活动得到更多的遗传。天才和本能一样都是潜在的,直到外部刺激将它们召唤到实际生活中为止。

五、动物本能与人类本能的关系

我们已经回顾了人类本能之起源的条件。那么,这一问题如何与动物王国呈现的相似现象作类比呢? 它们是否可从同样的条件中推导出来(也许不同的数量涉及不同的因素)? 或者,我们是否必须寻找另外一些特定的解释性理由?

尽管动物的本能表现和人类的本能表现存在差异,但是它们之间的基本相似性却是不容怀疑的。第一个问题可作肯定回答,第二个问题须作否定回答,尽管这种否定不可能是绝对的。对人类的生活条件而言,某些影响倾向于消失,而且可以相应地不予考虑,但是这些影响在动物生活中却具有相当大的重要性。为了了解这一观点的必要性,我们只需看一下动物(例如一条毛虫)的本能,这种本能不仅为毛虫本身提供了条件,而且还为幼体提供了条件,甚至还为成虫阶段提供了条件,对此,用不着借鉴其他动物的例子,或它自身任何一种先前的经验。我们的解释所采用的原理是否适用于这一解释呢?——也就是说,生活在石榴中的一条毛虫,在其变形以前从石榴中开出一条路来,然后用丝将开口处与附近的树枝黏在一起,以便在它完成变形以后不致掉到地上。许多类似的例子在达尔文的遗作中得到引用,罗马尼斯(Romanes)在其著作《动物的心理演化》(*Mental Evolution in Animals*)中附上了这些关于本能的论文。帝娥(the emperor moth)的例子也属于这一类,我们曾用该例子反对唯理论的假设(intellectualistic hypothesis)(见第二十六讲)。这些都是先天的本能,因此,在我们自己的经验中,与此最为接近的类比可由饥饿婴儿的吮吸活动来提供。这些例子十分简单,涉及随时准备好的反射机制。我们能否谈论一些复杂的动物活动(它们在不同的物种中竟如此奇妙地符合特定的生活条件)呢? 而且,即使同意这种可能性,则物种的先前生活史又如何使我们解释特定反射机制的起源呢?

由于我们不了解这种生活史的详情,所以我们必须放弃对本能作出真正的遗传学解释的任何试图。我们所能做的一切是:首先,检验反射起源的可能性,它不仅仅涉及运动和刺激之间一种明确的和不变的协作,而且涉及随着特定条件的变化而可能改变的协作;其次,探讨"反射"这个术语是否真能用于所陈述的事实。现在的事实是,无脑动物仍能表现出随着特定的条件而变化的那些反射。一只青蛙除了视叶(optic lobes)以外,大脑的其余部分均被切除,可它不仅在皮肤受到刺激时试图逃脱,而且还能避开前进途中的障碍物。在其他一些方面,它的行动仍然具有反射的一切特征。现在,让我们把这一例子用于目前的情形之中。毫无疑问,变异随着特定的条件而发生,理由在于(正如我们前述的讨论所表明的那样),像饥饿婴儿的运动那样的运动并非纯粹反射的,而是情绪的表达——这种表达以神经中枢内先前形成的目的性联结为中介。因此,尽管像毛虫那样的动物,其本能活动乍一看显得有点奇怪，但它与人类婴儿的活动只有程度上的差别，对于人类婴儿的活动来说，我们发现要想作出解释是比较容易的①。

还有一点需要进一步解释。迄今为止，借助人类经验的事实，我们已经用下列方式在先天性本能和获得性本能之间的差异上架起了桥梁。我们已经假设，父亲能够将他自己生活中通过实践获得的生理倾向传给儿子，而且，在世代的历程中，这些遗传的倾向通过累积而得到加强并变得明确起来。但是，能否由此构想任何一种特定的生活史，在这种生活史中充斥各种倾向，并最终能产生像毛虫的本能活动，帝娥的本能活动，甚至候鸟的本能活动（它们在没有教导或先例的情况下在冬天飞向南方）那样的一系列如此复杂的本能活动呢？当然，我们在这里无法用富有实践经验的钢琴家进行类比。但是，它是否可以实际上用于人类的先天本能呢？它们是否意味着，除了意志活动外，还是一种存在于外部生活条件中的强制力量呢？我们不知道从何时起营养功能在人类中得到了发展，除了结构演化的事实允许功能的推断外。但是，人类的一般心理属性使我们十分确定地假设，习惯的早期发展和巩固是在外部环境的联合作用和永恒影响下发生的，是在产生自情感的随意活动的联合作用和永恒影响下发生的。

这使我们导向这样一种原理，达尔文认为该原理对本能发展和进化过程具有头等的重要性——那就是"适应环境"（adaptation to environment）的原理。毫无疑问，这种适应和随意活动构成了动物冲动发展的两个普遍的决定因素。第一个因素补充了第二个因素，意志一定具有指向的目标。当然，反之不一定如此。在植物王国，特定变化逐渐受到环境单独作用的影响，也即影响生长的功能或促进某些特性。这种被动适应（passive adaptation）也可以在动物中间自然地找到，因为它们像植物一样也具有生理功能，这些生理功能随着被动适应而改变。但是，达尔文把本能发展解释为主要是被动适应的结果，这种解释看来与事实相悖。本能活动是冲动的，那是一种随意活动，无论我们如何追溯，我们都无法找到导源于意志活动的任何东西。对任何一种动物本能的发展来说，除非从一开始便存在外部刺激与感情反应和随意反应的相互作用（这种反应在有机体进化的一切阶段构成了本能的真正本质），否则这种发展是不可能的。我们可以成功地从简单的本能形式中获得复杂的本能形式，但是我们无法根据既非本能又非冲动的东西来解释本能。

因此，外部的生活条件和对这些生活条件的随意反应是本能演化中起作用的两个因素。但是，它们以不同的程度运作着。智慧的发展始终倾向于以这种或那种方式改变本能。于是，产生了两种彼此联系的原理，第一种原理是对环境的适应，它在生命的低级阶段占优势；第二种原理是随意活动，它在高级阶段占优势。这便是人类本能和动物之间的最大差异。人类本能是随意活动对生活条件的有目的的适应。第二种差异来自第一种差异，即大多数人类本能是获得的；而动物的本能则限于先天的本能，变化的范围较小（这里，受过训练的动物不在我们考虑之列）。这就使得下述问题在一定程度上可以理解

---

① 关于各种动物本能的描述，请参见 G. H. 施奈德（G. H. Schneider）著《窃叶蚁的意志》（*Der thierische wille*）（1880 年）。就同样的题目而言，与如此众多的著作不一样，推荐该著作是因为它对观察到的事实提供了不偏不倚和正确的解释。

了,即旧心理学由于未能看到习惯和实践与本能的密切联系,因而通常把本能活动单单归之于动物而不归之于人类。从这种联系中产生的必然结果是,动物的本能更倾向于反射性,更专门地由目的性活动所构成,那是由先天的生理组织所提供的。如果在动物中间有些本能活动的复杂性与此观点相悖,那么你们必须记住,在整个动物王国,这些本能活动保持相对一致。我们几乎可以说,中枢神经系统的整个组织基本上受制于由本能建立起来的某些联想。

第二十八讲

• *Lecture Twenty-Eighteenth* •

一、社会本能；动物的联想和友谊

对本能的发展来说，一些新的和特殊的条件可在动物的共同生活中找到。当然，这是社会本能（social instincts）的一种产物，不过，它以各种方式对引起这种产物的原始冲动作出反应。

在动物生命的低级阶段，我们可以看到每种生物均在寻找它的同类。许多水母和软体动物，许多昆虫和鱼类，都暂时聚集成群。在所有这些情形里，物种而非个体彼此之间相互了解。与此同时，社会冲动（social impulse）的起源只能在"喜爱的情感"（feeling of inclination）中才能寻找，尽管它是原始的，但却使同一物种的动物通过某些感官印象（sense-impressions）的中介而相互吸引——例如，通过嗅觉或视觉的印象而相互吸引。在发展的高级阶段，这种喜爱的情感本身表现为动物对动物的个体吸引。但是，这种情况只有在高等的鸟类和哺乳类中才能发现。正如你们了解的那样，狗表现出十分明显的喜好和厌恶。例如，如果两条长卷毛狗生活在同一间屋子里，它们之间便会滋生一种友谊，幸存者会对同伴的走失表示悲伤。同一马厩中的马也同样会相互依靠。特别明显的是，不同物种的动物，由于共同生活的结果而会产生友谊，甚至一只狗和一只猫也会成为朋友。在所有这些情形里，喜爱纯粹是个体的。狗会在狗群中认出它的朋友，尽管它对一只特定的猫的行为是友好的，但是仍对其他的猫以犬类的敌意加以追逐。

二、动物的婚姻

当个体的喜爱情感与性冲动（sexual impulse）结合以后，我们便有了"动物婚姻"（animal marriage）现象。雌性动物和雄性动物为实现性功能而结合，这种结合显然以个体喜爱为基础，当它成为一种持久的结合时，我们才能谈论婚姻。在无脊椎动物或低等脊椎动物中，难以找到这种痕迹。尽管"昆虫王国"实际上是延伸的家族，但是找不到任何证据可以说明它们中间的个体成员彼此了解这种喜爱，或者是真正通过持久的相互喜爱而聚集在一起。确实，在第二十三讲中列举的事实使得这样一种假设尤其不可能。

另一方面，婚姻在鸟类和哺乳类中间是十分普遍的现象。至于我们的家畜对这一规律所提供的众多例外情况，也许是由于驯养的结果。由于与人类密切接触，动物失去了原来的特征。大多数动物是单配的，也就是一雌一雄的，尽管多配性（一雄多雌）在鸟类中也是一种明显的风俗。一雌多雄的情况在动物中似乎观察不到,该类情形限于某些野蛮部族。

我们有许多可靠的观察可以用来说明,对许多鸟类来说,婚姻契约是一件自由选择的事。关在一只笼子里的雄鸟和雌鸟并不一定配对。它们表现出偏爱和厌恶,其中的原因对我们来说往往难以解释。雄鸟用歌声来引诱雌鸟。据说,极乐鸟常常展开其华丽的羽毛,直到雌鸟选中了最喜欢的求婚者为止。猛兽的求偶过程则没有那般心平气和,为了争夺配偶,雄兽之间往往会打得头破血流。狮子和老虎为了争得配偶,可进行浴血奋战;雄鹿为了赢得雌鹿,可在打斗中彼此伤害至死。一雄多雌物种中的雄性在争夺雌性的战斗中尤其可怕,你们都知道一个院子里容不下两只公鸡。在选择配偶的过程中,无论是采取和平方式还是其他方式,雄性往往求助于特殊的武器和特定的饰物,这已成为雄性动物具有的特征:如鹿的角,斗鸡的距,野猪的獠牙,狮子的鬃毛,以及许多鸟类的各色羽毛。像我们人类一样繁育的鸟类——喜鹊、鹳、燕子、雀、鸽子以及诸如此类的鸟类——都是单配的(一雌一雄的)。鸟巢差不多总是以家庭的居所形式构建的,雌鸟和雄鸟一起筑巢,共同照料鸟蛋和雏鸟。只有燕子,才建造雌雄分开的鸟巢。除了常见的禽类以外,鸵鸟和火鸡都是多配性的,即一雄多雌的。

动物之间的婚姻关系在单配(一雄一雌)和多配(一雄多雌)方面表现出不同的形式。公鸡照顾母鸡,并为它们寻找食物;母鸡则跟着公鸡的叫声走。但是,母鸡除了服从公鸡以外,不为它们做任何事情。另一方面,母鸡照料小鸡,给它们喂食,并进行保护,可是公鸡却对此一点也不操心。在单配方面,通常是另外一种情况,一对鸽子分担了它们之间要做的一切事情。雄鸽和雌鸽轮流孵蛋,两者共同负责雏鸽的喂食。显然,这些差别有赖于个体吸引力方面的差别。所以,我们可以通过它们的帮助来正确地解释婚姻关系的单配形式和多配形式之间的差异。

动物婚姻的稳定性看来与成年动物对幼仔的感情成比例。幼仔越是需要关心和持久的注意,这种对幼仔的感情便越是强烈。当幼仔不再需要关怀时。动物婚姻仍能继续下去的第二个原因是动物之间需要相互帮助和保护。这种情况尤其在筑巢或穴居的动物中间可以找到。因此,迄今为止,动物婚姻是与特定的生理组织的条件密切联系的。但是,将所有这些现象归之于这一原因是不正确的。个体的喜爱确实决定了动物中的选择,正像决定了人类的选择一样;偶然的接近是另一个不同的原因。如果在实现一种心理冲动和满足一种生理需求之间存在密切联系的话,那也与我们在别处调查生活和心理时发现的情况相差无几。

三、动物的社会和王国

在婚姻中,个体通过彼此归属的情感而结合在一起。如果这种归属感遍布动物世界,那么我们便有了一种“动物社会”(animal society)。大多数鸟类和哺乳类倾向于群集。驯养也许会克服这一倾向,但是,在野生或未驯化的状态下,这种倾向在所难免。甚至家犬在变成了野狗以后也经常集合成群。牛和绵羊即便在驯养的条件下仍然保持着动物社会生活的冲动。许多动物的群居仅仅为了某种特定的目的，尤其是为了掠夺食物；但是，甚至在那个时候，兽群经常是以个体为单位组成的。候鸟只有在即将迁徙时才组合成群，迁徙的队列由数千只鸟组成。一旦迁徙结束，个体便又重新分开，直到来年秋季重新组合。与此同时，在同一鸟群中成员之间彼此的唯一联系是地点方面的联系，它们的巢居通常靠得很近。一群穴鸟，如果可能的话，喜欢毗邻式地在同一块断垣残壁中定居；参与同一次飞行的鹳，常毗邻着筑巢。看来，所有这些例子表明，原始的喜爱情感使得生活在十分低级阶段的物种成员聚集在一起，这种原始的喜爱情感通过个体的喜爱而得到强化，尽管在每一兽群中只有少数是通过这些个体喜爱而群集的。

现在，让我们进一步来观察一下构筑相互联系的洞穴的一些动物。这些洞穴不仅包容一个家族，而且包容整个种群聚居地的子子孙孙。这种喜爱是从个体建筑的冲动中产生的直接结果。水獭倾向于在其他水獭的毗邻处定居下来。这种情况同样适用于仓鼠和河狸。有时，巢和巢之间的分隔物坍毁了，于是整个巢穴暴露无遗；这种情况与老鼠打地洞的情况相似。

这些社会性联合形式是十分普遍的。在这些形式中，具有特殊地位的是所谓的"昆虫王国"（insect-states）。这里之所以用"所谓"两字，是因为它们不是真正的"王国"。用于这些动物社会的此类表述方法更多地产生了误导，而非把问题解释清楚不可。它导致了这样一种假设，也就是所有这些现象可以根据人类政府和机构的现象去进行解释；反过来又驱使观察者把这些由生理组织的事实所引起的社会中的劳动分工，与人类社会中的阶级区分相比拟，从而按照观察者自己的思想感情去解释他们的观察结果。我们已经在关于蚂蚁生活的回顾中（见第二十三讲）对这一程序作了说明。

昆虫王国实际上是一些拓展的家族。这些群体的聚居地是多少带有复杂结构的巢，它们按照昆虫社会的大小和结构来建造。在大多数情况下，那些生活在王国中的动物的秩序也涉及在社会生活方面还未超出简单的建巢阶段的其他一些动物。在某些黄蜂种族中——例如挖掘黄蜂（digger-wasps）和独居黄蜂（solitary wasps）——雄蜂和雌蜂分开生活，雌蜂在一堵墙的灰浆或木料中挖掘洞穴，产下卵，并在洞中放入小的毛虫，作为刚孵出的幼虫的养料。普通黄蜂的巢更易向四周扩展。春季来临时，雌蜂在树中，或在地上，用植物材料建筑起六角形巢室，在每个巢室中产一个卵，并喂养每个新孵出的幼虫，直到它们爬出巢室为止。在此之后，幼体协助建巢工作，随着巢被逐渐建立起来，雌蜂又在每个巢室中产一个卵。在这个阶段，发育起来的一些雌蜂本身不能产卵，它们的全部力量耗费在营巢工作中，因此它们的性器官一直处于不成熟状态。这些性器官不成熟的雌蜂相应地被称为工蜂。直到夏季结束时，产卵才能变成雄蜂和发育完全的雌蜂。这些雄蜂在秋季使雌蜂受精。当寒冷气候来临时，雄蜂和工蜂均死去；只有雌蜂度过冬天，到春天来临时又开始建巢和产卵。雌性的独居蜂一般在墙壁的洞隙里开始其工作，它躲在里面过冬，但以后由于空间变得太小，群居地必须扩展，并另建较大的巢。对于黄蜂来说是正确的事情，对于野蜂来说（humble-bee/bombus）也是一样。野蜂是普通蜜蜂的亲戚。雌蜂在秋天受精，然后越冬，并在春季进行地下营巢。在营巢工作中，它得到第一批孵出的雌蜂或工蜂的帮助。到夏季结束时，性成熟的雌蜂开始露面；随着冬季来临，整个种群衰亡，唯一幸免的是在地下寻找庇护所的雌蜂们。

这些黄蜂和野蜂的社区具有两个特点：在发育完善的雄蜂和雌蜂中间存在无性的工蜂，发育完善的雄蜂和雌蜂只限于夏季结束时出现。随着人们开始了解工蜂实际上不是无性的，正如我们已经假设的那样，它们只不过是不成熟的雌蜂，第一个问题得到了解决。这种发展的受阻情况可以从费力地营巢上轻易地得到解释；而且，实验表明，只要食物供应充分，足以使工蜂转变成普通的雌蜂。第二个问题由于下述的发现而得到解答。这一发现首先是在蜜蜂的例子中获得的，即母蜂是产雄性的卵还是雌性的卵完全取决于母蜂本身多产的本质。母蜂在通过公蜂受精以后，便把受精卵保存在一只小囊中，该小囊开口通向产卵腔。这样的安排方式极具重要性，因为在这些蜂体中，所有的卵，即便是那些未受精的卵，都能够发育。受精卵产生雌蜂，未受精卵则产生雄蜂。现在，对于野蜂和黄蜂为什么在夏天开始时只产下发育成雌蜂的卵，便很清楚了，因为雌蜂只要保存前年秋季从雄蜂那里接受的任何虫卵，她便会不断地产卵。当储存的受精卵耗尽时，卵子便只产生雄蜂了。但是，即便是那些受精卵，也只有最后产的那些卵能发育成完全的雌蜂，只有在完成建巢工作并产生足够数量的工蜂以后，幼虫才能充分被喂饱，以达到完全的发育。因此，乍一看，像在这些最简单的昆虫王国中预先构想的东西那样，可以证明是生理组织的必然结果，也是与此相伴随的相对简单的本能的必然结果。

以黄蜂为先导，我们就会发现解释蜜蜂王国的组织没有什么困难了。雌蜂，也就是人们所称的"皇后"，也产受精卵和非受精卵。但她一开始就产两种卵，并将这两种卵分布于蜂房的各个巢室中，这些巢室是工蜂们用自己分泌的蜡制成的。巢室有两种——宽的和窄的。宽的巢室供非受精卵使用，非受精卵发育成雄蜂；窄的巢室供受精卵使用，它们发育成工蜂。除此以外，"皇后"也把一些受精卵产在专门的宽巢室里，从那里孵出的幼虫比其他幼虫受到更好的款待，即喂以更为充足的养料，结果，它们发育成完全的雌蜂或"皇后"。有时，也会发生这样的情况，工蜂把幼虫从普通巢室迁至尚未竣工的皇室（royal cell），然后，通过良好的营养，幼虫也会发育成"皇后"。在春季，一旦一窝皇后开始接近成熟，蜂房便变得不安定起来，到第一个晴好日子，它的一部分居民便成群地从蜂房里飞出来寻找新的住所。第一群蜂后面迅速地跟着其他蜂群，从而，在夏季，一个单一的蜂房可能会建起几个种群。老的皇后总是和第一群蜂一起迁出，把蜂房让给即将从巢室里出来的一群新皇后。在后者当中，第一个"皇后"便成为该蜂房的主人；其余的皇后则带着一部分工蜂从蜂房中飞出去另觅新居。如果两个新的"皇后"同时出现，那么解决的办法只有打斗，直到其中之一被战胜或被杀死，除非其中一个"皇后"及时带着一批蜜蜂离开蜂房以躲避灾祸。因此，一个蜂房里不可能包含一只以上性成熟的雌蜂，尽管雄蜂的数目十分众多，多的可达 1000 只左右。雄蜂的活动范围并不仅仅限于它们的蜂房。在春季的暖和日子里它们成群飞出，以便和年轻的"皇后"们交配。可是到了秋季，由于食物越来越短缺，雄蜂们便被工蜂驱逐出去，并在寒冷的夜晚死去。

把蜜蜂的蜂房与黄蜂、大黄蜂和土蜂的社会区别开来的东西涉及一个更为艰难的分工问题。在只有一只雌蜂的情况下，蜂房与其他蜂类的巢相似。但是，就其起源方式而言，蜂房与其他蜂类的巢是不同的。黄蜂的巢是由一只雌蜂创建的，所以她的独居是必然之事。不过，蜂房从建立开始便是一个发展的没有经历任何激烈变化的社会。蜂房中"皇后"的独居部分地取决于力量。但是，蜜蜂王国的这种相互联系（每个蜜蜂王国是从某个先前王国派生出来的领地），使我们了解了蜜蜂社会的起源方式以及它们与相关蜂类联系的差别。每一个蜂巢得以建立的自然史仅仅是同一过程的一种重复。蜜蜂王国既处于与其"父母"王国的联系之中，又处于与其自己的联系之中，等等。换言之，蜜蜂王国的历史既与过去有关，又与将来有关。如果我们假设，在这样一个蜜蜂社会中，所发生的事是模仿的普遍冲动的表示，那么必然的结论是，一个新的蜜蜂王国将不会从一开始便开始其生活，而是把先前世代所获得的风俗习惯带到它的新家，不管这些是由遗传的机体倾向传递而来的，还是由老蜂向幼蜂直接移交而保持下来的。但是，没有理由假设蜂房的结构总是我们今天发现的那种东西。我们从经验中得知，动物的习惯可以改变。人们可以按照环境的需要而扩大蜂房，借此办法来制止驯养的蜜蜂聚合成群和建立新的王国。"人口"众多的蜜蜂王国将会放弃采蜜的工作，并开始掠夺邻近地区的小型蜂房。如果我们在我们的眼皮底下看到像动物习惯的变化那样的变化，那么便没有什么东西可以阻止我们得出下面的结论：蜜蜂社会的特征是逐步地和缓慢地产生的，它的习俗既由于遗传的生理倾向而固定下来，又由于模仿而固定下来。这一结论更有可能导致这样的假设，即今天的蜂房的起源方式表明，它的原始的起源方式是某种不同的东西。你们看到，蜂类的最初的社会性联合不可能从任何一种先前存在的社会中派生出来。那么，它是如何产生的呢？

我们回答这个问题的条件是，我们仍然发现某些蜂类是与这些蜜蜂密切联系的。每只雌黄蜂建立起她自己的家庭；每只雌蜜蜂原先也一定用此方式建立起自己的家。工蜂和"皇后"曾为同源，她独自为种群准备第一批巢室。现在，在这些情况下，变化可能因为蜜蜂社区生活的时间长度而引起。当单一的蜂房出现一只以上的雌蜂时，炉忌会使任何共同生活成为不可能的事；对于较弱的蜂群来说，死亡和流放成为唯一的选择，而后面这种情况也提示了，每当蜂巢中拥挤的情况阻止蜂群数量的进一步增长时，便会发生死亡或流放的情况。所以，一切都变得可以理解的了。但是，问题是"皇后"为什么有意将雄蜂卵产在宽大的巢室里，将工蜂卵产在狭窄的巢室里，而且如果天气对种群不利的话，工蜂会杀死"皇后"的幼虫呢？对于这些习俗，我们也有种种理由假设，它们均是逐步发展的问题，是本能的自然进化的产物。例如，幼虫赖以发育的巢室之大小，将根据它们的需要而定。起初，所有的巢室可能都由同一尺码构成。但是，很快就会发现，幼虫越是营养不良（它使幼虫向工蜂方向发展），比起将变成"皇后"或雄蜂的幼虫来，需要的空间越小。一旦巢室的大小达到适合的程度，它便可能保存下来，因为蜜蜂王国坚持那些为其王国成员奠定规则的传统。年轻的蜜蜂只要遵循老一辈为它们确定的先例便可。鉴于这一原因，蜜蜂王国无须回到原始阶段，并且从一开始便模拟它的结构。可以毫不夸张地说，像我们自己的文明国度一样，蜜蜂王国是以先前世代的工作为基础的。

可是，蚂蚁社会与蜜蜂社会的区别主要在于它们供养的雌蚁数量。雄蚁和雌蚁在其一生中，大部分时间是有翅的；它们比无翅的、生殖器发育不全的、在蚂蚁王国中占有大多数的工蚁体型更大些。这些工蚁，像工蜂一样，都是未发育成熟的雌蚁。对于蚂蚁来说，它们的分工有时甚至扩展到了工蚁，这种情况在非洲和南亚的白蚁中尤为显著。这些蚂蚁建造的蚁山，其高度可达几英尺。工蚁有两种类型——工蚁本身，蚂蚁王国在和平时期的日常工作便委托给它们去完成；还有一种是兵蚁，它们的职责是攻击陌生的蚁巢，或保护自己的蚁巢使之不受攻击。这种本能方面的差异也许与蚂蚁王国个体间的体力差异有关。我们所了解的这些昆虫的智能情况又使我们得出以下的假设，即蚂蚁的分工并非有意地一致的。亚马逊蚁（Amazon Ant）表现出一种十分相似的本能，它从较弱的种群的蚁巢中带走幼虫，并把它们变成工蚁或"奴隶"。这种本能扎根于普遍的厌恶之中，不同种类的蚂蚁彼此之间表现出这种普遍的厌恶，而且逐步演变成群斗，其中相互厌恶达到顶点。蚂蚁还有另外一个特殊的本能，即将蚜虫像"家畜"一样驯养起来的习惯，目的是借蚜虫腹部分泌的液体来喂养蚂蚁本身和它的幼虫。在这种营养冲动的表现中没有什么奇异的东西可言，蚜虫作为其他的食物来源之一，自然地与其他东西一起被带到蚁山中去。

由这些动物王国呈现的现象，只能根据它们的独特形式来加以观察，如果我们同时记住构成这些现象的个体的心理能力的话。我已向你们指出过，早期研究蜜蜂和蚂蚁的博物学家们关于昆虫智力所发表的夸张意见，一定是根据实验条件下所进行的观察结果而作了相当多的修改的。一个蜜蜂社区或一个蚂蚁社区的成员彼此之间不可能了解对方。那种把它们聚集在一起的喜爱情感具有集体的、不明确的性质，比起鸟类和哺乳类的相似情感来，它处于较低的发展水平，而鸟类和哺乳类的这种相似情感导致了婚姻，形成了具有一定范围的联系。交流的力量也大受限制，充其量仅限于模仿冲动的某些表现。在这些昆虫社会中，有关个体心理生活相对来说低级发展的证据是由约翰·卢布克爵士（Sir John Lubbock）予以搜集的，我必须向你们提及他对蚂蚁、蜜蜂和黄蜂的研究工作，这是在我本人未作任何观察的情况下作出的[①]。他的调查充分表明，在这个领域中，实验要比简单的观察具有更大的优越性。卢布克用预先构想的观点对每个问题进行探讨，这些预先构想的观点来自对本能的一般结果的观察，从而自然地倾向于对昆虫智力的过高估计。但是，实验则提供了同样的结果——也就是说，普通本能的冲动几乎没有为个体智力的实施或个体喜爱情感的表达留有任何余地。即使卢布克的结论需要进一步的限制，这种智力概念在他的著作中仍发挥了极大的作用。他归属于智力的许多适度操作，按照相对来说简单的联想是完全可以得到解释的。那就意味着，我们在昆虫本能活动中运作着的情感和冲动属于十分原始的种类。因此，当我们谈到它们具有喜爱情感和厌恶时，或者谈到它们的模仿冲动时，我们必须小心从事，不要认为这些情感和冲动可与我们自己的意识过程相类比，更不要认为它们可与这些过程加上我们对它们的反映产物相类比。摆在我们面前的不过是一些模糊的情感和情绪，只有当生物到达高等动物甚至人类阶段时，才能意识到它们，但是，正是由于这一原因，情感和情绪在这一发展的低水平上以更大的肯定性和一致性起作用。在基本的心理因素、情感和冲动等方面，我们犯了同样致命的错误，这些基本的心理因素、情感和冲动导致动物社会的形成，而我们则把自己的观点强加于动物社会的复杂结果之上——这些复杂的结果也就是社区本身。我们谈论了昆虫王国的组织，"皇后"和工蜂的组织，兵蚁和奴隶的组织，甚至谈论了驯养家畜的组织。因此，我们往往把与我们自己心中唤起的意识过程完全相似的意识过程塞

---

① 《蚂蚁、蜜蜂和黄蜂：关于社会性膜翅目习惯的观察记录》(*Ants, Bees, and Wasps: a Record of Observations on the Habits of the Social Hymenoptera*)，约翰·卢布克爵士著，M. P. (Int. Sci. Series)。

进对昆虫们的爱和恨、救援行动和模仿活动的理解中去。我们必须记住,我们实际上面临一种十分原始的智慧形式,它在各个方面都可能与其更高的发展阶段有所不同,正如单细胞与复杂的有机体之间存在的那种差别一样。

但是,如果我们经常用我们自己的意识标准对动物的心理进行测量,而且,在情形如此不同的场合里尽最大可能运用这种测量,则从另一角度而言也是重要的。我们必须对动物心理学的这些事实进行观察,以便对人类的心理现象有所启示。我们注意到,就心理学家一方而言,另一个致命的倾向就是把用于人类的最高标准去测量人类的每种活动。我们用智力反映的观点(standpoint of intellectual reflection)对人类活动进行观察,并作出这种反映——完全是我们自己的事——即它的起源条件。人类生活在婚姻关系之中;他与他的同伴结合起来以形成一个社会;他建立了王国。他所做的一切都以大量的智力活动为先决条件,这些智力活动的总量是通过无数世代的积累而成的,并意味着高级情感的发展。在人类活动的每一种特定情形里,这种积累起来的智力活动被吸收利用。但是,根据动物王国提供的例子,也就是关于社会冲动表现的例子,原始的、自然的冲动在人类社会中所起的作用竟如此经常地被完全忽视,这肯定是错误的。为什么这样说呢,因为即使在人类中间,这些现象所经历的仅仅是特定的发展,而不是它们的存在或它们的起源,这种特定的发展是文明的结果。动物心理学的证据以其一切可能的方面为人类社会生活之开端的自然性作了证明。至于对自然和文明这两种因素在逐渐发展中相互作用的调查,形成了我们尚未进入的其他学科的题材——它们便是社会心理学和社会科学。

第二十九讲

· *Lecture Twenty-Nineteenth* ·

一、随意活动

当我们把意愿（will）作为基本的心理现象加以考虑时，我们发现在这一术语下理解的事实构成了发展链条中的一些环节。这种发展的低级阶段，也就是简单的随意活动（voluntary acts），被归入冲动（impulse）的表现；而这种发展的高级阶段，也就是选择活动（acts of choice），则是意志（volition）本身的表现。在回顾本能（instinct）的表现时，我们已经相当熟悉了一些现象，这些现象的心理条件是某种冲动行为，与此同时，生理组织的特性对它们的发展具有决定性影响。现在，我们主要考虑随意活动的第二种形式，也即高级的形式，它便是意志本身的活动，以及它与意识过程的关系。

我们从动物王国中觅得了说明本能活动的一些最佳例子。可是，另一方面，在目前关于意志的调查中，我们将仅仅限于人类的意识，尽管意志活动也常常存在于动物世界，尤其存在于较为高级的动物中间，这是确定无疑的。但是，由于意志的概念（concept of will）普遍限于选择范围，因此随意活动的问题一般又称为意志问题，并且仅限于人类，原因在于——这一问题不仅对于我们了解意志的本质具有极其的重要性，而且对于我们了解意志活动与我们其他内部经验事实的关系也极为重要。这个问题长期以来把心理学家和哲学家分成两个对立的阵营，因此它是一个该由我们自己的心理来加以回答的问题。这个问题便是"意志的因果性"（causality of will）。

二、意志的因果关系

一种冲动的活动，正如我们已经见到的那样，是单一地（univocally）决定的活动，在意识中存在一种动机。意志活动产生自不同动机之间的选择，不论是清楚地意识到还是模糊地意识到。因此，在冲动中，"我们自己活动的情感"（the feeling of our own activity）比起在意志中更少得到发展。由于后者涉及在各种冲动的动机之间作出一种抉择，因此"我们自己活动的情感"在意志中是随着"自由情感"（feeling of freedom）而产生的。

但是，如果自由是拥有意志的结果，是选择性意志的结果，那么两者的关系如此经常地被调换是如何发生的呢？我们不是说"我是自由的，因为我能行使意志"，而是倾向于说下面的话，"我能行使意志，因为我是自由的"。这难道不是把因果关系混淆起来了吗？十分清楚，我们的自由意识只能在行使意志的力量中汲取源泉。囚徒之所以是不自由的,因为他的意志是无效的。囚徒一旦出狱,他将十分高兴,但这是愿望(wishing),而非意志。坚信我们做事的力量是行使意志所不可缺少的条件,它是活动的决心。那么,我们究竟如何解释下面的事实,即扎根于意志的自由意识却否认了它的起源,并且使它本身成为意志的原因,尽管实际上它不是原因而是结果呢?

我们知道,当我们按照自己的力量,不受外部障碍的阻止而采取行动时,我们是自由的。我们把通过我们自己的力量来采取的行动称做意志活动,并且把此视作我们自由的结果。但是,我们把什么东西假设为这种自由的原因呢? 看来,这一点在因果的链条上出现了突然的断裂。我们说正是自由的概念排斥了任何一种因果的想法。这是因为,如果自由概念依赖于某种原因或其他东西,那么它便停止成为它所成为的东西——也就是它不再成为自由。自由和需要是相互排斥的。

现在,注意一下我们得出这一结论所经历的步骤。如果我们说正是意志概念排除了因果关系的任何想法,这种说法是难以证明为正确的。因为我们不知道一种意志的所有原因不能被认作该概念的必然含意。因此,能做的事情便是这样:排除因果关系的自由概念作为一个中间术语而被插入,一方面意志服从于因果关系,而另一方面意志又不受因果关系的支配。现在,意志屈从于特定的因果关系,即自由的因果关系,而又不受一般因果关系的支配,即不受自然过程的因果关系的支配。

正是这一观点引起了"决定论"(determinism)和"非决定论"(indeterminism)之间的冲突,前者坚持主张"因果律"(the law of causation)的普遍有效性,而后者则是以自由为出发点。决定论者说道:"意志不可能是自由的,因为一种自由的意志不可能与世界过程的实际的因果联结相一致。自然规律将会被奇迹所取代。不! 每种活动,不论看上去如何自由,一定是有其原因的。这是必然发生的事,动因无法帮助自身。"可是,非决定论者回答说:"意志是自由的,因为我们拥有意志自由的直接意识。自然的必然性与个人自由是对立的。但是,后者得到了内在良知声音的保证,要求动因对其每一项活动负责。"

自由意志的反对者坚持认为上述假设是一派胡言;而自由意志的追随者则认为这一假设是必要的。那么,论战的双方哪一方正确呢?

首先,我们必须认为,所有关于意志自由的伦理争论都是不适当的。这些争论会推动我们,它们可能会使我们倾心于人类意志自由的假设,但是却无法证明任何东西。即使否认意志的自由会危及良知的有效性,并动摇我们整个伦理体系的基础,科学仍会按其历程发展,如果能引用可靠的证据来证明意志不是自由的话。可是,幸亏情况不是这样。不论哪种理论守住了阵地,实践始终未被问津。你们可能记得康德(Kant)曾经说过:"唯有在自由观念下行事的每个人,他的活动实际上是自由的。也就是说,他受到自由所必然携带的一切规律的支配,正如他的意志被证明不受理论哲学满足的约束一样。"不容否认的事实是,我们具有的自由意识使得宿命论(fatalism)成为不可能,除非这种意识本身也被认为包含在普遍的因果关系(causal nexus)之中。因为这种自由意识告诉我们,我们具有的活动力量不受任何一种强制力量的有意驱使,不管这种强制力量是来自外部还是来自内部。但是,这种自由意识并没有告诉我们,我们的活动是没有原因的。意志自由的捍卫者和反对者在他们混淆强制的力量和原因方面很少达成一致意见。确实,这两者是完全不相容的概念,我们不能说地球被迫转动,但是我们却可以说人类被迫去死。只有一个人知道他是自由的，方才可以被强制。宿命论者所犯的错误是摧毁了自由，并用强制取代了自由的位置，强制实际上是产生于自由的一种条件，但是，如果没有自由，也就无法把强制构想出来。

因此，如果我们从自由的本身意义上看待自由概念的话，我们将会说，"意志是自由的"。因为在一个有目的的随意活动中起阻碍作用的任何东西，在意识看来都被感受为是一种强制，而意志便是这种强制的对立物。自由和强制是一对相对而互补的概念，它们必然与意识相联系。在意识之外，它们都是想象的概念，只有一种神话般的想象可以将它们与事物联系起来。如果我们说，"地球屈从于强制，因为它绕着太阳转"，我们可能正好断言了太阳的自由，因为它使行星转动。

赫尔巴特（Herbart）曾在某个地方讲过："如果我们认为自己是不自由的，那么我们实际上就是不自由的了。但是，如果我们把自由归之于我们自己，那么这并不意味着我们实际上是自由的。"我们也可以用同样的话这样讲："如果我们知道一种现象的原因，那么接下来必然是该现象确有原因。但是如果我们不知道一种现象的原因，那么这并不意味着它没有原因。"这一错误的推论恰恰是绝对的非决定论（absolute indeterminism）的追随者们在作结论时提出的。他们作出这一推论的前提是，我们无法在意识中发现决定意志的一切原因，意志本身便是我们活动的首要原因。

有人试图通过进一步的肯定论据来支持来自意识的这种否定证据。我们被告知，在自然界中，每个发生的事件都以事物的先前情况为先决条件，而每个发生的事件是事物不可避免的结果。这种先前的情况本身必须有一个先行者，如此等等。但是，对于这种无限系列的开端，我们必须假设一种原始的、自发的冲动，如果这个世界的起源变得可以理解的话。现在，如果一旦表明某个方面处于普遍的因果关系之外的话，那么去想象在世界的发展历程中产生的任何数量的因果联结系列，而且每一种系列均有其特定的开端，将不存在任何困难。如果我现在实施某种随意活动，那么，这一事实以及它的一切结果都意味着一种新系列的开始，它们的每一项（term）均由自然原因所决定，除了第一项外，因为它超越自然原因能达到的范围。

在这一争论中有两个弱点。首先，关于事物的第一个开端之假设对意识来说是不可能的，不论图景般地描绘还是概念般地描绘；其次，即使假设了世界的第一开端，那么，类似的开端能在世界发展的过程中发生的假设将成为一种类比的推论，这种推论缺乏一切肯定的基础。

在赞成或反对意志自由的这种或那种争辩中，基本错误越陷越深。这种基本的错误表现为，对整个问题的考虑仅在自然的因果关系（natural causation）的概念下进行。首先，把它作为一个心理经验的问题来陈述。如果我们从这一观点出发对它进行考虑，我们便可以立即看到，心理原因，无论是随意活动的心理原因还是意识的其他表现的心理原因，是不可能完全被发现的，原因在于下述两点：第一，它们存在于意识之外，而且属于一系列难以达到的过去经验；第二，它们形成了更为普遍的意识联结的一部分，个体的心理仅仅构成了其中的一个环节。你们知道，个体意志的一般方向是由"社会的集体意志"（collective will of the community）决定的，在这个社会的集体意志中生活着意志的拥有者。尤其在这种联结中，我们发现有理由相信，我们的心理生活的因果关系在自然的因果关系的规律（例如因果相等的规律）之下是无法立即予以归类的。

三、个体与普遍意志的关系

根据自然界的因果律试图构筑一个民族的历史或人类的历史不仅在实践中是徒劳的，而且在原则上也是错误的。如果个人能够说，除了他在某种特定的情况下所从事的活动以外，他还能以其他方式行事，那么我们也一定能够在谈论历史的每一个事件时说，它可能以不同方式发生。在这两种情形里，自然的因果关系缺乏其必要性。对于历史事件和个体的随意活动来说，我们只能引证决定性的动机，我们无法证明强制的原因。在这一方面，历史事件的概念和随意活动的概念恰巧是相等的。唯一的区别是，一个涉及社会，另一个则涉及个体。

一个社会的普遍意志仅仅存在于大批个体意志的表现之中。个体和他的随意活动包含在越来越普遍的意志的同心圆中，首先发生的是个体所直接隶属的小型社会的普遍意志；然后，个体带着这种意志屈从于较大社会的意志；接着，个体带着这种较大的社会意志又隶属于更加综合性的意志；如此等等。个体在其中所处的关系成为他随意活动的主要决定因素。但是，一个社会的普遍意志通常又反过来为更有能量的一些个体的意志所左右，而这种更有能量的个体为社会大多数成员的个体意志所默许。

意志表现的频率与意志效应的大小成反比，这是写在历史上的一条规则。通过全民行动而使历史进程发生突然改变是极其罕见的事情。我们可以提到社会中普遍意志活动的一些事件，可以说它们构成了历史的里程碑。在事件与事件之间的时间间隔中，普遍意志大部分是不活跃的；尽管在社会内部发生了一些变化，而且在方向上时而向这边时而又向那边摆动，但是它们并不具有根本的重要性：它们像个体的意志在服从于冲动和情绪（个体的生活方式在这些冲动和情绪下暴露无遗）时发生的变化一样。由少数杰出人士的普遍意志所作出的决定已经让位于一些几乎注意不到的影响，这些影响所起的作用是相似的，并且通过外部条件或内部变更之方式而直接或间接地起作用。

正如我们所了解的那样，个体意志的主要决定因素是社会意志。在动荡的年代，事件的发展进程往往把个体也卷了进去，而在这些时期，当普遍意志不活跃时，社会就处于我们所谓的平衡状态。但是，从先前历史产生的社会情况，从外部的自然原因产生的社会情况，以及从特别有力的个体意志的干预中所产生的社会情况，必然会在事物的普遍进程中对个体的随意活动产生决定性影响；因此，人们只能期望在头等重要的历史事件之间消逝的长久间隔中，社会的恒定情况将会使组成该社会的一些个体的随意活动带有某种一致性。

这种普遍的影响由统计事实得到证实。我们发现，每年发生的刑事犯罪数目、自杀人数和结婚人数可以在几十年中保持恒定，原因在于文明国度从以往历史中产生的社会条件也几乎保持不变。奎特莱特（Quetelet）曾经表明，每年的婚姻人数比起每年的死亡人数来，甚至更加稳定，当然，自杀的情况是个例外——因为在自杀事件中，意志是无话可说的。奎特莱特还证实了，只要司法程序保持恒定，那么对罪案的起诉和惩处可在任何一个国家保持不变,刑事犯罪的发生在与年龄和性别有关的数量、性质和分布方面表现出惊人的稳定性。而且,在自杀事件方面也同样表现出规律性。这种规律性甚至延伸到了死亡方式的选择。每年差不多有同样数目的人上吊身亡、开枪自杀、服毒致死和投水自尽。从所有这些稳定性中,我们不得不得出结论说,对一个民族而言,历史地决定的社会条件在个体公民的随意活动中起决定性影响。

在对不同的自然界进行的观察中,我们的结论得到了进一步的证实。这种自然界为我们提供了孤立某些因素的手段,而这些因素结合起来构成一个社会的状态。如果我们对有助于决定那种社会状态的统计表所显示的绝对规律性中出现的一些轻微偏差进行比较,那么我们便可以在某种程度上将这些轻微的偏差追踪至它们的原因上。于是,可以表明,饥荒增加了盗窃的犯罪人数,同时却减少了婚姻人数。暴发性传染病,像霍乱那样,伴随着结婚人数的减少,但是,霍乱等传染病结束以后不久,结婚人数又有明显增加。后面的现象可以归之于由传染病引起的死亡率的增加。看来,社会正在无意地加速填补死亡造成的人口空缺。不管个体的活动是如何缺乏规则,社会的活动却表现出完全一致。但是,这种规律性看来也是一种盲目需求的产物。每种活动都伴有明确的、用数字表示的规律,没有任何一种个体意志可以将它改变。

但是,如果在个体活动的这种累积中,没有任何东西的踪迹可以归之于个体意志的影响,那么我们难道不能得出结论说,这种影响是幻觉吗?难道自然规律的例外不只是一个明显的例外(当我们的观察延伸到相当宽广的领域时,它便消失了)吗?不错,人们已经得出了这一结论。据说,统计数字表明,随意活动在可以测量的程度上有赖于一系列外部因素。那就是说,我们内部的意志与外部自然世界的偶发事件相一致。不存在没有规律的现象,但是,两者都是一些现象,它们的规律无法从特殊的例子中推断出来。这样一来,据认为,意志自由问题的解决应求助于经验。而且,这种解决的办法是——决定论。

但是,在统计学的事实中没有东西能使这样的结论具有正当的理由。这些事实仅仅表明由社会条件施加的影响构成了决定意志的原因之一。无论它是唯一的原因,还是从其他地方发现的一系列协调的原因——关于那些问题,他们无话可说。

在把我们的观察从个体延伸至大型社会时,我们排除了单单引起个体的所有原因,或者单单决定社会的一小部分的原因。这种情况与物理学中使用的程序是相同的。为了排除可能会破坏观察结果的偶然影响,人们进行了大量观察。观察并展得越多,就越有可能产生这样的情况,即各种独立的障碍之源(它们在加和减两个方面起作用)将会互相补充,从而使整个数目的平均数将按照观察的实际事实为我们提供一个结果。但是,当我们认为,由于统计使我们取消了对个体的影响,因此这些影响不再存在时,这种情况与物理学中所说的在一系列观察中排除的偶然错误在特定的情形中不再存在一样糟糕。物理学家可以忽略它们,仅仅因为它们对物理学家已经没有任何意义;可是心理学家却不能这样。摆在他面前的问题是,除了由社会状态施加的影响以外,是否还存在着对具有个体特征的意志施加影响的进一步决定因素。心理学家不该忽略特定的情形所显示的偏差,因为它们的存在证明了这种次级的决定因素确实存在。

统计学本身告诉我们说,决定随意活动的个体条件的效应实际上可以在一个社会的不同圈子里以不同程度进行追踪。犯罪、自杀和婚姻的人数随着年龄、性别、收入、职业等等而变化。那就是说，一旦统计学越来越深入到细节中去，它便指向更为特定的类型的影响，这种类型有赖于那个社会的特定圈子里社会状态的特定性质。统计学所能做到的——对于统计学来说，鉴于许多原因，实际上是不可能的——就是跟着它的调查走，直到它到达这样一些圈子里，也即它们的成员在性别、年龄、职业等方面绝对相似的圈子里。统计学将为我们提供关于随意活动的正常数字，甚至关于狭窄圈子里随意活动的正常数字，而且我们可以从它们那里计算出力量，用此力量，每个个体通过其生活而被吸引到特定的随意活动中去。但是，只要还有人拒绝这种力量，我们将被迫考虑一种个人因素，如果我们打算了解特定的随意活动的因果关系的话。

四、意志的终极原因——性格

意志的决定因素在一个民族的社会条件中有其根源，这些决定因素的存在可以通过统计显示出来。意志的决定因素是在自然过程和历史的因果关系中产生的。因此，它们的作用证明了意志不是非决定性的。但是，统计数字只能发现随意活动的外部原因；至于随意活动的内部原因，我们则完全被蒙在鼓里。这些内部的原因构成了个人因素，而这种个人因素就其性质而言肯定会逃过任何一种统计的观察。它是否以因果方式操作，如果是这样的话，这种因果关系的形式是什么，这些问题当然是统计考察的粗略平均数所无法决定的。

个人因素以各种方式与决定意志的其他一些因素发生冲突。于是，普遍意志为个体意志的决定提供了原因，但是它仍然让个人因素去决定由普遍意志所瞄准的结果是否也会成为个体意志的目标。一种决定性的影响以同样方式继续由整个社会中的社会状态来加以实施，并且在个体所属的职业圈子里由社会状态来继续实施；但是这里需要再次强调的是，意志的独立活动没有个人因素的决定性协作是不可能实施的。

现在的问题，这种个人因素是什么？在意志的所有决定因素中哪种因素是不可缺少的？当我们考虑了决定活动的外部原因的每一种原因时，我们仍然发现意志是非决定的。因此，我们必须称这些外部条件不是原因，而是动机（motives），它们不是意志的原因，而是意志的动机。在原因和动机之间存在着很大的差别。原因必然会产生结果，可是动机就不是这样了。确实，一个原因也有可能是无效的，或者其结果发生了改变，这是由于出现了第二种原因或相反的原因而引起的，但是即使到了那时，结果仍然显示出原因的迹象，而且以可以测量的形式显示出原因的迹象。一种动机可以决定意志，也可以不决定意志；如果情况属于后者，那么便不会产生任何明显的结果。

动机和意志的联结的不确定性是由于（而且仅仅是由于）个人因素的存在。由于这个缘故，所有的动机看来都不足以对随意活动作出完整的解释；它们不可能是强制的原因，但是却保留着部分的决定作用。至于意志的动机之所以不足以对它作出解释，仅仅因为个人因素本身的性质和它与外部因素的协作方式完全不为人们所了解。与此同时，一个无效的动机对完整的意志不留下任何痕迹，这一事实导致一种推论，即外部动机和内部因素并不像自然界中的大多数原因那样进行合作，而是人格（personality）成为活动的直接原因，也就是说，我们可以不谈"个人因素"，因为那种表述方法意味着其他因素的同时合作。由于随意活动的一切直接原因都形成自人格，我们必须从人格的深层之处寻找意志的起源——也就是从性格（character）中去寻找。

性格是随意活动的唯一的直接原因。动机不过是随意活动的中介原因。在性格的动机作用和因果关系之间存在着这样一种基本差别——动机是通过密切考察一种活动的外部条件而被直接提供的，或者至少是被这样决定的，可是因果关系的最终基础对我们来说仍然一无所知，因为它们涉及个体心理发展的一系列心理条件。

我们根据一个人的性格对外部动机所作的反应来对一个人进行评估。那就是说，我们根据一个人的随意活动来判断一个人的性格；我们从随意活动的效果来确定一个人的性格，而且，除了根据这些效果作出判断以外，无法再用其他办法来加以界定。可是，人格的真正性质至今还是一个谜。因此，不论何时，当我们达到解决这些哲学问题的限度时，还留下最后一个问题，它是我们无法解开的一个谜。但是，在这种情形里，那个棘手的难点似乎清楚地摆在我们面前，它位于一系列可认识的原因和结果中间。决定意志的动机是自然的因果关系链条中的一部分。然而，个人性格（它能单独构成意志）在这因果关系中无法安排一个位置。因此我们无法立即地和经验主义地决定，就个体之间和社会之间存在的每种差别的根源和起源而言，人格本身是隶属于自然的因果关系的。

据说，一个人的性格是空气和光、营养和气候、教育和命运的结果。它是由所有这些影响所决定的，正像任何其他自然现象一样。这种断言是无法论证的。性格本身有助于决定教育和命运，这一假设意味着，在某种程度上说，它是一种原因的结果。心理遗传的一些事实使得以下情况极其可能，如果我们的调查能够渗透到个体生活的真正开端，我们便该发现一种独立人格的核心，它并非从外面可以决定的，因为它是先于一切外部决定的。

可是，另一方面，一种求助于经验的证明方法同样无法证明性格不是外部影响的产物。如果两个人的全部生活历程绝对一致，那么他们的性格特征会不会表现出一致性呢？我们说不准，因为这种情况在经验中从未实现过。只要经验的缺乏容许在这个问题上作出任何回答，我们就该假设真理存在于两个极端之间某个地方：性格部分地是生活条件的结果，部分地则是人格的先天拥有。但是，关于性格的因果关系的进一步问题并未由该回答予以解答，因为性格的开端并非个体生活引发的，它仍有可能是某些更为普遍的因果关系的条件。

不管情况可能如何，个人的性格是意志的最终原因。这一陈述包含了对另一个问题的直接答复，这个问题是可以遇到的，而不受任何关于意志自由的争论的支配——也就是说，不管个人对他的行为负责与否。惩罚无法影响一桩罪案的外部诱因，惩罚的意图也不是去影响犯罪的外部诱因。也就是说，罪犯的性格是由性格自身的主动性来作用的，是按照罪犯性格自身的因果关系来作用的。你们知道，这种性格被置于外部的社会之中，而且在那里找到了一种对它来说不相干的因果关系。但是，为了正确估计惩罚犯罪的权利，我们必须从这个更加广阔的社会观点出发对整个问题进行观察。确实，必须承认每个社会拥有一种不可剥夺的权利，也就是它可以保卫自己，对社会成员的任何攻击予以防御。在这方面,凌驾于个体之上的普遍意志就像凌驾于各器官之上的个体一样无条件,因为各器官服从来自个体自我的紧急指令。

个体出世时携带着他未来性格的萌芽。对于这种原始天赋的存在和性质的解释可能有两种假设:我们可以这样说,每个个体身上的性格萌芽是一种特定的创造,或者我们可以把它视作是体现先前世代中的各种条件的结果。我们在这两种可供选择的假设之间所作的选择将由我们的一般的形而上学(metaphysical)理论来决定。如果我们把每种生活形态都看做是一种原始的创造,我们将发现不难假设个体的诞生包含一种创造性活动,即从一无所有中产生这种或那种身体的或心理的力量。如果我们信奉发展的连续性,我们便将选择第二条途径。个体的最初发展阶段包含了他所有的身体和心理能力的雏形,这是不可能有任何疑问的。但是,我们既不能确定这些身体和心理能力的雏形有哪些内容,也不能完整地列举在个体生活的历程中发挥作用的那些影响。在将个体的特定结构与个人出生的那个社会的一般性质联结起来的系列过程中,我们主要倾向于承认在这系列过程中不存在任何鸿沟,这一倾向使我们努力去获得一种单一的理论,它既可用于个体的智慧,又可用于社会的智慧。如果个体的性格产生于个人存在以外的因果关系,那么意志的决定因素也必须在个体生活以外寻找,而且可以证明影响它的因素是无数的。在个体存在的背后有着各种原因,其中每一种原因都是更为遥远的因果关系链条的结果,倘若一个环节一个环节地追踪到这根链条的终端,将追踪出宇宙万物的因果关系。由此,便将发现宗教观点的正确性,它以象征手法使意志成为上帝的恩赐。

但是,如果性格在个体生活以外的因果关系中获得其起源,那么接下来发生的情况是,意志的最深层的因果关系不仅难以了解,而且肯定不能了解。这就为我们提供了意志和机会(chance)之间的区别,这是决定论十分喜欢比较的。机会有赖于我们知识的欠缺,这是可以弥补的;意志则有赖于必然的和不可弥补的知识欠缺。这就是为什么我们如此容易地把外部自然界偶然发生的事情视作一种因果律的明显例外,而我们把意志视作实际的例外。这种差别的真正原因就是我们一直在说的——性格(每种随意活动都是性格的一种表现)在个体生活和意识之外,也即在心理发展的无限连续之中有其起源。性格越是由个人经验来完全决定,我们的预言便越有信心,该预言认为,性格将在特定的情形中如此这般地起作用。于是,恰巧发生这样的情况,意志越成熟,它便越远离其原始的遗传的决定因素,它的方向便越肯定,它的外部表现便与心理系列有着更为必然和因果的联系。

第 三 十 讲

• *Lecture Thirtieth* •

一、结束语；不朽的问题

在关于人类和动物的心理生活这些讲义的开端，我们倾向于把我们的考虑建立在心理本质这一坚实概念的基础之上，并且使经验事实与该概念相一致，也即用形而上学的心理学家（metaphysical psychologists）的方式达到这种一致。相反，我们认为，我们把熟悉这些事实视作首要任务，而且，除了由内省（introspection）提出的那些假设，以及由实验和客观观察支持的那些假设以外，无须依靠其他任何假设。由此尝试并建立心理现象可以归之于它们的一些定律。

但是，既然我们已经接近了我们任务的尾声，在我们看来，绝对有必要对我们收集到的事实进行一番观察，进而考虑如何回答心理学的最后一些问题。我们走过的路并没有被任何一种形而上学的指路星所照亮。那么，结果是什么呢？对这些问题能否拒绝作答？它们是否超越了人类知识的限度？或者，实验心理学关于它们是否有什么东西可说（这些东西可以作为一种对经验的非偏见的求助而被相信和接纳）？

确实，存在一个思辨心理学（speculative psychology）问题，对此，我们必须从一开始就把它排除在外，因为它是不可解决的。它不仅超越了经验主义心理学说的范围，而且根本不以科学知识为基础。它是在我们意识生活之前或之后的心理条件问题，这个问题在心理学中实际上没有地位，正像世界的"创造"在物理学或天文学里没有地位一样。根据我们关于宇宙的知识材料去构筑一个概念的大厦，在这座概念的大厦里，超感觉的（supersensuous）世界之客体转化成知识的客体——这种希望经常并再次证明是那些致命的幻觉之一，从那些幻觉中，信仰和知识都不会获得任何东西。

如果你需要证实这个问题，你可以花些时间在这个不朽的问题（the question of immortality）上面，它是形而上学心理学的主要问题之一。有必要将个体心理的不朽性置于一切怀疑之外，那就使继续强调其实质的简单性成为必要。而且，最后的例子导致了赫尔巴特形而上学（Herbartian metaphysic）的逻辑极端，据此，我们有着简单性质的心理原子（mental atom）一这些都是赫尔巴特的原话——它具有可与简单的感觉性质如"蓝"色或"红"色等相比较的不变内容。那么，这种心理实质的不朽性如何与一种物质原子的不朽性相区别呢？有没有更好的东西？

经验主义心理学的一个目的是去解释我们心理生活中各现象的相互联结。经验主义心理学必须永远拒绝去提供任何一种关于超感觉心理存在的信息。与此同时，这个问题可以这样被提出，即它是否至少可以间接地涉及这个问题。在由若干科学累积的整个知识基础上,我们无法否认哲学既有仅仅解释实际生活事实以外的特权,也有仅仅解释实际生活事实以外的责任。世界过程的实际特征使得解决我们第一个问题以后接下来应该提出第二个问题成为不可避免的事情。一些事实以连续的发展系列形式提供给我们,这些连续的发展系列在经验中终止于这点或那点上。哲学必须走出经验,并力求达到一切科学的理想目标——宇宙的一致理论。现在,我们的心理生活是以一整套发展系列的形式来呈现的,相互之间都直接地或间接地联系着,而且指向同一个目标,这个目标是我们的直接经验所无法达到的,但是,如果允许我们去作这样的假设,即始于经验的各种发展在经验范围以外沿着同样的路线继续发展,那么,我们便可以把我们的直接经验的本质推论出来。哲学的目的在于以这种方式去弥补经验的世界。在这样做的时候,哲学仅仅把一种程序方法带入它的逻辑结论之中,这种程序方法始于每一种独立的科学,并通过经验发展的特征和填补不完整知识体系的冲动而提供了必要性。现在,个体的心理生活处于众多心理发展的中心。个体及其一切活动和冲动,却位于宽阔的半径和狭隘的半径的心理社区(mental communities)之内。作为这些社区的一个成员,他将他的那一份贡献给了人类心理的成就和创造之总和。那么,所有这些心理发展之流的最终目标是什么?单凭经验是无法回答的,因为哲学试图发现的经验的理想完成,除了经验中提供的发展以外,不可能有任何其他的基础。正是在这里,心理学找到了位置,这是由哲学约请的第一批见证人之一,以便获取有助于哲学完成其理想构成的信息。在建立心理事实方面,这肯定不会遭到反对。

现在,如果我们承认存在着现实的理想完成这个问题,那么我们也承认了最广义上的智慧连续(continuance of mentality)——也就是说,不论何处和不论何时,只要能达到,就应在每种经验界限以外坚持心理的发展。这是因为,如果假设心理发展可能在某个地方结束,被微不足道的东西所取代,那就当然意味着承认理想完成的无效。此外,宇宙的整个心理内容将不再具有任何意义。除了大量糟糕的错觉以外,我们从心理生活中还能读到哪些含义呢?日益累积的人类心理库存使他越来越强烈地坚信他进一步发展的正当期待,而一切事物的目的将仍然等于零。

毫无疑问,这是一种目的论(purposiveness)的哲学概念,而不是关于个体心理本质的任何一种特定思辨(这种思辨最终产生了不朽性想法),并且使之有力量始终抵御哲学怀疑的攻击和对立的哲学论争的力量。但是,人类总是倾向于个别地观察事物,而不是选择地观察事物,从而将心理发展的不朽性信念转变成了每个个体心理不朽性的信念,并带有一切感官上的内容——这样一种内容只能在目前的感觉生活的特殊条件下才能获得。

心理学证明,不仅我们的感知觉(sense-perceptions),还有使这些感知觉得以恢复的记忆意象(memorial images),就其起源来说,既有赖于感觉器官和运动器官的机能,也有赖于神经系统的机能,最终还有赖于生命体的整个机制(mechanism)的机能。这种感官意识的连续性,对心理学来说,是与其自身的经验事实不相容的。而且,可以肯定地说,我们充分怀疑这样一种连续性是否是一种伦理的必需品。此外,如果可能的话,实现对它的愿望是不是一种难以忍受的命运。但是,当我们背离了这种过时的神话般的不朽概念,并回到其真正的哲学基础上去,经验主义心理学便没有东西可去反对它。因为个体的心理发展是宇宙心理发展的必要组成部分,而且,比起这个来,同样指向外在于它的某种东西。

二、心身平行论原理

除了上述第一个问题以外(这个问题已经把我们从心理学带入哲学中,而且带入哲学中最困难和最不肯定的部分之中),还有其他两个重要的问题,对此,我们可以根据我们一直在讨论的事实来作出最后的回答。第一个问题是心理过程与身体过程的关系问题;第二个问题是心理本质的问题,这是可以从我们对整个心理经验的范畴所作的调查中加以推论的。我们回答这两个问题中的任何一个问题的唯一方法是,把我们的各种调查结果综合起来。

在本论稿的开端,我们便强调了下面的事实,即心理现象不可能像因果关系那样涉及身体现象。这是自然科学不可避免的一个先决条件,自然过程构成了不变的要素(elements)运动的循环,并受一般的机械定律的支配。除了另一种运动以外,没有任何东西可以导源于运动。换言之,对我们的客观观察来说,所呈现的这些自然过程的循环,除了它本身以外,不会导致任何东西。承认这一点,我们便承认了从某种其他过程中产生每种心理过程的必要性(更为复杂的过程导源于较为简单的过程),并且承认心理学家的任务是去发现这种相互联结的心理规律。在我们已经走过的道路的每个阶段上,我们发现了对这一观点的证明。每种充分建立的关于心理现象联结的例子,已经证明能予以心理学解释。此外,我们还经常看到,没有其他的解释方法可以把调查中的这一过程的特定心理特征清晰地揭示出来。因此,感觉学说的基本定律,也就是韦伯定律(Weber's law),被认为是心理状态相对原理的一种数学表达。感知觉中观念联结的(ideational connection)不同方式,以及记忆意象的空间结合和时间结合中观念联结的不同方式,都涉及联想律(law of association)。这些联想律本身,一旦被分解为相似联结(connection by likeness)和接近联结(connection by contiguity)这两个基本过程,看来直接有赖于心理条件。此外,统觉律(laws of apperception)的必然结果是将构成智力过程基础的一般观念予以组合和分解,这些统觉律只能进行心理解释。最后,情感(feeling)及其分类——只有在心理学上可以理解——例如愉快和不愉快的心理反应,以及意志(volition)的兴奋,作为发展系列中的条件而取得它们的地位,从最简单的冲动形式扩展到自我创始的、随意活动的最复杂表现。问题是,我们尚未发现对这些因果关系的最简单和最佳的系统阐述,而且,心理生活的许多重要定律仍有待发现。毋庸置疑,心理现象只能根据心理现象来适当解释,正像运动只能导源于运动一样,而不能根据心理过程来解释,不管它是哪一种。

与此同时,我们发现心理过程与体内明确的生理过程相联系,尤其与脑内的生理过程相联系。存在着两者的一致性协调,这是具有同样普遍性的一个真理。如果像我们已经陈述的情况那样,不是把它认作因果关系的话,我们又如何去构想这种联结呢?在本书的开端部分,已经对这个问题作了详尽的回答。这种联结关系只能被认作是同时存在着的两个因果系列的"平行"(parallelism)。但是,由于它们条件的不可比较,不会直接发生相互干扰的问题。无论在什么地方,只要我们遇到这一原理,我们便将它命名为"心身平行论"(psychophysical parallelism)。心身平行论的有效性是不容怀疑的,即使持有以下观点的人(认为可能存在一座从身体到心理或从心理到身体的形而上学桥梁)也不例外。他们必须承认,这是对联结关系的最为明显的经验主义表述,我们发现这种联结关系是在生命过程的身体系列和心理系列之间获得的。但是,这一原理的有效性程度问题是一个不同的问题。它需要进一步考虑,而且,只有在对这一点加以总结时,我们才能冒险猜测我们是否在探讨二元论形而上学的最终原理(我们的知识无法超越这种二元论的形而上学),或者冒险猜测我们已经协调过的那些心身事实是否倾向于证明下面的哲学企图是正确的,这种哲学企图将这两种平行的和独立的因果系列融合成一种高级的形而上学统一体。

关于心身平行论原理的有效性程度问题,既可以从身体方面探讨,也可以从心理方面探讨。根据前者的观点,我们关于心身平行论的直接经验以十分明确的措词告诉我们,它的范围是十分有限的。在整个身体过程中(身体过程构成了物质宇宙的进程),生命现象只形成了一个狭隘和局限的部分;而对生命现象本身来说,只有在少数的生命现象里面可以根据客观的观察感知到心理过程,或者根据客观的观察推论出心理过程。这无疑是主要的理由之一,心身平行论本身关于心理有赖于身体的唯物主义观点就是以这个主要的理由为基础的。鉴于自然界中的过程体系,身体过程比心理过程更广泛,心理与物质的某些明确联结和属性有密切关系。因此,心理活动是某些高级的有机物质的机能,看来是一种明确的假设。但是,这种说法不能满足真正的因果解释的要求。如果假设心理存在突然出现于生命发展过程的某个明确的地方,那肯定是无法接受的。那个地方仅仅以一般方式标示了更为清楚的有意识的心理生活的阈限(limen),这是更能得到证实的一种假设。一种孤立的感觉,离开了与其他感觉或观念的所有联结,便无法通过意识的征象来使其本身为我们所了解,不论在主观上为我们所了解,还是在客观上为我们所了解。但是,由于我们的观念分析把我们带回到作为它们的最终组成成分的感觉中去,因此我们有权利去假设,最初的智慧是简单的情感和意识状态。而这种状态伴随着每种物质的运动过程——那就是说,心身平行论原理(即使从身体方面加以考虑时)也是具有普遍有效性的——这种可能性尽管像每种最终的假设一样是不能证明的,但仍然可以肯定它是不可否认的。至少,如果我们接受"无中不能生有"(Ex nihilo nihil fit)这一格言的话,看来它要比唯物主义的机能假设更有可能。心理生活的开端可在植物王国中找到,尤其在原生动物门中间找到,因为原生动物的生活反映了植物和动物两者的最初发展阶段,这一论述是一种理论,它是正确的,它是唯一能解释这些原始生物所展现的运动现象的理论。

另一方面,如果我们倾向于从心身平行论的第二方面,也就是心理方面,去考虑心身平行论的原则,那么我们就会再次发现,在心身之间的联结程度上我们自己仍然心存疑虑。陈旧的唯灵论(spiritualistic)心理学倾向于从整体上把它限制在感知觉和外部随意活动方面——这些过程与生理条件的关系未被忽视。但是,在近代的生理学和心理学方面,已经出现了一种倾向,即把心身范围大幅度拓展看做是正确的和必要的。具有可察觉的属性的意识内容——也就是在某种程度上由感觉组成的意识内容,不管它们的强度(intensity)多么轻微——必须被认作是具有身体基础的心理内容。因此,正如你们所知的那样,并不存在从感知觉的感觉内容中分辨出记忆或幻觉意象的感觉内容的某种特征。普通的感觉内容,也就是不同强度的感觉内容,并不提供有效的标准。外周刺激的感觉强度可能像一种记忆意象的强度一样正好接近注意的阈限,而记忆意象的强度,当它采取幻觉或错觉形式时,可与任何一种外部激起的感觉强度相匹敌。此外,正如我们所见到的那样,由于感觉强度处于与身体兴奋的强度相一致的关系之中,因此没有任何理由可以假设,记忆意象和感知觉之间在生理方面的差异,比起构成兴奋过程基础的强度差异来,更为普遍。

但是,如果所有的心理过程(它们的内容包含了任何形式的感觉呈现)可以归之心身平行论的原理之下,那么就不可能作出有利于智力过程的例外。每种概念需要一种观念去充当它在意识中的符号,而没有感觉内容的一种观念便只是一种荒谬的东西。因此,概念思维将伴随着某些感觉中枢的兴奋过程。如果思维参与概念的组成或分解,那么始终受到影响的将是这些内容的变化,也就是它们的代表观念的感觉内容的变化。与每种思维过程相应的将是某种生理兴奋,它随着感觉要素的变化而变化。我们还可以更深入一步。一个观念的统觉,也即对一个观念的集中注意,始终伴随着该观念的感觉内容的变化,尽管以观念的清晰或模糊为一方和以观念的强或弱为另一方。两者之间的一般区别是鲜明的,但两者同样有赖于其感觉组成成分和属性的或大或小的显著性。因此,如果感觉本身伴随着身体过程,那么与某些观念组成的感觉之变化相联结的观念变化也会由身体过程相伴随。在集中注意的情形中,我们必须加上联合的肌肉感觉的变化,这些肌肉感觉肯定遵循支配感觉的规律。最后,如果观念的统觉可以归属于心身平行论原理,那么我们必须承认它与意志的密切关系必然会包括意志的内在冲动。每种意志同样也意味着观念中的一种变化——那就是说,也意味着感觉中的一种变化——即意识内容的一种变化。因此,伴随着外部随意运动的身体过程仅仅是一种关系的进一步表现,在这种关系中,意志从一开始就已经到位。

三、旧的和新的颅相学

由此可见,所有这些考虑的结果是使下述说法成为可能,即包含任何种类的感觉要素的心理过程,倘若同时没有建立起相应的身体过程,便不可能发生。心身平行论原理的普遍有效性是以下面这些可觉察的基础性质提供的,我们的整个心理生活有赖于这些基础。没有一种概念会如此抽象,也没有一种想法会离感觉世界如此遥远,以至于不必通过某种可觉察的观念而在思维中得以反映。但是,也正是由于这一原因,如果认为这种心身平行论似乎暗示着两种过程系列的等同,那将是错误的。正如你们所了解的那样,身体过程和心理过程是完全无法比较的。它们尤其在下面这一点上有区别——那就是"价值"(value)标准(它既是我们影响外部世界的意识活动的最终标准,又是在更大程度上我们正确评价意识现象本身的最终标准)完全无法应用于身体过程,或者,至少只能应用于它们从某种心理目的中得以产生的地方,例如,归之于心理观念的地方。有鉴于此,仅从自然科学的观点来考虑,每种身体过程是未断裂的运动过程链条中的一个环节,像任何其他环节一样,具有或多或少的价值。一种记忆意象可以像我们完全漠视的某种以往经验的短暂再现那样匆匆通过意识;或者它可能充当一种替代性观念,以包含一种表现逻辑反映的重要结果的概念。在身体过程的范围内,将会在两种情况下发生同样微弱的感官兴奋,如果你愿意的话,这种同样微弱的感官兴奋与十分不同的先行运动和最终运动相联结,但是却不会提供依附于它的心理价值之差异的最小迹象。如果我们能够见到生理机制的每个轮子的话(心理过程伴随着这种生理机制而运作),我们也只能发现对心理而言显示不出任何意义迹象的一系列运动。因此,尽管心身平行论原理具有普遍性,但是,在我们的心理生活中,一切有价值的东西仍然属于心理方面。心身平行论对这种价值的影响如同一个单词中包含一个观念那般微小,或者,如同在某种其他可觉察的符号中包含一个观念那般微小,如果它要成为思维的永久性特征,或甚至成为思维的话,这一事实影响了观念本身的价值。一件具有不朽之美的艺术作品的价值并不取决于该艺术作品的材料性质。这件艺术作品的材料只有当它能为艺术家的概念提供表现时,才会变得有价值。因此,只有使心理概念与其客观实现的关系跨前一步,然后回过头来把它用于较不持久的,从而是更为可塑的观念材料上,意识才能在这变化多端的内容上运作。如果艺术家的创作思维在其心中没有获得栩栩如生的潜力,以便从可觉察的观念材料中构建创造性想象的一件作品,那么他就无法在石头或青铜上使他的思想栩栩如生,也无法在词语或图画中做到这一点。

现在,已无须多说,心身平行论是一种原理,它的应用仅仅扩展至基本的心理过程,扩展至与此平行的明确的运动过程,而不是扩展至我们心理生活的更为复杂的产物(它的可觉察的材料已经在意识中形成并成形),也不是扩展至作为这些产物之必要前提的一般智力。正如你们可能知道的那样,颅相学(phrenology)将记忆、想象、理解,甚至狭义界定的官能(如对事物或词语的记忆、色觉、对孩子的爱,以及诸如此类的东西)统统定位于大脑的特定部位。颅相学假设,这些特定部位中的生理过程——它们的生理特征处于未确定状态——是与这些复杂的心理能力和心理活动相平行的。这些便是唯物主义粗糙形式的一些观念,致使我们对心理生活的任何一种心理理解成为不可能的事。

颅相学假设的荒谬性在近代的颅相学形式中并未减退。从大脑定位的事实出发,颅相学假设,每种单一的观念都位于某个特定的神经细胞之中。因此,只要该神经细胞受到刺激,同时也就出现了它的特定观念。我们只能通过下面的假设来说明这些想法的原因,也就是说,已经吸收陈旧的颅相学之错误学说的一些观察者们,当他们开始接触大脑组织学和解剖学的现代发现时,感到他们的责任是将脑叶和脑回的颅相功能移至更为基本的细胞中去。为了做到这一点,有必要排除记忆、想象、语言才能等等,同时将彼此独立的观念(复杂的心理官能是由这些彼此独立的观念组成的)赋予形态学单位(morphological units)。现在,我们已经看到,那些心理过程何等复杂,它们终止于一个观念的形成之中,从多变的感官部分中提取的许多感觉可能会卷入那些心理过程中去。不可能作下述这样的假设,即大脑的结构要素可以用与外部感官的结构要素不同的任何方式同心理过程联系起来。每种结构要素只适合于一种十分简单的功能,但是却能够在最为分离的和复杂的功能中发挥作用。来自大脑皮质视觉区域的单个细胞,比起单个的视网膜杆状细胞(retinal rod)或视觉纤维(opticus fibril),不可能是一个明确观念——譬如说,一间屋子或者一位朋友的脸——的所在地。颅相学观点被带入其逻辑的极端,因为它不可能变得清楚明白。假设我们与一位朋友进行日常的交往,我们在许多情境里都看到他。我们必须假设,他不只占据了我们大脑中的一个细胞,而是占据了我们大脑中的一整套细胞。如果我们下一次和他的会面发生在一般的情形里,我们便可以利用我们观念仓库里的一种观念;如果不是在一般情形里遇见那位友人——假如他戴了一顶新帽子等等——那么,这种新观念将不得不储存于某个正巧空着的细胞中。或者,假定我们学会了一个外语单词,它储存于言语中枢器官的某个细胞之中。如果我们听到同一个单词,但发音稍有改变,这种改变了的发音形式必须储存于第二个细胞之中,如此继续下去,直到无限。很明显,乍一看,观念细胞的假设不能说明观念联结和感觉联结的多种形式。从这种假设的天生的不可能性出发,它在第一次尝试时便会土崩瓦解。这是因为,实际上,它绝非这样一些现成的和孤立的观念,即把一些观念要素结合起来,或者,充其量把基本的观念过程结合起来,正如我们在分析简单的联想过程时见到的那样,这些联想过程构成了对客体的认识和再认的基础。颅相学假设的根本错误在于用解剖的心身平行论去替代生理的心身平行论。在这个问题上,如同在其特别幼稚的心理学概念中那样,它实际上是旧时的颅相学学说的嫡系子孙①。

四、心身平行论原理的经验主义意义

心身平行论原理常指基本的身体过程和心理过程的平行,既非指任何一方的复杂活动的平行,又非指心理机能和身体结构的平行。但是,这种情况提示了一个进一步的问题——一个包含两种根本不同原理的原理,尽管根本不同,但彼此之间又没有脱离关系,这样一个原理是否可以被确切地认做一个最终的心理假设。这种二元论是否与我们对一元宇宙论的正确追求相对立呢?如果我们无法怀疑它的有效性,因为心理学和生理学的事实都同样证明了这种有效性,那么,难道我们仍然不该把它仅仅看做是临时性的吗?

确实,我们已经到达了心理学对我们不再有利的地方,我们必须求助于形而上学,以便获得一个答案。形而上学的目的是去满足为最终统一而提供理由的渴望。从彼此独立的科学调查领域获得的结果是无法做到这一点的。因此,如果有什么东西可供形而上学去做的话,那就是为心身平行论提供最终解释,这是生理学和心理学作为勉强的事实而可以接受的。生理学不能承担这种解释。它把自己限于对生命的身体表现的解释里面,尽管它一再触及心理机能的迹象,但它仍然被迫认为这是一个与其没有关系的知识领域。心理学问题实际上是解释生命的心理表现的相互联系,这种相互联系构成了另一

---

① 证明新颅相学定位假设站不住脚的其他证据(这些证据主要从正常的和病理的记忆障碍中获得),可请读者参阅我的《文集》(*Essays*)pp. 109ff.(莱比锡,1885 年)。

种彼此独立的因果系列。但是，这两种科学相互补充，在一个方面的因果关系中某些环节缺乏的地方，可以在另一个方面的因果关系中加以提供。当然，在这些情形里，生理学必须求助于心理学的一些联结条件，心理学则必须求助于生理学的一些联结条件。但是，人们始终明白，这种介入并未使联结过程的断裂链条得到真正的连接，它只不过是用另一系列的平行项去取代一个系列的一个项而已。我们也许可以在这些例子中谈到心理对身体的影响，或者身体对心理的影响。但是，我们始终指的是，"影响"这个词不是在严格意义上加以采用的。例如，一个直接的因果影响不能由心理项施加于身体项上，而是只有施加于心理过程上，它通过心身平行论代表着心理过程。由此可见，一个外部的随意运动并不是由内部的意志活动产生的，而是由与此有关的大脑过程产生的；一种观念并不随着感觉中枢的生理兴奋而发生，而是随着与这些生理兴奋平行的感觉过程和联想过程而发生。我们甚至可以这样设想，如果继续将这一系列推理下去的话，并非身体刺激引起感觉，而是某些基本的心理过程引起感觉，这些基本的心理过程位于意识的阈限之下，并在我们的外部世界中将我们的心理生活与某些更为一般的基本心理过程的复合体联结在一起。但是，由于我们对属于这一切的东西一无所知，我们没有任何选择。在经验主义心理生活发展的开端，我们必须用一种生理项去取代心理项。不过，这里，心理学的情况是不是比生理学的情况更糟呢？是否能够证明与心理生活的高级产物相一致的那些生理过程呢？

因此，在所有的经验主义调查中，心理学被迫采取同样的立场，像生理学必须假定有关的心理现象那样去探讨生理学因果链条中的一些环节。这两个科学领域，若想取得成果，就必须彼此承认对方。因此，关于身体过程（它们对于心理学来说是可能的）的性质的唯一观点就是那些在生理学和其他自然科学中流行的观点。它必须假定一种实际呈现的、绝对恒定的物质基础，除了关于它的部分的运动以外。与这种情况相对的是存在着生命的心理现象范围，一种同样是独立的调查范围，而且不允许根据物质运动的联结来进行因果解释。因此，对于心理学来说，正如对于生理学来说一样，心身平行论的原理证明是一种最终的假设，违背了这种最终的假设，心理学便无法前进。

当然，在这个问题上，形而上学的态度是相当不同的。心理学和自然科学一样，都始于它们分析的客体，正是这些客体的性质为它提供了充分的理由，以便对一种高级的统一体进行探究，在这种高级的统一体里，平行论原理的二元论可以得到解决。我们对自然现象的了解均以观念形式进入我们的头脑之中。观念和客体的区别，将实验科学分成自然科学和心理科学，这种区别仅仅是思维分析活动的一种结果。在这种思维的分析活动里面，观念同时又是客体。并不存在不是观念的客体，或者，并不存在与支配观念形成的定律不相一致的客体。但是，如果人们认为，通过抽象和区分，它已经从内部和外部打破了世界的原始统一，那么你便可以容易地理解心理的持续冲动，把恢复那种统一作为它自身发展的最后活动。不仅如此，你会承认这种努力是正当的，它的实现是一项科学任务。实现这一目标的手段不是心理学的事情，而是哲学的事情。心理学只能指明通向她自身以外的领域的道路，这些领域受其他定律的支配，它们不是心理学领域必须服从的定律。

五、心理的本质

上述这些考虑把我们带入尚待完成的最后一项任务之中。我们已了解了心理现象的相互联结。那么,心理的本质究竟是什么呢?对这一问题的回答已经包含在前面讲过的全部内容中了。我们的心理就是我们内部经验的总和,就是我们的观念、情感和意志在意识中结合成一个统一体,它出现于一系列发展阶段,并在自我意识的思维和道德上自由的意志中达到顶点。在我们解释这些内部经验的相互联结时,我们没有发现,除了将这种智慧属性用于具体的观念复合、情感和意志以外,还可以将这种智慧属性用于其他任何东西上。虚构一种先验的实体(transcendental substance),认为实际的心理内容只是这种先验实体的外在表现,是由仍然不为人知的心理现实投下的一种飘浮的影子——这样一种理论忽略了内部经验和外部经验之间的基本差别,致使为我们心理生活提供坚实价值和真正意义的一切东西变成空洞的炫耀。意识经验是直接的经验。由于是直接的,它并不要求对独立于我们主观鉴别之外而存在的基础进行区分,这种鉴别通过自然概念,即通过对呈现给我们的并独立于我们之外的实际事物的概括,而在自然科学中被提供。我们的心理经验像它们向我们所呈现的那样。为了理解外部的世界,需要在现象和现实之间作出区别,并在作为一种次级的概念假设的物质实体(material substance)概念中达到顶点,迄今为止,这些假设看来能够适当处理经验事实,而且当正在思考的主体本身将此用于理解时,它便不再具有任何意义。因此,你们可以理解,当我们正在分析我们的内部经验时,我们是不会遇上特定现象之间的种种矛盾的,在自然科学中,这些现象为物质概念的逐步发展和完善既提供激励又提供手段,这种物质概念注定要继续保留以成为一种假设,并仍有可能通过围绕着它的无数努力而希冀接近真理。

存在着一组单一的经验事实(它们由于某种原因而证明有必要假设一种近似于物质实体的心理基础)——也即一组先前经验得以复活的事实。如果我们能够唤起某种过去的观念,那么随之而发生的是,那种观念的痕迹同时留在头脑中,否则要再现这种过去的观念便是不可能的事。当然,现在我们已经看到,没有任何一种观念,没有任何一种心理过程,能在回想起来的时候没有一点改变。每一种回忆出来的观念实际上是一种新的形式,它由各种过去观念的大量要素所组成。然而,可以假设,这些要素实际上是留在脑子里的观念痕迹。但是,很明显,在这种形式中,该理论还具有前提,因为在生理过程的情形里观察到的持久效果迁移到了假设的心理基础上,换言之,迁移到了唯物主义观点的一种无意识的混合物中去。作用于人体的一种生理影响或多或少会在人体中引起某些持久变化。由此,我们有权利假设,一种神经兴奋会在神经器官中留下后效(after-effect),这种后效对于实践过程和恢复过程的生理学具有重要性。现在,在这一"痕迹"理论中,这些生理的类比可以立即用于心理。心理被认为与大脑相一致,或者作为一种定位于大脑某处的实体,在每一种基本的属性方面与大脑相似,也与其他物质实体相似。但是,生理的兴奋过程只能将它的后效留在神经中,因为它本身就是持久基础中的一种运动过程,或者是具有持久基础的一种运动过程。如果心理过程不是现象,而是一些直接经验,那么便很难理解为什么它们的后效可以在心理上被构想,除了直接呈现的心理过程的形式之外。如果我们尝试把一种观念想象为保持在意识的阈限之下,那么我们实际上只能把它想象为仍旧是一种观念,经历了与我们意识到它时一样的过程,唯一区别是它现在不再是有意识的了。不过,这种情况意味着,心理学解释在这里已经达到了一个限度,与它在关于感觉的最终起源问题中所面临的那个限度相似。正是在这个限度以外,两种因果系列之一——身体的因果系列——可以继续,可是另一个系列——心理的因果系列——则必须终止。如果企图将后者推向深入,那就必然会不可避免地导致在身体系列的因果中思考心理系列的因果——也即在物质项中思考心理项。

因此,我们得出如下结论,假设一种与心理生活的各种表现不同的心理实体,就会涉及将一种对调查外部自然界来说必要的思维方式迁移到它完全无法应用的领域中去,这已证明是不正确的,它意味着一种无意识的唯物主义。这种迁移的结果是伴随着它的性质而来的,我们心理生活的真正价值却处在危急之中。因为这种价值单纯地和唯一地依附于心灵中的实际而又具体的过程。那么,这种缺乏意志、缺乏情感、缺乏思维,而且在我们的人格构成中不占份额的"实体"(substance)可以为我们做点什么呢? 如果你像平时回答的那样回答说,正是这些心理的运作构成了它的本质,如果没有它们,心理便无法被思考或想象,那么你便确立了以下的观点:心理的真正本质,除了存在于我们心理生活本身之外,不存在于其他任何地方。应用于它的"运作"概念仅仅意指(如果它真有什么含意的话)我们能证明某些心理表现如何随之而发生。这一"运作"概念便是某些其他心理表现的运作结果。身体的因果关系和心理的因果关系是对立的两极;前者始终指一种物质实体的假设;后者则从不超越心理经验所直接提供的东西之范围。"实体"是一种形而上学的剩余物,心理学不会运用它。这也与心理生活的基本特征相符,对此你们应该常记心中。它并不存在于不变的客体和可变的条件的联结之中;它的一切方面均是过程;它是一种主动的而不是被动的存在;它是发展的而不是停滞不动的。对这一发展的基本规律的了解是心理学的最终目标。